Guido Knopp · Hitlers Helfer

Guido Knopp

# Hitlers Helfer

in Zusammenarbeit
mit Peter Adler, Christian Deick, Peter Hartl,
Rudolf Gültner, Jörg Müllner

Dokumentation:
Bettina Dreier, Klaus Sondermann

C. Bertelsmann

*Umwelthinweis:*
Dieses Buch und der Schutzumschlag wurden
auf chlorfrei gebleichtem Papier gedruckt.
Die Einschrumpffolie (zum Schutz vor Verschmutzung)
ist aus umweltschonender und recyclingfähiger PE-Folie.


Sonderausgabe 2000
© 1996 by C. Bertelsmann Verlag, München
in der Verlagsgruppe Bertelsmann GmbH
Einbandgestaltung: Thomas Dreher, München
Satz: Uhl + Massopust, Aalen
Druck und Bindung: GGP, Pößneck
Printed in Germany
ISBN 3-572-01173-6

# Inhalt

Vorwort . . . . . . . . . . . . . . . . . . . . . . . . 6

Der Brandstifter . . . . . . . . . . . . . . . . . . . . 25
*Knopp/Hartl*

Der zweite Mann . . . . . . . . . . . . . . . . . . . 71
*Knopp/Müllner*

Der Vollstrecker . . . . . . . . . . . . . . . . . . . 135
*Knopp/Gültner*

Der Stellvertreter . . . . . . . . . . . . . . . . . . 193
*Knopp/Deick*

Der Architekt . . . . . . . . . . . . . . . . . . . . 249
*Knopp/Adler*

Der Nachfolger . . . . . . . . . . . . . . . . . . . 287
*Knopp/Müllner*

Literatur . . . . . . . . . . . . . . . . . . . . . . . 343
Personenregister . . . . . . . . . . . . . . . . . . . 348
Bildnachweis . . . . . . . . . . . . . . . . . . . . . 352

# Ganz normale Deutsche?

Ohne Hitler war das »Dritte Reich« nicht denkbar. Ohne ihn, das Zentrum aller bösen Emotionen, zerfiel es wie ein Spuk. Sein mörderisches Dasein hing allein von ihm ab. Ohne ihn war es ein Totenschiff.

Der Diktator aber war auf Helfer angewiesen, die sich ganz in seine Dienste stellten. Sie, die Paladine, waren Träger, ja Garanten seiner Macht: Hitlers willige Vollstrecker. Sie erledigten, was der Tyrann befahl, und manchmal etwas mehr.

Hitlers Reich war keine schwache Diktatur mit einem arbeitsscheuen Vagabunden an der Spitze, der die Dinge laufen und sich treiben ließ, der nur gelegentlich in die Struktur der Naziherrschaft eingriff und zu seinen Untaten gezwungen werden mußte. Hitler wußte ganz genau, daß keiner seiner Helfer es je wagen würde, etwas anzupacken, was mit seinen Zielen nicht vereinbar war.

Goebbels, Göring, Himmler, Heß, Speer, Dönitz – sechs Karrieren, deren Wirkung im Geflecht der Diktatur ganz unterschiedlich war. Die Psychogramme aller dieser Männer helfen aber bei der Antwort auf die Frage, wie es »dazu« kommen konnte. Sind sie ganz besondere Verbrecher? Ausgestattet mit der gleichen kriminellen Energie, die ihren Chef beseelte? Oder »ganz normale Deutsche«, die aufgrund besonderer Bedingungen und Zufälle besondere Karrieren machen konnten, die sie in die Lage versetzten, ganz besondere Verbrechen zu begehen?

*Goebbels* war wohl der fanatischste Gehilfe Hitlers. Beseelt vom tiefen Glauben an den Abgott, den erst er zur Kultfigur erhob, war er Brandstifter des »Dritten Reiches«, Anstifter der braunen Biedermänner, Bücher, Synagogen und am Ende Menschen zu verbrennen. Er mordete mit Worten. Wenn Hitlers Macht als Mischung aus Verführung und Gewalt verstanden werden kann, dann war der kleine Doktor für »Verführung« zuständig. Auf seine Zeitgenossen wirkte er so abstoßend wie faszinierend. Mit seiner wortgewaltigen Rhetorik, seinem bitteren Zynismus und der Gabe, Glauben, Haß und Hingabe für seine Zwecke zu entfachen, überragte der Verführer das gemeine Mittelmaß der Naziherrschaft bei weitem.

Er tendierte zu Extremen: Weinerlichkeit paarte sich mit Härte, Selbstmitleid mit überzogenem Selbstanspruch, kämpferisches Temperament mit hoffnungsloser Lethargie, Minderwertigkeitsgefühl mit überzogenem Selbstbewußtsein, Erlösungssehnsucht mit Vernichtungswillen. Die tiefe Frömmigkeit der Eltern war der Boden seines unerschütterlichen Glaubenswillens; die Herkunft aus bescheidenen Verhältnissen der Antrieb seines maßlosen Ehrgeizes; die Verkrüppelung des Fußes Grund für seinen mitleidlosen Menschenhaß. Nie jedoch gelang es ihm, das Stigma eines argwöhnisch beäugten Außenseiters abzulegen – auch und gerade nicht in der NS-Bewegung. Selbst sein Verhältnis zu Hitler erwies sich als emotionale Einbahnstraße. Seinem Meister war der gläubige Geselle rückhaltlos verfallen; bis zur Selbstaufgabe unterwarf er seine ganze Existenz der Bindung an den Herrscher. Dieser schätzte Goebbels' Treue, seinen scharfen Intellekt und die geschliffene Rhetorik, hielt ihn aber im persönlichen Verhältnis ebenso wie bei den wichtigen Entscheidungen am liebsten auf Distanz.

So abhängig der Liebende von Gunsterweisungen seines Idols war (»wie der Alkoholiker von der Flasche«), so innig formte er den öffentlichen Abgott Hitler. Er inszenierte ihn als den Messias, der dem Volk Erlösung bringen würde. Der von ihm geschaffene »Führer«-Mythos (dessen inbrünstigster Jünger, neben Goebbels, Hitler selbst war) gipfelte in dem Satz: »Der Führer hat immer recht.«

Der Propagandachef des »Dritten Reiches« wollte Fühlen, Wollen, Denken aller jederzeit beherrschen. Was Gleichschaltung und monotoner Gleichtakt war, geriet in seiner Propaganda zur verschworenen Volksgemeinschaft.

Seine Waffen in der Schlacht der Worte um die Stimmungen der Menschen waren stets die gleichen: simple Botschaften und einprägsame Formeln. Er war schlau genug, um zu erkennen, daß am wirksamsten nicht offene Lüge das Bewußtsein trübt, sondern halbe Wahrheit.

Doch je näher das verdiente Ende rückte, desto mehr half nur verdeckte Lüge, um das Volk auf Kurs zu halten. Als Durchhalteparolen nicht mehr wirkten, setzte er an deren Stelle gleißende Verheißungen von »Wunderwaffen«, hetzte Kindersoldaten in den sicheren Tod und zog seine eigenen Kinder mit ins Grab: »Das Totalste ist gerade total genug!«

Von allen Judenhassern unter Hitlers Paladinen war er der fanatischste. Sein Antisemitismus war nicht Ausfluß von verquerer Rassentheorie, sondern Folge eines Hasses auf sich selbst. Im Zweifelsfall war er der Scharfmacher vom Dienst, Himmler nannte ihn den eigentlichen Urheber der »Endlösung«.

Joseph Goebbels verlieh dem Wahnsinn Stimme. Und weil der Brandstifter das Kriminelle des Regimes selbst schon früh erkannte und als »höhere Notwendigkeit« verteidigte, ist er ein ganz besonderer Kapitalverbrecher.

Halb Kriegstreiber, halb Komödiant – wie kein anderer Helfer Hitlers verkörpert *Hermann Göring* das joviale Doppelgesicht des Regimes: volksnaher Haudegen und skrupelloser Machtmensch. Als einer der ältesten Weggefährten Hitlers hatte Göring ihn salonfähig gemacht und mitgeholfen, den Demagogen in die Höhen unumschränkter Macht zu hieven. Der hochdekorierte Held des Ersten Weltkriegs war Hitlers Steigbügelhalter und galt bis kurz vor Kriegsende als »zweiter Mann« hinter dem »Führer«. Obwohl er längst in Mißkredit gefallen war, weil seine Luftwaffe versagt hatte, wäre es aus Hitlers Sicht einem Offenbarungseid für sein Regime gleichgekommen, den »korrupten Morphinisten« zu entlassen. So spiegelte der Aufstieg und Niedergang des Hermann Göring die politischen Verhältnisse des »Dritten Reiches« wider. Nicht Gefolgschaft aus Hingabe wie bei Goebbels war für ihn die Antriebsfeder, sondern die bedingungslose Gier nach Macht. Verbissen kämpfte er um Ämter, Titel und Besitz, die er wie kein anderer genoß. Er war großspurig, habsüchtig und eitel und dennoch populärer als jeder andere Vasall. Die Menschen mochten den leutseligen Reichsmarschall, weil er ohne den Zynismus eines Goebbels auftrat und ihm die Entrücktheit eines Hitler fehlte. Er schien frei von der gebrochenen Persönlichkeitsstruktur, die manchen anderen Vollstrecker der NS-Macht prägte.

»Hermann wird entweder ein großer Mann oder ein Krimineller«, orakelte die Mutter über den früh ausgeprägten egozentrischen Charakter ihres Sohnes. Es war nicht die von den »Biersäufern und Rucksackträgern« ausgehende Faszination, die Göring in die NSDAP geführt hatte. »Ich schloß mich der Partei an, da ich ein Revolutionär war, nicht etwa wegen des ideologischen Krams.« Seine Partei hieß Hitler.

Er war kein Schulmeister wie Himmler, kein Landsknecht wie Röhm, kein Desperado wie Goebbels. Er konnte auf etwas verweisen, das den Rabauken der »Bewegung« fehlte: eine Herkunft aus gutem Hause, geschliffene Manieren und das Talent, Menschen für sich einzunehmen. Vor allem aber war er in entscheidenden Momenten »eiskalt«. Hinter seiner Prunksucht, seiner Eitelkeit verbarg sich ein Gewaltmensch, der zum Staatsverbrecher wie geboren war. Die Morde nach der inszenierten Röhm-Affäre 1934 waren ebenso sein Werk wie der Staatsterror gegen die Regimegegner in Preußen und die ersten Konzentrationslager. Er war mitverantwortlich für die Verschleppung ausländischer Zwangsarbeiter und den Judenmord. Frei von Zweifeln gab er offen zu, gewissenlos zu sein: »Ich habe kein Gewissen. Mein Gewissen heißt Adolf Hitler.«

Dennoch war der zweite Mann kein Hasardeur. Er fürchtete die Risiken der kriegerischen Ausdehnung des Hitlerreichs und setzte auf die weitere Erpressung an den Konferenztischen Europas – à la Österreich und Sudetenland. Göring: »Wir wollen doch das Vabanque-Spielen lassen.« Hitler: »Ich habe in meinem Leben immer va banque gespielt.« Es war nicht Friedensliebe, die den zweiten Mann mit dem Verratsgedanken spielen ließ, sondern die berechtigte Besorgnis, daß die aggressive Expansion am Ende auch das »Dritte Reich«, von dem er doch so profitierte, kippen würde: »Es ist furchtbar. Hitler ist verrückt geworden.« Doch Göring saß in der Loyalitätsfalle. Offene Rebellion war völlig undenkbar. Und so gebärdete er sich nach dem Sündenfall als eifrigster und aggressivster Paladin von allen, erwies sich als der aufgeblasene Popanz, den die schwedischen Ärzte schon Mitte der zwanziger Jahre diagnostiziert hatten.

Doch als sein Werk, die Luftwaffe, versagte, war es aus mit ihm. Der parfümierte Nero, Inbegriff von Machtmißbrauch und Korruption, versank in seiner Sucht und seinen Leidenschaften. Hätte er den Mut bewiesen, Hitler 1938 Einhalt zu gebieten; hätte gar ein Putsch der Generäle 1938 vor der Münchener Konferenz Erfolg gehabt; hätte Göring dann an Hitlers Stelle die Regierung übernommen und »die Judenverfolgung«, wie später gegenüber Roosevelt versprochen, »eingestellt« – vielleicht wäre es dann weder zum Zweiten Weltkrieg noch zum Holocaust gekommen. Vielleicht hätte ein NS-Staat Görings eine Entwicklung à la Francos Spanien oder Mussolinis Italien genommen. Doch dazu hätte Göring nicht Göring sein müssen.

Und so fand er schließlich seinen Tod als »Nazi Number One«, der er schon lange nicht mehr war – gefangen in der Illusion, die Nachwelt werde ihm Gerechtigkeit erweisen: »Ihr werdet unsere Knochen einst in Marmorsärge legen.« Die Knochen sind verbrannt, die Marmorsärge bleiben aus.

*Rudolf Heß* war der erste »Jünger Hitlers«, und er blieb es bis zu seinem Tod 1987.

Uneinsichtig glaubte er bis an sein Ende an die »guten Seiten« des Regimes. Er huldigte dem »Führer«-Kult wie sonst nur Goebbels; seine wirkliche Bedeutung in der Hackordnung der Helfer aber blieb gering. Er war der Prototyp des totalitären Untertanen. Rudolf Heß wollte geführt werden.

Von einem dominanten Vater streng erzogen, verlor er niemals die gehemmte Scheu der Jugend. Disziplin und Pflichterfüllung, Treue und Gehorsam waren Eckpfeiler, die Fritz Heß seinem Sohn mit auf den Weg gab – Ideale einer Ära, von denen Hitler profitierte. Zeit seines Lebens kennzeichneten den »Stellvertreter« zwei Gesichter: Der Moralapostel der Partei, der sich gegen Korruption und Amtsmißbrauch stark machte, trat im nächsten Augenblick als scharfer Hetzer auf, der die Einführung der Prügelstrafe im besetzten Polen forderte. Der tapfere und entscheidungsfreudige Offizier des Ersten Weltkriegs entwickelte gegenüber Hitler (»Mein Hesserl«) eine unterwürfige Ergebenheit. Der politisch kaltgestellte »Stellvertreter«, von den anderen Paladinen ob seiner Weltfremde belächelt, brachte 1941 überraschend die Entschlußkraft und den Wagemut auf, mitten im Krieg zum Feind zu fliegen.

Heß war nie ein Kopf der NSDAP – doch er gab ihr schon von Anbeginn an ein Gesicht: fanatisch, gläubig, auf fatale Weise glaubwürdig. Der Titel »Führer« war das Werk von Heß. Sein eigener, vielfach mißverstandener Titel »Stellvertreter des Führers«, der nur für die NSDAP galt, hatte keine Machtfunktion. Hitler brauchte keinen Manager mit eigenen Ideen, er brauchte einen Sekretär, der ihm die lästige Parteiarbeit vom Halse hielt. So wurde Heß zum ersten Diener des Diktators.

Den Terror des Regimes bemäntelte er nicht nur in kaltem Bürokratendeutsch, er trug ihn auch voller Überzeugung mit. Die Nürnberger Rassegesetze von 1935 entstanden in der Dienststelle von Heß. Das Berufsverbot für jüdische Anwälte und Ärzte trägt seine Unterschrift. Schon bevor Heß Hitler kennengelernt hatte, war er nach eigenem Bekunden ein fanatischer Antisemit gewesen, der an die »jüdische Weltverschwörung« glaubte.

Zu seinem legendären Englandflug hat die Fülle der Legenden das Geschehen nahezu eingenebelt. Sicher ist: Hitler war über das wahnwitzige Unterfangen seines »Stellvertreters« nicht informiert. Heß aber wußte von den Vorbereitungen für Hitlers Überfall auf die Sowjetunion. Um die Gefahren des Zweifrontenkriegs zu vermeiden, suchte der geflügelte Parsifal in völliger Verkennung britischer Gesinnung die Verständigung mit England. Er träumte davon, Hitler den Frieden mit England als Zeichen seiner Treue auf den Tisch zu legen. Heß war von Hitlers Billigung im nachhinein fest überzeugt.

Statt dessen erklärte dieser ihn für verrückt, und Heß versank in eine Agonie der Aussichtslosigkeit, die bis zu seinem Tod anhielt. 1987 brachte sich der »teuerste Gefangene der Welt« im Spandauer Gefängnis um. Nachdem er sich schon 1941 in britischer Haft fünfmal das Leben hatte nehmen wollen, erhängte sich der alte Mann mit einem Kabel. Es war tatsächlich Selbstmord. Dieses Buch beweist es.

*Heinrich Himmlers* Wahlspruch hieß: »Mehr sein als scheinen.« Keiner hätte je vermutet, daß ausgerechnet dieser farblose Mann zum mächtigsten Satrapen Hitlers werden würde. Er besorgte »Hitlers Müllabfuhr« (Schwerin von Krosigk) effektiv und gnadenlos. Er ließ mit kaltem Herzen morden und besorgte Hitlers Holocaust mechanisch, systematisch, gründlich. So unbeschreiblich die Verbrechen sind, so banal war der Verbrecher. Er hatte nichts Großartiges, nicht einmal Großes im Wesen. Schon seine Zeitgenossen beschrieben Heinrich Himmler als »völlig unbedeutende Persönlichkeit« (Albert Speer), als »Mann ohne besondere Eigenschaften« (General Walter Dornberger), als »Schulmeister mit ausgeprägtem Sparsinn« (SS-Funktionär Oswald Pohl).

In anderen Zeiten hätte er als Lehrer seine Talente entfalten können. Wäre er das geworden, hätte er zu sekundären Tugenden erzogen: Ordnung und Gehorsam, Tüchtigkeit und Sparsamkeit. Er hätte auch Beamter werden können und sich gewiß als wertvolles Glied der deutschen Finanzbürokratie erwiesen: penibel, unbestechlich und gesetzestreu.

Wie ein Finanzbeamter Hunderte von Steuererklärungen abzeichnet, so absolvierte Himmler seine Aufgabe: Völkermord als

Organisationsproblem. Am Ende machte er sich keine Sorgen um das Leid der Opfer, aber viele um die Seelenpein der Täter. Keine NS-Biographie stellt das Deutschland der humanistischen Bildung so sehr in Frage wie seine.

Der am tiefsten Verstrickte – er kam nicht aus der proletarischen Unterwelt oder aus Braunau. Himmler entstammte ordentlichen Verhältnissen: Man war katholisch und königstreu, sittsam und gebildet, bodenständig und bayerisch. Am Humanistischen Gymnasium Landshut war sein Vater Konrektor gewesen. Ludwig Thoma drückte hier die Schulbank, der Dichter Hans Carossa büffelte hier ebenso lateinische Verben wie der spätere Bundespräsident Roman Herzog. Was, wenn nicht Bildung, schützt vor den seelischen Abgründen, in die Heinrich Himmler stürzen sollte?

Sein Menschenideal war das des nüchternen und opferwilligen Gewaltmenschen, sein Ziel war dessen Züchtung. Seinen Mannen predigte er Lauterkeit und Sittlichkeit im gleichen Atemzug, in dem er auch Gewalt und Massenmord befahl.

Er war kein Intellektueller, eigentlich linkisch, furchtsam und entscheidungsschwach. Autorität erlangte er nicht aus der Überzeugungskraft seiner Person, sondern aus einem zielstrebigen Machttrieb. Himmler wollte keine Ämter, sondern Herrschaft. Nicht die Kontrolle über den Staat wollte Himmler erlangen, seine mächtigen Apparate sollten der Staat selbst sein.

Nüchternheit und kühle Rationalität waren freilich nur die eine Seite seines widersprüchlichen Charakters. Zugleich verstieg er sich in ein absurdes Metgebräu aus Rassentheorie, Naturheillehre und völkischem Okkultismus. Er zelebrierte obskure Feiern, inszenierte kultische Zeremonien und errichtete Weihestätten für seine mystischen Rituale, über welche die anderen Paladine lächelten.

Das ist vergessen. Was von Heinrich Himmler bleibt, ist die Verantwortung für den millionenfachen Massenmord. Natürlich war auch er »Befehlsempfänger« und betonte dies stets gern (»Es war des Führers Wunsch . . .«). Doch Hitler hätte keinen besseren Apparatschik finden können (ganz abgesehen davon, daß kein anderer in Frage kam, mit Ausnahme von Heydrich). Ohne innere Anteilnahme inszenierte Himmler die Gewalt der »Endlösung«. Auch an den Tatorten des Irrsinns empfand der Täter keine Regung für die Opfer. Für Himmler galt der Mythos der SS: Wer hart zu sich selbst war, durfte hart zu anderen sein.

Ausgerechnet dieser willige Vollstrecker, der »getreue Heinrich«, praktizierte in den letzten Kriegsmonaten eine doppelgleisige Verzweiflungspolitik. Er organisierte auf der einen Seite die Schimären Volkssturm und Werwolf und bot auf der anderen Seite dem Westen in Geheimgesprächen eine Kapitulation an – ohne zu erkennen, daß sein Name längst als Synonym für Massenmord schlechthin stand. So verriet er seinen »Führer« schließlich ebenso, wie er elf Jahre zuvor seine beiden ersten Förderer, Ernst Röhm und Gregor Strasser, ungehemmt verraten hatte.

»Deine Ehre heißt Treue«: Was die von Himmler propagierte Losung der SS am Ende wert war, hat er selbst bewiesen.

Zeit seines Lebens bestritt *Albert Speer*, vom Holocaust gewußt zu haben. Hitlers Lieblingsarchitekt und Rüstungsminister erkannte zwar in Nürnberg als einziger die »Gesamtverantwortung der Führenden« für die Verbrechen des Regimes an, erklärte sich persönlich aber für »nicht schuldig«. Mitverantwortlich für die Versklavung und den tausendfachen Tod von Zwangsarbeitern ebenso wie für die massenhafte Vertreibung von Juden aus ihren Wohnungen, wollte er von der Judenvernichtung bis zum Ende nichts gemerkt haben – eine Lebenslüge.

Der Sohn aus gutem Hause war als NSDAP-Mitglied ein Spätberufener und mußte sich den Weg nach oben nicht erkämpfen. Der feinsinnige Architekt wollte Hitler Bauten schaffen, die noch in Jahrtausenden von seiner Herrschaft künden sollten.

Speer gab der braunen Ideologie die steinerne Form, und der als Baumeister verhinderte Mentor war von der Arbeit seines Ziehsohns begeistert. Hätte Hitler einen Freund gehabt, schrieb Speer Jahrzehnte später, so wäre er es gewesen. Ein Stadion für 400 000, eine neue Reichskanzlei, das Zentrum der Welthauptstadt »Germania« – Stätten einer zementierten Geltungssucht, vergleichbar nur den Bauten Babylons.

Speer und Hitler waren wie ein Liebespaar, verbunden durch die Leidenschaft fürs Bauen. Speer war in diesem Paar die Frau, die auszutragen hatte, womit Hitler sie befruchtete. »Nach Ideen des Führers«, stand auf Speers Entwürfen.

Nicht seiner eigenen Familie widmete er seine innigsten Gefühle – seine Zuneigung gehörte Hitler. »Für einen großen Bau hätte ich wie Faust meine Seele verkauft«, erinnert sich Speer Jahrzehnte später. »Nun hatte ich meinen Mephisto gefunden.«

Dieser ungewöhnlichen Beziehung verdankte der geliebte Architekt die Ernennung zum »Reichsminister für Bewaffnung und Munition«. Der tatkräftige Speer versprach ein Rüstungswunder. Er erreichte es auf Kosten Hunderttausender von Zwangsarbeitern und KZ-Häftlingen. Sein stetiger Kampf um Effektivität und höhere Produktion verlängerte den Krieg um Monate, wenn nicht um ein ganzes Jahr.

Dabei sah er sich nie als Überzeugungstäter. Er verstand sich gern als Künstler, dem es letztlich gleich war, welchem Zweck er diente. Vom Kriegsgegner als Technokrat erkannt, verfiel er freilich dem erhebenden Gefühl des Machtbesitzes. Der uneingeschränkte Zugriff auf Menschen und Ressourcen faszinierte ihn. Das vermeintlich hehre Ziel gestattete zu keiner Zeit die Frage nach der innewohnenden Moral. Es reichte, Sittlichkeit für sich und seine Ideale zu beanspruchen.

»Die Achtung von Sitte und Anstand saß tief in uns«, behauptete Speer noch nach dem Ende des Regimes. Doch spätestens seit dem Oktober 1943 mußte er vom Massenmord an den Juden ebenso gewußt haben, wie er über die Tötung geistig Behinderter und die »Vernichtung durch Arbeit« im Bilde war. Wenngleich kein aktiver Antisemit, verschloß er doch wie viele andere in schrecklicher Gleichgültigkeit die Augen vor der ungeheuerlichen Wahrheit.

Teilnahmslosigkeit den Opfern gegenüber, Billigung durch Wegsehen: Speers Verhalten spiegelt exemplarisch das deutsche Trauma des »moralisch erloschenen Menschen« wider. Ein Weiterleben ist nur möglich in der Abschottung, in der Verdrängung einer Wahrheit, die nicht zu ertragen ist. Desinteresse, ja, direktes Leugnen soll von der Verantwortung entheben und den einzelnen vor einem tiefen inneren Konflikt bewahren. Wer wie Speer an den Verbrechen nicht beteiligt war, der empfindet schon die Frage nach der Schuld als unzulässig. Zumal er ja nach eigenem Bekunden Widerstand geleistet hat:

Als Speer im Winter 1944/45 klar erkannte, daß der Krieg bald enden würde, da gewann der eigene Überlebensdrang die Oberhand: Er war noch keine vierzig, das »Tausendjährige Reich« sollte nicht alles gewesen sein. So hintertrieb er Hitlers wahnsinnige Order der »verbrannten Erde«: »um die Lage der Bevölkerung nicht weiter zu verschlechtern«. In Wahrheit brauchte er intakte Industrieanlagen und Betriebe auch als Faustpfand seines guten Willens gegenüber den westlichen Siegern. Insgeheim sah er sich schon als eine Art »Wiederaufbauminister« im Nachkriegsdeutschland.

Speer bezog damit offen Stellung gegen Hitler. Dennoch kehrte er noch einmal in die Reichskanzlei zurück, um seinem Förderer im Bunker eine letzte Aufwartung zu machen – nicht, um in einer Aufwallung romantischer Gefühle Abschied vom Mäzen zu nehmen: Ihn trieb vielmehr die Furcht, zum Nachfolger ernannt zu werden oder zumindest in der Ministerliste einer Nach-Hitler-Regierung zu erscheinen und damit für die rettende Zusammenarbeit mit den Alliierten diskreditiert zu sein.

Der waghalsige Flug in das belagerte Berlin hatte sich gelohnt: Nach einem Gespräch unter vier Augen wurde Dönitz in Hitlers Testament zum Nachfolger bestimmt, Speer darin mit keinem Wort erwähnt. Zwar konnte ihm das zwanzig Jahre Spandau nicht ersparen. Doch angesichts der Fakten, die in Nürnberg nicht bekannt waren und die wir heute kennen, hätte es für Speer auch schlimmer ausgehen können.


Warum, als Militär in unserem Sextett der Paladine, ausgerechnet er: *Karl Dönitz?* Er war das Sinnbild des politischen Soldaten, der mit starren Durchhalteparolen bis zum Ende Schuld mittrug für Hunderttausende von Opfern in der Spätphase des Krieges. Dabei sah gerade Dönitz sich als Prototyp des unpolitischen Soldaten, der seine Pflicht tat und sonst gar nichts. Viele wollten ihm das gern glauben: Für sie war er vor allem der Retter von Millionen Flüchtlingen. Der Sieger sah in ihm freilich nur den »Kriegsverbrecher«. Später nannten sie ihn malerisch »des Teufels Admiral«. Nichts paßt auf den kühlen Überzeugungstäter Dönitz weniger als dieses Pathos.

Hitlers Nachfolger war niemals NSDAP-Mitglied, doch immer überzeugter Nationalsozialist. In seiner Sehnsucht nach dem »starken Mann« hielt Dönitz Hitler für den Inbegriff des »Retters«, dem bedingungslos zu folgen sei: »Im Vergleich zum Führer sind wir arme Würstchen.«

Als Kommandeur der U-Boot-Flotte galt der Admiral bei seinen Gegnern immerhin als »Rommel des Seekriegs«. »Das einzige, was mich in ständiger Furcht hielt, waren die Dönitz-Boote«, meinte Churchill nach dem Krieg. Doch als die Alliierten neue Möglichkeiten der Radarortung entwickelt hatten und die Briten den verschlüsselten Funkverkehr der Deutschen dekodieren konnten, verkehrten sich die früheren Triumphe in die schrecklichste Bilanz aller Waffengattungen: Drei von vier U-Boot-Fahrern kehrten nicht zurück.

Das Desaster focht den Admiral nicht an. »Kämpfen heißt opfern«, tönte er in einem Propagandafilm und setzte diesen Wahlspruch unbarmherzig um. Er verbot das Bergen von Schiffbrüchigen, war Vollstrecker gnadenloser Militärjustiz und verheizte junge, unzureichend ausgebildete Marinesoldaten als letztes Aufgebot mit sinnlosen Befehlen.

Wo endet Verstrickung? Wo beginnt Schuld? Wer verantwortet in einem Staat dessen Handlungen, wenn nicht dessen Führer? Diesen Fragen stellte sich Karl Dönitz nie. Bis zum Schluß wich er der eigenen Vergangenheitsbewältigung behende aus. Er schwieg zu den Verbrechen des Regimes und beklagte nur die »ungerechte« eigene Verurteilung im Nürnberger Prozeß.

Dönitz wußte von dem Mord an den Juden – doch wollte er davon nichts wissen. Die Bitte, etwas gegen die Verbrechen zu unternehmen, wehrte er ab: »Ich werde mir doch mein Verhältnis zu Hitler nicht kaputtmachen.« Die Wahrung seiner Position im Machtgefüge des NS-Staates war ihm wichtiger.

Wenn es ein Lehrstück gibt für das moralische Versagen eines Offiziers in einer Diktatur, dann liefert es das Leben von Karl Dönitz.

Goebbels, Göring, Himmler, Heß, Speer, Dönitz – sechs Helfer Hitlers, sechs Vollstrecker seiner Macht. Ohne sie und viele andere hätte Hitler seine Herrschaft nicht erhalten können.

Doch erst heute offenbart sich, daß das eigentliche Menetekel seiner Diktatur, der eigentliche Sündenfall des zwanzigsten Jahrhunderts, nicht der Krieg mit seinen offenen Schrecken, sondern das in ihm verborgene Verbrechen war: Auschwitz, Synonym für Massenmord nach Plan. Der Krieg, so furchtbar er auch für die Zeitgenossen war, tritt in der nüchternen historischen Betrachtung immer mehr zurück – und wirkt nach mehr als fünf Jahrzehnten nur noch wie ein Mantel, unter dessen Hülle sich der Holocaust verstecken und vollziehen konnte.

Natürlich waren dessen Ausübende nicht nur »Hitlers Helfer«, sondern auch die Helfershelfer: Wohl eine halbe Million Deutsche haben sich unmittelbar schuldig gemacht.

Einem US-Soziologen aber ist das nicht genug: »Hitlers Helfer« waren alle Deutschen, meint Daniel Goldhagen. Seine provokante These: Nicht Hitler allein, nicht seine Paladine und schon gar nicht eine ominöse Gruppe sadistischer »Nazis« waren die willigen Vollstrecker der »Endlösung«. Die Mörder waren »ganz gewöhnliche Deutsche«, Hunderttausende von freundlichen Familienvätern.

Getrieben von einem »virulenten Haß«, einer »halluzinatorischen Wahrnehmung des Juden als Gespenst des Bösen«, seien »die Deutschen« zu der Überzeugung gelangt, daß »die Juden« den Tod verdient hätten. Sie hätten nicht gemordet, weil sie dazu gezwungen worden seien, nicht aus blindem Gehorsam oder aus Angst vor Bestrafung. Sie mordeten freiwillig, grausam, ja sogar freudig. »Die Deutschen«, so der Amerikaner, hätten seit mindestens 150 Jahren die Liquidierung des Judentums gewünscht oder für nötig gehalten. Der Boden für das Vernichtungsprogramm sei längst bereitet gewesen, als Hitler an die Macht kam. Das totalitäre Regime habe die nationale Blutgier lediglich legitimiert. »Das Selbstverständnis der Deutschen lief keineswegs darauf hinaus, daß sie die Wahnsinnspläne eines kriminellen Verrückten durchsetzten; sie sahen vielmehr die Notwendigkeit eines derart radikalen Handelns; um die Existenz ihres Volkes zu sichern, schien ihnen die Vernichtung der Juden ein notwendiges nationales Projekt zu sein.«

Wieder einmal Kollektivschuld?

Ganz abgesehen davon, daß der virulente Antisemitismus keine urdeutsche Spezialität war, sondern eher in Österreich-Ungarn, Rußland und Rumänien vor dem Ersten Weltkrieg seine Wurzeln hatte; ganz abgesehen davon, daß die These Goldhagens die weitgehende Assimilation des deutschen Judentums vor 1933 ignoriert; ganz abgesehen davon, daß der Antisemitismus in Deutschland (wie unter anderem eine andere amerikanische Studie ergeben hat) am Ende der Weimarer Republik schon im Abflauen begriffen war; ganz abgesehen davon, daß Hitler in den Wahlkämpfen des Jahres 1932 seine antisemitische Propaganda fast zurückgezogen hat, weil sich damit keine neuen Wählerstimmen gewinnen ließen – ganz abgesehen davon haben sich auch Zehntausende von Nichtdeutschen – Luxemburger, Polen, Letten, Litauer, Rumänen – an den Mordkommandos Himmlers beteiligt. Und wenn Judenhaß die Triebfeder deutscher Mordlust war – warum wurden dann Sinti und Roma, Behinderte und Geistliche, Kommunisten und Zeugen Jehovas getötet?

Waren »alle Deutschen« schuldig? Oder nur die Täter? Wenn »die Deutschen« den Holocaust so begeistert unterstützt haben sollten, dann hätten sie ja allesamt davon wissen müssen. Haben sie das? Wenn wir fragen, wieviel »die Deutschen« wußten, dann müssen wir zunächst genau bestimmen, *was* sie *wann* gewußt haben sollen.

Daß die Nazis Antisemiten waren, wußte jeder. Daß die Juden nach 1933 in Deutschland verfolgt wurden, war bekannt. Die Kennzeichnung der Juden durch den gelben Stern im September 1941 war auf den Straßen zu sehen. Die Deportationen seit Oktober 1941 konnten nicht verborgen bleiben.

Sie aber waren schon »geheime Reichssache«, auf deren Verrat die Todesstrafe stand. Dies galt vor allem für die Massenerschießungen im Rücken der Ostfront und den »eigentlichen Holocaust« in den Vernichtungslagern Auschwitz, Belzec, Chelmno, Majdanek, Sobibor und Treblinka. Diese »Schlachthöfe für Menschen« wurden ganz bewußt nicht auf deutschem Boden errichtet. Warum, wenn doch, wie Goldhagen meint, alle Deutschen die Tötung der Juden herbeisehnten?

1943 erging eine Bormann-Direktive an die Gauleiter: Beim Thema Juden müsse »jede Erörterung einer künftigen Gesamtlösung unterbleiben«. Himmler gab erst 1943 den Gauleitern offiziell bekannt, der »Führer« habe sich entschlossen, die Juden auszurotten, und fügte hinzu: »Man wird vielleicht in ganz später Zeit sich einmal überlegen können, ob man dem deutschen Volke etwas mehr darüber sagt.«

Das Volk sollte glauben, die deportierten Juden seien noch am Leben, irgendwo im Osten. Aber ahnten, sahen, wußten Hunderttausende von Deutschen an der Front und in der Heimat nicht genug? Vieles sickerte doch durch, schon von den Mordtaten der Einsatzgruppen. Drei Millionen Landser waren ständig an der Ostfront im Einsatz. Manche wurden da und dort zu Augenzeugen von Erschießungen. Darüber zu schweigen, gebot ihnen niemand. In Feldpostbriefen haben die Soldaten kaum davon geschrieben. Diese unterlagen der Zensur. Doch wenn die Landser auf Heimaturlaub waren, dann erzählten sie darüber, natürlich hinter vorgehaltener Hand: ihren Ehefrauen, Eltern und Geschwistern.

Wer in Hitlers Deutschland was wann wußte, ist heute ganz exakt nicht mehr zu klären. Das »Dritte Reich« kannte keine Demoskopie. Wir haben dies nach über fünf Jahrzehnten nachgeholt. Eine repräsentative Bevölkerungsumfrage der Forschungsgruppe Wahlen, die im Sommer 1996 im Auftrag der Redaktion Zeitgeschichte des ZDF diese Frage untersuchte, kam (bei aller Vorsicht gegenüber »nachträglicher Demoskopie«) zu einem sensationellen Ergebnis. Sechs Prozent der Befragten über 65 Jahre geben zu, Massenerschießungen von Juden nach dem Überfall auf die Sowjetunion selbst mitbekommen zu haben. 15 Prozent erklärten, sie hätten damals schon davon gehört. Überträgt man allein das Ergebnis dieser Umfrage auf die gesamte deutsche Bevölkerung von damals, dann haben 21 Prozent der Deutschen, also rund 17 Millionen Menschen, von den Massakern gewußt oder davon gehört. Immerhin erklären 76 Prozent der Befragten, sie hätten von den Massenerschießungen erst nach dem Krieg erfahren.

Vollends überraschend sind die Zahlen bei der Antwort auf die Frage, wer von den Judenvernichtungen in Konzentrationslagern etwas gewußt habe. Man sollte annehmen, daß die Vernichtungslager besser isoliert waren und die Nachricht von dem grausamen Geschehen kaum nach draußen drang. Doch über acht Prozent der befragten Deutschen über 65 geben an, die Vernichtung im KZ »selbst mitbekommen« zu haben. Acht Prozent! Das sind, hochgerechnet, sechs Millionen Deutsche! 19 Prozent der Befragten erklärten, sie hätten damals schon vom Judenmord und von den Konzentrationslagern gehört. 70 Prozent der Befragten bekundeten, sie hätten davon erst nach 1945 erfahren. Überträgt man diese Zahlen wiederum auf die gesamte deutsche Bevölkerung, kommt in der Addition ein erschreckendes Ergebnis zustande: 22 Millionen Deutsche haben von der Judenvernichtung im KZ gewußt oder davon gehört. Sage niemand, daß im »Volk der Täter« heute noch verschwiegen und verdrängt wird. Diese Zahlen sind, bei allem Vorbehalt, auch ein Politikum.

Aber wissen heißt nicht gleich auch wollen. Daniel Goldhagen meint, kaum einen Deutschen hätten moralische Skrupel geplagt. Doch wie erklären wir uns dann ganz andere zeitgenössische Berichte wie die Eintragung Victor Klemperers in sein Tagebuch bei der Einführung des »Judensterns« im September 1941? Klemperer registriert, daß ihn verhetzte Jugendliche anpöbeln. Häufiger aber begegnet er Gesten der Freundlichkeit, ebenfalls der Beschämung. Einige Dresdener geben ihm zu erkennen, daß sie nicht einverstanden sind, wie man mit ihm und seinesgleichen verfährt. Sie signalisieren auch die Angst, wegen kleinster Gesten menschlicher Solidarität selbst denunziert zu werden. Reagiert so ein Volk, das von einem »eliminierenden Antisemitismus« besessen ist? Selbst Goebbels gibt dem Rüstungsminister Speer gegenüber zu, daß die Einführung des Judensterns nicht den gewünschten Effekt habe: »Überall zeigen Leute Sympathie für die Juden. Diese Nation ist einfach noch nicht reif, sie ist voller idiotischer Sentimentalität.«

Das NS-Regime war am Meinungsbild der Bevölkerung in hohem Maße interessiert. Zahlreiche Behörden – der Sicherheitsdienst SD, Polizei, Verwaltung und Justiz – verfaßten wöchentlich Berichte über die Stimmung des Volkes, die auf lokaler, dann auf regionaler Ebene gesammelt und schließlich, in ihrer Essenz, in die Reichsberichte des SD einflossen. Diese sind veröffentlicht – nicht jedoch die vielen Vorstufen auf lokaler und regionaler Basis. Ein Forschungsprojekt der Universitäten Stuttgart und Jerusalem (unter Eberhard Jäckel und Otto Dov-Kulka) wird sie demnächst zusammenfassen: Tausende von einzelnen Berichten – die einzige wissenschaftlich zuverlässige Primärquelle, um zu beurteilen, was und wieviel die Deutschen gewußt und wie sie es bewertet haben. Wir zitieren im folgenden aus diesen Quellen.

Aus ihnen geht zunächst hervor, daß die Nürnberger Gesetze von der Bevölkerung weithin akzeptiert worden sind. Was die Deutschen ablehnten, waren wilde Pogrome. Aus Hunderten von Berichten zur »Reichskristallnacht« 1938 geht hervor, daß die Deutschen die Ausschreitungen eher mit Mißvergnügen betrachteten. So schreibt etwa der Regierungspräsident aus Minden in Westfalen: »Über die von der Partei befohlene Aktion herrscht betretenes Schweigen, selten äußert sich offene Meinung, man schämt sich.«

Eine andere Stelle sagt: »Die Stimmung der Bevölkerung und weiter Parteikreise ist gedrückt.« In einem Bericht aus Stuttgart über das Novemberpogrom heißt es: »Die Judenaktion gab weitestgehend Anlaß zur Kritik. Es wurde hervorgehoben, daß die Zerstörung der jüdischen Geschäfte und auch der Synagogen in keiner Weise im Sinne des Vierjahresplanes sei.« Da wurde nicht moralisch, sondern ökonomisch argumentiert. In Einzelfällen wurden auch bewußte Sympathieakte bekannt: So ist von einem 81 Jahre alten Oberst die Rede, einem NSDAP-Mitglied, der einem Juden nach dem 9. November 1938 einen Blumenstrauß geschickt habe, um ihm seine innere Verbundenheit zu bekunden.

Das war nicht überall so, und es galt ganz sicher nicht für alle Deutschen. Doch es gab ein weitverbreitetes Gefühl der Scham.

Wie reagierte die Bevölkerung auf die Deportationen ihrer jüdischen Mitbürger seit dem Oktober 1941?

Aus den Berichten geht hervor, daß schon die Brandmarkung der Juden mit dem gelben Stern im Vormonat oft kritisch betrachtet wurde: »Die Kennzeichnung der Juden wird abgelehnt.« Und dann häufen sich die kritischen Anmerkungen zu Aktionen, über die schon nichts mehr in den Zeitungen zu lesen war. In einem Bericht aus Westfalen heißt es: »Es wird erzählt, in Rußland würden die Juden zur Arbeit in ehemals sowjetische Fabriken herangezogen, während die älteren und kranken Juden erschossen werden sollten. Es wäre nicht zu verstehen, daß man mit Menschen so brutal umgehen könnte, ob Jude oder Arier, alles wären doch von Gott geschaffene Menschen.« In einem anderen Bericht ist zu lesen: »Es konnte beobachtet werden, daß ein großer Teil der älteren Volksgenossen die Maßnahmen des Abtransports der Juden aus Deutschland allgemein negativ kritisierte. Innerhalb kirchlich gebundener Kreise wurde geäußert, wenn das deutsche Volk nur nicht eines Tages die Strafe Gottes zu gewärtigen hat.«

Wie viele grauenhafte Einzelheiten zu den Deutschen in der Heimat durchgedrungen waren, beweist ein Bericht des SD aus Erfurt: »Über den Einsatz der Sicherheitspolizei in den besetzten Ostgebieten werden die tollsten Gerüchte verbreitet. So werde in der Bevölkerung kolportiert, daß der Sicherheitspolizei die Aufgabe gestellt sei, das Judentum in den besetzten Gebieten auszurotten. Zu Tausenden würden die Juden zusammengetrieben und erschossen, während sie erst zuvor ihre Gräber gegraben hätten. Die Erschießungen der Juden nähmen zeitweise einen Umfang an, daß selbst die Angehörigen der Erschießungskommandos Nervenzusammenbrüche bekämen.« Das war eine ziemlich genaue Beschreibung der Tat. Doch die Ängste und Besorgnisse der Deutschen widerlegen alle Thesen, sie, »die Deutschen«, seien gleichgültig oder abgestumpft gewesen – ganz zu schweigen von der Annahme, der Holocaust sei begeistert begrüßt worden. »Viel wird in der Bevölkerung davon gesprochen, daß alle Deutschen in Amerika zum Zwecke ihrer Erkenntlichkeit ein Hakenkreuz auf der linken Brustseite tragen müssen, nach dem Vorbild, wie hier in Deutschland die Juden gekennzeichnet sind. Die Deutschen in Amerika müßten dafür schwer büßen, daß die Juden in Deutschland so schlecht behandelt würden«, heißt es in einem Bericht aus Minden.

Als 1943 ein vom sowjetischen Geheimdienst angelegtes Massengrab mit polnischen Offizieren bei Katyn entdeckt wurde und die Nazis diesen Befund zum Gegenstand antisowjetischer Hetzkampagnen machten, vermerkte die Gestapo, »daß ein großer Teil der Bevölkerung diese Propaganda merkwürdig oder heuchlerisch fand, weil deutscherseits in viel größerem Umfange Polen und Juden beseitigt worden sind«. Reagiert so ein Volk, das die »Endlösung« als nationales Projekt versteht?

Das Fazit aus den unveröffentlichten Quellen und der Demoskopie ist deckungsgleich: Viele Deutsche wußten eine Menge, sie haben es verdrängt und auch geduldet, aber weithin nicht gewollt. Diese Meinung vertritt im übrigen auch die überwiegende Mehrheit unserer 1285 Befragten:

30 Prozent der Deutschen 1996 geben sich überzeugt, ihre Zeitgenossen damals hätten von der Ermordung der Juden gewußt. 62 Prozent sind der gegenteiligen Ansicht. Gerade anderthalb Prozent erklären, daß der Judenmord von den meisten Deutschen ihrer Meinung nach eher unterstützt worden sei. Rund 22 Prozent meinen, er sei »eher geduldet« worden. Und nur sechs Prozent der Deutschen 1996 vertreten die Ansicht, daß der Judenmord von den meisten »eher verurteilt« worden sei. Das Volk ist manchmal klüger, als Historiker es glauben.

Wäre doch nur mehr »verurteilt« worden! Als die Kardinäle Faulhaber und Galen die offiziell als »Gnadentod« verbrämte Mordaktion T4 von ihren Kanzeln öffentlich als Mord anprangerten, ließ Hitler sie einstellen. Als Anfang 1943 in Berlin nichtjüdische Gatten von Juden, die zum Abtransport in die Vernichtungslager vorgesehen waren, vor der Sammelstelle öffentlich dagegen protestierten (der sogenannte »Rosenstraßen-Vorfall«), wurden viele Registrierte wieder freigelassen. Zumindest in Deutschland wollte das Regime jedes öffentliche Aufsehen vermeiden. Alles sollte ordentlich und ruhig verlaufen – bis zur Gaskammer. Hätten ähnliche Proteste in geballter Form im Inland und im Ausland auch den Holocaust verhindern oder vorzeitig beenden können? Der Versuch ist nie gewagt worden.

Wer trägt die Verantwortung für das Jahrhundertverbrechen, den Mord an den Juden Europas? Auch diese Frage stellten wir den Deutschen 1996. Fast 70 Prozent der Befragten erwiderten: Hitler – gefolgt von dessen Paladinen (37 Prozent) und der SS (32 Prozent). »Den Deutschen insgesamt« gaben nur 20 Prozent die Schuld an der Ermordung der Juden. Auffällig ist hierbei allerdings, daß junge Menschen unter 30 Jahren eher geneigt sind, »allen Deutschen« einen Teil der Verantwortung zu übertragen (35 Prozent), während lediglich fünf Prozent der über 65 Jahre alten Deutschen dieser Ansicht sind.

So schuldig sich »die Deutschen« insgesamt gemacht haben: Ohne Hitler ist das Hitlerreich nicht denkbar. Das bedeutet nicht das Abschieben von Schuld auf einen einzelnen. Doch dessen kriminelle Energie hat erst die kriminellen Energien anderer freigesetzt. Hitler hatte seine Helfer fest im Griff. Sie vollzogen das, was Hitler vorgab – oder was nach ihrer Ansicht in des »Führers« Sinne sei. Der Judenmord war nicht die Folge von chaotischen Strukturabläufen in der Diktatur, sondern ein bewußt von Hitler inszeniertes Staatsverbrechen. Hitler hat das Morden nicht nur eingeleitet, sondern auch geleitet – über seinen Delegierten Himmler. Ohne Hitler hätte es den Überfall auf die Sowjetunion nicht gegeben, ohne Hitler keinen Holocaust.

Das ist kein Freispruch für die Helfer und Helfershelfer. Denn durchgeführt haben Hitlers Holocaust die vielen kleinen willigen Vollstrecker, die sich später auf Befehlsnotstand beriefen – keine Psychopathen, sondern ganz gewöhnliche Deutsche aus dem Volk der Mitläufer.

Ihr Morden aber war genausowenig ein vorherbestimmtes logisches Produkt der deutschen Zeitgeschichte, wie es Hitler selbst war. Von Leuthen über Langemarck führt nicht ein gerader Weg nach Auschwitz. Von Luther über Bismarck verläuft kein Weg direkt zu Hitler. Denn zwangsläufig ist in der Geschichte gar nichts. Das gilt bereits für Hitlers sogenannte Machtergreifung, die in Wahrheit eine Machterschleichung war. Obwohl immer auch die Möglichkeit bestand, daß es so kommen konnte, hat es nicht so kommen müssen.

Die Schande bleibt: Millionen von Deutschen haben zugesehen und weggesehen. Millionen haben immerhin genug gewußt, um ganz genau zu wissen, daß sie nicht mehr wissen wollten. Hunderttausende von Deutschen haben sich als Hitlers willige Vollstrecker erwiesen.

Doch was sie antrieb, war nicht nur und nicht am meisten ein mörderischer Antisemitismus. Es war die Gelegenheit, die ihnen ein satanisches Regime bot, ihre niedersten, gemeinsten Triebe auszuleben: nicht nur gegen Juden.

Das war in Deutschland möglich: und wenn dort, dann überall. Die Geschichte hat bewiesen, daß der Völkermord im zwanzigsten Jahrhundert keine deutsche Originalität war: Auch in Stalins Gulag, der Türkei, in China und Kambodscha kam es zu millionenfachen Massenmorden. Was den Holocaust am Judentum so einzigartig macht, ist die fabrikmäßig geplante Durchführung der Tat.

Wir, die nach dem Krieg Geborenen, sind für Auschwitz nicht verantwortlich zu machen. Doch wir sind verantwortlich für das Erinnern, gegen das Vergessen und Verdrängen. Das bedeutet keine Kollektivschuld, aber Kollektivverantwortung.

Es gilt darüber nachzudenken, wie aus »ganz normalen Menschen« unter ganz besonderen Bedingungen Verbrecher werden können, wenn ein krimineller Staat dazu ermutigt. Was macht den Menschen unmenschlich? Darüber nachzudenken heißt auch, zu verhindern, daß der Mensch auf alle Zeit des Menschen Wolf wird. Bosnien und Ruanda sind erst vorgestern gewesen.

All die Lehren aus dem Holocaust der Deutschen, all die Bilder und Berichte haben nicht vermocht, die menschliche Natur zu ändern. Doch sie können immerhin verhindern, daß in unserem Land so etwas ein zweites Mal geschieht. Ich meine, das ist Aufgabe genug.

# Der Brandstifter

Das Verzichten habe ich nun gelernt. Und eine grenzenlose
Verachtung der Canaille Mensch

Über mir und den Frauen hängt ein Fluch

Einer ist da, der den Weg weiß.
Seiner will ich würdig werden

Hitler redet ganz lieb und vertraut mit mir.
Wie lieb er mich auch persönlich hat

Es wird wohl immer einer der besten Witze der Demokratie
bleiben, daß sie ihren Todfeinden die Mittel selber stellte,
durch die sie vernichtet wurde

Man kann von den Bolschewisten, vor allem
in der Propaganda, viel lernen

Das war ganz gut und zweckmäßig,
daß wenigstens ein Teil der Juden dachte:
Na, ganz so schlimm wird's ja nicht kommen

Diese Judenpest muß ausradiert werden. Ganz und gar.
Davon darf nichts übrigbleiben

Nun, Volk steh auf und Sturm brich los

Wir werden als die größten Staatsmänner aller Zeiten
in die Geschichte eingehen. Oder als ihre größten Verbrecher

*Goebbels*

Du weißt ja, daß ich dieses übertriebene Antisemitentum nicht besonders leiden mag. Ich kann ja auch nicht gerade sagen, daß die Juden meine besonderen Freunde wären, aber ich meine, durch Schimpfen und Polemisieren oder gar durch Pogrome schafft man sie nicht aus der Welt, und wenn man es auf diese Weise könnte, dann wäre das sehr unedel und menschenunwürdig.

*Goebbels an Anka Stalherm, 1919*

Er hat uns die alte, deutsche Treue wieder gelehrt, wir wollen sie ihm halten bis zum Sieg, oder bis zum Untergang. Danken wir dem Schicksal, daß es uns diesen Mann gab, den Steuermann in der Not, den Apostel der Wahrheit, den Führer zur Freiheit, den Bekenner, den Fanatiker der Liebe, den Rufer im Streit, den Helden der Treue, das Symbol des deutschen Gewissens.

*Goebbels über Hitler, 1924*

Deutschland sehnt sich nach dem Einen, dem Mann, wie die Erde im Sommer nach Regen. Herr, zeig dem deutschen Volke ein Wunder! Ein Wunder!! Einen Mann!!!

*Goebbels, 1924*

Nun wird er bald nur noch auf seine Generäle hören, und es wird sehr schwer sein für mich.

*Goebbels, 1938*

Warum kann die Frau nicht restlos mit uns gehen? Kann man sie erziehen? Oder ist sie überhaupt minderwertig? Frauen können nur in Ausnahmefällen Heldinnen sein!

*Goebbels, 1925*

Mir ist der Typus Dr. Goebbels stets fremd gewesen, aber ich habe mich im Urteil zurückgehalten. Er ist aber heute der gehaßteste Mann in Deutschland. Früher schimpften wir über die jüdischen Generaldirektoren, die ihre Angestellten sexuell zwangen. Heute tut es Dr. Goebbels.

*Himmler, 1939*

Leben verstehen wir Deutschen vielleicht nicht, aber Sterben, das können wir fabelhaft!

*Goebbels, 1932*

Wenn ich den Leuten gesagt hätte: Springt aus dem dritten Stock – sie hätten es getan!

*Goebbels nach der Sportpalastrede zum »Totalen Krieg«, 1943*

Das ist das Geheimnis der Propaganda: den die Propaganda fassen will, ganz mit den Ideen der Propaganda zu durchtränken, ohne daß er überhaupt merkt, daß er durchtränkt wird. Selbstverständlich hat die Propaganda eine Absicht, aber die Absicht muß so klug und so virtuos kaschiert sein, daß der, der von dieser Absicht erfüllt werden soll, das überhaupt nicht bemerkt.

*Goebbels vor Intendanten und Direktoren*
*der Rundfunkgesellschaften, 1933*

Was dieser Mann an Rednergabe und Organisationstalent aufwies, ist einzigartig. Es gab nichts, dem er sich nicht gewachsen zeigte. Die Parteigenossen hingen an ihm mit großer Liebe. Die SA hätte sich für ihn in Stücke schlagen lassen. Goebbels, das war eben unser Goebbels.

*Horst Wessel, 1926*

Fort mit diesem riesenmäuligen Propagandachef der Hölle, Goebbels geheißen, der, ein Krüppel an Leib und Seele, bewußt mit unmenschlicher Niedertracht die Lüge zum Gott, zum Alleinherrscher der Welt zu erheben trachtet!

*Thomas Mann, 1933*

Die Presse ist heute nicht mehr der Feind, sondern die Presse ist der Mitarbeiter der Regierung. Presse und Regierung ziehen heute eigentlich an einem Strang.

*Goebbels, 1934*

Er war zweifellos der intelligenteste von diesen ganzen Leuten. Er war Akademiker, was man seinem Vokabular und seiner Redeweise deutlich anmerkte. Im Gegensatz zu Göring, Himmler und Bormann besaß er die Fähigkeit, zum täglichen Geschehen einen gewissen Abstand zu wahren. Auch war er kein Egozentriker, und er war kein Feigling. Er sagte Hitler, was er dachte, auch als er meinte, der Krieg sei zu Ende – und Hitler hörte ihm immer zu. Für mich war Goebbels ein Propagandagenie, und ich glaube, man kann genauso sagen, daß er Hitler gemacht hat, wie Hitler ihn. Er war eine sehr komplexe Persönlichkeit – vollkommen kalt. Wo der Nationalsozialismus am schlimmsten war – in den Maßnahmen gegen die Juden in Deutschland –, war er die treibende Kraft.

*Speer, 1979*

Großer Bahnhof für den kleinen Doktor: Als der neunundzwanzigjährige promovierte Philologe Paul Joseph Goebbels am 8. April 1926 auf den Vorplatz des Münchener Hauptbahnhofs hinaustritt, wartet bereits ein chromblitzender Kompressor-Mercedes samt Fahrer auf ihn. Dank der »riesengroßen« Plakate am Straßenrand, die für den Auftritt des »Dr. Goebbels« am folgenden Tag im »Bürgerbräukeller« werben, wird die Fahrt ins Hotel zu einem Triumphzug für den Ankömmling.

»Welch nobler Empfang!« schwärmt er in seinem Tagebuch. Als der väterliche Gastgeber dann am Abend noch leibhaftig erscheint, um seinem Besucher die Aufwartung zu machen, hat Goebbels endgültig den Zustand der Glückseligkeit erlangt: »Hitler hat angerufen. Will uns begrüßen«, frohlockt er im Tagebuch. »In einer Viertelstunde ist er da. Groß, gesund, voll Leben. Ich hab ihn gern. Er ist beschämend gut zu uns.«

Großmütig stellt der Gastgeber dem Gastredner seine Limousine für eine Spritztour an den Starnberger See zur Verfügung, bevor am nächsten Abend im »Bürgerbräukeller« die Gesellenprüfung beginnt: »Ich gebe alles. Man tobt, man lärmt. Am Schluß umarmt mich Hitler. Die Tränen stehen ihm in den Augen. Ich bin so etwas wie glücklich.« Eine Welle der Wonne durchflutet Goebbels' Tagebuch: »Ich beuge mich dem Größeren, dem politischen Genie!« Später fügt er dem Lobgesang eine weitere Strophe hinzu: »Er ist ein Genie. Das selbstverständlich schaffende Instrument eines göttlichen Schicksals. Ich stehe vor ihm erschüttert. So ist er: wie ein Kind, lieb, gut, barmherzig. Wie eine Katze listig, klug und gewandt, wie ein Löwe brüllendgroß und gigantisch. Ein Kerl, ein Mann.«

Für den jungen Verehrer war Hitler mehr als Vaterfigur oder Vorbild. Voller Inbrunst erhöhte Goebbels den Hinterzimmerdemagogen zum Messias und Erlöser in Menschengestalt. In Hitler hatte sein vagabundierender Drang nach Gläubigkeit eine Ikone gefunden. »Woran man glaubt, ist gleichgültig«, hatte er dem Helden seines schwülstigen Romanversuchs, Michael Voormann, in den Mund gelegt, »wichtig ist, *daß* man glaubt.« Nach der Abkehr von katholischer Frömmigkeit und linksrevolutionärem Überschwang verehrte er nun eine irdische Lichtgestalt mit einem glühenden Glauben, der zum Leitmotiv seines Daseins werden sollte und seine gescheiterte Existenz mit neuem Inhalt füllte.

»Ich scheide gern von diesem Leben, das für mich nur noch eine Hölle war«, hatte Goebbels noch als Zweiundzwanzigjähriger per Testament der Nachwelt zugerufen. Doch der bühnenreife Abgang wurde auf später vertagt, und er mußte notgedrungen sein kümmerliches Studentendasein weiterfristen. Ein kleines Stipendium des katholischen Albertus-Magnus-Vereins, gelegentliche Nachhilfestunden, fortwährende Leihgaben der Freunde, der Erlös aus dem Pfandleihhaus und vor allem die Geldspenden, die der Vater von seinem spärlichen Gehalt abzweigte, hielten den Germanistikstudenten mehr schlecht als recht über Wasser. Notfalls fielen eben für ein paar Tage die Mahlzeiten aus. Wohin auch immer seine Studienodyssee ihn trieb – nach Bonn, Würzburg, Freiburg, München und Heidelberg –, beständig begleitete ihn das Los des Hungerleiders.

Mit dem Erlebnis der materiellen Not in Deutschland nach dem Ersten Weltkrieg ergänzte sich seine persönliche Misere zu einem Weltbild, das den Tüchtigen zum Opfer finsterer Machenschaften verklärte. »Ist es nicht ein Unding«, schrieb er 1920 frustriert an seine Jugendliebe Anka Stalherm, »daß Leute mit den glänzendsten geistigen Gaben verelenden und verkommen, weil die anderen das Geld, das ihnen helfen könnte, verprassen, verjubeln und vertuen?«

Damit hatte Goebbels sein Selbstporträt gezeichnet: Er fühlte sich zu Höherem berufen, war überzeugt von seiner ruhmreichen Zukunft als Schriftsteller, Idealist, Weltveränderer. Tatsächlich hatten die ersten Schritte seines Lebenswegs auf der sozialen Stufenleiter zielstrebig nach oben geführt. Geboren am 29. Oktober 1897 im niederrheinischen Städtchen Rheydt als dritter Sohn eines Buchhalters, der sich verbissen vom Tagelöhner zum »Stehkragenproletarier« hochgearbeitet hatte, überschritt der begabte Junge schon mit dem Besuch der städtischen Oberrealschule die zu jener Zeit festzementierten Klassenschranken. Er genoß die Privilegien von Klavierstunden und humanistischer Bildung. Als Jahrgangsbestem standen ihm die Pforten der Universität offen. Für den Sproß aus kleinbürgerlichem Haus war der Erfolg Genugtuung und Kompensation zugleich. Denn nicht nur seiner Herkunft wegen haftete ihm stets das Stigma eines Außenseiters an. »Warum hatte Gott ihn so gemacht, daß die Menschen ihn verlachten und verspotteten?« ließ er seine Romanfigur Michael Voormann klagen. »Warum durfte er nicht wie die anderen sich und das Leben lieben?« Es war dieser von Selbsthaß und Selbstmitleid durchtränkte Aufschrei, der bis an sein Lebensende nachhallte. Zur Welt der Unbeschwerten und Unversehrten blieb Joseph Goebbels seit Kindheitstagen der Zugang verwehrt. Im Alter von vier Jahren war der schmächtige Junge an einer Knochenmarksentzündung am rechten Unterschenkel erkrankt. Trotz aller Bemühungen der Ärzte blieb das Bein im Wachstum zurück. Den verkümmerten Fuß mußte er zeit seines Lebens in einer unansehnlichen orthopädischen Montur hinter sich herziehen. Andere spielten, tanzten oder trieben Sport – der gehbehinderte Junge blieb stets eine Randfigur. Als er 1914, von der allgemeinen Kriegseuphorie angesteckt, zur Musterung antrat, winkte der Arzt nur müde ab. »Wenn er sah, wie die anderen liefen und tollten und sprangen«, bekannte Goebbels im »*Michael*«, »dann murrte er gegen seinen Gott, der ihm [. . .] das angetan hatte, dann haßte er die andern, daß sie nicht auch waren wie er, dann lachte er über seine Mutter, daß sie solch einen Krüppel noch gern haben mochte.«

In der Abgeschiedenheit seiner Dachkammer lernte er mit Leidenschaft zu hassen: sich selbst in seiner ganzen Unansehnlichkeit, die anderen, die ihn nicht ernst nahmen, verspotteten oder in Mitleid ertränkten, und schließlich die Menschheit schlechthin. »Das Verzichten habe ich nun gelernt«, schrieb er sich in seinem Tagebuch von der Seele. »Und eine grenzenlose Verachtung der Canaille Mensch!«

Die Bosheit, mit der er später die Schwächen der anderen sezierte, die Rachsucht, mit der er Vertraute und Gegner verfolgte, das Mißtrauen, das ihn überall Verrat und Tücke wittern ließ, und die Unfähigkeit zum Mitleid keimten in diesen frühen Stunden der Demütigung. Zugleich lehrte ihn die Erfahrung, seine körperlichen Nachteile durch besonders forsches Auftreten zu überspielen. Nicht zufällig machte er auf der Bühne eine beachtliche Figur. Mit starken Sprüchen und großen Gesten vermochte er die Mitmenschen in seinen Bann zu ziehen. Mit Schlagfertigkeit und Geistesschärfe lenkte er von seiner äußerlichen Erscheinung ab. Den Erfolg, der ihm auf Sportplatz und

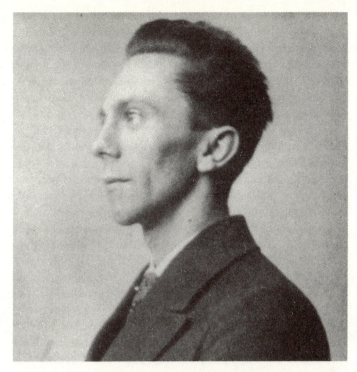

*»Eine große Null...«*
*Der arbeitslose Dr. Goebbels 1923.*

Er war nie hektisch. Er war berechnend und kalt. Eiskalt und diabolisch.

*Otto Jacobs, Stenograph*

Das Wesen der Propaganda aber ist – ich möchte fast sagen: eine Kunst. Und der Propagandist ist im wahrsten Sinne des Wortes ein Künstler der Volkspsychologie. Seine wichtigste Aufgabe besteht darin, täglich und stündlich sein Ohr an den Herzschlag des Volkes zu legen und zu lauschen, wie es schlägt, und seine Maßnahmen auf den Takt dieses Herzschlages einzurichten.

*Goebbels, 1935*

Der Propagandaminister zeichnet immer »Dr. Goebbels«. Er ist der Gebildete in der Regierung, das heißt der Viertelgebildete unter Analphabeten. Merkwürdig verbreitet ist die Meinung von seiner geistigen Potenz; man nennt ihn oft »den Kopf« der Regierung. Welche Bescheidenheit der Ansprüche.

*Victor Klemperer (Tagebuch), 1934*

Schlachtfeld versagt blieb, rang er sich mit zäher Energie auf der Schulbank oder am Schreibtisch ab. Im November 1921 empfing Goebbels die Krönung seines ehrgeizigen Aufstiegswillens: Mit seiner Promotion an der philosophischen Fakultät in Heidelberg stieg der Studiosus zum »Herrn Doktor« auf. Stundenlang übte er die schwungvolle Niederschrift seines nunmehr akademisch dekorierten Namenszugs. Niemals mehr sollte er von nun an seinen Namen ohne den schmückenden Titel gebrauchen. Im heimischen Rheydt grüßten ihn die Nachbarn auf der Straße mit Hochachtung. Der erfolgreiche Universitätsabschluß verhieß dem Vierundzwanzigjährigen gesellschaftliche Anerkennung und persönlichen Triumph. Doch statt in Amt und Würden fand er sich nur in der Dachkammer der elterlichen Wohnung wieder. Der Titel allein erlöste ihn nicht aus materieller Not. Daß auch »Doktoren« einem Brotberuf nachgehen und Bewerbungen schreiben müssen, wurde dem aufstrebenden Jüngling in den kommenden zweieinhalb Jahren schmerzlich bewußt. In seiner Schreibstube brachte der verkannte Schriftsteller eine Flut von Gedichten, Artikeln und Traktaten zu Papier – doch die Außenwelt bekümmerte das herzlich wenig. Außer dem Abdruck von sechs Aufsätzen in der *Westdeutschen Landeszeitung* nahm die Öffentlichkeit keinerlei Notiz von dem Schreibtischeremiten.

So mutete es ihn wie ein persönlicher Bankrott an, als er beruflich Unterschlupf in einer Kölner Filiale der Dresdner Bank suchen mußte. Statt vor erlauchtem Auditorium kam seine klangvolle Stimme nun bei der Ausrufung von Aktienkursen im Börsensaal zum Einsatz. Der verhaßte Dienst im »Tempel des Materialismus« bestärkte ihn in seiner Abscheu vor dem »wüsten Tanz um das goldene Kalb«. »Ihr sprecht von Kapitalanlage«, empörte Goebbels sich im Tagebuch über die Spekulationsgeschäfte im Inflationsjahr 1923, »aber hinter diesem schönen Wort verbirgt sich doch nur der tierische Hunger nach mehr. Ich sage tierisch: das ist beleidigend für das Tier, denn das Tier frißt nur, bis es satt ist.« Aus dem antikapitalistischen Nährboden sprossen erste antisemitische Triebe. Latent vorhandene Vorurteile, wie sie im katholischen Kleinbürgertum zum schlechten Ton gehörten, verdichteten sich zu einer sinistren Verschwörungstheorie. Im »internationalen Finanzjudentum« entdeckte Goebbels den passenden Sündenbock für das wirtschaftliche Elend seiner Zeit und für seine persönliche Misere. Als jüdisches Machwerk galt ihm nicht nur der westliche Materialismus – die »Ausgeburt des

Bösen« schlechthin –, sondern auch der internationale Marxismus. Den Drahtziehern hier wie dort sei das Bestreben gemeinsam, jede nationale Herrschaft restlos zu beseitigen. Genährt vom einschlägigen Schrifttum seiner Zeit, destillierte Goebbels aus dem trüben Gedankensud die »unerbittliche Logik«, daß nur der »Existenzkampf« gegen das »internationale Judentum« den Weg in eine »bessere Welt« eröffnen würde.

Noch stand die Bekanntschaft mit real existierenden Mitbürgern jüdischer Abstammung offenbar nicht im Gegensatz zu diesem Bekenntnis. Der von Goebbels hochverehrte Heidelberger Literaturgeschichtler Friedrich Gundolf war Jude, ebenso sein Doktorvater, Professor Max von Waldberg, und ein mit der Familie eng befreundeter Advokat, der dem Nachwuchsdichter literarische Nachhilfe gab. Die Eröffnung seiner Verlobten, der Lehrerin Else Janke, daß ihre Mutter Jüdin sei, befremdete ihn, aber sie trennte die beiden nicht – noch nicht. Als Goebbels später zum Repräsentanten der Partei aufstieg, setzte er seine Braut als lästiges Relikt der Jugendjahre vor die Tür.

Zunächst aber landete er selbst wieder auf der Straße. Nach einem Dreivierteljahr war die Laufbahn des Bankangestellten jäh beendet. Um die Blamage vor der Familie zu verbergen, fuhr der Arbeitslose noch wochenlang zum Schein nach Köln, bis ihn die materielle Not zur Offenbarung zwang.

»Infolge von leichteren Nervenstörungen, die ich mir durch übermäßige Arbeit und einen Unglücksfall zugezogen hatte, war ich gezwungen, meine Cölner Tätigkeit aufzugeben.« So las sich sein Mißerfolg in einem Schönschreiben, mit dem er sich beim Berliner Verlagshaus Mosse um eine Anstellung als Redakteur bemühte. Aller Euphemismus war vergebens. Der Bewerber erntete eine Abfuhr, ebenso erging es ihm bei der traditionsreichen *Vossischen Zeitung* und beim liberalen *Berliner Tageblatt*. Die Ablehnung aus der Hauptstadt paßte genau in sein Weltbild; waren die Eigentümer und Vorzeigejournalisten dieser Verlage doch jüdischer Provenienz. »Verjudet« erschien ihm die Welt, die ihm Zugang und Broterwerb verwehrte.

»Ich lebe in einer ständigen nervösen Unruhe«, klagte Goebbels im Tagebuch. »Dieses Elend des Schmarotzens. Ich zerbreche mir den Kopf darüber, wie ich diesem unwürdigen Zustande ein Ende machen kann. Nichts will – ja nichts kann gelingen. Man muß zuerst alles ablegen, was man so eigene Ansicht, Zivilcourage, Persönlichkeit, Charakter nennt, um in dieser

Welt der Protektion und der Carriere auch eine Zahl zu werden. Ich bin noch keine. Eine große Null.« Da war der politische Wanderprediger in München schon eine andere Nummer. Die Meldungen von Hitlers fehlgeschlagenem Putsch rissen den gescheiterten Schreibtischhelden aus seiner Lethargie. Mit wachsender Begeisterung verfolgte Goebbels die theaterreifen Auftritte des Hauptdarstellers beim Münchener Hochverratsprozeß. »Was Sie da sagten«, verneigte er sich später vor seinem neuen Propheten, »das ist der Katechismus neuen politischen Glaubens in der Verzweiflung einer zusammenbrechenden, entgötterten Welt. Sie verstummten nicht. Ihnen gab Gott zu sagen, was wir leiden. Sie faßten unsere Qual in erlösende Worte, formten Sätze der Zuversicht auf das kommende Wunder.«

Vom Wunderglauben angesteckt, begleitete Goebbels nun hin und wieder einen alten Schulkameraden zu den Diskussionsveranstaltungen und Treffen des »Völkisch-sozialen Blocks« in seiner rheinisch-westfälischen Heimat. Durch das neblige »Gemisch von Feigheit, Gemeinheit, Großmannssucht und Strebertum«, das er dort registrierte, drang ein erhellender Lichtstrahl in seine trübe Existenz: Er durfte publizieren! Die *Völkische Freiheit*, das in Elberfeld erscheinende Kampfblättchen der Splitterpartei, war bereit, die polemischen Aufsätze des »Dr. G.« abzudrucken – wenn auch vorerst noch ohne Entgelt. Bald stammte fast der gesamte Zeitungsinhalt aus Goebbels' Feder, und kurz darauf übernahm er die Redaktion – »mit Idealismus und Undank« als Salär und dennoch großer Genugtuung: »Ich bin ein ganz klein wenig glücklich. Der erste sichtbare Erfolg meines Strebens«, vermerkte der Redakteur im Tagebuch. »Jetzt bin ich wieder oben drauf.«

Erfolgserlebnisse bescherte die Parteitätigkeit dem neuen Mitglied auch auf der Rednertribüne. Nach den ersten Lachern über das Erscheinungsbild des kleinwüchsigen, hageren Redners mit dem unverhältnismäßig großen Kopf, die er mit eisernen Nerven durchstand, vermochte er seine Zuhörer in Bann zu schlagen. Der eigenartig faszinierende Klang seiner Stimme, die den größten Tumult durchdrang, die präzisen und scharfen Formulierungen, die doch noch dem letzten Parteigenossen verständlich blieben, die ungehemmte Angriffslust und der beißende Witz ließen das Auditorium andächtig verstummen. Mit dem glaubhaften Anschein innerer Leidenschaft gelang es ihm, das Publikum mitzureißen. Er selbst blieb völlig kalt, während er jede Reaktion

34

Heiraten wäre eine Qual für mich. Der Eros spricht laut in mir!

*Goebbels, 1926*

Goebbels hat immer wieder hervorgehoben, daß die Masse des Volkes eigentlich weiblichen Geschlechts sei. Er meinte damit, daß die meisten Menschen eher einen Mutterinstinkt gegenüber körperlich schwachen Menschen als gegenüber blonden, blauäugigen Riesen entwickelten.

*Wilfred von Oven, persönlicher Referent von Goebbels*

Nach der »Volksstimme«, das heißt zum Beispiel meinem etwas schwatzhaften Friseur zu urteilen, geht die Stimmung bei uns reißend bergab. Es würde auch von hohen Parteifunktionären in einer Tonart und mit einer Unbekümmertheit geschimpft, die unerhört seien. Ich fragte: »Worüber denn hauptsächlich?« Antwort: »Über alles!« Vor allem sei »Joseph« [Goebbels] der Stein des Anstoßes. Aber überhaupt das Neben- und Gegeneinander von Partei und Staat ginge nicht so weiter. Dann das Auftreten der Bonzen, unter ihnen auch wieder Goebbels an der Spitze.

*Ulrich von Hassell (Tagebuch), 1939*

»*Eine gute Partie...*« *Goebbels Hochzeit mit Magda Quandt (1931).*

aufmerksam studierte. Mit untrüglichem Instinkt fand er die Wendungen, die im richtigen Moment den Nerv der Zuhörer trafen. Mal schmeichelnd, mal ätzend, mal strahlend, mal traurig, schlug er aus seinem Repertoire jeweils jene Töne an, die der Stimmung im Saal am besten entsprachen. Den größten Zuspruch erntete er, wenn er mit schneidendem Sarkasmus über seine Gegner herzog; der Erfolg war ihm sicher, wenn er Vorwürfe und Zwischenrufe in stechende Gegenangriffe ummünzte. Jede Rede war Schwerstarbeit für ihn, heiser, erschöpft und schweißüberströmt wankte er anschließend vom Pult. Jede Geste war sorgsam einstudiert, jeder Fingerzeig mit Überlegung eingesetzt. Das Manuskript gab den Ablauf penibel vor, der Inhalt war in der Schreibstube ersonnen. Seine Zielscheibe waren beileibe nicht Wahrheitssinn, Redlichkeit oder Vernunft der Masse, aber es war immerhin ihr Verstand. Er setzte auf die Wirkung von Wortspielen, Witzen und entwaffnenden Argumenten. Damit konnte er seine Zuhörer aufwiegeln, mitreißen, verblüffen. In Ekstase versetzte er sie nicht. Während Hitlers Auftritte seine Anhänger in einen wollüstigen Sinnenrausch trieben, verführte Goebbels sie durch psychologisch ausgeklügelte Überredungskunst. »Ich werde Demagoge schlimmster Sorte«, attestierte er sich stolz.

In der mit brillanten Rhetoren nicht unbedingt reich gesegneten Polittruppe machte der begnadete Redner rasch von sich reden. Die Ortsvereine rissen sich um seine Auftritte, und schon bald tingelte Goebbels, inzwischen zum Gaugeschäftsführer avanciert, allabendlich durch Parteilokale und Versammlungssäle im ganzen Reich. Die Zugkraft des kleinen Doktors blieb auch dem entlassenen Festungshäftling Hitler nicht lange verborgen. Von Goebbels' Mentor, dem NSDAP-Organisationsleiter Gregor Strasser, auf den begabten Agitator aufmerksam gemacht, richtete Hitler seinen Blick mit Wohlgefallen auf den knapp neun Jahre jüngeren Gefolgsmann: »Da steht er vor uns. Drückt mir die Hand. Wie ein alter Freund. Und diese großen, blauen Augen. Wie Sterne. Er freut sich mich zu sehen«, konnte Goebbels Ende 1925 ergriffen ins Tagebuch notieren. Wer da vor ihn hintrat, stand für ihn außer Frage: »Der kommende Diktator.« Der ungleichen Männerfreundschaft tat es auch keinen Abbruch, daß Goebbels als Exponent des »linken«, sozialistisch orientierten Parteiflügels galt.

Als 1926 in Bamberg der parteiinterne Nord-Süd-Streit zur

Entscheidung anstand, ruhten alle Hoffnungen der »revolutionä-ren« Fraktion auf dem wortgewaltigen Doktor. Aber der zog den Kopf ein nach Hitlers stundenlangem Monolog und schwieg »wie vor den Kopf geschlagen«. Das »Führerprinzip« erübrigte jede Debatte. Alle Vorbehalte gegen die »Sau- und Luderwirt-schaft« in der Münchener Parteizentrale wurden von der Strahl-kraft seines neuen Idols in den Schatten gestellt: »Adolf Hitler, ich liebe Dich, weil Du groß und einfach zugleich bist.«

Doch nicht Hitlers Schlichtheit gab den Ausschlag. Dem mit-tellosen Kleinbürgersohn schmeichelten und behagten viel mehr der äußere Pomp und der Glanz, mit denen sein väterlicher Gönner ihn in München zu hofieren pflegte.

Und der tat das nicht ohne Hintergedanken. Denn er hatte Größeres vor mit dem einfallsreichen Nachwuchsagitator: Als neuer Gauleiter von Berlin-Brandenburg sollte Goebbels das für die NSDAP äußerst schwierige Pflaster der »roten« Reichs-hauptstadt erobern. Der Auserwählte zögerte und kokettierte zwar zunächst, doch in Wirklichkeit hatte er die Chance seines Lebens schnell erkannt: eine Position mit Zukunft und eine Aufgabe, die seiner Kampfeslust entsprach. Am 7. November 1926 verließ er Elberfeld in Richtung Berlin – es war eine Reise ohne Rückfahrkarte.

In der Millionenstadt gebot der neue Gauleiter über eine kümmerliche, 300 Mitglieder zählende Sekte. Sie verfügte über keinerlei politisches Mandat, dafür jedoch über eine ausgeprägte Lust zur Selbstzerfleischung. Mit Hitlers Vollmacht und eiserner Faust trennte Goebbels die Streithähne und setzte seinen Füh-rungsanspruch durch. Er gründete eine »Opfergemeinschaft«, um Geldbeiträge zu sammeln, und eine Rednerschule zur Nach-wuchsausbildung. Aber öffentliche Notiz erntete er damit nicht.

»Berlin braucht seine Sensationen wie der Fisch das Wasser«, erkannte der politische Autodidakt. »Diese Stadt lebt davon, und jede politische Propaganda wird ihr Ziel verfehlen, die das nicht erkannt hat.«

Folglich ließ Goebbels nichts aus, was Schlagzeilen versprach: Als Schauplätze für Aufmärsche und Versammlungen wählte er bewußt die kommunistischen Reviere in den Arbeitervierteln und setzte auf die Wirkung der dadurch provozierten Saal- und Straßenschlachten. Zu diesem Zweck rekrutierte er eine eigene mobile Schlägertruppe. Ihr Plansoll war größtmöglicher Kra-wall: »Bei Tumulten tritt bei über 400 Mark Sachschaden das

Tumultschädengesetz in Kraft. Das sage ich natürlich nur nebenbei«, instruierte der Rädelsführer süffisant seine Mitstreiter.

Als der Demagoge auf eine rassistische Tirade einmal den Zwischenruf erntete: »Sie sehen ja auch nicht gerade wie ein germanischer Jüngling aus!«, gab er wutschäumend seinen Schlägern einen Wink, dem Störenfried eine handfeste Lektion zu erteilen. Pech für den Anstifter, daß sich der Verprügelte hinterher als evangelischer Pastor entpuppte. Für den Berliner Polizeipräsidenten war dieser Zwischenfall der willkommene Anlaß, Goebbels' braune Garde aufzulösen.

Doch der machte aus dem Verbot eine Tugend. Die SA-Truppe wandelte sich in arglos erscheinende Grüppchen wie den Kegelklub »Alle Neune«, den Schwimmverein »Hohe Welle« oder den Wanderbund »Alt-Berlin« um, und die Parteiaufmärsche wurden vor die Tore Berlins verlagert. Seine Stimme, die aufgrund des Verbots zum Schweigen gezwungen war, ersetzte der Redner durch ein neues Organ: eine Kampfschrift mit dem programmatischen Titel *Der Angriff*. Ihre Attacken galten stets aufs neue einem Mann: dem Berliner Vizepolizeichef Bernhard Weiß. Nicht nur als entschlossener Verteidiger des demokratischen Systems stand der Gesetzeshüter ganz oben auf Goebbels' Abschußliste. Die braunen Rassenhetzer erklärten Bernhard Weiß zum Prototypen ihres Feindbilds. Unter dem Schmähnamen »Isidor« wurde er zur Zielscheibe einer infamen Spott- und Verleumdungskampagne, die sich von verbreiteten antijüdischen Vorurteilen nährte. Die Berliner lachten über die meist frei erfundenen Bosheiten und dick aufgetragenen Karikaturen. Mit »Isidor« wurde auch Goebbels bekannt. Was kümmerten den Urheber da langwierige Beleidigungsprozesse – sie verschafften ihm nur noch größere Aufmerksamkeit.

In den Wahlen schlug diese Namhaftigkeit allerdings nicht zu Buche. Nach der Wiederzulassung der Partei am 27. Februar 1925 erreichte die NSDAP in Berlin 1928 gerade 2,6 Prozent der Stimmen. Und doch bedeutete die Wahl für Goebbels einen großen Sprung nach oben: Zum erstenmal durfte der Habenichts von einst die Stufen zum Deutschen Reichstag emporhumpeln. Das demokratische Mandat verschaffte Goebbels eine öffentlichkeitswirksame Arena zum Angriff gegen die Demokratie. »Ich bin kein Mitglied des Reichstages«, höhnte er im *Angriff*. »Ich bin ein IdI. Ein IdF. Ein Inhaber der Immunität, ein Inhaber der Freifahrkarte. Was geht uns der Reichstag an? [...] Wir sind gegen den Reichstag gewählt worden, und wir werden auch unser Mandat im Sinne unserer Auftraggeber ausüben. [...] Wir gehen in den Reichstag hinein, um uns im Waffenarsenal der Demokratie mit deren eigenen Waffen zu versorgen. [...] Wir kommen nicht als Freunde, nicht als Neutrale. Wir kommen als Feinde! Wie der Wolf in die Schafherde einbricht, so kommen wir.«

Die neugewonnene Immunität schützte den antiparlamentarischen Parlamentarier vor Nachstellungen der Justiz, das Rednerpult nutzte er für Tiraden gegen die Republik, die Diäten füllten die Gaukasse. Der politische Kampf aber fand auf der Straße statt. Je gewaltiger die Wirtschaftskrise das Heer der Arbeitslosen und Entwurzelten anwachsen ließ, desto mehr eskalierten die Auseinandersetzungen der politisch verfeindeten Kampfgruppen.

Die blutigen Schlägereien riefen nicht nur ein kontinuierliches Presseecho hervor, sondern sie lieferten auch ständig frische Munition für die Propaganda. So pflegte Goebbels die erste Reihe vor seinem Rednerpult bevorzugt mit an den Köpfen effektvoll bandagierten SA-Schlägern auszustaffieren. Noch zugkräftiger erschienen ihm »echte Märtyrer« aus dem eigenen Lager. Um jeden aus dem Leben geschiedenen SA-Mann rankte Goebbels, ungeachtet der tatsächlichen Todesumstände, einen pathetischen Heldenkranz. Jedes Begräbnis inszenierte er als propagandistische Großveranstaltung. Den Höhepunkt erreichte der Totenkult, als der dreiundzwanzigjährige SA-Mann Horst Wessel bei einer Schießerei im Zuhältermilieu ums Leben kam. Für Goebbels war mit dem Tod des jungen Mitstreiters ein Heldenmythos geboren. »Einer muß Beispiel werden und sich selbst zum Opfer bringen«, deklamierte er am offenen Grab. »Wohlan denn, ich bin bereit!« Reaktionsschnell ließ er ein von Horst Wessel zusammengereimtes Pamphlet zu einer schmissigen Hymne verarbeiten, die später zum rituellen Grundinventar des »Dritten Reiches« gehören sollte.

Zum Einsatz kam das Kampflied auch, als Goebbels sich mit seinem kommunistischen Kontrahenten Walter Ulbricht zum direkten Rededuell auf dem Podium traf. Zuerst prallten »Horst-Wessel-Lied« und »Internationale« unharmonisch aufeinander, dann die Fäuste. Eine Saalschlacht mit mehr als 100 Verletzten erstickte die Debatte in wüstem Lärm. Wenn es dem Gauleiter gelegen kam, scheute er allerdings auch nicht davor zurück, mit dem »roten Blutgesindel« gemeinsame Sache gegen die Repu-

blik zu machen. Viele seiner Mittel, wie Sprechchöre, Musikka-
pellen, Massendemonstrationen, grelle Plakate, Parteizellen in
den Betrieben und Werbeaktionen an den Wohnungstüren, hatte
er ohnehin vom politischen Gegner kopiert.

Mit schwarzer Lederjacke und bebender Stimme machte sich
der hagere Volkstribun in den Versammlungslokalen der Arbeiter zum Fürsprecher des »kleinen Mannes«. Die Not der Massen
nutzte er als Zündstoff für flammende Reden. Die Wirtschaftskrise brandmarkte er als Bankrotterklärung des »Systems« und
dessen »Erfüllungspolitik«. Nach einfachem, stets wiederkehren-
dem Muster beschuldigte er Kapitalisten und Juden, die »auf-
rechten Deutschen« im Würgegriff zu halten. Wie ein Prediger
bestärkte er seine Gemeinde im Glauben an die »nationale Aufer-
stehung« und an Hitler als ihren Erlöser. Dabei empfand der
politische Prophet für die Jünger, die seinen Worten folgten,
nichts als kalte Verachtung: »Die Massen bleiben, was sie schon
immer gewesen sind: dumm, gefräßig und vergeßlich.«

Im Umgang mit den eigenen Parteigenossen war ihm das Instru-
mentarium von Macht und Intrigen bald wohlvertraut. Der Op-
portunist, der Ideologien imitierte, aber nie verinnerlichte, verstand es immer, sich rechtzeitig auf die Seite der Majorität zu
schlagen. Als die ihm ergebene Berliner SA unter ihrem Anführer
Walter Stennes offen gegen die Münchener Zentrale revoltierte,
holte er nach anfänglichem Wohlwollen auf Hitlers Geheiß zum
Gegenschlag aus. »Ich feuere die Verräter heraus, daß es nur so
knallt«, machte er sich im Tagebuch Mut und »säuberte« die
Partei dann rigoros von den Frondeuren. Wieder hatte seine
Angst vor dem Verlust der Protektion Hitlers über loyale Bindungen gesiegt. Ähnlich kompromißlos ging er zu Werke, als es hieß,
die Brüder Gregor und Otto Strasser, seine Weggefährten von
einst, auszuschalten. Hitler selbst hatte ihm den Freibrief für
die »rücksichtslose Säuberung« der Partei von jenen »wurzel-
losen Literaten oder chaotischen Salonbolschewisten« ausgestellt.

Aus Dank für strikte, treue Gefolgschaft und agitatorische
Meisterschaft beförderte der Lehrherr seinen Vasallen zum
Reichspropagandaleiter der NSDAP. Die Dauerwahlschlacht in
der Kapitulationsphase der Weimarer Republik bot Goebbels
ausreichend Gelegenheit, sein organisatorisches, propagandisti-
sches und rhetorisches Geschick zur Geltung zu bringen. In
rastlosem Aktionismus überrollte der Wahlkampfregisseur das

*»Wir kommen als Feinde...« Gauleiter Goebbels erobert das »rote Berlin«.*

Welch ein Volk! In Selbstzerfleischung tötet es noch den letzten Rest von völkischen Überbleibseln. In einem anderen Volk würden die Massen aufstehen zum Protest der Fäuste. Armes Deutschland! Ein Pack! Ein Gesindel! Der Jude schätzt uns schon richtig ein!

*Goebbels über Fememord-Prozesse, 1928*

Es ist unser Ziel, die Juden zu vernichten. Ob wir den Krieg gewinnen oder besiegt werden, dieses Ziel müssen und werden wir erreichen. Sollte das deutsche Heer zum Rückzug gezwungen werden, wird es auf seinem Weg den letzten noch auf der Erde verbleibenden Juden vernichten.

*Goebbels, vor 1944*

Er verstand es, die Menschen in einen Trancezustand von Begeisterung zu versetzen. Er war ein Meister der Lüge, ein Zyniker – und er war unter allen Nazigrößen bestimmt der Intelligenteste und Eloquenteste.

*Bert Naegele, Kriegsberichterstatter*

gesamte Reich mit einer Kundgebungskampagne, die Hitler, im Flugzeug über Deutschland schwebend, zum allgegenwärtigen Heilsbringer stilisierte und ihm selbst keine Ruhepause gönnte.

»Man kommt kaum zur Besinnung«, hielt Goebbels erschöpft im Tagebuch fest. »Man wird von Eisenbahn, Auto und Flugzeug kreuz und quer durch Deutschland getragen. Eine halbe Stunde vor Beginn kommt man in einer Stadt an, manchmal auch später, dann steigt man auf die Rednertribüne und spricht. [...] Wenn die Rede zu Ende ist, befindet man sich in einem Zustande, als ob man in vollen Kleidern eben aus einem heißen Bad herausgezogen würde. Dann steigt man ins Auto, fährt wieder zwei Stunden.«

Aller Mühsal und der drängenden Finanzknappheit zum Trotz bescherte diese heillose Hetzjagd dem Propagandisten eine der glücklichsten Phasen seines Lebens. In einer Partei, deren Programm Propaganda war, galt er als Mann der Stunde. Am Rednerpult hatte er die Möglichkeit, seiner Leidenschaft zur Selbstdarstellung zu frönen. Mit Plakaten, Spruchbändern, Flugblättern, mit Grammophonplatten, Tonfilmen, Zeitungskampagnen, mit Demonstrationen, Aufmärschen, Großkundgebungen konnte er alle Register moderner Massenmanipulation ziehen. Und vor allem durfte er als Begleiter und Berater nun stets in Tuchfühlung mit seinem Meister verweilen. Er wurde gebraucht, er wurde bekannt, und er wurde belohnt: mit explodierenden Wahlergebnissen und aufmunterndem »Führer«-Lob.

Nestwärme in der braunen Riege verschafften ihm indes auch seine Erfolge nicht. In einer Partei, die nicht geistige Gewandtheit, sondern Muskelkraft, aufrechte Gestalt und blonde Haare zum Markenzeichen erkoren hatte, trug er als mißgestalteter Intellektueller an einem zweifachen Handikap. Beides, Geist und Gebrechen, stempelte ihn zeitlebens zum argwöhnisch beäugten Sonderling. »Ich habe wenig Freunde in der Partei: Fast nur Hitler«, vertraute er seinem Tagebuch an. »Er gibt mir in allem Recht. Er will ganz hinter mir stehen.«

Das tat der »Chef« auch, als Goebbels Ende 1931 mit Magda Quandt, geborene Ritschel, die schon in freudiger Erwartung war, vor den Traualtar trat. Hitler salbte durch seine Trauzeugenschaft einen Ehebund, der nicht nur nationalsozialistisch korrekt, sondern auch in jeder Hinsicht ein Prestigegewinn für den Emporkömmling war. Der Bräutigam konnte sich mit einer Ehefrau zieren, die aus bestem Hause stammte, bis zu ihrer Schei-

*»Ein Mann von säkularer Größe...« Goebbels, der Erfinder eines Mythos, dem er selbst verfällt.*

Hitler ist da. Er drückt mir die Hand. Er ist durch seine große Rede noch vollkommen erledigt. Dann spricht er hier noch eine halbe Stunde. Mit Witz, Ironie, Humor, Sarkasmus, mit Ernst, mit Glut, mit Leidenschaft. Alles hat dieser Mann, um König zu sein. Der geborene Volkstribun. Der kommende Diktator.

*Goebbels, 1925*

Das Verhältnis zwischen Goebbels und Hitler ist nicht immer gleich geblieben. Bei der Tschechei-Krise etwa spielte Goebbels überhaupt keine Rolle. Schon damals war klar, daß er eine große, kriegerische Auseinandersetzung ablehnen würde. Anfang 1939 hat er mich zum Essen eingeladen. Als er auf Polen zu sprechen kam, wurde er plötzlich sehr still und sagte zu mir: »Ich habe die Befürchtung, daß das schiefgeht. Und dann gnade uns Gott.«

*Heinrich Hunke, Leiter der Auslandsabteilung im Propagandaministerium*

dung mit einem der reichsten deutschen Industriellen verehelicht war und sich der Partei Hitlers mit wohlgestaltetem Leib und gläubiger Seele verschrieben hatte. Der Standeswechsel wurde durch einen Wohnungswechsel unterstrichen: Die großbürgerliche Quandtsche Residenz am Reichskanzlerplatz wurde zum Treffpunkt der braunen Gesellschaft und zu einem zweiten Zuhause für Hitler, der hier eine Ersatzfamilie fand.

Im unweit entfernten Hotel »Kaiserhof«, der Wahlkampfzentrale seiner Partei, erlebte Goebbels am 30. Januar 1933 den Triumph seines ruhelosen Treibens: Der eingedeutschte Österreicher Adolf Hitler wurde zum Reichskanzler ernannt, die Republik verabschiedete sich durch die Hintertür, und Goebbels jubilierte: »Es ist unbeschreiblich, was in unseren Herzen vor sich geht. Man möchte weinen und lachen.«

In Wirklichkeit war ihm eher nach ersterem zumute. Denn während seine braunen Heerscharen die »Machtergreifung« mit einem pompösen Fackelzug feierten, befielen den Propagandisten tiefe Depressionen: Entgegen Hitlers »feierlichem« Versprechen war in der Regierung der »nationalen Konzentration« kein Platz für den rabiaten Agitator. So mußte er sich damit begnügen, zum letztenmal in die Wahlschlacht zu ziehen, und den staatlichen Rundfunk für seine Zwecke einzuspannen. Wie kein anderer zeitgenössischer Politiker erkannte Goebbels, welche Einflußmöglichkeiten dieses Medium eröffnete. Er ließ Hitler nur noch in Städten auftreten, die Übertragungsanlagen besaßen. Und stets gingen dessen Reden im Rundfunk flammende Stimmungsberichte des Radioreporters Goebbels voraus. Mit Sendungsbewußtsein machte er die Erweckungsbotschaft unüberhörbar im ganzen Land. Offene Gewalt und staatlich verbrämter Terror, besonders nach dem Reichstagsbrand, taten ein übriges, Hitlers Alleinherrschaft zu zementieren. Nachdem sich die neuen Machthaber ihrer konservativen Koalitionspartner entledigt hatten, durfte nun auch der Trommler zum Zug kommen. Der kleine Mann aus Rheydt war am Etappenziel: Am 14. März 1933 leistete Goebbels seinen Amtseid als »Minister für Volksaufklärung und Propaganda«.

Persönlich hatte er sich freilich anderes geschworen, als Unheil vom deutschen Volk abzuwenden. »Eines Tages wird das Schwert unseres Zornes auf die Übeltäter herniedersausen und sie in ihrem frechen Hochmut zu Boden schlagen«, prophezeite er düster im Tagebuch. Für den notorischen Menschenfeind hatte sich mit dem Vollzug der »nationalen Revolution« stets mehr verbunden als nur ein Austausch von Ämtern und Posten. Die Stunde des Sieges sollte für ihn auch die Stunde der Abrechnung sein.

Zunächst aber bestimmten andere Rechenübungen seinen Terminkalender. Nach Plänen, die schon fertig in seiner Schublade lagerten, stampfte Goebbels innerhalb weniger Tage ein Ministerium aus dem Boden, das in der deutschen Geschichte ohne Vorbild war. Nie zuvor wurde ein solch massiver Frontalangriff auf das Bewußtsein der Menschen unternommen.

In einem feudalen Schinkel-Palais am Wilhelmplatz, dem er später einen streng-funktionalen Neubau anfügen ließ, sammelte der Minister einen Stamm junger Parteigenossen mit hohem Bildungsgrad, aber ohne administrative Erfahrung um sich. Ordnungsgemäß in Abteilungen für Propaganda, Film, Rundfunk, Theater, Kunst, Musik und Presse sortiert, überrollten sie das Land von der Zentrale aus mit einer beispiellosen Werbekampagne. Die Zielvorgabe des Propagandachefs lautete: »Wir wollen die Menschen so lange bearbeiten, bis sie uns verfallen sind.«

Nach der Eroberung der staatlichen Macht galt es nun, die Macht über die Meinung der Menschen zu erringen. Die Botschaften waren einfach und einprägsam: »Du bist nichts, dein Volk ist alles.« – »Ein Volk, ein Reich, ein Führer.« – »Die Juden sind unser Unglück.« Ihr Ungeist wies in dunkle Zeiten zurück, ihrer Verbreitung dienten hochmoderne Mittel. Die Leinwände der Kinos wurden zu Projektionsflächen von Hoffnungen und Hochgefühlen. Lautsprecher auf öffentlichen Plätzen und preiswerte Radiogeräte, Marke »Volksempfänger« – vom Volksmund »Goebbels-Schnauze« getauft – verschafften den neuen Herren im Land die Aura medialer Allgegenwart. Die Massengeometrie der Großkundgebungen, die mystische Magie der Flammen, Farben und Fahnen, der Kultkalender einer völkischen Ersatzreligion ließen die »Volksgenossen« kaum mehr zur Besinnung kommen.

Wer noch seinem Verstand vertraute, der hatte Mühe, aus der Flut von Falschmeldungen, Euphemismen und Halbwahrheiten ein Bild der Wirklichkeit zu filtern. Goebbels verfügte über die nötige Gerissenheit, um zu erkennen, daß nicht offenkundige Lüge das Bewußtsein am wirkungsvollsten trübt, sondern manipulierte Wahrheit. Und er war überzeugt, daß sich die Masse nach seinem Willen formen ließ: »Das ist das Geheimnis der

Propaganda«, belehrte er seine Parteigenossen. »Den, den die Propaganda fassen will, ganz mit den Ideen der Propaganda zu durchtränken, ohne daß er überhaupt merkt, daß er durchtränkt wird. Selbstverständlich hat die Propaganda eine Absicht, aber die Absicht muß so klug und so virtuos kaschiert sein, daß der, der von dieser Absicht erfüllt werden soll, das überhaupt nicht bemerkt.«

Und dafür brauchte der Meinungsmacher Erfüllungsgehilfen. Anders als Film, Rundfunk und Presseagenturen, die dem uneingeschränkten Mißbrauch von Beginn an ausgeliefert waren, mußte die Presselandschaft im Sinne des Regimes erst noch umgepflügt werden. Denn es prangte erst auf fünf Prozent der Zeitungen das Hakenkreuz. Die verdeckte Enteignung der übrigen Blätter sollte sich noch bis zum Kriegsende hinziehen. Also sicherte sich der neue Presselenker den Zugriff mit einer bedeutend effizienteren Methode: Er verstaatlichte die Journalisten. Per Gesetz wurden die »Schriftleiter« in die Pflicht des Staates genommen. Sie benötigten eine Lizenz und unterlagen den Weisungen der Behörde. Anstelle einer offenen Vorzensur modulierten detaillierte Sprachregelungen und vorauseilender Gehorsam die Presseberichte zur beabsichtigten Klangfarbe. Wenngleich Goebbels die Presse gern mit einem Orchester verglich, das mit unterschiedlichen Instrumenten und abgestufter Lautstärke dieselbe Melodie intonieren sollte, schallte es aus dem Blätterwald schon bald äußerst klanglos und eintönig zurück. Die Plätze der Solisten, welche die Hauptstadtpresse einst virtuos beflügelt hatten, waren ohnehin leer. »Auch hier muß gründlich aufgeräumt werden«, hatte der Dirigent verfügt, sobald er den Stab in der Hand hielt. »Viele von denen, die hier sitzen, um öffentliche Meinung zu machen, sind dazu gänzlich ungeeignet. Ich werde sie bald ausmerzen.«

Durch das Berufsverbot für alle jüdischen Kulturschaffenden, das die geistige Elite des Landes in den Exodus trieb, befriedigte der verhinderte Literat seine Vergeltungssucht für jahrelange Zurücksetzung. Mit einer pathetischen Brandrede weihte er die Verbrennung von literarischen Werken, denen er selbst nie das Wort reichen konnte. Durch die Anstiftung einer wüsten Gewaltaktion wollte der ehemalige Habenichts jüdischen Geschäftsleuten heimzahlen, was ihm an materiellem Erfolg verwehrt geblieben war. »Ich bin der radikalste«, postulierte der Möchtegern-Robespierre. »Vom neuen Typ. Der Mensch als

Revolutionär.« Doch nach einem Tag brach das Regime den Boykott wieder ab. Die Ausgrenzung der Juden wurde auf den pseudolegalen Amtsweg verlagert.

Mit diabolischem Spürsinn machte der Agitator sich die zynische Täuschungsstrategie zu eigen: »Wenn ich in der Propaganda zum Ausdruck bringe: ›Die Juden haben überhaupt nichts mehr zu verlieren!‹ –, ja dann dürften Sie sich nicht wundern, wenn sie kämpfen«, belehrte er 1935 seine Adepten. »Nein, man muß das immer offenlassen. Wie zum Beispiel gestern in meisterhafter Weise der Führer das in seiner Rede getan hat: ›Wir hoffen, daß – äh, mit diesen Judengesetzen nun die Möglichkeit besteht, ein erträgliches Verhältnis zwischen dem deutschen und dem jüdischen Volk herbeizuführen. Das nenne ich Geschick! Das ist gekonnt! Wenn man aber gleich dahinter gesagt hätte: ›So, das sind die *heutigen* Judengesetze; Ihr sollt nun nicht glauben, daß das alles ist, im nächsten Monat [...] kommen die nächsten, und zwar so, bis Ihr bettelarm wieder im Ghetto sitzt‹ –, ja dann dürfen Sie sich nicht wundern, wenn die Juden die ganze Welt gegen uns mobilmachen. Wenn Sie ihnen aber eine Chance geben, eine *geringe* Lebensmöglichkeit, dann sagen sich die Juden: [...] ›Also Kinder, seid doch mal still, *vielleicht* geht's doch noch!‹« Die Propagandaleiter quittierten die Ausführungen ihres Vorgesetzten mit Heiterkeit.

In der Öffentlichkeit wurden die Schatten der Rassenpolitik geschickt durch ein Feuerwerk aus Glanzlichtern überstrahlt. Im Kino, im Radio, auf Postkarten bekamen die Deutschen präsentiert, wie der greise Feldmarschall von Hindenburg in Potsdam – stellvertretend für die konservativen Eliten – dem Gefreiten aus Österreich die Hand reichte. Sie erlebten, wie Millionen von Arbeitern an »ihrem« neuen Feiertag klassenübergreifend die Illusion der »nationalen Versöhnung« zelebrierten. Sie sahen, wie die Arbeitslosen von einst, die Spaten geschultert, in die »Arbeitsschlacht« zogen, um endlose Asphaltschneisen durchs Land zu schlagen. Sie vernahmen mit religiöser Ergriffenheit, daß der einsame Mann, der über gleichförmigen Menschenblöcken thronte, nicht mehr Hitler war, nicht mehr Kanzler, sondern »Führer« – eine Lichtgestalt, nicht mehr von dieser Welt. Der Herrscherkult war Goebbels' wirkungsvollstes Propagandawerk – kein Kunst-Stück für den Jünger, der dem selbstgeschaffenen Mythos ebenso verfallen war wie sein Herr.

Der Zeremonienmeister konnte sich über mangelnde Beschäf-

*»Die Vorzeigefamilie...«
Das Ehepaar Goebbels mit seinen sechs Kindern (1942). Ganz oben Goebbels' Stiefsohn Harald Quandt.*

Lange Aussprache mit Magda. Sie ist sehr lieb und gütig zu mir. Ich liebe sie auch sehr. Es ist so gut, einen Menschen zu besitzen, der einem ganz und gar gehört.

*Goebbels, kurz vor der Affäre mit Lida Baarova, 1938*

Am Abend noch eine lange Aussprache mit Magda, die für mich eine einzige Demütigung ist. Ich werde ihr das nie vergessen. Sie ist so hart und grausam.

*Goebbels, während der Affäre mit Lida Baarova, 1938*

Er hatte eine Ausstrahlung, daß alle Frauen auf ihn flogen. Das kann man kaum beschreiben.

*Barbara von Kalkreuth, Bildhauerin, Freundin der Familie Goebbels*

Habe einen Film geprüft aus Irrenanstalten zur Begründung des Sterilisationsgesetzes. Grauenhaftes Material. Mit tollen Aufnahmen. Das Blut gefriert einem bloß beim Anschauen. Da ist die Unfruchtbarmachung nur ein Segen.

*Goebbels, 1936*

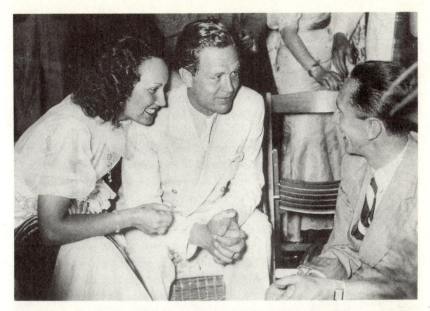

Die Beziehung zwischen Hitler und Goebbels war viel weniger von persönlichen Gefühlen geprägt als etwa die zwischen Hitler und Speer. Hitler hat Goebbels sehr bewundert, er hat ihn geschätzt. Aber es war keine freundschaftliche Note dabei. Hitler kannte Goebbels' Schwäche: Daß er seine Position oft ausnutzte, um sich an Schauspielerinnen heranzumachen. Und das entsprach kein bißchen Hitlers Naturell.

*Traudl Junge, Hitlers Sekretärin*

Mein Film »Die Stimme aus dem Äther« war ein unwahrscheinlicher Erfolg. Ich wurde ins Propagandaministerium gerufen. Goebbels war reizend und charmant. Wir haben uns ein bißchen unterhalten, und schließlich hat er mich zu einer Spazierfahrt eingeladen. Na ja, und dann hat er mir Avancen gemacht. Ich fand das unmöglich und habe mich so hysterisch aufgeführt, daß er aufgegeben hat. Bevor ich nach Hause gefahren wurde, sagte er noch: »So werden Sie nie Karriere machen.« Kurze Zeit später erfuhren wir, daß die Dreharbeiten unterbrochen wurden.

*Anneliese Uhlig, Schauspielerin*

*»Wir sind offene Renaissancemenschen...« Goebbels im Gespräch mit Lida Baarova und dem Schauspieler Gustav Fröhlich (1936).*

tigung nicht beklagen. Im September 1933 durfte er als Delegierter beim Völkerbundtreffen in Genf auch im Ausland sein Werbetalent entfalten. Zu gern hätte er Hitlers Politik nicht nur verherrlicht, sondern als Ratgeber und Außenminister mitbestimmt. Der Meister lauschte wohl den beflissenen Ratschlägen seines Gesellen – den Kurs bestimmte jedoch er allein. So mußte sich der Propagandaminister mit einem fortwährenden Kleinkrieg gegen das Auswärtige Amt und andere Ressorts um Kursrichtung und Kompetenzen abfinden. Wenn einer der Rivalen in der Partei den kleinen Doktor in seine Schranken wies, dann half nur der empörte Bittgang zum »Führer«, der allerdings mit Vorliebe allen Streithähnen gleichermaßen sein Plazet zu gewähren pflegte.

Goebbels wußte, daß nur Hitlers Gunst sein eigenes Überleben im Rudel der Wölfe garantierte. So drängte er sich am 30. Juni 1934 erschrocken an die Seite seines Herrn, als er mitbekam, daß die SA-Spitze um Ernst Röhm und bei dieser Gelegenheit auch Dutzende mißliebiger Personen ans Messer geliefert wurden. Im Gegenzug erhielt er die Aufgabe, den Willkürmord an etwa 200 politischen Kontrahenten des Regimes öffentlichkeitswirksam zur Niederschlagung eines drohenden Staatsstreichs umzulügen.

Dennoch erwiesen sich Röhms Spießgesellen oder die »jüdische Greuelpresse« des Auslands für den passionierten »Angreifer« nur als mäßig attraktive Objekte. Die »Kampfzeit« war Goebbels' Hoch-Zeit. Jetzt, da die politischen Gegner mundtot gemacht waren, da »Heil«-Rufe jeden unbotmäßigen Zwischenklang übertönten, verstummten allmählich auch seine verbalen Attacken. Der Kirchenkampf blieb ein Nebenkriegsschauplatz. Verbissen richtete der Meßdiener von einst seine Aggressionen gegen den Klerus, der sich der vollständigen Vereinnahmung durch die staatliche Ersatzkonfession entzog. Wie immer mit Hitlers Segen, konstruierte er Schauergeschichten über sittliche Verwerfungen in kirchlichen Einrichtungen und lancierte eine Serie von Gerichtsprozessen gegen Geistliche und Ordensleute. Allein, Popularität konnte er damit nicht erringen. Die Stimmung der Bevölkerung, für den Propagandisten der unentbehrliche Seismograph seiner Kampagnen, blieb ablehnend. Der widerliche Feldzug mußte eingestellt werden.

Mit den Jahren wandelte sich der angriffslustige Agitator in den Verwalter einer gigantischen Traumfabrik zur Herstellung von schönem Schein. Die Volksabstimmungen ergaben beinahe uneingeschränkte Zustimmung für das Regime. Der Trommler trat in den Hintergrund.

Den schleichenden Bedeutungsschwund in der Führungsriege kompensierte der Privatmann Goebbels durch eine forcierte Anhäufung von Statussymbolen. 1936 übersiedelte er mit seiner Familie in eine feudale Backsteinvilla aus einstmals jüdischem Besitz auf der malerischen Wannseehalbinsel Schwanenwerder. Die Kaufsumme von etwa 350 000 Reichsmark hatte er sich mit Hitlers Hilfe vom NS-Chefverleger Max Amann besorgt – als »Vorschuß« für die posthume Veröffentlichung seiner Tagebücher 20 Jahre nach seinem Tod. Später ließ der Gauleiter den jüdischen Eigentümer des Nachbargrundstücks nötigen, ihm auch dieses Gelände zur Vergrößerung seines Anwesens gegen einen Spottpreis zu überlassen. Als Ergänzung des Schaustücks vom erfolgreichen Aufsteiger erweiterte Goebbels seinen Fuhrpark um einen zweisitzigen Mercedes-Sportwagen und genehmigte sich neben seinem Motorboot »Baldur« eine große Segeljacht, deren Kaufpreis »etwas teuer« ausfiel, wie er gestand.

Ein gewisser äußerer Status erschien dem eisernen Pflichtmenschen durchaus angemessen angesichts des entbehrungsreichen Daseins, das er als Führungsfigur publikumswirksam zu erleiden hatte: »Wenn ich Ihnen das vorrechnen wollte«, rechtfertigte er sich gegenüber seinen Parteifreunden, »auf was ich alles im Leben verzichten muß, weil ich eben das bin, was ich bin, so käme dabei heraus, daß ich achtzig Prozent dessen, was jeder andere tun kann, selbst nicht tun kann. Ich kann in kein Restaurant gehen, ich kann in kein Hotel gehen, ich kann in keine Bar gehen, ich kann in kein Varieté gehen, ich kann mich nicht beliebig da aufs Auto setzen und ins blaue Land hineinfahren, ich kann nicht auf der Straße spazierengehen, und ich kann mich nicht meiner Familie widmen, und wenn ich mir einen neuen Anzug kaufe, dann muß ich ihn erst untersuchen: Ist die Firma jüdisch?«

In dieser Hinsicht brauchte sich Goebbels indes keine Sorgen mehr zu machen. Die vorzugsweise weiße Garderobe des Herrn Ministers war maßgeschneidert, und sein Herrenschneider gehörte selbstverständlich der Partei an. Seine Hände waren stets gewissenhaft manikürt, und von seinem adligen Adjutanten ließ er sich in gesellschaftlicher Etikette unterweisen. Solchermaßen gerüstet, lud der Statthalter von Berlin anläßlich der Olympischen Spiele von 1936 über 3000 Gäste aus aller Welt auf die prunkvoll ausstaffierte Pfaueninsel in der Havel. Das rauschende Fest der Superlative sollte etwas vom Glanz des Sportspektakels auf dessen maßgeblichen Mitgestalter lenken. Doch dank der miteingeladenen Haudegen aus der »Kampfzeit« entartete die Ballnacht am Ende mit trink- und handfesten Exzessen zum gesellschaftlichen Skandal.

Unverdrossen arbeitete der Emporkömmling weiter an seinem Selbstporträt eines »Mannes von Welt«. Im Bruderland des italienischen »Duce« Mussolini, seines bewunderten Vorbilds, pflegte er bei Filmfestspielen wie der Abgesandte seines Reiches in Erscheinung zu treten. Zu Hause ließ er sich vom Berliner Oberbürgermeister ein nördlich der Hauptstadt am Bogensee gelegenes Blockhaus spendieren, das der Minister allerdings bald für »zu klein und unpraktisch« befand. Also wurde es zu einer kleinen Ansiedlung aus fünf geräumigen Gebäuden im Landhausstil ausgebaut. Das Wohnhaus allein beherbergte 21 Zimmer: Filmsaal, Klimaanlage, Heißluftheizung, fünf Bäder, einen 25 000 Reichsmark teuren Wandteppich, elektrisch versenkbare Fensterfassaden und Hausbar inbegriffen. Über das Bauverbot im Landschaftsschutzgebiet sah Nachbar Göring in seiner Eigenschaft als Reichsforstmeister großzügig hinweg. Nur über die 2,26 Millionen Reichsmark, die der Umbau verschlang, war leider nicht hinwegzusehen. Praktischerweise aber fungierte der Bauherr zugleich als Chef der inzwischen verstaatlichten Filmindustrie. Und so kam die Ufa kulanterweise für die Kosten auf.

Die Finanzierung des dritten Wohnsitzes der Familie überließ Goebbels getrost dem Staat. Denn das Dienstpalais des Ministers im Regierungsviertel diente schließlich, wie er die Bedenkenräte im Finanzressort belehrte, den ihm »in ständig zunehmendem Maße obliegenden repräsentativen Verpflichtungen« – und für den edlen Zweck schien ihm die Gesamtsumme von 3,2 Millionen Reichsmark nicht zu hoch gegriffen. Mußte doch allein für die Ausstattung des Parterres und der Privatgemächer eine halbe Million Reichsmark veranschlagt werden. Beim ersten Ortstermin war der Herr des Hauses mit dem Ergebnis allerdings gar nicht zufrieden, wie seine fünf Seiten umfassende Beanstandungsliste dokumentierte. Aber dank einer kleinen Umschichtung im Etat seines Amtes auf Kosten des Kunst- und des Theaterfonds konnte auch den Änderungswünschen des Ministers Rechnung getragen werden.

Die repräsentativen Latifundien bildeten den passenden Rahmen für die öffentliche Vorführung einer musterhaften Familienidylle. Frau Magda erfüllte ihr Geburtensoll getreu der nationalsozialistischen Volkstumsdoktrin und »schenkte dem Führer« sechs Kinder: Helga (geboren 1932), Hilde (1934), Helmut (1935), Holde (1937), Hedda (1938) und Heide (1940) waren so folgsam, blond und gläubig, wie sich das der erste Werbechef des Reiches nur wünschen konnte. In weißen Kleidchen waren sie die Statisten bei »Onkel Führers« Lieblingsauftritt als Kinderfreund, Besucher des Hauses empfingen sie mit artigen »Heil«-Rufen im Spalier, und von der Presse wurden sie mitsamt Minister und Gemahlin dekorativ als Vorzeigefamilie des »Dritten Reiches« präsentiert.

Die Gelegenheiten für harmonische Gruppenfotos waren allerdings nicht sehr reich gestreut. Der umtriebige Propagandachef hütete seinen Ministersessel gewöhnlich vom frühen Vormittag bis spät am Abend, nicht selten auch am Wochenende. Filmvorführungen, Empfänge, Studiobesuche und Reisen füllten seinen Terminkalender. Und wenn dazwischen Zeit verblieb, dann widmete er sie weniger seinen Ehepflichten als seiner nahezu zwanghaften Leidenschaft für andere Frauen. »Jedes Weib reizt mich bis aufs Blut«, hatte er schon 1926 seinem Tagebuch anvertraut. »Wie ein hungriger Wolf rase ich umher. Und dabei bin ich schüchtern wie ein Kind.«

Später wurde der Schürzenjäger aus dieser Verlegenheit durch die Tatsache befreit, daß die von ihm anvisierten Damen meist in seiner Abhängigkeit standen. Goebbels hatte das letzte Wort, wenn es um die Vergabe von Filmrollen ging; er entschied über Karrieren. Nun wäre es allerdings verkehrt, seine Liebschaften allein dem »Eros der Macht« zuzuschreiben. Der geistreiche Galan verstand es durchaus, durch Schlagfertigkeit, Witz und Komplimente zu betören.

Wichtiger allerdings als die erfolgreiche Eroberung war ihm wohl der Ruf eines Eroberers. »Berlin war damals die Stadt der Gerüchte«, erinnert sich Stéphane Roussel, seinerzeit Berlinkorrespondentin der französischen Zeitung *Le Matin*. »Unsere Arbeit war nicht immer leicht. An Informationen zu gelangen und sie weiterzugeben: beides war gefährlich. Es gab aber eine Sache, an die wir leicht herankamen, denn Goebbels legte Wert darauf, daß man davon sprach: Goebbels, der Frauenheld. Die größten und kleinsten Details über seine Affären mit Schauspielerinnen, ja hauptsächlich mit Filmstars. Man sollte wissen, daß diese und jene Frau einmal eine Nacht mit dem großen kleinen Goebbels verbracht hatte.«

Unabhängig davon, ob etwa eine Einladung zum Tee in seinem Landhaus sich lediglich auf nette Konversation beschränkte oder ob ihr tatsächlich ein Nachspiel folgte: Dem Verführer war sehr daran gelegen, in der Gerüchteküche als Casanova gehandelt zu werden. Flüsterpropaganda in eigener Sache. Wieviel lieber wollte er als »Bock von Babelsberg« gelten denn als klumpfüßiger Mephistopheles! Als Don Juan konnte er seine Komplexe überspielen und sich ganz unbescheiden in die Ahnengalerie der Weltgeschichte einreihen. »Ludwig XIV. von Frankreich, Karl von England und auch der siegreiche Napoleon«, verkündete er kühn, »nahmen sich so viele Frauen, wie sie wollten, und dennoch hat sie das Volk vergöttert.« Auch Affären waren für ihn Statussymbole, die Frauen selbst dabei nur schmückendes Dekor. In ihrer großspurigen Geringschätzung stand er seinem Meister nicht nach: »Die Frau hat die Aufgabe, schön zu sein und Kinder zur Welt zu bringen«, schrieb der Romanautor Goebbels. »Das ist gar nicht so roh und unmodern, wie sich das anhört. Die Vogelfrau putzt sich für den Mann und brütet für ihn die Eier aus. Dafür sorgt der Mann für Nahrung. Sonst steht er auf der Wacht und wehrt den Feind ab.«

Aber selbst der wehrhafte Papageno war nicht gefeit vor Gefühlen. In einem Fall wurde aus dem Seitensprung eine fatale Liebesaffäre. »Stunde der Versuchung« hieß beziehungsreich der Film, durch den Goebbels auf die tschechische Schauspielerin Lida Baarova aufmerksam wurde. Dann begann das übliche Spiel: Blumen, Einladungen, Rollen und schöne Worte. Die Zweiundzwanzigjährige, die zu dieser Zeit noch mit dem Schauspieler Gustav Fröhlich verlobt war, fand nach erstem Zaudern Gefallen an dem mächtigen Minister, der ihr den Hof machte. Und Goebbels erlebte einen zweiten Frühling. Wann immer es ging, nahm er die junge Dame mit auf seinen Landsitz am Bogensee, wo die beiden ungestört waren. Er versuchte sich ohne Erfolg als Amateurkoch, spielte ihr am Piano vor und verstieg sich in eine pennälerhafte Romanze. Der Filmherr ging sogar so weit, einen Spielfilm mit Lida Baarova in der Hauptrolle zu lancieren, der reichlich unverhüllt seine eigene Liebesgeschichte zum Vorbild nahm, dann allerdings umgehend auf dem Index landete. Ungeniert begann das Liebespaar bei Filmpremieren ins

Rampenlicht zu treten, bis die Affäre Stadt- und Staatsgespräch wurde. Als unvermeidlicherweise seine Gattin, die ihrerseits eheliche Treue nicht immer als höchstes Gut betrachtete, von dem Treiben Wind bekam, versuchte man sich zunächst in einer »Ménage à trois« zu arrangieren. Die Dreisamkeit mit der jungen Nebenbuhlerin konnte jedoch nicht lange gutgehen. Goebbels' Treueschwüre erwiesen sich als Täuschungsmanöver, und die entnervte Ehefrau erwog schließlich die Scheidung.

Doch solche Entscheidungen waren im »Dritten Reich« Chefsache. Die Rivalen des Ministers in Hitlers Hofstaat hatten ohnehin keine Gelegenheit ausgelassen, dem Oberschiedsrichter sämtliche Details der pikanten Affären zuzutragen. Über den lockeren Lebenswandel seines Jüngers pflegte der Meister huldvoll hinwegzusehen. Aber ein Scheidungsskandal jetzt, da die Hochzeit des Wehrministers Werner von Blomberg mit einer ehemaligen Prostituierten eben erst für Furore gesorgt hatte? Ein galantes Verhältnis mit einer Tschechin in dem Moment, da der Diktator die Okkupation ihres Heimatlandes plante? Ein rücktrittswilliger Propagandaminister mit Ausreiseplänen, wo es doch vor dem Ausland Stärke zu demonstrieren galt? Für Hitler kam das nicht in Frage. Er sprach ein Machtwort, das dem passionierten Fremdgänger in den Ohren klang. Er verfügte, daß das Ehepaar sich wieder zusammenzufinden habe, und erließ für Goebbels eine strikte Kontaktsperre mit Lida Baarova. Die Filmkarriere der Nachwuchsdiva war abrupt beendet. Gestapomänner und Abhöranlagen registrierten fortan jede ihrer Regungen. Die Getrennten trugen sich beide mit Selbstmordgedanken, und Goebbels' Tagebuch sog sich voll mit larmoyantem Selbstmitleid: »Ich lebe fast wie im Traum. Das Leben ist so hart und grausam.«

Nicht nur, daß man ihm sein Liebesglück mißgönnte, nun riskierte er auch noch, die Gnade des Allmächtigen zu verlieren – und das zur unverhohlenen Freude seiner Widersacher. Die Katastrophe war da. Im Machtzentrum sah sich Goebbels auf das Abstellgleis manövriert. Empfänge und Besprechungen fanden in dieser Zeit ohne ihn statt.

Der kleine Doktor war erschrocken und beeindruckt zugleich von der eiskalten Verfügung seines Herrn. Doch daß er sich dem Richterspruch beugen mußte, das stand für ihn außer Frage. Hitlers Gunst war ihm wichtiger als jede innerliche Gefühlsregung. »Ich bleibe hart«, befahl er sich im Tagebuch, »wenn mir das Herz auch zu brechen droht. Und nun fängt ein neues Leben an. Ein hartes, grausames, nur der Pflicht ergebenes. Die Jugend ist nun zu Ende.«

Nach einer kurzen Schonfrist wurde Lida Baarova mit Goebbels' Einverständnis nach Prag abgeschoben, wo zu ihrem Unglück wenig später schon wieder deutsche Truppen einmarschierten. Und die entzweiten Eheleute schlossen unter Hitlers Aufsicht auf dem Berghof einen neuen Ehevertrag. Die Affäre war aus der Welt geräumt, Goebbels' Renommee blieb auf dem Tiefpunkt.

Andere mußten dafür büßen. Die Gelegenheit, sich wieder als eifriger und fanatischer Handlanger zu profilieren, ergab sich beim alljährlichen Erinnerungstreffen an Hitlers dilettantischen Aufstandsversuch von 1923. Aus Paris erreichte die »alten Kämpfer« in München am 9. November 1938 die Meldung, daß der deutsche Botschaftssekretär den Pistolenschüssen eines jungen jüdischen Attentäters erlegen war, der gegen die Abschiebung seiner Eltern protestieren wollte. Das war der passende Zündstoff für den politischen Brandstifter, die Gelegenheit, seinen Haß gegen das »jüdische Verbrechergesindel« auszutoben und sich wie zu »Kampfzeiten« als der radikalste Aufrührer hervorzutun. Inszenierte Randale, als spontaner Ausbruch der Volksempörung getarnt – das war sein Patent, seit seine Erfüllungsgehilfen in Berlin einst »jüdisch aussehende« Passanten attackiert oder die Vorführung des Films »Im Westen nichts Neues« mit weißen Mäusen und Stinkbomben unmöglich gemacht hatten.

Diesmal hatte die Anstiftung tödliche Folgen: »Ich gebe gleich entsprechende Anweisungen an Polizei und Partei. Dann rede ich kurz dementsprechend vor der Parteiführerschaft«, umschrieb Goebbels seine wüste Brandrede lakonisch im Tagebuch. »Stürmischer Beifall.« Die braunen Überfallkommandos wußten, was von ihnen erwartet wurde. SA-Männer in Zivil steckten überall im Reich Synagogen in Brand, demolierten und plünderten die Geschäfte jüdischer Besitzer, mißhandelten und töteten Angehörige der verfemten Minderheit. Über 20 000 Menschen wurden wie Vieh auf Lastwagen verladen und in Konzentrationslager verfrachtet. »Die mündlich gegebenen Anweisungen des Reichspropagandaleiters sind wohl von sämtlichen anwesenden Parteiführern so verstanden worden, daß die Partei nach außen nicht als Urheber in Erscheinung treten, sie aber in Wirklichkeit organisieren und durchführen sollte«, vermerkte ein parteiinterner Bericht später.

»Eine gewisse Distanz...« Goebbels und sein Stiefsohn Harald Quandt.

In Goebbels' Herz zu sehen, war unmöglich. Er machte immer das gleiche »Pokerface«. Wir wurden aus ihm überhaupt nicht schlau. Ich glaube, er hat an seine eigenen Phrasen wirklich geglaubt – und an die Möglichkeit des Endsieges. Er war seinen eigenen Parolen erlegen.

*Dietrich Evers, Bildprüfer der Wehrmachtpropaganda*

Uns wurde durch die Propaganda eingehämmert, daß die Russen primitive Menschen wären, die schmutzig seien und keine Kultur hätten. Als ich 1945 in den Krieg zog, waren die Russen für mich Tiere, die man schnell umbringen mußte, bevor sie dich umbringen.

*Karl-Heinz Bialdiga*

Was mir an Goebbels zunächst auffiel, war, daß er etwas Marionettenhaftes an sich hatte. Nicht in den Bewegungen – die Bewegungen waren die eines Volkstribuns. Aber wenn er seinen Mund aufriß, und das war seine Spezialität, dann erinnerte das ein bißchen an eine Marionettenpuppe.

*Stéphane Roussel, französische Auslandskorrespondentin*

Der Drahtzieher freute sich diebisch über den verheerenden Widerhall seiner Initialzündung. »Ich will ins Hotel, da sehe ich am Himmel blutrot. Die Synagoge brennt«, notierte er schaudernd-stolz ins Tagebuch. »Wir lassen nur soweit löschen, als das für die umliegenden Gebäude notwendig ist. Sonst abbrennen lassen. Der Stoßtrupp verrichtet fürchterliche Arbeit. [...] Als ich ins Hotel fahre, klirren die Fensterscheiben. Bravo Bravo. Wie alte große Hütten brennen die Synagogen. Deutsches Eigentum ist nicht gefährdet.«

Aber die Reputation des Regimes war gefährdt. So erntete der Brandstifter nicht Lob, sondern herbe Kritik für seinen Feuereifer und die unkontrollierbaren Ausschreitungen. Himmler und Heydrich fühlten sich in ihrer Kompetenz übergangen, Göring beklagte den volkswirtschaftlichen Schaden, und Hitler fürchtete um das Ansehen des Reiches im Ausland. Die Entfernung der Juden aus dem öffentlichen Leben sollte »geräuschlos«, in den Formen von Bürokratie und Verordnung, vollstreckt werden. Und so geschah es dann auch.

Da die weltweiten Proteste schnell verebbten, gewann Goebbels wieder Oberwasser. Hitler hielt seinen Helfer zwar vom Regierungsgeschäft fern, aber er brauchte ihn, um die Bevölkerung mental für den kommenden Krieg aufzurüsten.

An seinem fünfzigsten Geburtstag präsentierten Goebbels' Propagandisten den Staatschef als kampfentschlossenen Kriegsherrn, der die größte Truppenparade der deutschen Geschichte auf der neuerrichteten Ost-West-Achse in Berlin abnahm. Die martialische Heerschau wirkte wie eine Kampfansage. Der Trommler vernahm die Signale mit aufgesetzter Zuversicht: »Im gleißenden Sonnenlicht leuchtet die Siegesgöttin. Ein wunderbares Vorzeichen.«

In Wirklichkeit war Goebbels gar nicht wohl bei dem Gedanken, daß ein Krieg mit dem Westen das Gefüge des Geschaffenen erschüttern könnte. Als bösen Kriegsgeist Hitlers verdächtigte er Außenminister Joachim von Ribbentrop. Konsterniert verfolgte er, wie sein Kontrahent in Moskau den Pakt der Erzfeinde Hitler und Stalin schmiedete. Wenngleich er das Abkommen im festen Glauben an das »Genie des Führers« als »genialen Propagandaschachzug« deklarierte, erschien ihm das Bündnis mit dem »Weltfeind Nr. 1« doch »etwas unheimlich«.

Gleiches galt für Hitlers Kriegsentschlossenheit. Der Propagandaminister bereitete zwar weisungsgemäß mit Greuelmeldungen aus Polen den Boden für die Unterwerfung des östlichen Nachbarn, dem er persönlich einst Hitlers Friedenswillen bekundet hatte. Insgeheim hoffte er aber, daß die Westmächte Zurückhaltung wahren und den Überfall nicht zum Kriegsfall erklären würden. Und damit hoffte der schmächtige Zivilist zugleich, nicht hinter all den Epauletten der Militäruniformen endgültig aus Hitlers Sichtfeld zu verschwinden. Der Selbstbetrug ging nicht auf. London und Paris erklärten dem Reich den Krieg, und Goebbels, »niedergeschlagen und in sich gekehrt«, wie ein Beobachter bemerkte, befielen für einen Moment Zweifel an der »Unfehlbarkeit« seines »Führers«.

Nicht nur die »Blitzsiege« und die Untätigkeit von Briten wie Franzosen zersprengten bald die Bedenken, sondern auch eine bereits neun Monate zuvor gezündete Bombe. Sie war von dem couragierten schwäbischen Kunstschreiner Georg Elser im Alleingang konstruiert worden und detonierte am Abend des 8. November 1939 im Münchener »Bürgerbräukeller« – nur wenige Minuten nachdem Hitler den Saal vorzeitig verlassen hatte. Dessen wundergläubiger Begleiter sah in dem Zufall ein Zeichen der Vorsehung: »Er steht doch unter dem Schutz des Allmächtigen«, sinnierte Goebbels im Tagebuch. »Er wird erst sterben, wenn seine Mission erfüllt ist.«

Die »Mission« des Kriegsherrn sah die Liquidierung der Elite Polens vor, die Versklavung seiner Arbeitskräfte und die Abschiebung der jüdischen Bevölkerung in Ghettos. Wieder wollte Goebbels dabeisein und suchte auf einer Inspektionsreise ins besetzte Polen Bestärkung für seinen Rassenhaß. Die Inaugenscheinnahme des Elends, das die deutsche Zwangsherrschaft in Lodz angerichtet hatte, schilderte er im Tagebuch zynisch wie einen Zoobesuch – immer darauf bedacht, sein Feindbild bestätigt zu finden: »Fahrt durch das Ghetto. Wir steigen aus und besichtigen alles eingehend. Es ist unbeschreiblich. Das sind keine Menschen mehr, das sind Tiere. Das ist deshalb auch keine humanitäre, sondern eine chirurgische Aufgabe. Man muß hier Schnitte tuen, und zwar ganz radikale.«

Und deshalb hatte er am nächsten Tag nichts Eiligeres zu tun, als sich bei seinem »Führer« einmal mehr als übereifriger Antisemit zu empfehlen: »Beim Führer. Ich gebe Bericht über meine Polenreise, die ihn sehr interessiert. Vor allem meine Darlegung des Judenproblems findet seine volle Zustimmung. Der Jude ist ein Abfallprodukt. Mehr eine klinische als soziale Angelegenheit.« Davon mußte er seinen Lehrherrn nicht erst überzeugen. Die Umsetzung von dessen Kampfansage an die Juden in administrative Politik, das war ein Terrain, auf dem der Gefolgsmann noch Punkte sammeln zu können glaubte zu einer Zeit, in der Militärs den Ton angaben. Außerdem kam sie der radikalen Rachsucht des Schreibtischtäters gelegen. »Ich protestiere beim Führer dagegen, daß die Juden bei der Lebensmittelzuteilung gerade so behandelt werden wie die Deutschen. Wird gleich abgeschafft«, protokollierte er für die Nachwelt. »Ich erzähle dem Führer von unserem Judenfilm. Er gibt dazu einige Anregungen. Überhaupt ist der Film augenblicklich für uns ein sehr wertvolles Propagandamittel.«

Der Streifen hieß »Der Ewige Jude« und war das übelste Machwerk aus der Giftküche des Propagandabetriebs. Menschen wurden mit Ratten gleichgestellt. Der physischen Vernichtung ging die Vernichtung durch Worte und Bilder voraus. »Ein antisemitischer Film, wie wir ihn uns nur wünschen können«, freute sich der Dirigent des bis dahin eher durch Ablenkung und Unterhaltung geprägten Filmkonzerns.

Propagandistische Begleitmusik lieferte Goebbels auch für Hitlers Feldzüge. Jeder Angriff wurde von einem publizistischen Trommelfeuer begleitet. Der Propagandaminister schürte Ressentiments gegen britische »Plutokraten« und französische »Kriegstreiber«, betrieb je nach Bedarf moralische Mobilmachung oder lenkte die Aufmerksamkeit von Einmarschplänen ab. Im Visier der Meinungsmacher war nicht nur die heimische Bevölkerung. Geschickt aufgemachte Flugblätter, fremdsprachige Rundfunksendungen und Geheimsender in Feindesland zielten darauf, die Kampfmoral der Kriegsgegner zu untergraben. Besonders erbittert tobte die Wortschlacht um England. Der britische Premier Winston Churchill erschien in dem Zerrspiegel als korrupter Whiskysäufer im festen Griff der »jüdischen Plutokratenclique«.

Goebbels war in seinem Element. Nun hatte er wieder einen Widerpart. Nun konnte er angreifen und auf Attacken antworten wie in der selig beschworenen »Kampfzeit«. Nun durfte er Siege verkünden.

Als der Kriegsherr von der Unterzeichnung des Waffenstillstands mit Frankreich in Compiègne, demselben Ort, an dem 1918 die deutsche Armee die Waffen gestreckt hatte, nach Berlin zurückkehrte, bereitete ihm sein Schildknappe einen bei-

*»Juda muß vernichtet werden...« Zwei Antisemiten sind sich einig: Joseph Goebbels und Robert Ley, Leiter der »Deutschen Arbeitsfront«.*

Goebbels war sich in den letzten Monaten durchaus darüber im klaren, daß mit einem Sieg nicht mehr zu rechnen war. Trotzdem haben er und Hitler nie den Gedanken aufgegeben, daß die Allianz zwischen den Westmächten und der Sowjetunion auf Dauer nicht halten konnte. Beide glaubten zwar nicht mehr an einen Sieg, aber zumindest an einen tragbaren Endfrieden.

*Wilfred von Oven, persönlicher Referent von Goebbels*

Hitlers Geburtstag! Fragte mich bei der Rede von Goebbels, die ich mir zum ersten Mal freiwillig anhörte, ob dies schon Irrsinn oder einfach Raffinesse ist, ob er kaltblütig eine Doppelrolle spielt? Parteigrößen begehen Selbstmord, weit mehr als die Hälfte Deutschlands ist besetzt, die Ostfront rückt unaufhaltsam vor... und Goebbels redet, als stünden wir kurz vor dem Sieg.

*Ursula von Kardorff (Tagebuch), 20. April 1945*

spiellosen Empfang. Über ein Blumenmeer und durch ein unübersehbares Jubelspalier schwebte ein Feldherr, den viele schon als überirdisches Lichtwesen ansahen. Die demütigende Kapitulation im Ersten Weltkrieg schien auf triumphale Weise wettgemacht. »Die Schmach ist nun ausgelöscht. Man fühlt sich wie neugeboren«, jubilierte Goebbels im Tagebuch. Ausgelöscht waren auch Sorgen und Ängste, die ihn zu Kriegsbeginn geplagt hatten. »Das ist das Gottesgericht, das hier durch uns im Auftrage eines höheren geschichtlichen Schicksals vollzogen wird. Der Führer ist sehr menschlich, ganz rührend und lieb. Er ist das größte geschichtliche Genie, das wir je besessen haben. Eine Ehre, ihm dienen zu dürfen.«

Die Ehre, in dessen Vorhaben eingeweiht zu werden, blieb ihm indes weiterhin versagt. Während Hitler längst Angriffspläne gegen die Sowjetunion schmiedete, grämte sich Goebbels über den Pakt mit den »bolschewistischen Untermenschen«. Als der sowjetische Außenminister Wjatscheslaw Molotow Ende 1940 Berlin besuchte, mokierte sich der komplexbeladene »Herrenmensch« mit Abscheu über die Physiognomien der Gäste aus Moskau: »Kein einziger Kopf von Format. Als wenn sie unsere theoretischen Einsichten in das Wesen der bolschewistischen Massenideologie partout bestätigen wollten.« Aus den Zeitungen ließ er jede Wendung verbannen, die Anerkennung über russische Kultur oder Lebensart andeutete, und seinen Presselenkern schärfte er ein, »nichts an bolschewistischer Tendenz und Gesinnung nach Deutschland hereinzulassen«. Auch in der Verdammung des Ostens war er ein linientreuer Gefolgsmann seines »Führers«. Wie dieser wartete er mit Ungeduld auf den eigentlichen Kreuzzug der Ideologie: »Einmal müssen wir doch noch mit Rußland abrechnen. Wann, das weiß ich nicht, aber daß, das weiß ich.«

Von Hitler wurde Goebbels im März 1941 in Kenntnis gesetzt. Zur Vorbereitung des größten Truppenaufmarschs aller Zeiten war der Kriegsherr mehr denn je auf propagandistische Schützenhilfe und taktische Ablenkungsmanöver angewiesen. »Das große Unternehmen kommt dann später: gegen R.«, notierte der Eingeweihte voller Tatendrang und Stolz. »Es wird sorgfältigst getarnt, nur die wenigsten wissen davon. Mit umfangreichen Truppentransporten nach dem Westen wird es eingeleitet. Wir lenken den Verdacht nach allen Seiten, nur nicht nach Osten. Es wird ein Scheinunternehmen gegen England vorbereitet, und dann geht's blitzschnell zurück und drauflos.«

62

Dem Propagandaminister fiel in diesem Täuschungsspiel eine besondere Rolle zu. Er verfaßte im *Völkischen Beobachter* einen andeutungsreichen Aufsatz über die Besetzung Kretas, der zwischen den Zeilen ein Landemanöver auf der britischen Insel in Aussicht stellte – und ließ die Zeitung vor der Verbreitung gleich wieder mit großem Getöse beschlagnahmen. Ausländische Beobachter sollten daraus schließen, der Autor habe über die deutschen Kriegspläne die Tinte nicht halten können. Flankiert von der Scheininszenierung einer bevorstehenden Invasion und einer Flut widersprüchlicher Falschmeldungen, schien der Propagandacoup erfolgreich. Selbst in Moskau war die Überraschung perfekt, als im Morgengrauen des 22. Juni 1941 der Überfall auf die Sowjetunion begann.

»Der Atem der Geschichte ist hörbar«, dichtete Goebbels ins Tagebuch. »Große, wunderbare Zeit, in der ein neues Reich geboren wird. Unter Schmerzen zwar, aber es steigt empor zum Licht.« Der Geburtshelfer hatte gründliche Vorarbeit geleistet. Unter Mißbrauch von Franz Liszts Fanfarenklängen aus »Les Préludes« hatte er ein musikalisches Leitmotiv für die Sondermeldungen zum »Unternehmen Barbarossa« komponieren lassen. In aller Heimlichkeit ließ er Hitlers Aufruf an die noch ahnungslosen Volksgenossen achthunderttausendfach kopieren. Und diesmal war es an ihm, den Deutschen den Krieg plausibel zu erklären. »Psychologisch bietet die ganze Sache einige Schwierigkeiten. Parallele Napoleon etc.«, hatte er schon zuvor räsoniert, mit Recht angesichts der riskanten Ausweitung des Krieges zu einer riesigen zweiten Front gegen den bisherigen Paktpartner. »Aber das überwinden wir mit Antibolschewismus.«

In diesem Fach war er geschult. Der skeptischen Bevölkerung verkaufte seine Propaganda den Überfall als »Kreuzzug Europas gegen den Bolschewismus«. In einer »welthistorischen Tat« sei der »Führer« dem »alles vernichtenden Mongolensturm« nur knapp zuvorgekommen. Die Legende von Hitlers Präventivschlag täuschte wirksam über den wahren Charakter des weltanschaulichen Vernichtungsfeldzugs hinweg. In seinem Tagebuch war Goebbels offener: »Wogegen wir unser ganzes Leben gekämpft haben, das vernichten wir nun auch.« Seine Zweifel verdrängte er mit aufgesetzter Zuversicht: »Der Bolschewismus wird wie ein Kartenhaus zusammenbrechen. Wir stehen vor einem Siegeszug ohnegleichen«, redete er sich ein. »Ich schätze die Kampfkraft der Russen sehr niedrig ein, noch niedriger als der Führer. Wenn eine Aktion sicher war und ist, dann diese.«

Sicher war, daß sich diese Prognose schon nach einigen siegreichen Wochen als Selbsttäuschung erwies. Bereits einen Monat nach Angriffsbeginn gestand der ernüchterte Feldherr seinem Getreuen die fatale Fehleinschätzung: »Der Führer gibt mir eine ausführliche Darlegung der militärischen Lage. In den vergangenen Wochen hat es manchmal sehr kritisch gestanden. Wir haben offenbar die sowjetische Stoßkraft und vor allem die Ausrüstung der Sowjetarmee gänzlich unterschätzt. Auch nicht annähernd hatten wir ein klares Bild über das, was den Bolschewisten zur Verfügung stand.« Diese Offenbarung warf erste Schatten auf den Unfehlbarkeitsnimbus des »größten Feldherrn aller Zeiten«: »Der Führer ist innerlich über sich sehr ungehalten, daß er sich durch die Berichte aus der Sowjetunion so über das Potential der Bolschewiken hat täuschen lassen. [...] Er hat darunter sehr gelitten. Es handelte sich um eine schwere Krise«, schrieb der Propagandachef, während seine Wochenschauen die Deutschen triumphierend mit Siegesmeldungen überhäuften. Der Feldzug versackte im Schlamm und kam im Eis zum Erliegen. Vor Moskau standen die deutschen Soldaten im Winter gegen gutgewappnete sibirische Einheiten auf verlorenem Posten. In grenzenloser Überheblichkeit hatte die deutsche Führung ihnen eine ausreichende Winterausrüstung versagt.

Die Krise, das war die Konjunktur für den kleinen Doktor. Als Möchtegernfeldherr in viel zu großer Uniform glich der ungediente Zivilist einer Witzfigur. Aber als Feldprediger der Nation konnte er Lorbeer ernten. Was den Militärs auf dem Schlachtfeld mißlang, glaubte er durch rhetorische Mobilmachung wieder wettzumachen. Endlich sah er die Stunde gekommen, die gleichgültige Gesellschaft in eine gleichgeschaltete »Schicksalsgemeinschaft« umzuformen. In einer großaufgemachten Kampagne ließ er tonnenweise Wolle und Wintersachen sammeln als »Weihnachtsgeschenk der Heimat für die Front«. Statt Siegerlaune verlangte er Opferbereitschaft, analog der »Blut-Schweiß-und-Tränen«-Devise seines insgeheim bewunderten Kontrahenten Churchill. Wer nicht mit der Waffe an der Front kämpfe, habe in der Heimat unermüdlich für Rüstung und Versorgung zu arbeiten, verlangte er.

Das galt besonders für die jüdischen Bürger seines Gaus: »Ich werde ihnen nun die ultimative Forderung stellen, entweder sich schleunigst in den Arbeitsprozeß einzugliedern oder in Kauf zu nehmen, daß für die 78 000 Juden nur für 23 000 arbeitende Juden Lebensmittelrationen zur Verfügung gestellt werden. Bringt das die Juden ans Hungern, so wird man sie bald auch ans Arbeiten bringen.«

In Wirklichkeit war ihm weniger an der Ausbeutung der verhaßten Minderheit gelegen als an ihrer öffentlichen Demütigung. Da »starke sentimentale Widerstände« sein Vorhaben verzögerten, »aus Berlin eine judenfreie Stadt zu machen«, sollte für die Juden das Warten auf den Tod noch zur Hölle werden. Einfallsreicher und perfider als alle anderen Antisemiten ersann Goebbels pausenlos neue Diskriminierungsmaßnahmen: Nach und nach verbot er den Juden den Besitz von Fahrrädern, Schreibmaschinen, Büchern, Grammophonen, Kühlschränken, Öfen, Radiogeräten, die Fahrt mit öffentlichen Verkehrsmitteln, den Besuch von Kinos, Opern, Bädern, Parkanlagen und vertrieb sie am Ende gar aus ihren Wohnungen. Seinem haßerfüllten Hirn entsprang auch die öffentliche Brandmarkung der Verfolgten mit einem »Judenstern«. Triumphierend vermeldete er im Tagebuch, wie Hitler seinem Drängen nachgab. Goebbels wollte seinen Ruf als radikaler Rassenfanatiker retten – nun, da ihm nicht verborgen blieb, daß der Mordplan an den Juden im Rücken der deutschen Front Wirklichkeit wurde. Nur zu genau war er darüber im Bilde, daß die »Endlösung der Judenfrage« den millionenfachen Erstickungstod bedeutete: »Aus dem Generalgouvernement werden jetzt, bei Lublin beginnend, die Juden nach dem Osten abgeschoben«, schrieb er am 27. März 1942 ins Tagebuch. »Es wird hier ein ziemlich barbarisches und nicht näher zu beschreibendes Verfahren angewandt, und von den Juden selbst bleibt nicht mehr viel übrig. Im großen kann man wohl feststellen, daß 60 % davon liquidiert werden müssen, während nur noch 40 % in die Arbeit eingesetzt werden können. Der ehemalige Gauleiter von Wien, der diese Aktion durchführt, tut das mit ziemlicher Umsicht und auch mit einem Verfahren, das nicht allzu auffällig wirkt. An den Juden wird ein Strafgericht vollzogen, das zwar barbarisch ist, das sie aber vollauf verdient haben.«

Auch in der Öffentlichkeit machte der Propagandaminister kein Hehl aus seinem Wissen. Beinahe wörtlich war der infame Rechtfertigungsversuch für den Völkermord am 16. November 1941 in der anspruchsvoll aufgemachten Wochenzeitung *Das*

*Reich* nachzulesen. In Anknüpfung an Hitlers Vernichtungsverdikt vom Beginn des Krieges schrieb der Kolumnist Goebbels: »Wir erleben gerade den Vollzug dieser Prophezeiung und es erfüllt sich am Judentum ein Schicksal, das zwar hart, aber mehr als verdient ist. Mitleid oder gar Bedauern ist da gänzlich unangebracht.«

Goebbels war sich vollauf bewußt, daß mit diesem Jahrhundertverbrechen alle Brücken zur Völkergemeinschaft auf Dauer abgebrochen waren. Er sah kein Zurück mehr, und damit hatte Krieg für ihn nur noch den Sinn, den Tag der Abrechnung hinauszuzögern – getreu der Maßgabe seines Meisters: »Der Führer sagt: ob recht oder unrecht, wir müssen siegen. Das ist der einzige Weg«, notierte er in sein Tagebuch und fügte hinzu: »Wir haben sowieso so viel auf dem Kerbholz, daß wir siegen müssen, weil sonst unser ganzes Volk, wir an der Spitze mit allem, was uns lieb ist, ausradiert werden.«

Mitarbeitern vertraute Goebbels an, daß er sich in diesem Fall selbst um seinen Abgang kümmern würde. Er wußte, daß er nichts mehr zu verlieren hatte, und machte diese Erkenntnis zu einem Leitmotiv seiner Propaganda. Alles oder nichts, Sieg oder Untergang – die Antwort des Propagandaministers auf das Debakel an der Front, wie es in Stalingrad offenbar wurde, hieß »totaler Krieg«: Niemand sollte mehr der Kriegsmaschine entkommen. Wer keine »kriegsnotwendige« Tätigkeit vorzuweisen hatte, sollte zum Dienst an der Waffe oder in den Waffenschmieden kommandiert werden. Ein auf diese Weise zusätzlich rekrutiertes Millionenheer sollte in einer »Entscheidungsschlacht« die Wende herbeiführen. Noch fand der Amateurstratege keine Unterstützung für seine kruden Visionen. Noch blieb seine Hauptwaffe das Wort.

So suchte Goebbels mit seiner berühmt-berüchtigten Sportpalastrede vom 18. Februar 1943 das Plebiszit für seine fixe Idee vom »totalen Krieg«. Er beherrschte die psychologischen Raffinessen, das sorgsam ausgewählte Auditorium dahin zu steuern, wo er es haben wollte. Nach allen Regeln der Redekunst zog er die Register von Schmeichelei bis Verdammung, Verheißung und Drohung, Spott und Haß, mobilisierte Stolz, Neid, Angst und brachte das Publikum in einer sich stetig steigernden Dramaturgie buchstäblich um die Besinnung. Am Ende löste er mit zehn Suggestivfragen nicht nur Zustimmung, sondern auch rauschhafte Ekstase aus. Genauso eiskalt-berechnend, wie er

»Das ist aus, das Lied...« Goebbels' halbverbrannter Leichnam (1945).

Als ich Hitlers Testament tippte, kam plötzlich Goebbels herein. Ich war erschüttert, wie er aussah. Er war leichenblaß, hatte Tränen in den Augen und sagte zu mir: »Frau Junge, der Führer will, daß ich ihn verlasse, daß ich in der zukünftigen Regierung eine Funktion übernehme. Aber ich kann das nicht, ich bin doch Gauleiter von Berlin. Mein Platz ist an der Seite des Führers. Ich kann ihn doch nicht verlassen.«

*Traudl Junge, Hitlers Sekretärin*

Es gab ein Drama im Führerbunker, als es hieß: »Die Kinder bleiben hier!« Frauen, Küchenpersonal und Büropersonal kamen alle und bettelten Frau Goebbels auf Knien um die Kinder an. Dann war da noch Hanna Reitsch, die Fliegerin. Die wollte die Kinder aus Berlin herausfliegen. Frau Goebbels lehnte ab. Dann kam der Tag, an dem Frau Goebbels in meinem Zimmer die Kinder für den Tod zurecht machte. Sie steckte sie in weiße Kleidchen, die Haare aufgekämmt, und ging dann mit ihnen fort. Goebbels war nicht anwesend. Doktor Stumpfecker ist dann zu ihnen gegangen, und Doktor Naumann meinte zu mir: »Die bekommen Bonbonwasser zu trinken, und dann ist es zu Ende.« Stumpfecker verabreichte den Kindern also Gift.

*Rochus Misch, Funker im »Führer«-Bunker*

jedes Detail seines Auftritts zuvor entworfen und einstudiert hatte, urteilte der Redner anschließend im kleinen Kreis über seine Zuhörer: »Wenn ich ihnen befohlen hätte, vom Dach eines Hochhauses zu springen, sie hätten es getan.«

Mit der Rede seiner Reden sicherte er sich als Volkstribun den ersten Rang im Reich. Während die übrigen Führungsfiguren des Regimes auf Tauchstation gingen, während Hitler öffentlich beinahe verstummte, war der agile Agitator unermüdlich unterwegs, um Orden an Luftschutzhelfer zu überreichen, Ausgebombte mit Sonderrationen zu versorgen, Rüstungsarbeiter zum Akkord anzuspornen und über den Rundfunk Opferbereitschaft zu predigen.

Um selbst ein Beispiel zu geben, lud Goebbels seine Gäste zu Hause nur noch gegen Abgabe von Lebensmittelmarken zum kärglichen Mahl. Seine Gattin, mit der er sich wieder versöhnt hatte, fuhr für einige Zeit öffentlichkeitswirksam mit der Straßenbahn zur Fabrikarbeit bei Telefunken.

Kriegsalltag und Bombennächte vertrieben die letzten Spuren des Friedens aus dem Land. Doch von Goebbels' totalitärer Wahnvorstellung war die Wirklichkeit noch weit entfernt. Erst als Hitler nach dem Attentat vom 20. Juli 1944 nur noch Verrat in seiner Umgebung witterte, rückte der treue Gefolgsmann, der in Berlin den Staatsstreichversuch mit eiskalter Entschlossenheit liquidieren ließ, in das Zentrum der Macht. Der ehrgeizige Aufsteiger war am Ziel. Als »Reichsbevollmächtigter für den totalen Kriegseinsatz« verfügte er nun über weitreichende Befugnisse, um die letzten Reste von zivilem Gesellschaftsleben zu tilgen und sämtliche Betriebe nach Reserven für Front und Rüstung zu durchkämmen. Goebbels selbst bezeichnete diese Funktion als »Kriegsdiktatur«.

Wenngleich Bürokratie und Beziehungen das Ausmaß dieser Rekrutierungskampagne dämpften, so erhielten die Deutschen nun eine Vorstellung davon, was »totaler Krieg« wirklich bedeutete. Den Zusammenbruch der deutschen Front im Osten und den Vormarsch der Alliierten im Westen vermochten hastig zusammengestellte Nachschubbataillone nicht mehr aufzuhalten – sie verlängerten den Schrecken nur noch.

Persönlich machte sich auch Goebbels kaum mehr Illusionen über das Ende der »Endsieg«-Fiktion. »Die Lage im Osten bereitet mir immer stärkere Sorgen«, konstatierte er Mitte 1944 im Tagebuch. »Es muß doch am Ende möglich sein, die Front irgendwo zum Halten zu bringen. Wenn das so weitergeht, dann stehen die Sowjets sehr bald vor unserer ostpreußischen Grenze. Ich frage mich immer verzweifelt, was der Führer dagegen tut.« Aber bei seinen Auftritten in der Öffentlichkeit machte Goebbels die Mär von einer bevorstehenden Wende zum weitverbreiteten Glaubensgut. In ausdauerndem Variationsreichtum verglich er den Krieg mal mit einer Fieberkrankheit, mal mit einem Marathonlauf oder dem wechselhaften Wetter, um die Aussicht auf den »Endsieg« metaphorisch zu untermalen. Da die Berichte von der Front bei aller Schönfärbung nicht mehr angetan waren, diese Hoffnung zu bestärken, griff Goebbels zu einer Propagandawaffe, die von keiner Wirklichkeit getrübt werden konnte: Er stiftete den Glauben an ein Wunder. Zuerst versprach er geheimnisvolle »Wunderwaffen«, die den Vorteil hatten, daß man ihnen die wundersamsten Wirkungen zuschreiben konnte, weil sie noch niemals im Einsatz waren. Dann weissagte er den bevorstehenden Bruch des alliierten Bündnisses, der ähnlich wie einst im »Siebenjährigen Krieg« das Blatt noch wenden sollte. Und selbst am Ende, als sowjetische Soldaten schon auf das Trümmerfeld Berlin vordrangen, verhieß er noch die Befreiung der Stadt durch eine sagenhafte Armee Wenck, die allerdings nur noch auf dem Kartentisch existierte.

Je greifbarer der Niedergang war, desto weniger wurden jene, die solchen Verheißungen noch folgten. Für die meisten zählte in erster Linie der Kampf um das eigene Überleben. Die gläubigsten Opfer fand der Rattenfänger zuletzt unter denen, die in ihrem Leben nie andere Botschaften gehört hatten. Die Jüngsten vertrauten noch seinen Worten, sie ließen sich von seinen Trugbildern blenden und von seinen kämpferischen Parolen entflammen.

Wenn Hitlerjungen und alte Männer mit Panzerfäusten an seinem hochgereckten Arm vorbeimarschierten, dann durfte sich endlich auch Goebbels als Soldat fühlen. Der »Volkssturm« war das letzte Aufgebot des Gauleiters. Mit ihm wollte er die Verteidigung der »Festung Berlin« als heldenhaftes Finale seines »totalen Krieges« inszenieren. Für dieses aussichtslose Untergangsepos mußten unmittelbar vor Kriegsende noch einmal Zehntausende mit ihrem Leben büßen. Der Organisator des Gemetzels hatte den Boden der Wirklichkeit längst verlassen. Sein letztes Propagandawerk war seine eigene Legende. Um seine Wichtigkeit für die Nachwelt zu überliefern, ließ er seine

Tagebücher auf Mikrofilm bannen und aus der Hauptstadt abtransportieren. Nach dem Auszug der anderen Paladine aus Berlin wollte er sich zum letzten Getreuen hochstilisieren, der seinem »Führer« bis zum Ende gehorsam zur Seite stand. Um ganz in dessen Nähe zu sein, zog er mit seiner gesamten Familie in Hitlers düsteren Bunker unter der Reichskanzlei. Endlich wurde ihm zuteil, was er ein Leben lang ersehnt hatte: Er hatte seinen Meister ganz für sich. Mit ihm zusammen wollte er als »Märtyrer« seines Wahns in die Geschichte eingehen.

Aber Hitler machte Goebbels einen Strich durch die Rechnung, indem er ihn in seinem politischen Testament zu seinem Nachfolger als Kanzler des maroden Reiches ernannte. Der designierte Nachlaßverwalter durfte sich also nicht durch Selbstmord aus der Verantwortung stehlen! Er sollte jetzt seinen Kopf hinhalten für das dunkelste Kapitel der deutschen Geschichte! Für einen Moment war Goebbels am Boden zerstört. Aber nachdem Hitler am 30. April das Zeitliche gesegnet hatte, konnte dieser die Ausführung seiner Anweisung nicht mehr kontrollieren.

»In dem Delirium von Verrat, das in diesen kritischen Tagen des Krieges den Führer umgibt, muß es wenigstens einige geben, die bedingungslos und bis zum Tode zu ihm halten, auch wenn das einem formalen, sachlich noch so begründeten Befehl, den er in seinem politischen Testament zum Ausdruck bringt, widerspricht«, rechtfertigte Goebbels in einem Zusatz zum Testament seinen jämmerlichen Selbstmord. »Zum erstenmal in meinem Leben muß ich mich kategorisch weigern, einem Befehl des Führers Folge zu leisten. Meine Frau und meine Kinder schließen sich dieser Weigerung an.«

Die Kinder wurden nicht gefragt. Sie konnten nicht einmal ahnen, daß ihr Vater nach seinem totalen Scheitern auch sie zum Tod verurteilt hatte. Sie wurden die letzten Opfer seines blindwütigen Fanatismus.

# Der zweite Mann

Vom ersten Augenblick, da ich ihn sah und hörte,
war ich ihm verfallen mit Haut und Haar

Ich habe kein Gewissen!
Mein Gewissen heißt Adolf Hitler

Jede Kugel, die jetzt aus dem Lauf einer
Polizei-Pistole geht, ist meine Kugel

Jedes Mal, wenn ich Hitler gegenüberstehe,
fällt mir das Herz in die Hosen

Ich bin nun einmal ein Mensch der Renaissance,
ich liebe die Pracht

Wer Jude ist, bestimme ich

Wer Tiere quält, verletzt das deutsche Volksempfinden

Ich möchte kein Jude in Deutschland sein

Es ist furchtbar – Hitler ist verrückt geworden

Wenigstens zwölf Jahre anständig gelebt

Ihr werdet unsere Knochen einst in Marmorsärge legen

*Göring*

Hermann wird entweder ein großer Mann oder ein Krimineller.

*Franziska Göring über ihren Sohn, ca. 1903*

Am Sonntag, dem 30. August, wurde Hauptmann Görings Verlangen nach einer größeren Dosis Eukodal (ein Morphiumderivat) immer stärker, und er beharrte auf einer Menge, die er selbst bestimmte. Gegen 17 Uhr öffnete er den Medizinschrank mit Gewalt und nahm sich zwei Ampullen zweiprozentiger Eukodallösung heraus. Sechs Schwestern konnten nichts dagegen tun, und er nahm eine drohende Haltung ein. Hauptmann Görings Frau war anwesend und verlangte nachdrücklich, daß man ihm geben solle, was er verlangte; sie fürchtete, daß der Hauptmann in seiner Wut jemanden umbringen könne.

*Schwester Anna Törnquist vom Pflegeheim Aspuddens,*
*in dem Göring 1925 als Patient behandelt wurde*

Du bist ein großer Geist und Mensch, Du darfst Dich nicht unterkriegen lassen. Ich liebe Dich so sehr, mit Körper und Seele, daß ich es nicht ertragen könnte, Dich zu verlieren: Und Morphinist zu sein, heißt soviel, wie Selbstmord zu verüben – jeden Tag geht ein kleiner Teil Deines Körpers und Deiner Seele verloren. Du bist von einem bösen Geist und von einer bösen Macht beherrscht, und der Körper siecht allmählich dahin. Rette Dich selbst und damit auch mich.

*Carin Göring, Brief vom 26. Januar 1927*

Fort mit »General« Göring, diesem putzsüchtigen Henker mit seinen dreihundert Uniformen, der sich prassend und schmatzend im viehischen Genuß der ihm verrückterweise zugefallenen Schwertgewalt wälzt und täglich Todesurteile über junge Menschen mit seinem Schreckensnamen unterschmiert, die, zu verzweifelter Gegenwehr getriebenen Kämpfer für eine meinetwegen irrtümliche politische Heilslehre, viel hundertmal besser sind als er.

*Thomas Mann, 1933*

Was war doch die SA für eine Rotte perverser Banditen! Es ist eine verflucht gute Sache, daß ich sie beseitigte, oder sie hätten uns umgebracht.

*Göring, 1934*

Mir schwebt vor, eine Luftwaffe zu besitzen, die, wenn einmal die Stunde schlagen sollte, wie ein Chor der Rache über den Gegner hereinbricht. Der Gegner muß das Gefühl haben, schon verloren zu sein, bevor er überhaupt mit euch gefochten hat.

*Göring vor Leutnants der Luftwaffe, 1935*

Ich kann das ja ruhig sagen, der Krieg ist aus: Der Reichsmarschall hat andauernd unter dem Einfluß von Morphium gestanden. Ich habe es erlebt, wenn Besprechungen lange dauerten und das Morphium wirkte nicht mehr, dann ist der Reichsmarschall in der Besprechung eingeschlafen. Das war der Oberbefehlshaber der Luftwaffe!

*Helmut Förster (General der Luftwaffe), Mai 1945*

Göring kommt. Das alte Ekel. Will General werden. Warum nicht gleich Feldmarschall. Göring hat Rosinen im Kopf. Er brüskiert alle Menschen durch sein pampiges Großmannstum. Hoffentlich fährt der Dicke bald ab.

*Goebbels, Tagebuch 1933*

Wir wollen doch das Vabanque-Spielen lassen.

*Göring zu Hitler, 1938*

Ich habe in meinem Leben immer va banque gespielt.

*Hitlers Antwort*

Wir müssen froh sein, wenn Deutschland nach diesem Kriege die Grenzen von 1933 erhalten bleiben.

*Göring, 1942*

Mein Führer! Die Versorgung der 6. Armee in Stalingrad aus der Luft wird von mir persönlich garantiert. Sie können sich darauf verlassen.

*Göring, 1942*

Ich beauftrage Sie hiermit, alle erforderlichen Vorbereitungen in organisatorischer Hinsicht zu treffen für eine Gesamtlösung der Judenfrage im deutschen Einflußgebiet in Europa. Sofern hierbei die Zuständigkeiten anderer Zentralinstanzen berührt werden, sind diese zu beteiligen.
Ich beauftrage Sie weiter, mir in Bälde einen Gesamtentwurf über die organisatorischen, sachlichen und materiellen Vorausmaßnahmen zur Durchführung der angestrebten Endlösung der Judenfrage vorzulegen.

*Göring an Heydrich, 31. Juli 1941*

Ich habe nie mein Einverständnis zum Ausdruck gebracht, daß sich eine Rasse über die andere Rasse als Herrenrasse bezeichnet, sondern die Verschiedenheit der Rassen betont.

*Göring vor dem Nürnberger Kriegsverbrechertribunal, 1946*

Wenn ich einen Treueeid leiste, kann ich ihn nicht brechen. Auch für mich war es höllisch schwer, ihn zu halten, das kann ich Ihnen sagen! Versuchen Sie mal, zwölf Jahre lang Kronprinz zu spielen, immer dem König treu ergeben, mit vielen seiner politischen Aktionen nicht einverstanden, aber unfähig, etwas dagegen tun zu können und dann das Beste aus der Situation machen zu müssen.

*Göring in Nürnberg gegenüber dem Gerichtspsychologen*
*Gustave Gilbert, 1946*

Darauf war Hermann Göring nicht gefaßt, und doch läßt sich der Angeklagte nichts anmerken. Er sieht schläfrig aus, wie er in der ersten Reihe der Anklagebank in seinem Stuhl zusammensinkt, die Hände vor den Augen, und nur ab und zu den Kopf hebt, um einen kurzen Blick nach links zu werfen. Dort, an der Stirnwand im Saal 600 des Nürnberger Justizgebäudes, steht zwischen wuchtigen Portalen eine Filmleinwand. Es ist halbwegs dunkel im Saal, nur Anklagebank und Richtertisch sind von Scheinwerfern wie eine Bühne erleuchtet, und es herrscht Stille. Es ist ein lähmendes, entsetztes Schweigen, in das manchmal ein Schluchzen und ein Seufzen bricht, als durchlebe der ganze Saal einen Alptraum. Göring aber verzieht keine Miene. Er entzieht sich den Bildern, die das filmische Beweisstück 2430-PS zeigt, doch er hört über Kopfhörer, wie der Dolmetscher übersetzt, was der amerikanische Sprecher beschreibt: »In diesem Konzentrationslager bei Leipzig wurden über 200 politische Gefangene bei lebendigem Leib verbrannt. Andere der ursprünglich 350 Gefangenen wurden erschossen, als sie aus den Baracken stürzten . . .« Eine Stunde lang dokumentiert der offizielle Tatsachenfilm der amerikanischen Anklage am 29. November 1945 die Verbrechen in den Konzentrationslagern – Mordtaten, für die auch Hermann Göring, zweiter Mann des »Dritten Reiches«, die Verantwortung trägt. Er weist sie brüsk von sich und versteckt sich hinter der Maske des jovialen Biedermanns, der sich in Zynismen flüchtet. »Es war ein so angenehmer Nachmittag«, wird er abends in der Zelle lamentieren. »Mein Telefongespräch über die Österreich-Affäre wurde vorgelesen, und alle lachten mit mir darüber. Und dann kam dieser grauenhafte Film und verdarb einfach alles.«

Die unerträglichen Aufnahmen verderben nicht nur Görings Laune. Sie zerstören vor allem die dreiste Illusion, es sei möglich, mit verbalem Blendwerk beispiellose Verbrechen zu verschleiern, ja, zu leugnen. Die Chance, im Kreuzverhör rhetorisches Talent, Charme und Chuzpe auszuspielen, sollte Göring in

58 Stunden Redezeit noch eingeräumt werden. Aber gegen diese Bilder können Worte nicht ankommen. Er ist sich dessen wohl bewußt und verkriecht sich in ein Schneckenhaus der Ignoranz. Göring mimt den Unschuldigen. Der einstige Machtmensch will vom Massenmord nichts gewußt haben, obwohl er in jede menschenverachtende Gewaltaktion verwickelt war, obwohl fast alle judenfeindlichen Gesetze, Verordnungen und Mordbefehle von ihm unterschrieben worden sind und er Reinhard Heydrich, den Chef des Reichssicherheitshauptamts, ermächtigt hatte, die »Gesamtlösung der Judenfrage« vorzubereiten. Göring nimmt den Kopfhörer ab, wenn bewiesen wird, wie er zur Versklavung und Ermordung von elfeinhalb Millionen Menschen beigetragen hat. Nein, er könne sich an nichts erinnern. »Je höher man gestellt ist«, will er einem Verteidiger glauben machen, »desto weniger sieht man von dem, was sich unten abspielt.«

»Erfuhren Sie nichts über die Greueltaten, von denen die ganze Welt wußte?« insistiert Gerichtspsychologe Gustave Gilbert.

»Oh, man hörte eine ganze Menge Gerüchte, aber man glaubte natürlich nichts Derartiges.«

»Ach, diese Massenmorde!« läßt er sich einmal hinreißen. »Das Ganze ist eine verdammte Schande. Ich möchte lieber nicht darüber sprechen oder auch nur daran denken.«

Schweigen über die eigene Schuld fordert er auch von den anderen Tätern, die neben ihm auf der Anklagebank sitzen oder im Zeugenstand zum Völkermord befragt werden. Göring glaubt weiterhin, über andere verfügen zu können, und ihn packt maßlose Wut, als SS-General Erich von dem Bach-Zelewski offen den Massenmord beim Namen nennt. Für einen kurzen Moment scheint er die Fassung zu verlieren, springt auf und kann nur mit Mühe von den Wachen im Zaum gehalten werden. »Wahrhaftig, dies dreckige, verfluchte Verräterschwein!« schimpft Göring. »Dieser gemeine Schuft! Herrgott, verflucht noch mal! Donnerwetter, der dreckige, hohlköpfige Hundesohn! Er war der verruchteste Mörder in dem ganzen verfluchten Verein. Der widerliche, stinkende Schweinehund! Verkauft seine Seele, um seinen dreckigen Hals zu retten!«

Dabei gibt Göring ein ungewohntes Bild ab. Die viel zu weite Reiterhose und die blaugraue Jacke ohne Orden und Rangabzeichen schlottern wie Segeltuch bei Windstille am Körper des Mannes, der einst drei Zentner wog. 80 Pfund hat er in der

75

Gefangenschaft abgespeckt. Nun ist er von seiner Morphiumsucht befreit und scheint nach der Zwangskur wieder in bester körperlicher Verfassung zu sein. Dieser Göring ähnelt nicht mehr jener »einfältig lächelnden Molluske«, für die ihn der amerikanische Gefängniskommandant Burton C. Andrus zu Beginn der Gefangenschaft hielt. Im Nürnberger Gerichtssaal zeugt sein Blick wieder von der kalten Entschlußkraft, die Hitler den Weg zur Macht ebnete und politische Gegner rücksichtslos beseitigte. Er gibt sich fast so selbstbewußt wie ein Sieger, obwohl er weiß, daß der Galgen auf ihn wartet. Der Prozeß wird Görings letzter Auftritt sein, und er ist fest entschlossen, sich und dem Nationalsozialismus ein Denkmal zu setzen – nicht als »Zweiter Mann« nach Hitler, sondern, wie amerikanische Blätter schreiben, als »Nazi Number One«.

Als Hitlers designierter Nachfolger war er wie geschaffen für die Rolle, das Terrorregime auf der Anklagebank zu verkörpern. Nachdem sich Hitler aus der Verantwortung gestohlen hatte, traf die Wucht der Schuldvorwürfe vor allem ihn, den »treuesten Paladin«: Verschwörung gegen den Frieden, Vorbereitung zum Angriffskrieg, Verbrechen gegen die Menschlichkeit – Göring nahm die Anschuldigungen gelassen hin. »Der Sieger«, notierte er auf die Anklageschrift, »wird immer der Richter und der Besiegte stets der Angeklagte sein.« Souverän, abgeklärt und überlegen wollte er vor seinen Richtern erscheinen, und wie einen Schauspieler plagte auch ihn Lampenfieber. »Das leichte Zittern seiner Hände und sein krampfhafter Gesichtsausdruck«, beobachtete Gilbert vor Prozeßbeginn, »waren Zeichen seiner nervösen Anspannung, und er begann mit der Generalprobe seiner Rolle als gefolterter Edelmann, der im Begriff steht, vor dem letzten Akt die Bühne zu betreten.« Am zweiten Verhandlungstag öffnete sich nach monatelangem Warten in der Zelle endlich der Vorhang. »Bevor ich die Frage des Hohen Gerichtshofs beantworte, ob ich mich schuldig oder nicht schuldig bekenne...«, holte Göring aus, um sofort vom Vorsitzenden belehrt zu werden, sich ohne Umschweife schuldig oder nicht schuldig zu bekennen. Erst jetzt sagte Göring: »Ich bekenne mich im Sinne der Anklage nicht schuldig.«

Der Angeklagte sollte noch ausreichend Gelegenheit haben, seine Rolle als verfolgte Unschuld zu spielen und Rechenschaft abzulegen über ein Leben, das geprägt war von Geltungsdrang und Habgier, von unstillbarem Hunger nach Luxus, Macht und

Ich folge nur der Führung Adolf Hitlers und des lieben Gottes!

*Göring, 1933*

2. September bis 7. Oktober 1925:
Patient störte, war depressiv, stöhnte, weinte, war ängstlich, äußerte ständig Wünsche, reizbar und schnell gerührt; bedrückt, geschwätzig, fühlt sich als Opfer »jüdischer Verschwörung«; Selbstmordgedanken; übertreibt Entziehungserscheinungen; neigt zur Hysterie, ist egozentrisch, übertriebenes Selbstbewußtsein; haßt Juden, hat sein Leben dem Kampf gegen Juden gewidmet, war Hitlers rechte Hand; Halluzinationen; Selbstmordversuch (Erhängen und Strangulieren); stößt Drohungen aus, hat sich heimlich ein Eisengewicht als Waffe beschafft; Visionen, Stimmen, Selbstanklagen.

*Aus Görings Krankenbericht aus der Nervenheilanstalt Långbro in Schweden, 1925*

Volksgenossen, meine Bedenken werden nicht angekränkelt sein durch irgendwelche juristischen Bedenken. Meine Maßnahmen werden nicht angekränkelt sein durch irgendwelche Bürokratie. Hier habe ich keine Gerechtigkeit zu üben, hier habe ich nur zu vernichten und auszurotten, weiter nichts!

*Göring nach der »Machtübernahme«, 1933*

Links:
»Ein strebsamer Kadett...« Hermann Göring in der Kadettenanstalt Berlin-Lichterfelde.

Rechts:
»Auf dem Weg zum Blauen Max...« Göring als Fliegeroffizier im Ersten Weltkrieg.

Anerkennung. Vom Jagdflieger im Ersten Weltkrieg war er aufgestiegen zum Oberbefehlshaber der Luftwaffe, zum Wirtschaftsdiktator und zum »Zuständigkeitsgiganten«, der Ämter, Orden und Kunstwerke sammelte wie andere Briefmarken – eine schillernde Persönlichkeit, der viele Etiketten anhafteten: aufgeblasener, eitler Popanz; nüchtern-überlegener Verbrecher; morphiumsüchtiger, irregeleiteter Offizier. Gewandt in Sprache und Umgang, verkörperte er das joviale Gesicht des »Dritten Reiches«: beliebt, beleibt, brutal – ein kalter Machtmensch im Gewand des Menschenfreunds; ein »parfümierter Nero«, von Hitler zunächst »Freund« genannt, dann als »Versager« verdammt, weil die Luftwaffe seine Versprechen nicht halten konnte und der Krieg in eine Katastrophe mündete, während er sich als aufgeschwemmter Papagei in Phantasieuniformen, der Wirklichkeit entrückt und von Drogen gezeichnet, dem Wohlleben hingab. »Er war geschickt, schlau, kaltblütig, mutig und von eisernem Willen«, charakterisierte ihn Frankreichs Botschafter André François-Poncet. »Und er war ein Zyniker. Obwohl er großherzige Regungen und Ritterlichkeit kannte, konnte er von unerbittlicher Grausamkeit sein.« Sich selbst sah Göring freundlicher: »Ich bin, was ich immer gewesen bin: der letzte Renaissance-Mensch.«

Ein Hang zu Prunk und Pomp war ihm seit seiner Kindheit eigen, seit den Jahren auf Schloß Mauterndorf und Burg Veldenstein, den Besitztümern seines wohlhabenden halbjüdischen Patenonkels Dr. Hermann Ritter von Epenstein. Der hatte das Ehepaar Göring samt Kindern bei sich aufgenommen – nicht ohne Eigennutz, denn Hermanns Mutter Franziska war seine Geliebte. Von Epenstein, der einen romantisch-barocken Lebenswandel pflegte, übernahm Göring die Lust an mittelalterlicher Maskerade. Auf den Zinnen »seiner« Burg träumte er von Rittern und Prinzessinnen, posierte als Burengeneral und Robin Hood, den Abenteuer weit mehr interessierten als der öde Schulbetrieb und die kleinlichen Zwänge im Ansbacher Internat. Er schwänzte, verweigerte und brannte mehrfach durch. Kommentar seiner Mutter: »Hermann wird entweder ein großer Mann oder ein Krimineller.«

Erst seinen Ausbildern in der Kadettenanstalt Berlin-Lichterfelde gelang es, Görings maßloses Temperament mit preußischer Disziplin und militärischem Drill zu zügeln. Auf der Militärschule wurde aus dem renitenten Dickkopf ein strebsamer Kadett. Die

Trennung von den Eltern, von dem merkwürdigen Dreiecksverhältnis mit dem Patenonkel schien ihn zu erleichtern. 1911 bestand er sein Examen mit dem Prädikat »vorzüglich«. Er war nun Leutnant, 19 Jahre alt, trug stolz die Uniform des Kaisers und hatte Zugang zur eleganten Berliner Gesellschaft. Neue Abenteuer vermutete der junge Offizier indes eher in der Luft als am Boden. Als der Erste Weltkrieg ausbrach, meldete er sich bei der kaiserlichen Fliegertruppe, absolvierte die Pilotenprüfung und griff 1916 erstmals in die Luftkämpfe ein. Er galt als Draufgänger. Dank seines mutigen Einsatzes übernahm er alsbald das Kommando über eine Jagdstaffel. Zwar munkelten die Kameraden, daß Göring bei der Angabe seiner Abschüsse mitunter übertreibe. Dennoch verlieh Kaiser Wilhelm dem Fliegeras am 2. Juni 1918 nach 18 anerkannten Luftsiegen den höchsten deutschen Orden für besondere Tapferkeit, den Pour le mérite – eine Auszeichnung, von der er noch lange profitieren sollte. Zum Helden geadelt, trug Göring den sogenannten »Blauen Max« ebenso stolz zur Schau wie ein anderes Statussymbol: den Spazierstock des legendären »Roten Barons« Manfred Freiherr von Richthofen, dessen gefürchteten »Richthofen-Zirkus« Göring als letzter Geschwaderkommandeur befehligte. Bis zuletzt kämpfte die Elite der deutschen Jagdflieger unter hohen Verlusten gegen die feindliche Übermacht am Himmel an. Doch kein Abschuß traf die Truppe so schwer wie die plötzliche Nachricht vom Waffenstillstand. Alle Opfer schienen vergebens. Niemals konnte sich Göring damit abfinden. Als sich das Geschwader im Ratskeller von Aschaffenburg auflöste, leistete er vor seinen Offizieren den Schwur: »Unsere Stunde kommt wieder!«

Zunächst aber verbot der Versailler Vertrag die Militärluftfahrt in Deutschland. Göring floh vor der Schmach nach Schweden, ließ sich als Schauflieger feiern und verdingte sich als Fallschirmvertreter und Lufttaxipilot. Auf dem Gut eines schwedischen Adligen verliebte er sich Hals über Kopf in die attraktive Carin von Kantzow. Die schwärmerisch veranlagte Tochter eines schwedischen Offiziers war zwar verheiratet, doch vom forschen Charme des deutschen Fliegers so hingerissen, daß sie Ehemann und Sohn verließ und dem Geliebten nach Deutschland folgte, wo sie ihn 1922 heiratete.

In der Republik von Weimar war einem dreißigjährigen Hauptmann a. D. eine ungewisse Zukunft beschieden. Mehr aus Verlegenheit denn Neigung studierte Göring in München Ge-

*»Du bist von einer bösen Macht beherrscht...« Carin und Hermann Göring (1924).*

Als ich an die Spitze des preußischen Innenministeriums gerufen wurde, wußte ich, daß ich das schwerste Amt übernehmen mußte, denn hier liegt der Schlüssel zur gesamten Machtposition. Ich werde mit eisernem Besen auskehren, und alle diejenigen, die ausschließlich wegen ihrer roten oder schwarzen Gesinnung und zur Unterdrückung aller nationalen Bestrebungen in Amt und Würden sitzen, hinausfegen.

*Göring, 1934*

Beim Kampf um Hitlers Gunst ging es zu wie bei den Borgias. Dies war doppelt seltsam, da die Hauptbeteiligten Himmler, Bormann und Lammers wirklich keine der Qualitäten – in Anführungszeichen – hatten, die man in der Geschichte mit solchen Gestalten verbindet. Wie soll ich es erklären? Die drei waren – bourgeois ist nicht das richtige Wort –, sie waren wirklich sehr derbe Menschen. Goebbels und Göring, die natürlich auch intrigierten, waren nicht derb; sie waren sehr intelligent. Göring war korrumpiert, aber vielleicht war seine Korruption eine Folge seiner Krankheit, der Morphiumsucht. Wie können wir das wissen? Goebbels war nie korrupt, nur schrecklich gefährlich.

*Speer, 1979*

*»Die richtige Frau...«
Göring mit seiner zweiten Frau Emmy, geb. Sonnemann, auf der Hochzeitsreise in Wiesbaden (1935).*

Göring selbst lag in weißer Uniform auf einer Ottomane, er war damals schon sehr beleibt. Sein linkes Bein, dessen Beinkleider bis über das Knie hinaufgekrempelt waren, lag gestützt und erhöht auf einem Kissen. Er trug wie ein Kardinal rotseidene Strümpfe. Vom Profil gesehen glich er einem Heldentenor in einer Wagner-Oper, und doch lag etwas Kraftvolles in der selbstsicher brutalen Struktur des Unterkiefers. Görings Mund war eingesunken, altweiberhaft und gekniffen.

*Carl Jacob Burckhardt, 1937*

Ich muß sagen, daß auch ich – wie Hitler – eine Schwäche für Göring hatte. Ich hatte ihn als einen charmanten und hochintelligenten Menschen kennengelernt und sah ihn weiterhin mehr als einen Individualisten, einen Exzentriker und weniger als einen kranken oder gar bösen Menschen.

*Speer, 1979*

Er ist tot, Emmy. Nun werde ich ihm nie sagen können, daß ich ihm bis zum Ende treu geblieben bin.

*Göring zu seiner Frau über Hitlers Tod, 1945*

schichte und Volkswirtschaft. Mehr als nach wissenschaftlicher Erkenntnis sehnte sich der kampferprobte Pilot nach Kameradschaft, Heldentaten und einem »starken Mann«, der Deutschland wieder zu alter Macht verhalf. Diesem neuen »Kaiser« begegnete Göring an einem Herbsttag 1922 bei einer Kundgebung auf dem Münchener Königsplatz. Von Beginn an faszinierte ihn dieser Mann, dem er kurz darauf zum erstenmal bei einer »Sprechstunde« gegenübersaß. Er sollte seinem Leben eine neue Richtung geben. Genau das wollte er hören: Versailles sei eine Schande, Juden und Kommunisten seien an allem schuld, das Vaterland müsse gerettet werden. Diesem Hitler traute Göring zu, Deutschland vom Joch der Sieger zu befreien. »Vom ersten Augenblick an«, schrieb er zwei Jahre später, »da ich ihn sah und hörte, war ich ihm verfallen mit Haut und Haar.« Und auch Hitler fand Gefallen an dem hochdekorierten Haudegen: »Großartig! Ein Kriegsheld mit dem Pour le mérite – stellen Sie sich vor! Ausgezeichnete Propaganda! Außerdem hat er viel Geld und kostet mich keinen Pfennig.« Görings Ansehen versprach Nutzen für die junge Partei. Der joviale Ordensträger und der fanatische Demagoge – es war wie ein Teufelspakt. Als Hitler seinem neuen Gefolgsmann die Führung der SA übertrug, gelobte der gerührt: »Ich vertraue Ihnen im Guten wie im Bösen mein Schicksal an, auch wenn es mich mein Leben kosten sollte.«

Hitlers Partei und Programm interessierten Göring nur am Rande, dem glanzlosen Tagesgeschäft als SA-Chef konnte er nur wenig abgewinnen. Zwar machte er aus der verlotterten Sturmabteilung binnen kurzem eine schlagkräftige Privatarmee, doch lieber wandte er sich den angenehmen Seiten seines Amtes zu, ließ sich seine erste Phantasieuniform schneidern und sah verächtlich auf die »bayerischen Biersäufer und Rucksackträger« in der NSDAP herab. »Parteifreunde« wie Rudolf Heß oder Alfred Rosenberg behandelte er mit herablassendem Ton, und so verwundert es kaum, daß Göring in der Partei ohne Hausmacht blieb. Ideologie war für ihn »Krams«. Seine Partei hieß Adolf Hitler. Für ihn war er bereit, sein Leben zu riskieren. Mit ihm wollte er die Macht im Reich.

Am 9. November 1923, einem trüben und naßkalten Tag, sollte auf den Straßen Münchens die Entscheidung über Macht und Ohnmacht fallen. Gegen Mittag setzte sich eine Kolonne aus SA- und Stoßtruppmännern in Bewegung und marschierte zum Odeonsplatz. An der Spitze gingen Hitler, General Ludendorff und Göring. Die Jubel- und »Heil«-Rufe der Zuschauer ließen sie hoffen, daß die Machtübernahme gelingen könnte. Wenige Meter vor der Feldherrnhalle aber peitschte ein Schuß, dann eine Salve über die Straße. Die bayerische Landespolizei zielte auf die erste Reihe der Marschierenden. Sechzig Sekunden dauerte der Schußwechsel. Vierzehn Putschisten und drei Polizisten starben. Hitler stürzte zu Boden. Göring wurde von Schüssen in der Hüfte getroffen, lag schwer verletzt und regungslos auf dem Straßenpflaster. Nach Sekunden ohne Bewußtsein schleppte er sich stark blutend aus der Schußlinie. SA-Männer hievten ihn in einen Wagen und ließen ihn im Haus des jüdischen Möbelhändlers Ballin notdürftig versorgen. Dann begann die Flucht vor der Polizei. Zusammen mit Carin passierte Göring die Grenze nach Österreich, wo ihm die Ärzte im Innsbrucker Krankenhaus zum erstenmal Morphium spritzten – die Droge, die ihn zum Süchtigen machte, aber die Schmerzen für kurze Zeit vergessen ließ. Das Scheitern von München hatte seinen politischen Aufstieg jäh gestoppt. Bayerns Regierung suchte nun steckbrieflich nach ihm. Er befand sich zwar, anders als Hitler, auf freiem Fuß, doch die Schmerzen bereiteten ihm trotz Morphiums fast unerträgliche Qualen. Sowohl Görings Leibarzt Dr. Ramon von Ondarza als auch seine langjährige Krankenschwester berichteten nach dem Krieg von einer schweren Hodenverletzung. Seit dieser Schußverletzung hielt Göring sich für unfruchtbar.

Der in Landsberg inhaftierte Hitler bat den nach Österreich Geflüchteten, sofort nach Italien zu fahren und Kontakt mit Mussolini aufzunehmen. Seine verbindliche Art und ein blinkender Orden sollten den »Duce« animieren, der zerrütteten »Bewegung« jenseits der Alpen mit zwei Milliarden Lire unter die Arme zu greifen – eine Illusion. Mussolini empfing Hitlers bettelnden Boten nicht einmal. Während im Reich sein Besitz beschlagnahmt wurde und Ernst Röhm die SA übernahm, zog sich das Ehepaar Göring mittellos und enttäuscht zu Carins Eltern nach Schweden zurück. Den Schmerzen seiner Verletzung konnte Hermann Göring freilich nicht entkommen. Fast täglich ließ er sich Morphium spritzen. Einst ein schlanker, gut-aussehender Mann, war er bald aufgedunsen, ja fett, litt an Gedächtnisschwäche und unter dem Zwang, ohne die Droge nicht mehr leben zu können. Bei Entzugserscheinungen verlor Göring mitunter die Kontrolle über sich und wollte einmal sogar seinem Leben ein Ende setzen. So konnte es nicht weitergehen: In der Nervenheilanstalt für gefährlich Kranke in Långbrö bei Stockholm versuchte der Süchtige, den Kampf gegen die Droge zu gewinnen und seiner Frau Carin einen Alpdruck von der Seele zu nehmen. »Morphinist zu sein«, schrieb sie ihm beschwörend, »heißt soviel wie Selbstmord verüben – jeden Tag geht ein kleiner Teil Deines Körpers verloren.« Mit wachsender Verzweiflung beobachtete sie, wie Göring offensichtlich Kraft und Wille fehlten, seine Abhängigkeit zu überwinden. »Du bist von einer bösen Macht beherrscht, und der Körper siecht allmählich dahin. Rette Dich selbst und damit auch mich!«

Göring blieb an der Morphiumspritze hängen. »Brutaler Hysteriker mit sehr schwachem Charakter«, hieß es im schwedischen Krankenblatt. Er sei depressiv, befanden die Ärzte, selbstmordgefährdet, egozentrisch und ein »Judenhasser«. Dennoch wurde der Patient am 7. Oktober 1925 entlassen, ohne Anzeichen von Geistesgestörtheit, wie Professor Olov Kinberg festhielt. Offiziell galt Göring als geheilt. Tatsächlich aber war er krank – ein Süchtiger, der sich täglich bis zu 50 Milligramm Morphium spritzte. Niemand außer Carin sollte von seinem Leben im Schatten der Droge wissen, aber je mehr er ins Rampenlicht der Öffentlichkeit rückte, desto mehr Gerüchte wucherten über den Morphinisten an der Spitze des Staates.

Noch trennten ihn Jahre von der Macht, nach der er sich so sehnte. Göring fing bei Null an, als er 1927 nach einer Amnestie für politische Straftäter nach Deutschland zurückkehrte, sich als Vertreter durchschlug und aufs neue versuchte, in der Politik Fuß zu fassen. Dem aus der Landsberger Haft längst entlassenen »Führer« kam ein Mann wie Göring freilich gerade recht. Der imperiale Machtmensch paßte genau in jene Lücke, die es im engsten Kreis um ihn zu schließen galt. Er war kein Kleinbürger wie Hitler, kein Landsknecht wie Röhm, kein Desperado wie Goebbels; er hatte, was den Rabauken in der »Bewegung« fehlte: eine Herkunft aus gutem Hause, geschliffene Manieren und das Talent, Menschen für sich einzunehmen. Mit dem Pour le mérite besaß er überdies einen Türöffner zum Kaiserhof und zu den Panzerschränken des Geldadels. Als politischer Beauftragter in Berlin sollte Göring für Hitler die Berliner High-Society gewinnen, und tatsächlich gelang es ihm, nicht nur seinem »Führer« eine Audienz beim Reichspräsidenten von Hindenburg zu verschaffen, sondern auch die leere Parteikasse zu füllen – mit Spendengeldern von Krupp, Thyssen, der Deutschen Bank, BMW, der Lufthansa, Heinkel, Messerschmitt ...

Als Mitglied des Reichstags tummelte er sich schon bald in den einflußreichsten Kreisen aus Adel, Großfinanz und Industrie, wo er humorvoll parlierend und berechnend charmant für Hitler Siege auf dem gesellschaftlichen Parkett errang. Obwohl Göring trotz Abmagerungspillen immer dicker wurde, unter Schlaflosigkeit litt und Carins Tod am 17. Oktober 1931 zu überwinden hatte, fehlte es ihm nicht an Elan, Hitler mit schlitzohrigem Geschick und skrupellosen Winkelzügen über die Schwelle der Macht zu helfen. Als gewählter Reichstagspräsident bestach er den Sohn des Reichspräsidenten, Oskar von Hindenburg, mit Versprechungen und Geschenken, zog das Militär auf Hitlers Seite und brachte den greisen Reichspräsidenten in aufreibenden Verhandlungen dazu, Hitler zum Reichskanzler zu ernennen. Es war wohl, notierte Tagebuchschreiber Joseph Goebbels, Görings »glücklichste Stunde«, als »dieser aufrechte Soldat mit dem Herzen eines Kindes« am 29. Januar 1933 Hitler die Botschaft überbrachte, der Machtübernahme stehe nichts mehr im Wege. An diesem Triumph hatte Göring maßgeblichen Anteil, und Hitler belohnte die Dienste seines Helfers mit einer Reihe von Ämtern: Reichsminister, zunächst ohne Geschäftsbereich, Reichskommissar für die Luftfahrt und kommissarischer preußischer Innenminister.

Damit war Göring nicht nur eine Art Generalbevollmächtigter Hitlers, der im geheimen eine Luftwaffe aufbauen sollte. Ihm unterstand vor allem die stärkste Polizeitruppe im Reich – ein Machtmittel, dessen sich der sich so umgänglich gebende Göring mit unerwarteter Brutalität bediente. Der Salonlöwe zeigte Krallen und terrorisierte unter dem Deckmantel scheinbarer Legitimität politische Gegner wie Kommunisten und Sozialdemokraten. Mit Notverordnungen, vom Reichspräsidenten unterzeichnet, stellte er die Weichen zur Terrorherrschaft. Er nahm nun kein Blatt mehr vor den Mund: »Volksgenossen, meine Bedenken werden nicht angekränkt sein durch irgendwelche juristische Bedenken. Meine Maßnahmen werden nicht angekränkt sein durch irgendwelche Bürokratie. Hier habe ich keine Gerechtigkeit zu üben, hier habe ich nur zu vernichten und auszurotten, weiter nichts!« Es fiel Göring nicht schwer, diese Versprechen zu halten. In Preußen machte er 50 000 SA-, SS- und »Stahlhelm«-Männer zu »Hilfspolizisten«, »säuberte« Verwaltungen und Polizeipräsidien und blies vor der letzten – nicht mehr freien – Reichstagswahl am 5. März 1933 zu einer beispiellosen Hetzjagd auf politische Gegner. Die Polizei sollte »dem Treiben staatsfeindlicher Organisationen mit den schärfsten Mitteln entgegentreten« und »wenn nötig, rücksichtslos von der Schußwaffe Gebrauch machen«. Pistolen ersetzten Gummiknüppel, und Göring hetzte getreu der Devise: »Jede Kugel aus einer Polizei-Pistole ist meine Kugel.« Der braune Mob kannte kein Halten mehr. Schlägertrupps trieben ungehindert von der Polizei ihr Unwesen. Anerkennend notierte Joseph Goebbels in sein Tagebuch: »Göring räumt in Preußen auf mit einer herzerfrischenden Forschheit. Er hat das Zeug dazu, ganz radikale Sachen zu machen, und auch die Nerven, um einen harten Kampf durchzustehen.«

Vieles sprach aus Görings Sicht dafür, daß dieser Kampf zuerst mit der KPD ausgefochten werden müsse. In Wahrheit war die Linke schwach und zerstritten. Die verfolgten Gegner agierten mit Parolen statt mit Gewalt. Dennoch klammerten sich Hitler, Goebbels und Göring wie besessen an die propagandistisch wirksame Idee, die »Kommune« könne ihnen im letzten Moment die Macht streitig machen. Fast schien es, als sollte sich diese Vision bewahrheiten, denn in der Nacht des 27. Februar 1933 schlugen Flammen aus der Kuppel des Reichstagsgebäudes. Wer hatte das Feuer gelegt? Der am Tatort festgenommene, später zum Tode verurteilte Kommunist Marinus von der Lubbe? Die KPD? Oder die Nationalsozialisten mit Göring an der Spitze? Den Reichstag und das Palais des Reichstagspräsidenten Göring verband ein unterirdischer Gang. Ließ Göring das Feuer legen, obwohl etliche Erbstücke verbrannten, an denen sein Herz hing? Zwingende Beweise, wer der Täter war, fehlen bis heute. Entscheidend aber ist, daß Göring den brennenden Reichstag, das Symbol der Republik, zum Anlaß nahm, die Hetzjagd auf Kommunisten und andere Gegner zu verschärfen. Als erster traf er am Tatort ein, und als erster setzte er die Parole vom Putsch der Linken in die Welt, um den Staatsstreich von rechts zu legitimieren. »Das ist der Beginn des kommunistischen Aufstandes«, schrie Göring gegen das Heulen der Sirenen den späteren Gestapochef Rudolf Diels am Tatort an. »Sie werden jetzt losschlagen! Es darf keine Minute versäumt werden.« Noch in derselben Nacht ergingen Befehle, über 4000 Funktionäre vor allem der KPD zu verhaften, ihre Parteibüros zu schließen, ihre Presse zu verbieten und mißliebige Schriftsteller wie Carl von Ossietzky in »Schutzhaft« zu

Erregte Szene mit Göring, der sich immer mehr zum Fraktionsekel entwikkelt. Dabei ist er so dumm wie Stroh und so faul wie eine Kröte. Er behandelte die anderen bislang en canaille und versuchte das gestern auch mit mir.

*Goebbels (Tagebuch), 1929*

*»Ich bin ein Mensch der Renaissance...« Göring auf seiner Yacht »Carin II«.*

Dann soll der dicke Göring einmal auf etwas Kaviar verzichten. Brechreiz!

*Goebbels (Tagebuch), 1933*

Es ist doch kein allzu großes Opfer, gewisse Bequemlichkeiten daranzugeben, um die Freiheit des Volkes zu erreichen, um die Stärke der Nation zu sichern. Je stärker wir gerüstet sind, desto sicherer stehen wir da, desto weniger kann uns einer angreifen. Der Führer und wir alle hier, wir alle Führenden verlangen nichts von euch, was wir nicht stündlich selbst zu tun und selbst zu geben bereit sind. Zuviel Fett – zu dicke Bäuche. Ich habe selbst weniger Butter gegessen und habe zwanzig Pfund abgenommen.

*Göring, 1935*

Wißt ihr, wann der Krieg zu Ende ist? Wenn dem Göring die Hose vom Goebbels paßt!

*Flüsterwitz*

nehmen. Schon bevor sich die Meldung vom Brand wie ein Lauffeuer im Reich verbreitete, lagen Görings schwarze Listen mit den Namen der Opfer bereit.

Seit dem 28. Februar 1933, als mit der »Reichstagsbrandverordnung« der permanente Ausnahmezustand galt, waren Grundrechte wie die Freiheit der Person außer Kraft gesetzt. Öffentlicher Terror war nun »legal«. Göring hatte freie Bahn. Auf seine Befehle hin wurden politische Gegner, aber auch Homosexuelle und Zeugen Jehovas in Konzentrationslagern zusammengetrieben. In Oranienburg und Papenburg hatte Göring diese Zucht- und Folterstätten als »Umerziehungslager« errichten lassen. Ende Juli 1933, ein halbes Jahr nach Hitlers Machtübernahme, platzten diese Lager schon mit 27 000 politischen Gefangenen aus sämtlichen Nähten. Die Festnahmen, schwadronierte Göring im Nürnberger Zeugenstand, seien ein »politischer Staatsakt der Staatsnotwehr« gewesen. Gewiß, in den Lagern sei es zu Grausamkeiten, Schlägen und »Roheitsakten« gekommen. »Wo gehobelt wird, fallen Späne«, aber: »Ich habe selbstverständlich Anweisung gegeben, daß solche Dinge zu unterbleiben haben.« Dennoch blieben die Zustände nahezu unverändert. Im Gespräch mit Gefangenen wie Ernst Thälmann, dem Vorsitzenden der kommunistischen Partei, bedauerte er zwar die Anwendung von körperlicher Gewalt bei den Verhören, aber schließlich könne er ja nicht überall sein. Thälmann kam zurück ins KZ und wurde am 18. August 1944 in Buchenwald erschossen – zu einem Zeitpunkt, an dem die Konzentrationslager schon nicht mehr Göring unterstanden, sondern dem Reichsführer-SS, Heinrich Himmler, der auf Hitlers Wunsch auch Görings Schöpfung, die Geheime Staatspolizei, übernahm. Zum Trost erhielt der passionierte Jäger im Juli 1934 zwei neue Ämter: Reichsforst- und Reichsjägermeister. Bis heute gilt das von Göring erlassene Jagdgesetz, das die Vivisektion verbietet. Offensichtlich lag ihm das Wohl des Wildes mehr am Herzen als das Leben politischer Gegner. »Wer Tiere quält«, verkündete eine Holztafel im Arbeitszimmer, »verletzt das deutsche Volksempfinden.«

Er wollte wissen, was das Volk und vor allem seine Rivalen empfanden. Schon bald nach der Machtübernahme schuf er sich deshalb mit dem »Forschungsamt des Reichsluftfahrtministeriums« eine unentwegt sprudelnde Nachrichtenquelle. Aus ihr schöpfte er nützliche Informationen, um im Intrigenspiel um die

Macht die Oberhand zu behalten. Bis zu 3000 Mitarbeiter überwachten in Spitzenzeiten die Telefonleitungen von Reichskanzlei und Ministerien, Parteibüros und Botschaften. Rund um die Uhr entschlüsselten Abhörspezialisten kodierte Texte und schrieben mit, um den Hunger ihres Chefs auf Nachrichten aus Politik und Privatem zu befriedigen. Ob intime Tuscheleien zwischen Joseph Goebbels und Lida Baarova oder politische Debatten unter Auslandskorrespondenten – Görings Lauscher notierten beflissen Wort für Wort, mochte es noch so banal sein. »Was ist's?« scherzte die Frau des einstigen Reichskanzlers Kurt von Schleicher am Hörer. »Ohne ein I will es keiner sein. Mit einem I jeder! Na, gibst du auf?« Die Antwort: »Arisch!« Feixend und schenkelschlagend gab Göring »Nachrichten« wie diese vor Mitarbeitern zum besten. Andere »Forschungserkenntnisse«, die in den »Braunen Blättern« gesammelt wurden, unterlagen hingegen strikter Geheimhaltung. Sie bargen mitunter politischen Sprengstoff, der Ernst Röhm, den Stabschef der SA, das Leben kosten sollte.

Aus den »Forschungsberichten« wußte Göring, daß der unzufriedene Revolutionär Röhm Hitler zunehmend kritischer gegenüberstand. Schon seit längerem drängte er darauf, Partei und SA zu »säubern«. Jetzt bot sich die Chance zur Abrechnung mit Hitlers Duzfreund, der de facto war, was er werden wollte: zweiter Mann in der Partei. Hitler selbst leitete die Mordaktion im Süden. Göring und Heinrich Himmler zogen die Fäden in Berlin und Norddeutschland – für Göring eine weitere Gelegenheit, sich bei Hitler als williger Henker zu empfehlen. In seiner alten Kadettenanstalt in Berlin-Lichterfelde ließ er 43 angebliche Putschisten erschießen. Es war der erste Massenmord des Regimes. Der reute ihn auch in Nürnberg nicht: »Was war doch die SA für eine Rotte perverser Banditen! Es ist eine verflucht gute Sache, daß ich sie beseitigte, oder sie hätten uns umgebracht.«

Hitler gefiel es, wie »eiskalt« sein »treuester Paladin« in Krisenzeiten agierte. Göring, der Haudegen, hatte sich bewährt. Daß er ideologisch nicht sattelfest war, störte kaum. Göring genoß das Vertrauen Hitlers, dem er sklavisch bis zur Selbstverleugnung diente. Schon die bloße Präsenz Hitlers genügte, ihn seiner Kritikfähigkeit zu berauben. »Ich strenge mich ja so an«, soll er zu Wirtschaftsminister Hjalmar Schacht gesagt haben, »aber jedesmal, wenn ich ihm gegenüberstehe, fällt mir das Herz in die Hosen.« Es war vor allem die Ehrfurcht vor Hitlers

Macht, die ihn zum willigen Vollstrecker werden ließ, der vor Hitler innerlich auf die Knie fiel und sich einem götzengleichen Verehrungskult hingab. »Wer nur irgend die Verhältnisse bei uns kennt«, ließ er 1934 in seinem Buch »*Aufbau einer Nation*« schreiben, »weiß, daß jeder von uns genausoviel Macht besitzt, als der Führer ihm zu geben wünscht. Und nur mit dem Führer und hinter ihm stehend ist man tatsächlich mächtig und hält die starken Machtmittel des Staates in der Hand, aber gegen seinen Willen, ja auch nur ohne seinen Wunsch, wäre man im gleichen Augenblick vollständig machtlos. Ein Wort des Führers, und jeder stürzt...« Görings Hingabe zahlte sich aus. Als Hitler nach Hindenburgs Tod zum »Führer und Reichskanzler« aufstieg und Göring die Offiziere seiner Luftwaffe auf Hitler vereidigen ließ, erfüllte sich im Dezember 1934 sein innigster Wunsch. Per Geheimerlaß bestimmte ihn Hitler zum Nachfolger. Nun war er anerkannt als zweiter Mann, als kommender Tyrann. Der Traum von der alleinigen Macht wurde zum Motor seines Lebens.

Jeder sollte sehen, wie weit er es gebracht hatte. Am Berliner Kaiserdamm bezog Göring eine luxuriöse Wohnung mit Mobiliar so wuchtig wie sein Körperumfang. Er nahm sich Personal und ließ das Palais des preußischen Ministerpräsidenten auf Steuerzahlerkosten aufwendig umgestalten. Geld spielte für Göring keine Rolle mehr. Allein der Tabakkonzern Reemtsma überwies ihm bis 1943 jährlich eine Million Reichsmark, und die deutsche Autoindustrie bestach ihn mit einer Motorjacht – der »Carin II« – im Wert von anderthalb Millionen Mark, um im Gegenzug mit Rüstungsaufträgen bedacht zu werden. »Der dicke Hermann«, wie der Volksmund ihn nannte, genoß seinen Aufstieg in vollen Zügen. Leiblichen Genüssen gab er sich ohne Schranken hin. Nachts bewirtete Diener Robert Kropp seinen Herrn häufig mit Bier, belegten Broten und Kuchen mit Schlagsahne. Ende 1933 brachte Göring 280 Pfund auf die Waage. »Er hat die üblichen Proportionen eines deutschen Tenors«, spottete Washingtons Botschafter William C. Bullet. »Sein Hinterteil hat den Durchmesser von mindestens einem Yard. Da er sich in eine hautenge Uniform gezwängt hat, ist die Wirkung einmalig.« Ungeniert raffte Göring an sich, was immer ihm gefiel: Juwelen, Bilder, Uniformen, Orden... Die Kabarettistin Claire Waldoff brachte die Prunksucht auf den Punkt: »Links Lametta, rechts Lametta, und der Bauch wird immer

fetta.« Der Sonnenkönig des »Dritten Reiches«: In der Schorfheide, einer idyllischen Wald- und Seenlandschaft nördlich Berlins, ließ er sich mit Millionenaufwand eine prunkvolle Residenz
errichten und aus den Etats von Luftfahrt- und Staatsministe-
rium mit russischem Dampfbad, Kino, Turnsaal und einem Emp-
fangssaal so hoch wie ein Kirchenschiff ausstatten. Wo einst
Markgrafen und preußische Könige pirschten, lud nun Hausherr
Göring Industrielle und Diplomaten zu Jagdgesellschaften oder
hing nostalgischen Erinnerungen an die mittelalterliche Traumwelt seiner Kindheit nach. Man sah ihn im ledernen Jagdkostüm
mit Pfeil und Bogen, auf ausgedehnten Kutschfahrten und
abends am Schaltpult einer überdimensionalen elektrischen Eisenbahn, eines Geschenks des Preußischen Staatstheaters, das er
stolz wie ein kleines Kind Botschaftern wie dem Franzosen François-Poncet präsentierte. Dem Diplomaten verriet das Szenario
einiges über die Gedanken, die Göring umtrieben. »Als er mir
das Spielzeug vorführte«, erinnerte sich der Diplomat, »rief
einer der Neffen: ›Onkel Hermann, laß doch mal den französischen Zug heraus!‹ Der Zug verließ den Schuppen. Der Neffe
ließ über einem der Drähte, die über die Landschaft gespannt
waren, ein kleines Flugzeug gleiten, und aus dem Flugzeug fielen
Bomben, mit Zündern versehen, mit denen der Junge den französischen Zug zu treffen versuchte.«
Göring nannte den Herrensitz nach seiner ersten Frau »Carinhall«. Eigens für sie, die er zeit seines Lebens wie eine Heilige
verehrte, ließ er am Seeufer eine granitene Gruft im Boden
versenken. Im Sommer 1934 wurde Carins Sarg von Schweden in
die Schorfheide überführt, wo nun eine andere Frau an Görings
Seite die angenehmen Seiten der Macht genoß. Die blonde
Schauspielerin Emmy Sonnemann hatte es in der Theaterprovinz
als »Gretchen« in »Faust« zu bescheidenem Ruhm gebracht. Am
10. April 1935 heiratete sie einen, wie Gerüchte besagten, zeu-
gungsunfähigen Mann, der es äußerlich gelassen hinnahm, als
»Freunde« zum Ende der Zeremonie zwei Störche aufsteigen
ließen. Göring duldete zwar keine Militärpfarrer in der Luftwaffe, bestand aber entgegen den Sitten in der Partei auf einer
kirchlichen Trauung. Nur zu lange durfte sie nicht dauern. Gerade einmal fünf Minuten blieben Reichsbischof Ludwig Müller
zur Predigt im Berliner Dom. Denn mehr Wert als auf fromme
Worte legte Göring auf das Rahmenprogramm. Zehn Luftwaf-
fengeneräle, 30 000 Soldaten, acht Kapellen und die neuesten

*»Ein korrupter Morphinist...« Hitler zu Besuch in Görings Herrensitz Carinhall.*

Wenn der katholische Christ überzeugt ist, daß der Papst in allen religiösen und sittlichen Dingen unfehlbar sei, so erklären wir Nationalsozialisten mit der gleichen innersten Überzeugung, daß auch für uns der Führer glattweg unfehlbar ist. Es ist für Deutschland zum Segen geworden, daß in Hitler die seltene Vereinigung stattgefunden hat zwischen dem schärfsten logischen Denker und wahrhaft tiefgründigen Philosophen und dem eisernen Tatmenschen, zäh bis zum äußersten.

*Göring, 1942*

Er war vollkommen der Paladin seines Führers und ging mit dessen Weltanschauung konform. Er war auch in seinem Antisemitismus radikal. Während der »Kristallnacht« 1938 wurde seiner Meinung nach zuviel wertvolles jüdisches Eigentum zerstört. Es wäre ihm lieber gewesen, wenn mehr Juden getötet worden wären. Damit wäre dem Reich mehr gedient gewesen. Das war damals seine Haltung.

*William Jackson, Sohn und Assistent des Chefanklägers in Nürnberg*

Meine Kameraden und ich waren so naiv. Wir hielten es einfach nicht für möglich, daß jemand so lügen konnte. Göring behauptete, er hole die Truppen aus Stalingrad heraus. Erst später erfuhren wir, daß das gar nicht möglich war. Göring muß das gewußt haben. Das war eine Lumperei, und da haben wir angefangen, am Charakter dieses Mannes zu zweifeln. Seine Charakterschwächen wurden dann ja auch immer offensichtlicher. Er machte sich mit seinen Verkleidungen lächerlich. Ich dachte, wieso tritt er auf wie ein Kakadu, mit schneeweißer Uniform, roten Streifen auf der Hose und den vielen Orden – und das alles mitten im Krieg, während wir nicht wußten, was wir zu fressen kriegen.

*»Ein mutiger Pilot...« Hermann Göring vor seinem ersten Alleinflug (1916).*

*Walter Wittkampf, Bombenopfer*

Nach Stalingrad war von dem obersten Luftwaffenchef wenig bzw. gar nichts mehr zu hören. Wenn wir im Kameradenkreis über Göring sprachen, hieß es nur: Der Dicke soll bloß die Schnauze halten.

*Joachim Matthies, Luftwaffenangehöriger*

Flugzeuge am Himmel über Berlin verliehen dem Eheschluß das Gepränge eines Staatsakts. Pikiert merkte Londons Botschafter Sir Eric Phipps an: »Jetzt bleibt ihm nur noch eins – der Thron oder das Schafott.« Unverhohlen nutzte Göring die Hochzeit zur Waffenschau. Wie ein Denkmal hatte er schon einen Monat zuvor enthüllt, womit er und Staatssekretär Erhard Milch seit 1933 im geheimen beschäftigt waren: Deutschland verfügte wieder über eine Luftwaffe, die nicht länger ein Anhängsel des Heeres war, sondern zum selbständigen Wehrmachtsteil befördert wurde. Als Oberbefehlshaber dieser Luftwaffe hatte Göring an politischem Renommee gewonnen. Er gehörte nun zur militärischen Elite und gebot über ein Luftfahrtministerium mit 2800 Zimmern und angeblich 1600 einsatzbereiten Maschinen. Tatsächlich waren es vorerst nur 200 veraltete Flugzeuge.

Schon vor der Machtübernahme hatte sich Göring als radikaler Verfechter einer raschen Aufrüstung profiliert. Jetzt, als Oberbefehlshaber der Luftwaffe, lag es in seiner Hand, vor allem die kostspielige und rohstoffintensive Luftrüstung voranzutreiben und Hitler eine starke Angriffswaffe zur Verfügung zu stellen. »Mir schwebt vor, eine Luftwaffe zu besitzen«, gab er Fliegerleutnants bei ihrer Vereidigung mit auf den Weg, »die, wenn einmal die Stunde schlagen sollte, wie ein Chor der Rache über den Gegner hereinbricht; der Gegner muß das Gefühl haben, schon verloren zu sein, bevor er überhaupt mit euch gefochten hat.« Im Sommer 1935 – die allgemeine Wehrpflicht war gerade verkündet worden – drängte Göring bei Hitler darauf, die damalige Stärke der Luftwaffe zu verdoppeln, angesichts des Mangels an Rohstoffen ein illusorisches Vorhaben. Um die Rohstofflage zu bessern und die »weitere Wehrhaftmachung sicherzustellen«, übertrug Hitler seiner Allzweckwaffe Göring im April 1936 das neue Rohstoff- und Devisenamt. In vier Jahren, forderte Hitler in einer geheimen Denkschrift, müsse die deutsche Armee »einsatzfähig« und die deutsche Wirtschaft »kriegsfähig« sein. Einwände ließ er nicht gelten. Wirtschaftsprobleme waren für Hitler »Willensprobleme«, und nur Göring traute er diesen starken Willen zu. »Er ist der beste Mann, den ich habe, [. . .] ein Mann von Entschlossenheit, der weiß, was gefordert wird, und es durchsetzt.« Obwohl dieser Mann in Wirtschaftsfragen ein Laie war, übertrug ihm Hitler im Oktober 1936 bei einem Spaziergang auf dem Obersalzberg ein Amt, das ihn zum zweitmächtigsten Mann im Staate machte: Als »Beauftragter für den Vierjahresplan« hatte er von höchster Stelle die Order, die Rüstung voranzutreiben, »Nahrungsfreiheit für das deutsche Volk [zu] erkämpfen«, vor allem aber Rohstoffe und Devisen zu beschaffen, um nach Hitlers Devise den »Krieg im Frieden« vorzubereiten. Wie Hitler träumte auch Göring von einem wirtschaftlich autarken Deutschland – und setzte das Volk auf Kunstprodukte wie Ersatzhonig oder Ersatztextilien, während er sich aus bestem Tuch Phantasieuniformen und Anzüge schneidern ließ. »Göring ist ebenso lächerlich wie gefährlich«, empfand der französische Diplomat Robert Coulondre. »Er ist zum Lachen, wenn er darüber unglücklich ist, in seiner Sammlung nicht den Marschallstab Napoleons zu besitzen; aber man muß zittern, wenn er von seinen Flugzeugen und Kanonen spricht, deren Herstellung er mit wilder Energie vorantreibt.«

Kanonen statt Butter: Flugzeuge, Panzer, Schiffe waren nun wichtiger als privater Konsum oder solide Staatsfinanzen. Warnungen von Experten wie Hjalmar Schacht, dem angesehenen Reichswirtschaftsminister und Reichsbankpräsidenten, wischte Göring vom Tisch. Wie zu Beginn der Diktatur setzte er auch jetzt alles daran, Hitlers Politik gegen jedweden Widerstand durchzupeitschen. Wer eins und eins zusammenzählte, mußte erkennen: Die maßlose Rüstung legte den Entschluß zum Krieg zwanghaft nahe, sollte der Staatsruin vermieden werden. »Es ist kein Ende der Aufrüstung abzusehen«, schrieb er im Dezember 1936 führenden Industriellen ins Stammbuch. »Wenn wir siegen, wird die Wirtschaft genug entschädigt werden. [...] Es darf nicht kalkuliert werden, was kostet es. [...] Wir spielen jetzt um den höchsten Einsatz. Was würde sich wohl mehr lohnen als Aufträge für die Aufrüstung?« Noch konkreter wurde er am 2. Dezember 1936 vor Führungskräften der Luftwaffe: »Die allgemeine Lage ist sehr ernst. Ruhe ist bis 1941 erwünscht. Wir können aber nicht wissen, ob schon vorher Verwicklungen kommen. Wir befinden uns bereits im Kriege, nur wird noch nicht geschossen.« Das war nur die halbe Wahrheit. Zeitgleich stand Deutschland mit der »Legion Condor« dem spanischen Faschistenführer General Francisco Franco im Bürgerkrieg bei – für die Luftwaffe die Gelegenheit, wie Göring sich ausdrückte, »im scharfen Schuß zu erproben, ob das Material zweckentsprechend entwickelt wurde«.

Dieser Krieg im Frieden forderte im Alltag frühzeitig seinen Tribut. Die in schwindelerregende Höhen steigenden Rüstungsausgaben gingen zu Lasten von Wohnungsbau und Lebensmittel-versorgung. Es mangelte an Rohstoffen und Devisen und bald auch an Arbeitskräften. Schon vor Kriegsbeginn fehlten dem vermeintlichen »Volk ohne Raum« die Menschen für die Rüstungspläne des Regimes. Vor allem das Eisenerzproblem bereitete Göring Kopfzerbrechen. Als sich Eisen und Stahl im Juli 1937 dramatisch verknappten und die private Wirtschaft der Krise nicht Herr zu werden drohte, trieb Göring die Nazifizierung der Ruhrindustrie handstreichartig voran. Mit den »Reichswerken Hermann Göring« ließ der Namenspatron in Salzgitter den größten Stahlkonzern Europas aus dem Boden stampfen und die Stadt zum Werk unter dem bescheidenen Namen »Hermann-Göring-Stadt« am Reißbrett entwerfen – vorläufiger Höhepunkt eines krankhaften Selbstdarstellungsdrangs. Diesen ruinösen Rüstungswahn des pfauenhaften Dilettanten wollte Hjalmar Schacht nicht länger mittragen. Im November 1937 nahm der Minister seinen Hut – ein Triumph, den Göring, für kurze Zeit Schachts Nachfolger, weidlich auskostete. Höhnisch ließ er seinen entmachteten Konkurrenten am Telefon wissen: »Ich sitze jetzt auf Ihrem Stuhl!«

Schon aber richteten sich Görings begehrliche Blicke auf das nächste, noch bedeutsamere Amt. Er wollte, beobachtete Finanzminister Lutz Graf Schwerin von Krosigk, »die Fülle seiner Ehren mit der Stellung des Kriegsministers krönen«. Der hieß Generalfeldmarschall Werner von Blomberg und hatte soeben zum zweitenmal geheiratet. Doch seine Braut, belegte eine Polizeiakte, war eine »Dame mit Vergangenheit«: als Prostituierte und Modell für Nacktaufnahmen. Die Hochzeit geriet zum Sitten- und Politskandal und spielte Göring unverhofft einen Trumpf in die Hand. Göring rechnete sich beste Chancen aus, die Nachfolge des untragbar gewordenen Blomberg anzutreten. Wie eine Spinne wob der Aspirant an einem Netz schmieriger Intrigen, in das sich sein aussichtsreichster Rivale, der Oberkommandierende des Heeres, Generaloberst Werner Freiherr von Fritsch, verstricken sollte. Eine andere Polizeiakte, von Göring eilig beschafft, beschuldigte Fritsch der Homosexualität – haltlose Vorwürfe, aber ausreichend, um Fritsch zum Rücktritt zu drängen. Der Drahtzieher schien obenauf, doch die Schmieren-komödie endete mit einer schallenden Ohrfeige für Göring. Hitler kürte sich selbst zum Oberbefehlshaber der Wehrmacht und speiste den ämterhungrigen Anwärter mit einem weiteren Titel

96

Göring hat sich für mein Empfinden von den anderen großkopferten Herrschaften unterschieden, besonders von Hitler und Goebbels. Er wirkte harmloser, naiver, irgendwie menschlicher, weil er so unglaublich eitel und genußsüchtig war. Das sind schließlich eher harmlose Eigenschaften, wie sie etwa Goebbels nicht zu eigen waren. Anfangs wurde er deshalb nicht so gefürchtet wie die anderen. Er war einfach zwielichtiger als Goebbels oder Hitler, die eindeutig negativ beurteilt wurden.

*»Ein machtbesessener Ämtersammler...« Göring als Reichsjägermeister.*

*Isa Vermehren, Kabarettistin in den dreißiger Jahren*

Die Bedingungen seines persönlichen Aufstieges waren zugleich diejenigen seines Versagens, denn Aufstieg und Versagen lagen begründet in einer gänzlich hemmungslosen, aller Kontrollmechanismen baren Egozentrik, die sich jenseits der eigenen Anspruchsbefriedigung keiner verpflichtenden Norm bewußt war und ihm in all seiner naiven Gier den Charakter eines großen und gefährlichen Kindes gab.

*Joachim Fest*

ab: »Feldmarschall«. Am 1. März 1938 notierte der deutsch-jüdische Romanist Victor Klemperer in sein Tagebuch: »Heute am Faschingsdienstag als Berliner Karnevalsfeier überreichte Hitler in großer Feierlichkeit Göring den Marschallstab. Sie haben keinen Sinn für ihre eigene Komik.«

Mit Blomberg und Fritsch hatte sich Hitler dank Görings Hilfe unblutig einflußreicher Skeptiker am Kriegskurs entledigt. Göring wußte, was Hitler wollte, seit der ihm und den ranghöchsten Militärs in einer Geheimkonferenz am 5. November 1937 eröffnet hatte, die »Raumfrage« spätestens 1943 bis 1945 lösen zu wollen, wenn möglich auch früher. Noch wollte Hitler den Krieg nicht. Noch mahnte er Göring, »die politische Linie so zu führen, daß es zu keiner Brachiallösung kommt«. Das war vor allem auf die »Österreich-Frage« gemünzt. Hitler wollte seine Heimat gewaltlos »heim ins Reich« holen und fand in Göring einen wild entschlossenen Helfer, der frei von Skrupeln gegenüber Bündnispartnern wie Italien den »Anschluß« vorantrieb und Hitler sogar dazu anhielt, Wien nötigenfalls auch mit Waffengewalt gefügig zu machen. Wie ein Trainer seinen Boxer anfeuerte, drängte Göring den zaudernden Hitler zur Offensive und stieg schließlich selbst in den Ring, als Österreichs Kanzler Kurt von Schuschnigg eine Volksabstimmung über die Unabhängigkeit des Landes ansetzte.

Tatsächlich war es Göring, der in den turbulenten Tagen vor Österreichs Ende in der Reichskanzlei als Feldherr am Fernsprecher die Fäden zog. In 27 Telefonaten zwischen Berlin und Wien stellte Göring am 11. März 1938 die Weichen in Richtung »Anschluß«. Ultimativ forderte er Kanzler Kurt von Schuschnigg zum Rücktritt auf und präsentierte als Nachfolger Hitlers Statthalter in Wien, Arthur Seyß-Inquart. Bundespräsident Wilhelm Miklas weigerte sich jedoch, den Nationalsozialisten zu ernennen. Als feststand, daß Italien und England stillhalten würden, befahl Göring kurz nach 20 Uhr »im Namen des Führers« den Einmarsch nach Österreich. Erst anderthalb Stunden später diktierte er das zynische Telegramm, mit dem Seyß-Inquart im Namen der »provisorischen österreichischen Regierung« Berlin um »baldmöglichste Entsendung deutscher Truppen« bitten sollte. Seinen eigenen Wunsch hatte Göring zu diesem Zeitpunkt längst erfüllt. »Es war weniger der Führer als ich selbst«, gab er in Nürnberg wahrheitsgetreu zu Protokoll, »der hier Tempo angegeben hat und sogar über Bedenken des Führers hinwegschreitend die Dinge zur Entwicklung gebracht hat.« Erstmals deutete sich an, daß Hitler und Göring nicht perfekt harmonierten. Die Allianz wies erste, haarfeine Risse auf, die der schnelle Triumph verdeckte. Ein weiteres Mal sollte sich Hitler das Heft von Göring nicht aus der Hand nehmen lassen.

Wie Hitler wollte auch Göring nicht auf das obligatorische Bad in der jubelnden Menge verzichten. In Linz ergriff er die Gelegenheit, offen auszusprechen, daß mit den deutschen Truppen auch der systematische Terror Einzug gehalten hatte: »Die Stadt Wien kann nicht länger als deutsche Stadt bezeichnet werden. Wo es 300 000 Juden gibt, kann man nicht von einer deutschen Stadt sprechen. Aber Wien muß wieder eine deutsche Stadt werden.« Noch in der Stunde der Vereinigungseuphorie befahl Göring, den Handel sofort und sorgfältig zu »arisieren« und Juden zur Flucht ins Ausland zu zwingen. Auch im Reich trieb der »Beauftragte für den Vierjahresplan« nun den jüdischen Exodus voran. Vor dem Gesetz galten Juden schon als Bürger zweiter Klasse, seit Göring als Reichstagspräsident im September 1935 in Nürnberg die »Rassengesetze« verkündet hatte und bei dieser Gelegenheit das Hakenkreuz zum »heiligen Symbol« des Kampfes gegen »die Juden als Rassenzerstörer« ausrief.

Verbal profilierte sich Göring als fanatischer Judenhasser, und doch blieb sein Verhältnis zu Juden bis zuletzt unklar und für einen Mann im engsten Umfeld Hitlers untypisch vielschichtig und undogmatisch. Er war ein Schreibtischtäter, der bisweilen mit sich reden ließ: Juden, die ihm, wie beispielsweise Kunsthändler, von Nutzen waren, stellte Göring, dessen Patenonkel Halbjude war, Schutzbriefe aus – getreu der eigensinnigen Devise: »Wer Jude ist, bestimme ich.« Er hielt fest am späteren Generalfeldmarschall Erhard Milch, dem zweiten Mann in der Luftwaffe und ebenfalls Halbjude, und half seiner Frau Emmy, jüdische Bühnenkollegen vor dem Zugriff von SS und Gestapo zu bewahren. Die Schauspielerin Käthe Dorsch, für die Göring eine Schwäche hatte, beruhigte 1936 den Schriftsteller Carl Zuckmayer: »Wenn sie dich hoppnehmen, dann lauf' ich zu Göring und heule so lange, bis sie dich wieder rauslassen.«

So manchem öffnete Käthe Dorsch mit Tränen die Lagertore. Tatsächlich hing Görings Antisemitismus ab von Neigungen und Launen. Sein Judenhaß war geprägt vom »Pflichtbewußtsein« als führender Nationalsozialist und beeinflußt vom vorauseilenden Gehorsam gegenüber Hitler, dessen Rassenlehre er aus Gründen der Opportunität auch zu seinem Kredo machte. Von sich behauptete er, mäßigend auf Hitlers Judenpolitik eingewirkt zu haben, und zu seinem Neffen Klaus Rigele will er gesagt haben, er wolle die Juden zwar aus dem politischen und wirtschaftlichen Leben entfernen, aber keinem etwas zuleide tun.

Wenn auch Görings Antisemitismus weniger radikal auf Vernichtung ausgerichtet war wie der eines Joseph Goebbels, so verbarg sich hinter der Fassade der Toleranz doch ein tief verwurzelter Judenhaß, der schon 1925 in der schwedischen Nervenheilanstalt Longbrö aufgefallen war und ihn im »Dritten Reich« zum Motor in der Judenverfolgung werden ließ. Selbst vor alten Kameraden machte dieser Haß nicht halt. Als ihm ein jüdischer Juwelier, einst Jagdflieger unter seinem Kommando, besorgt von judenfeindlichen Drohbriefen berichtete, gab sich Göring zunächst wohlwollend: »Mach dir keine Sorgen. Ich kümmere mich darum.« Dann aber betonte der Bittsteller, ebenfalls Deutscher zu sein. Göring herrschte ihn an: »Für einen ehemaligen Kameraden tue ich alles. Aber ich spreche dir das Recht ab, dich als Deutscher zu bezeichnen. Deutscher bist du nie gewesen. Du bist Jude.«

Juden aber mußten nach Görings Auffassung »mit allen Mitteln« aus der Wirtschaft beseitigt werden. Die von Joseph Goebbels am 9. November 1938 angestifteten Pogrome in der »Reichskristallnacht« kritisierte er zwar, jedoch nicht aus Mitgefühl für die jüdische Bevölkerung, sondern aus rein wirtschaftlichen Gründen. »Mir wäre es lieber gewesen, ihr hättet zweihundert Juden erschlagen und nicht solche Werte vernichtet.« Zwei Tage nach der Nacht, in der die Synagogen brannten, lud Göring alle beteiligten Stellen als zynischen Abschluß der Ausschreitungen zu einer »entscheidenden« Sitzung in das Reichsluftfahrtministerium, wo er sogleich auf einen Wunsch Hitlers zu sprechen kam: Die »Judenfrage« müsse jetzt einheitlich zusammengefaßt und »so oder so« erledigt werden. »Durch telefonischen Anruf bin ich gestern vom Führer noch einmal darauf hingewiesen worden, jetzt die entscheidenden Schritte zentral zusammenzufassen.« Damit fungierte Göring als oberster Koordinator für die »Lösung der Judenfrage«, einem nach seinen Worten »umfangreichen wirtschaftlichen Problem«, das er durch die »Arisierung« der Wirtschaft »Schlag auf Schlag« ausräumen wollte. Unter Görings Vorsitz beschloß die Versammlung, eine »Judenauswanderungszentrale« zu errichten und die deutschen Juden zu

*»Hast du Hunger, Cäsar?« Göring mit seinem Hauslöwen (1934).*

Göring hat die Nazi-Zeit als Bühne benutzt. Er war immer ein Akteur, ein Schauspieler, der versucht hat, sich ins rechte Licht zu rücken. Seine Bananen-Republik-Uniformen verstärkten immer den Eindruck eines Schauspielers. Auch in seiner Gestik, in seinem ganzen Verhalten hat er immer versucht, sich ins Licht der Öffentlichkeit zu stellen. Seine Inszenierungen in Carinhall, seine Feste, seine Paraden, seine Ansprachen ließen schauspielerisches Talent erkennen. Und das führte er einfach in einer anderen Rolle im Gerichtssaal fort. Dort versuchte er den Eindruck zu vermitteln, daß die »hehre Gestalt Hermann Göring« niemals Kriegsverbrechen und Verbrechen gegen die Menschlichkeit auch nur in Erwägung gezogen hätte.

*Arno Hamburger, Beobachter der Nürnberger Prozesse*

Dieser Mann konnte sehr freundlich und anziehend sein. Er konnte aber auch anderen jederzeit das Messer in den Rücken rammen, wenn er es für nötig hielt.

*Egon Hanfstaengl, Sohn von Hitlers Pressechef*

einer Zahlung von einer Milliarde Mark zu verpflichten – als »Sühneleistung« für die durch SA und SS angerichteten Verwüstungen. Sichtlich zufrieden sprach Göring in die Runde: »Im übrigen muß ich noch einmal feststellen: Ich möchte kein Jude in Deutschland sein.«

Nicht nur das »Judenproblem« beschäftigte Göring in diesen Tagen. Unmittelbar nach dem »Anschluß« Österreichs rückte das nächste außenpolitische Ziel Hitlers in Görings Visier: die Sudetenfrage. Aus den geplünderten Archiven der österreichischen Botschaften in Berlin, Prag, Paris und London und den Abhörprotokollen seines »Forschungsamts« wußte er, wie sehr England und Frankreich einen Krieg fürchteten; und diese Gewißheit bestärkte ihn in der Absicht, die Sudetenfrage mit ähnlich erpresserischen Mitteln wie jenen im März 1938 in Österreich praktizierten zu lösen. Doch sein Plan ging nicht auf. Diesmal bestimmte Hitler das Tempo, Göring fand sich in der Rolle des Zuschauers wieder. Er wollte den »Blinddarm Europas«, die Tschechoslowakei, gewaltlos »zerschneiden und unter Polen, Ungarn und Deutschland« verteilen. Der »Griff nach Prag«, befürchtete er, könne die Westmächte auf den Plan rufen und einen Weltkrieg provozieren. Inzwischen aber hatte Hitler vor höheren Offizieren und Beamten seinen »unabänderlichen Entschluß« geäußert, die Tschechoslowakei in absehbarer Zeit »durch eine militärische Aktion zu zerschlagen«. Göring brachte als einziger vorsichtige Bedenken vor: Wäre es nicht besser, das Reich hochzurüsten, um die Gefahr eines Angriffs auf Deutschland zu verringern? Hitler schlug die Einwände seines Paladins in den Wind. Er wollte angreifen. Frieden war nur noch ein Vor-Krieg.

Göring ging auf Distanz zu Hitlers Kriegskurs, blieb aber peinlich darauf bedacht, nicht entschieden zu widersprechen. Er wußte aus langjähriger Erfahrung, daß hartnäckige Widerworte Hitler in seinen Absichten nur noch mehr bestärkten. Statt zu opponieren, bemühte sich Göring um Alternativen, um den »großen Krieg« doch noch zu verhindern. Er signalisierte London und Paris Verhandlungsbereitschaft und suchte mit Lockungen und Drohungen die Westmächte zum Stillhalten zu bewegen. Göring war zwar keine Taube, aber im Vergleich zu Hitler ein eher kleiner Falke, der dem fixen Ideal einer deutsch-britischen Herrschaft über Europa anhing. Nur wollte Hitler inzwischen nichts mehr von den Friedensschwüren wissen, die er

Göring bei Jagdgesellschaften in der Schorfheide gegenüber britischen Diplomaten vortragen ließ. Die Wehrmacht erhielt Anweisung, sich für den 1. Oktober 1938 in Bereitschaft zu setzen. Es roch nach Krieg. Fieberhaft und mit wachsendem Pessimismus suchte Göring nach einem Ausweg.

Am Rande des Nürnberger Parteitags versprach der Reichsjägermeister dem britischen Botschafter Sir Neville Henderson die vier besten deutschen Hirsche, falls England nicht länger seine schützende Hand über Prag halte. Mehrmals drängte Göring den Diplomaten, Hitler und Premierminister Neville Chamberlain müßten sich zu einem Gespräch unter vier Augen treffen. Obwohl Chamberlain, um Frieden bemüht, Görings Wunsch beherzigte, verschärfte sich die Lage weiter. Ultimativ forderte Hitler die sofortige Übergabe der sudetendeutschen Gebiete. Damit schien die britische Appeasement-Politik endgültig gescheitert zu sein. Görings Alptraum drohte zur Realität zu werden. Am 28. September 1938, kurz vor Ablauf des Ultimatums, blaffte er Ribbentrop an: »Wenn's jetzt zum Krieg kommt, dann bin ich derjenige, der dem deutschen Volk erzählt, daß Sie es in den Krieg getrieben haben.« Ribbentrop giftete zurück, er verbitte sich das. Zwei der höchsten Repräsentanten des Regimes beschimpften sich in Gegenwart Hitlers, so ein Augenzeuge, wie »zwei Primadonnen vor der Generalprobe«. Später sollte Göring behaupten, er habe dem »Führer« gesagt, daß er keinen Krieg wolle, weil er wisse, was Krieg bedeutet. Wenn aber, fuhr Göring fort, der »Führer« den Befehl zum Marschieren geben sollte, »so werde ich mich im ersten führenden Flugzeug befinden«. Göring hatte dies tatsächlich gesagt, allerdings nicht in diesem Gespräch in der Reichskanzlei und nicht in Hitlers Anwesenheit. Nie brachte Göring den Mut auf, seine Ansichten gegenüber Hitler Auge in Auge mit Nachdruck zu vertreten. Seinem »Führer« gegenüber verhielt sich der kraftmeierische Kämpe unterwürfig und unwürdig devot. Görings Dilemma hieß Hitler. Ihm konnte er nicht entkommen. Er war, beobachtete Botschafter François-Poncet, »empfindlich und schnell verletzt. Dann zog er sich in sein Zelt zurück wie Achill. Aber Hitler rief ihn zurück, schlug ihm auf die Schulter und sagte: ›Mein guter Göring!‹ Und Göring wurde rot vor Freude, und alles war vergessen . . .«

Hitler aber fand längst nicht mehr soviel Gefallen an seinem designierten Nachfolger wie noch vor Jahresfrist. Seit Mussolini auf der »unseligen Münchner Konferenz« mit einem von Göring entworfenen Kompromißpapier dem Frieden eine letzte kurze Frist eingeräumt hatte, entfremdeten sich Hitler und sein zweiter Mann zusehends. Das Ende des tschechoslowakischen Staates war mit der Unterzeichnung des Münchener Protokolls zwar besiegelt, und Göring freute sich über diesen »Erfolg«. Hitler aber war verstimmt und bezichtigte seinen Paladin sogar der »Feigheit«. Sein Krieg mußte verschoben werden, und dafür machte er zu Recht auch Göring verantwortlich. In Hitler keimte der Verdacht, sein Gefolgsmann stehe nicht mehr so bedingungslos hinter seinem rücksichtslosen Raum- und Rassenprogramm wie der willfährige Außenminister. In den kommenden Monaten schlüpfte Ribbentrop in jene Rolle, die Göring im »Anschluß« Österreichs gespielt hatte. Formal blieb dieser weiterhin der »zweite Mann« im Staate, aber in jenen verhängnisvollen Frühjahrs- und Sommermonaten begann seine Machtposition zu bröckeln, wenn auch nach außen der Schein der »Freundschaft« zwischen dem »Führer« und seinem »treuesten Paladin« gewahrt blieb.

Der Geist von München war rasch verflogen. Der Wind wehte nun aus einer anderen Richtung. Die Zeichen standen auf Sturm. Hitler machte sich daran, die Tschechoslowakei zu zerschlagen. Am 11. März 1939, einem Samstag, fiel der Startschuß zur Offensive. Generaloberst Wilhelm Keitel erhielt die Anweisung, ein Ultimatum an die Tschechoslowakei aufzusetzen: Prag solle die Besetzung Böhmens und Mährens einfach hinnehmen. Göring blieb bei alledem ausgeschlossen. Gesundheitlich angeschlagen, kurte er in San Remo. Spaziergänge und Tennismatches standen im bizarren Kontrast zur schweren Krise, die Europa überschattete. Hitler selbst hatte den Urlaub angeordnet, um ungestört den Todesstoß gegen die Tschechoslowakei vorbereiten zu können. »Sein Aufenthalt«, verkündete er, »trägt zur Beruhigung der Gemüter in Italien bei.« So erfuhr Göring erst am Tag des Einmarschs, am 15. März 1939, was Hitler hinter seinem Rücken geplant hatte. »Ich war verärgert«, erinnerte er sich in Nürnberg, »weil die ganze Sache über meinen Kopf hinweg entschieden worden war. Ich riet zu Geduld und betonte, eine Verletzung des Münchener Abkommens würde für Chamberlain einen Prestigeverlust bedeuten, der wahrscheinlich Churchill an die Macht bringen würde. Hitler hörte nicht auf mich.« Offensichtlich wollte Hitler vermeiden, daß Göring wie in München für Frieden plädierte.

Inzwischen hatte sich die Situation für die Tschechoslowakei weiter verschlechtert. Ungarn forderte die Karpato-Ukraine, die Slowakei erklärte ihre Unabhängigkeit, Nationalsozialisten zogen »Sieg heil« rufend über den Prager Wenzelsplatz. In dieser prekären Situation machte sich der tschechoslowakische Staatspräsident Emil Hacha mit dem Mut der Verzweiflung auf den Weg nach Berlin. Die Tschechoslowakei als eigenständigen Staat zu erhalten – darum wollte der herzkranke Politiker Hitler bitten. Die Mission endete in einem erniedrigenden, menschenverachtenden Schauspiel, in dem der frisch erholte Göring eine der Hauptrollen übernahm. Hitler präsentierte dem flehenden Hacha das Todesurteil für sein Land und forderte ihn auf, dafür zu sorgen, »daß sich der Einmarsch der deutschen Truppen in erträglicher Form abspielt«. Hacha, von einem Schwächeanfall mitgenommen, sollte mit seiner Unterschrift das Schicksal des Vielvölkerstaats besiegeln. Wohl um Hitler zu gefallen, überboten sich Göring und Ribbentrop förmlich in drastischen Schilderungen, was »gewiß« geschehen würde, wenn Hacha nicht unterschreibe: »Prag wird innerhalb von zwei Stunden in Schutt und Asche liegen.« – »Hunderte von Bombern warten auf den Startbefehl, der um 6 Uhr früh hinausgeht, wenn die Unterschriften nicht geleistet werden.« Gebrochen von Görings Psychoterror, leistete Hacha die Unterschrift. Die sogenannte Rest-Tschechei hieß fortan »Reichsprotektorat Böhmen und Mähren«.

Wieder einmal hatte sich Göring dem »Führerwillen« beugen müssen. Aktiver Widerstand, offene Kritik sogar, hätte nach seinem Verständnis »Verrat« gegenüber dem Mann bedeutet, dem er alles in seiner politischen Laufbahn verdankte. Göring steckte in einer Loyalitätsfalle. Einst unbestritten »zweiter Mann«, war er durch Ribbentrops Aufstieg abgestiegen zum Handlanger Hitlers. Nach langen Jahren als engster Vertrauter mußte er sich damit abfinden, daß Hitler und sein Außenminister wichtige Pläne ohne ihn schmiedeten. Kaum etwas aber schmerzte den eitlen und egozentrischen Machtmenschen mehr als das Gefühl, politisch an Gewicht zu verlieren, übergangen zu werden. Hitler machte er dafür nicht verantwortlich; ihm blieb er treu ergeben. Sein Groll galt dem Rivalen im Auswärtigen Amt, Joachim von Ribbentrop, dem, so seine Worte, »Ersten Papageien Deutschlands«, dem »kriminellen Narren« und »eitlen Pfauen«, der Hitlers aggressiven Kriegskurs unterstützte und damit Göring an Einfluß und Prestige den Rang ablief. Als am 22. Mai 1939 der »Stahlpakt«, das Militärbündnis zwischen

Deutschland und Italien, ohne Göring verhandelt wurde, aber Ribbentrop ihn bat, für das Unterzeichnungsfoto hinter ihm zu posieren, blieb Göring nur das Eingeständnis seiner Ohnmacht: »Ich bin doch nicht verrückt, ich weiß ja nicht mal, was hier unterzeichnet wird.«

Dennoch hielt Hitler nach außen an seinem populären Wegbegleiter seit 1922 fest. Gegenüber dem Prinzen Paul von Jugoslawien beteuerte der Staatschef: »Ich bin nicht einsam. Ich habe den besten Freund der Welt. Ich habe Göring.« Und als Emmy Göring, wegen Hitlers Ehelosigkeit die »First Lady« im Reich, zur Verblüffung vieler ein Mädchen gebar, übernahm Hitler die Patenschaft für die nach Mussolinis Tochter benannte Edda. An spöttelnden Bemerkungen über den Neuzugang in der Familie Göring änderte das freilich nichts. Wofür, juxte der Volksmund, steht der Name EDDA? Antwort: **E**wiger **D**ank **D**em **A**djutanten. Und der Kabarettist Werner Finck spottete, das Kind müßte eigentlich Hamlet heißen: sein oder nicht sein. Göring nahm ihm dies übel, und Finck kam ins KZ. Denn so volksnah und humorvoll sich die gewichtige Frohnatur auch darstellte – wer sich über ihn lustig machte, hatte mitunter selbst bald nichts mehr zu lachen. Als sich Göring 1936 auf dem Panzerschiff »Deutschland« seekrank über Bord erbrach, verliehen ihm zwei vorlaute Leutnants den Titel »Reichsfischfüttermeister« samt zugehörigem Netzhemd. Auch dieser Spaß endete im Arrest.

Dieser »beste Freund« Hitlers fuhr zweigleisig: Er prahlte einerseits mit der angeblich technisch modernsten und zahlenmäßig stärksten Luftwaffe der Welt, die in Wahrheit keineswegs für einen längeren Krieg gewappnet war, und bemühte sich andererseits intensiv um einen Ausgleich mit London – in der illusorischen Hoffnung, mit einem »zweiten München« den Frieden retten zu können, um sein Luxusleben weiterhin ungestört zu genießen. Von Carinhall aus knüpfte er immer neue Verbindungen. Mehrmals fuhr der millionenschwere Chef des schwedischen Konzerns Electrolux, Axel Wenner-Gren, vor, der Zutritt zu Chamberlain hatte. Viermal entsandte Göring seinen Sonderemissär, Ministerialdirektor Helmut Wohlthat, nach London. Er ersuchte Adlige um Vermittlung über ihre englischen Angehörigen. Doch das deutsch-britische Verhältnis verschlechterte sich weiter, als Hitler und Stalin Ende August 1939 einen Nichtangriffspakt schlossen und der britische Botschafter in Berlin, Henderson, ankündigte, die Regierung Chamberlain halte zu Polen.

Als Hitler für Ende August den »Fall Weiß«, den Überfall auf Polen, anordnete, notierte Staatssekretär Milch in sein Tagebuch: »G. teilt elf Uhr Absicht mit! G. nervös.«

Die Zeit drängte, doch die Chancen, das Pulverfaß im letzten Moment noch zu entschärfen, waren minimal. Göring wußte, daß Hitler, einmal entschlossen, kaum mehr umzustimmen war, zumal sein Wort entscheidend an Gewicht verloren hatte. Dennoch wagte er einen späten Versuch, England aus dem deutschpolnischen Krieg herauszuhalten. Zwei Hoffnungen blieben ihm: einmal, daß Hitler bei seinem Vabanquespiel nur bluffte; und zum zweiten, daß die von ihm veranlaßten Sondierungen des Schweden Birger Dahlerus in London Früchte trugen.

Göring kannte den Industriellen mit den vorzüglichen Kontakten in England und Deutschland seit 1934. Wie Göring ging auch Dahlerus fest vom Kriegseintritt Englands aus und war allein schon aus wirtschaftlichen Gründen an einem »letzten Versuch zur Rettung des Friedens« interessiert. Mehrmals pendelte Dahlerus in diesen schicksalhaften Sommertagen als Friedensbote zwischen London und Berlin. Zwar verschaffte Göring seinem Hoffnungsträger Zutritt zu Hitler, der seinerseits auf Englands Neutralität hoffte, aber auch darauf drängte, zu handeln und nicht zu verhandeln. Görings halbherzige Absicht, über Dahlerus den Krieg zu verhindern, scheiterte. Inzwischen wußte er aus den Spitzelberichten seines »Forschungsamts«, daß England und Frankreich Polen beistehen wollten und Italien sich weigerte, an Deutschlands Seite zu kämpfen. Noch einmal versuchte er, Hitler von seinem Entschluß abzubringen.

Göring: »Wir wollen doch das Vabanque-Spielen lassen!«

Hitler: »Ich habe in meinem Leben immer va banque gespielt.«

Der Kampf gegen den Krieg schien endgültig verloren. Dennoch bemühte sich Göring ein letztes Mal, über Dahlerus einen Termin für ein Vermittlungsgespräch in London zu ergattern. Göring saß wie auf glühenden Kohlen. Die Motoren zweier Ju 52 liefen warm, der Diener bügelte den Smoking, und die Leibwächter wurden angewiesen, ihre besten Anzüge zu tragen. Doch die naive Hoffnung, das Königreich fünf nach zwölf vom Kriegseintritt abhalten zu können, zerschlug sich. England und Frankreich zogen in den Krieg. Während die Luftwaffe tief nach Polen vorstieß, klagte Göring seinem Freund und Staatssekretär Paul »Pilli« Körner: »Es ist furchtbar – Hitler ist verrückt geworden.«

Seine Betrübnis hielt nicht lange an. Ein neuerlicher Gunstbeweis Hitlers ließ ihn vergessen, wie sehr er ins Abseits geraten war. Am 1. September 1939, dem ersten Kriegstag, verkündete Hitler im Reichstag: »Sollte mir in diesem Kampf etwas zustoßen, so ist mein erster Nachfolger Parteigenosse Göring.« Mit diesem »Trostpflaster« war Göring endgültig korrumpiert, seine Abhängigkeit von Hitler besiegelt. Solange Hitler lebte, mußte er ihm die Treue wahren, wollte er nicht enterbt werden. Der Erlaß – am 29. Juni 1941 schriftlich bestätigt – machte ihn zum gefügigen Werkzeug. Für Hitler war die Nachfolgeregelung eine reine Formalie. Für Göring aber wies sie darauf hin, daß er wieder zum engsten Kreis um Hitler gehörte. Nur die Aussicht, einmal dem »Führer« im Amt nachzufolgen, kompensierte den demütigenden Machtverlust während des Krieges und das Desaster »seiner« Luftwaffe.

Geblendet von irrealen Zahlen über den Stand der Luftrüstung und getäuscht von vermeintlichen »Konstruktionserfolgen«, die ihm Ingenieure in der Luftwaffenerprobungsstelle Rechlin vorgaukelten, setzte Göring unerfüllbare Erwartungen in seine Fliegertruppe. Tatsächlich aber fehlte es Görings Stolz an schweren Bombern mit großer Reichweite, um den strategischen Anforderungen eines längeren Luftkriegs gewachsen zu sein. Für »Blitzkriege« gegen Polen oder Frankreich war diese Luftwaffe gerüstet, nicht aber für den Kampf gegen die britische Royal Air Force. Nur vier Bomber vom Typ Ju 88 standen zum Einsatz bereit. Langstreckenbomber existierten lediglich auf den Reißbrettern der Heinkel-Konstrukteure in Rostock-Marienehe. Göring selbst hatte am 29. April 1937 den Bau weittragender Bomber auf Eis gelegt. Damit stand fest: Strategische Bomberangriffe mit durchschlagendem Erfolg waren mit dieser Flotte nicht zu fliegen. Der Kriegsausbruch hatte die Luftwaffe kalt erwischt.

Der schnelle Sieg gegen die zwanzigfach unterlegene polnische Luftwaffe überdeckte die wahren Schwächen und steigerte Görings haltlose Zuversicht in rauschhafte Siegeseuphorie. Die Weststadt der Festung Warschau ließ er im ersten Großluftangriff auf eine Stadt von 400 Maschinen zu Schutt bombardieren, um anschließend zu prahlen, nur der Luftwaffe habe das Reich den Sieg über Polen zu verdanken. Der Zerstörung Warschaus folgte am 14. Mai 1940 der Angriff auf Rotterdam, das bombardiert wurde, obwohl dort gerade die Übergabeverhandlungen im

Göring zeigt sich in der gegenwärtigen Kriegslage völlig passiv.

*Goebbels (Tagebuch), 1944*

Gegen Ende war in Hitlers Umgebung von Göring nicht mehr die Rede. Erst wieder nach dessen Telegramm vom 22. April 1945, in dem Göring anbot, die Stellvertreterschaft wahrzunehmen, da Berlin nun eingeschlossen und Hitler seiner Handlungsfähigkeit beraubt sei. Bormann hat anscheinend den Inhalt des Telegrammes auch sehr rigoros übermittelt, rigoroser wahrscheinlich, als von Göring gemeint. Das resultierte aus dem Spannungsverhältnis zwischen Göring und Bormann. Es kam zur Explosion: Hitler brach in einen Wutanfall aus. Er empfand es als Verrat, daß Göring die Funktion des Führers übernehmen wollte.

*Traudl Junge, Hitlers Sekretärin*

Es ist schade, daß so ein Mann wie Dönitz nicht die Partei repräsentiert, sondern daß diese repräsentiert wird durch Göring, der mit der Partei soviel zu tun hat wie die Kuh mit der Strahlenforschung.

*Goebbels (Tagebuch), 1945*

»Eiserner, Du hast mich verraten...«
Göring mit »Generalluftzeugmeister« Ernst Udet (1938).

Gange waren. Einerseits eröffnete Göring dieser Krieg, den er noch immer stoppen wollte, ungeahnte Möglichkeiten, sich vor Hitler zu profilieren. Andererseits aber wußte er, daß auch die Wirtschaft auf den Krieg nicht vorbereitet war. Nicht zuletzt deshalb bemühte er sich weiterhin, mittels privater Kanäle nach Washington und London einen »anständigen Frieden« zu erreichen. Über den amerikanischen Ölmulti William Rhodes Davis empfing Präsident Roosevelt Friedenssignale von Göring. Sein Angebot mutete geradezu sensationell an: Er als Kanzler würde Polen sofort räumen und die Judenverfolgung einstellen. Der US-Präsident reagierte positiv und garantierte Deutschland die Grenzen von 1914 und die Rückgabe der Kolonien. Zeitgleich sondierte Birger Dahlerus erneut – mit Hitlers Einverständnis – in London. Wieder aber liefen alle Versuche ins Leere. Die Illusion von Frieden war dahin. Es galt Hitlers Parole: »Jede Hoffnung auf Kompromisse ist kindisch: Sieg oder Niederlage.«

Am 3. September 1939 sagte Göring zweifelnd: »Wenn wir diesen Krieg verlieren, dann möge uns der Himmel gnädig sein.«

Göring rechnete mit einem langen Krieg an mehreren Fronten. Traumatische Erinnerungen an den November 1918 wurden wach, aber allen Bedenken zum Trotz trug er Hitlers Vernichtungskrieg von Beginn an mit. Er hatte vieles versucht, um ihn zu verhindern; jetzt wollte er alles tun, ihn zu gewinnen. Er unterzeichnete als Mitverantwortlicher Hitlers »Germanisierungserlaß« für die besetzten Gebiete, und er erließ Richtlinien für den wirtschaftlichen Raubzug in Polen. Wenn er Hitler schon nicht mäßigen konnte, so wollte er ihm doch gehorchen wie ein treuer Soldat. Hitler freilich beeindruckten Görings Bemühungen kaum. Er plante den Krieg im Westen, den »Fall Gelb«. Am 17. Januar 1940 sollte Frankreich angegriffen werden, als plötzlich ein Zwischenfall in Belgien die Militärmaschinerie stoppte. Eine deutsche Kuriermaschine der Luftwaffe mit geheimen Einsatzbefehlen mußte bei Mecheln notlanden. Jetzt war bekannt, was Deutschland im Westen plante. Göring stand in der Kritik. Hitler machte ihm Vorwürfe – und forderte als Bauernopfer von seinem Luftwaffenchef einen dessen fähigsten Kommandeure, den General der Flieger Hellmuth Felmy, zu entlassen. Unterdessen verschob Hitler den Angriff auf das Frühjahr.

Göring suchte Zuflucht in einer irrealen Welt. Ein Regenmacher sollte für mehrere Millionen Mark Honorar gutes Wetter für den Angriff bescheren. Erst kurz zuvor hatte er einen Wahrsager bemüht, um herauszufinden, warum Großbritannien in Polen nicht eingegriffen hatte. Als »Gelb« schließlich startete, ließ er sich für eine Fahrt an die Front den monströsen Kommandozug »Asien« zusammenstellen – mit einem Spezialwaggon für acht Wagen, einem Fotolabor und einer Krankenstation. In naivem Übermut prahlte er, die bei Dünkirchen eingeschlossenen britischen und französischen Truppen allein mit der Luftwaffe ausschalten zu können. Solche Sprüche hörte Hitler gern. »Wenn ich mit Göring spreche«, sagte er in diesen Tagen zu Albert Speer, »ist das für mich wie ein Stahlbad, ich fühle mich danach frisch. Er hat eine mitreißende Art, die Dinge vorzutragen.«

Doch den großspurigen Worten folgten nicht immer Taten. In Dünkirchen erlebte die Luftwaffe ihr erstes Debakel. Zum erstenmal ging über einem Einsatzgebiet die Luftherrschaft verloren. Nun zeigte sich offen, wie schlecht Göring über die Leistungsfähigkeit seiner Bomber- und Jagdgeschwader informiert war. Die Fehler seiner Personalpolitik, die Berufung alter Kameraden in höchste Positionen, begannen sich auf fatale Weise zu rächen. Mit dem einstigen Fliegeras Ernst Udet hatte er am 31. Januar 1939 aus freundschaftlicher Verbundenheit einen Weltkriegskameraden zum Generalluftzeugmeister ernannt, der den hohen Anforderungen an den Schalthebeln der Luftrüstung bei weitem nicht gewachsen war – ein folgenschwerer Entschluß: Unter Udets Ägide nahm eine fatale Serie von technischen Pannen und personellen Fehlentscheidungen ihren Anfang. Gepaart mit Görings technischem Unverständnis und fahrlässiger Ignoranz hinsichtlich der Stärke des Gegners, besiegelte sie das Schicksal der Luftwaffe. Zu bequem, zu gutgläubig gegenüber falschen Beratern und mit zu vielen anderen Aufgaben beschäftigt, hatte es Göring versäumt, die Luftrüstung mit harter Hand auf Kurs zu bringen. Udet war *eine*, Göring aber die entscheidende Schwachstelle an der Spitze der Luftwaffe.

Die ersten Warnsignale jedoch gingen unter im Freudentaumel über die schnellen Siege gegen Frankreich, Holland, Belgien. Selbstkritik ließ Görings egozentrisches Wesen nur allzu selten zu. Für ihn war es naheliegender, sich in überschwenglichem Lob auf das Genie seines »Führers« zu ergehen und Hitler als »Gröfaz«, als »größten Feldherrn aller Zeiten«, zu besingen. Sein Bruder Albert verballhornte das Lob zu »Grövaz« – »größter Verbrecher aller Zeiten«. Nur knapp entging er dem KZ, während Göring Lorbeeren für seine Loyalität gegenüber Hitler erntete. Nach dem erfolgreichen Westfeldzug überreichte ihm sein Idol das »Großkreuz zum Eisernen Kreuz«. Zeitgleich ernannte Hitler seinen geltungssüchtigen Paladin zum »Reichsmarschall«. Der Rangunterschied zu den Generalobersten, die nach dem Frankreichfeldzug zu Feldmarschällen befördert worden waren, war damit gewahrt. Göring sah wieder zuversichtlicher in die Zukunft.

Nach dem britischen Rückzug aus Dünkirchen am 4. Juni 1940 rechnete Hitler damit, daß England »klein beigibt« und den Weg zu einem »vernünftigen Friedensschluß« ebnete. Doch Englands neuer Premier Winston Churchill wollte alles andere als Frieden mit Hitler, auch wenn dieser öffentlich beteuerte, das Empire nicht zerstören und einen Friedensschluß aushandeln zu wollen. Der deutsche Diktator ging von anderen Prämissen aus. In der Tat schien nach der Kapitulation Frankreichs am 25. Juni 1940 möglich, was seit Jahren die zentrale Losung seiner Außenpolitik war: »Wir suchen Fühlung mit England auf der Basis einer Teilung der Welt.« London, hofften Hitler wie auch Göring, werde rasch einlenken und auf Deutschland zukommen. Als nichts dergleichen geschah, griff Hitler zum letzten Mittel: England sollte mit Gewalt zum Ausgleich gezwungen werden. Am 21. Juli 1940 eröffnete Göring den Kommandeuren der Luftwaffe in Carinhall, daß die Angriffe auf England systematisch verschärft und die Royal Air Force vernichtet werden müsse. Am 13. August 1940, dem »Adlertag«, begann mit 1485 Einsätzen der Luftflotten 2, 3 und 5 eine der entscheidenden Luftschlachten des Krieges – die Feuertaufe für eine Luftwaffe, die bis dato gegen schwache Gegner leichtes Spiel gehabt hatte.

Schon nach wenigen Tagen erwies sich, daß die Royal Air Force in puncto Kampfkraft und Anzahl der Jäger ein gleichwertiger Kontrahent war. Ein Sieg binnen fünf Wochen, wie Göring phantasiert hatte, schien ausgeschlossen. Die moderne britische Luftverteidigung bot der stellenweise dilettantisch geführten Luftwaffe hartnäckig Paroli – und noch mehr: Sie war sogar imstande, am 25. August 1940 den ersten Angriff auf Berlin zu fliegen. Die Schäden waren gering, aber die überraschende Attacke sorgte für einen ersten Vorgeschmack auf die vernichtenden Flächenbombardements in den letzten beiden Kriegsjahren.

Es ist die vordringliche Aufgabe des Nationalsozialismus, alles Forschungsmaterial und die Kulturgüter der so gekennzeichneten Kreise sicherzustellen und nach Deutschland abzutransportieren.

*Erlaß von Göring, 1941*

*Makart für den Kunstdieb: Hitlers Geburtstagsgeschenk für Göring (1938).*

Ich weiß noch gut, daß mein Verhältnis zu Göring, für den ich immer eine Schwäche hatte, sich in Mondorf änderte. Er war wirklich auf ganz widerliche Weise arrogant und voller Selbstmitleid. Eines Tages beim Mittagessen sprach Brandt über die Berge und darüber, wie traurig er war, daß sie ihr Haus dort verloren hatten. »Ach, kommen Sie«, meinte Göring darauf, »Sie haben doch gar keinen Grund, sich zu beklagen, wenn Sie so wenig hatten. Aber ich, der ich so viel hatte, überlegen Sie mal, was das für mich bedeutet.« Ich saß mit dem Rücken zu Dönitz und hörte ihn zu seinem Nachbarn murmeln: »Ja, und alles gestohlen.« Er hatte natürlich recht – und das war die Führung des Reiches!

*Speer über die Haftzeit in Mondorf vor dem Nürnberger Prozeß*

Ich erinnere mich, daß Göring zum Kunstraub befragt wurde. Es war ihm peinlich, daß man das bemerkt hatte. Er wollte doch gerne als Heerführer dastehen und nicht als Kunsträuber und Mensch, der sich bereichert hatte.

*Susanne von Paczensky, Beobachterin der Nürnberger Prozesse*

Görings Nervosität zu dieser Zeit lag nicht allein am zähen Widerstand der britischen Jäger, die flexibler agierten als die der Luftwaffe. Hitlers Anordnungen deuteten auf Krieg mit den USA und der Sowjetunion hin. Schon am 21. Juni 1940 hatte Hitler den Oberbefehlshaber des Heeres, Generaloberst von Brauchitsch, angewiesen, einen Operationsplan für einen Ostfeldzug auszuarbeiten. Drei Stunden lang, sagte Göring seinem Verteidiger in Nürnberg, habe er »im August 1940 versucht, dem Führer den Angriff auf Rußland auszureden – leider vergebens«. Belege für diese Unterredung fehlen, doch ist wahrscheinlich, daß Göring Hitler nahelegte, erst einmal das Ende der »Luftschlacht um England« abzuwarten. Mit einem Triumph über das Königreich hoffte er, seine Position am »Hofe Hitlers« nachhaltig zu verbessern. Denn sollte es gelingen, die britische Luftabwehr lahmzulegen, stand einer Invasion der Insel nichts mehr im Wege. Ein Sieg wäre einer Vorentscheidung im Krieg gleichgekommen. Aber Görings übersteigerte Zuversicht schlug schon bald in Katzenjammer um. Die britische Jagdabwehr hielt stand, und auch die nächtlichen Angriffe auf London, auf Industrie und Hafen führten nicht zum gewünschten Erfolg.

Die Luftschlacht brachte untragbar hohe Verluste, von denen sich die Luftwaffe nicht mehr erholen sollte. Bis Oktober 1940 stürzten 1700 deutsche Maschinen über England ab, während die Royal Air Force »nur« 915 verlor. Damit sank die Chance auf eine Invasion der Insel, die »Operation Seelöwe«, auf den Nullpunkt. Am 7. Oktober 1940 analysierte General Hoffmann von Waldau, Chef des Luftwaffen-Führungsstabs, militärisch knapp: »Um Engländer kleinzukriegen, vierfaches nötig. Zweifrontenkrieg unmöglich.« Am 11. Mai 1941 flog Görings Luftwaffe mit 500 Bombern den für die nächsten zweieinhalb Jahre letzten Großangriff auf London.

Göring hatte mehr als nur eine Schlacht verloren. Nie mehr sollte ihm Hitler vollkommen vertrauen. Das Desaster am Himmel über London machte ihm bewußt, daß die Parolen seines Paladins von der unbesiegbaren Luftwaffe Produkte einer hochfliegenden Phantasie waren. Görings Ansehen sank, zumal er sich während der »Luftschlacht um England« zur Jagd in die Rominter Heide zurückzog und ihn die Suche nach Werken berühmter Maler scheinbar mehr interessierte als seine Bestimmung als Chef der Luftwaffe.

Ausgerechnet auf dem Höhepunkt der Schlacht steigerte sich

Görings Raffgier nach Kunstschätzen zu fast schon krankhafter Habsucht. Ein Heer von Agenten durchkämmte in seinem Auftrag die besetzten Länder Europas nach Kunstwerken für sein Privatmuseum in Carinhall. Überall in den eroberten Gebieten, in Paris, Amsterdam oder Brüssel, riß der »König des Schwarzmarktes« (Heinrich Himmler) rauschhaft an sich, was von hohem Wert und ohne klaren Besitzer war. Als ständiger Besucher im Pariser Museum Jeu de Paume ergötzte er sich am beschlagnahmten Besitz französischer Juden. Göring fand Gefallen an Meisterwerken von Rembrandt, van Dyck oder Rubens. Daß so manches Gemälde offiziell als »entartet« galt, kümmerte ihn nicht, solange es sich im Ausland gegen andere Kunstwerke tauschen ließ. Gobelins, Marmorplastiken, Alabastervasen, Sonnenuhren aus der Renaissance und orientalische Waffen – Göring »kaufte« nach der Devise: je wertvoller und exotischer, desto besser. Seine Gier schien unstillbar zu sein. Die Schlösser Mauterndorf und Veldenstein quollen über vor erbeuteten Schätzen, und in Carinhall, wo wertvolle Gemälde in bis zu vier Reihen übereinanderhingen, mußten kostbare Malereien aus Platzmangel in die Decke eingelassen werden. Das Dachgeschoß glich einer Lagerhalle für erbeutete Kunstschätze, die Göring zu horrenden Preisen an hohe Parteifunktionäre verhökerte. Die besten Stücke indes blieben in Carinhall, wo der Dieb plante, seine Beute in einer Hermann-Göring-Galerie öffentlich zur Schau zu stellen.

Damit der Kunstklau den Schein der Legalität erhielt, formulierte sich Göring in einem Erlaß vom 1. Mai 1941 selbst den Freibrief für seine Raubzüge durch die Museen Europas. Denn schließlich sei es die »vordringliche Aufgabe des Nationalsozialismus, alles Forschungsmaterial und die Kulturgüter der so gekennzeichneten Kreise sicherzustellen und nach Deutschland abzutransportieren«. Mit diesem Trick gelang es ihm, sich den ersten Zugriff vor anderen kunstinteressierten NS-Größen zu sichern. Bis 1944 häufte Göring Kunstschätze im Wert von mehreren hundert Millionen Mark an. Während er am Schaltpult der Modelleisenbahn seinen Spieltrieb auslebte, rollten in ganz Europa Züge voller geraubter Kunstgüter nach Deutschland.

Unterdessen plante Hitler den Angriff auf die Sowjetunion. Als er am 4. November 1940 die drei Oberbefehlshaber der Wehrmacht in sein Vorhaben einweihte, reagierten die Generäle überrascht. Göring überhäufte Hitler erneut mit Argumenten, warum es keinen Krieg mit der Sowjetunion geben dürfe, zumindest nicht zu jenem Zeitpunkt. »Ich habe dann am Abend«, gab Göring in Nürnberg zu Protokoll, »dem Führer folgendes ausgeführt: Ich bäte ihn dringend und inständigst, nicht in diesem Augenblick oder in absehbarer Zeit den Krieg gegen Rußland zu beginnen; nicht, daß mich hier irgendwelche völkerrechtlichen oder anderen Gründe bewogen hätten, sondern meine Einstellung kam ausschließlich aus politischen und militärischen Gründen.« Göring warnte vor einem Zweifrontenkrieg, vor einem Krieg mit den USA, vor den Weiten Rußlands und vor einem Großbritannien, das im Schatten der deutschen Ostfront wieder erstarken könnte. Eile, mahnte er, sei beim Stand der russischen Rüstung nicht angebracht. Erst einmal sollte doch der Krieg im Westen gewonnen werden. Andernfalls könne es sein, »daß wir hier eine verhältnismäßig sichere Sache gegen eine noch unsichere aufgeben«. Görings Warnungen blieben ungehört. Fünf Wochen später, am 18. Dezember 1940, unterzeichnete Hitler die Weisung Nr. 21 für das »Unternehmen Barbarossa«, den Überfall auf die Sowjetunion. Göring jagte gerade in der Rominter Heide – noch immer im festen Glauben, Hitler werde von seinen selbstmörderischen Kriegsplänen doch noch absehen. Wieder war er übergangen worden. Wieder bekam er zu spüren, wie gering sein Einfluß auf den Diktator geworden war, und es war wohl dieser Groll des Ohnmächtigen, der den Vasall Hitlers zum Landesverrat trieb. Am 9. Juni 1941 unterrichtete Göring seinen Kontaktmann Birger Dahlerus, Deutschland werde die Sowjetunion »um den 15. Juni« angreifen. Dahlerus griff zum Telefon; nun waren auch der britische und amerikanische Botschafter in Stockholm informiert. Am 15. Juni saßen sich der Informant und sein Bote erneut gegenüber. Göring wurde noch konkreter: Der Angriff werde in sieben Tagen, am Sonntag, dem 22. Juni 1941, beginnen.

Im Moment, da die Entscheidung gefallen war, wagte es Göring nicht mehr, Hitler mit Warnungen zu behelligen. Ohnehin hatte sich das einst so innige Verhältnis zwischen ihm und Hitler bedenklich gelockert, wofür auch ein weiterer gefährlicher Rivale Görings sorgte. Mit penibler Genauigkeit notierte sich Martin Bormann, der intrigante Chef der Parteikanzlei mit direktem Zugang zu Hitler, jede Fehlentscheidung, um Görings sehnlichsten Wunsch zu vereiteln – Hitlers Nachfolgeschaft.

Auffällig bemühte sich Göring in diesen Tagen, Hitler seinen

116

Korrumpiert von der Macht und den Verlockungen des Wohllebens, verfiel er zusehends den Neigungen alternder Herrscher, dem Phlegma und dem Größenwahn, und war am Ende zu keiner Initiative mehr fähig, durch keine Kriegskatastrophe von seinen mondänen Liebhabereien abzubringen, ein »parfümierter Nero«, der entrückt die Leier spielte, während Rom in Flammen stand.

*Joachim Fest*

»Von Mann zu Mann mit Eisenhower reden...« Göring bei einer Pressekonferenz nach seiner Verhaftung (1945).

Göring konnte sehr charmant sein, wenn er wollte. Es gelang ihm dadurch, eine Beziehung zu einem jungen amerikanischen Offizier aufzubauen, einem seiner Bewacher in Nürnberg. Göring machte ihm auch Geschenke, eine seiner Uhren und einen goldenen Ring. Wie wir später erfuhren, hat dieser Wachoffizier Göring auch die Zyankalikapsel besorgt, mit der er Selbstmord beging. Er hatte sie offenbar vorher aus Görings Gepäck genommen, das in einem Raum verstaut war, zu dem der Offizier einen Schlüssel hatte.

*William Jackson, Sohn und Assistent des Chefanklägers in Nürnberg*

Ach, diese Massenmorde. Das Ganze ist eine verdammte Schande. Ich möchte lieber nicht darüber sprechen oder auch nur daran denken.

*Göring, 1945*

Einsatzwillen unter Beweis zu stellen. Unvermittelt schlüpfte er in die Rolle eines radikalen Befürworters von Hitlers Rassenkrieg gegen die »bolschewistische Gefahr«. Russische Gefangene, wies er an, seien »ohne jedes gerichtliche Verfahren zu erschießen«. Die Ostgebiete ließ er als Chef des »Wirtschaftsstabes Ost« rücksichtslos ausbeuten. Während russische Zivilisten zur Zwangsarbeit ins Reich verschleppt wurden, befahl Göring, im Bielowieczer Forst 100 Dörfer einzuebnen – für ein privates Jagdrevier. Göring empfahl sich Hitler als Mann von berserkerhafter Brutalität – bereit, jedes Schriftstück zu unterschreiben, das die Lage der Juden in Deutschland und Europa noch mehr verschärfte.

Am 31. Juli 1941, im Zenit trügerischer Siegesgewißheit, ermächtigte er als »Beauftragter für den Vierjahresplan« auf Hitlers Weisung Reinhard Heydrich schriftlich dazu, »alle erforderlichen Vorbereitungen für eine Gesamtlösung der Judenfrage im deutschen Einflußbereich in Europa zu treffen«. Der Holocaust, der mit den Morden der Einsatzgruppen im Osten seinen Anfang genommen hatte, sollte nun auch auf Westeuropa und sogar auf das französische Nordafrika übergreifen. Görings Vollmacht »beförderte« Heydrich zum obersten »Judenkommissar« für ganz Europa – verantwortlich dafür, Hitlers zentrales Anliegen zu erfüllen: die Vernichtung des europäischen Judentums. Zwei Wochen nachdem er Heydrich den Blankoscheck ausgestellt hatte, erklärte der Schreibtischtäter, »daß die Juden in den von Deutschland beherrschten Gebieten nichts mehr zu suchen« hätten.

Was wußte Göring vom Massenmord in den Vernichtungslagern? »Es sind uns niemals Zahlen oder irgend etwas in der Richtung zugestellt worden«, redete er sich am 21. März 1946 in Nürnberg heraus. Belegt ist: Göring war über die Erschießungen in Weißrußland im Rücken der deutschen Front informiert, und es spricht für sich, was Joseph Goebbels am 2. März 1943 nach einem vierstündigen Gespräch mit Göring seinem Tagebuch anvertraute: »Göring ist sich vollkommen im klaren darüber, was uns allen drohen würde, wenn wir in diesem Kriege schwach würden. Er macht sich darüber gar keine Illusionen. Vor allem in der Judenfrage sind wir ja so festgelegt, daß es für uns gar kein Entrinnen mehr gibt.« In Nürnberg aber behauptete der Angeklagte, »von den furchtbaren Vorfällen« in den Lagern nichts gewußt und stets nur »die Verschiedenheit der Rassen betont« zu haben. Hartnäckig leugnete er den Massenmord. »Wie soll es denn praktisch möglich sein, zweieinhalb Millionen Menschen zu ermorden?« fragte er im April 1946 Gustave Gilbert mit Unschuldsmiene. Der Psychologe wiederholte, was ihm der Lagerkommandant von Auschwitz, Rudolf Höß, von den Gaskammern berichtet hatte, und daß Hitler den Massenmord befohlen habe. »Wie wäre es gewesen«, wollte Gilbert wissen, »wenn man den Mann, der den Massenmord befahl, umgebracht hätte?«

»Oh, das ist leicht gesagt«, erwiderte Göring, »aber so etwas kann man nicht machen. Was für ein System wäre das, wenn jeder den Oberkommandierenden töten könnte, wenn ihm dessen Befehle nicht gefallen? In einem militärischen System muß es Gehorsam geben.«

Zu Beginn des Rußlandfeldzugs konnte der gehorsame Göring Hitler noch steigende Abschußzahlen »seiner« Luftwaffe melden. 8000 sowjetische Flugzeuge wurden bis Jahresende zerstört. Aber außerhalb der Reichweite deutscher Bomber, hinter dem Ural, gelang es Stalin, die Rote Luftwaffe rasch wieder aufzurüsten. Schon im November 1941 nahm Hitlers kritische Haltung gegenüber Görings Fliegertruppe an Schärfe zu. Der Problemfall Luftwaffe weitete sich aus, und als Moskau und Leningrad nicht gleichzeitig erobert werden konnten, griff Hitler erstmals massiv in die Führung der Luftwaffe ein. Die schlechte Witterung durchkreuzte die Planungen der Strategen, doch vor allem hielt die chaotisch organisierte Flugzeugproduktion mit den Verlusten nicht Schritt. Unter Udet als Generalluftzeugmeister verließen im Monat nie mehr als 375 Jäger die Werkshallen; im Herbst 1944, unter Rüstungsminister Albert Speer, waren es in Spitzenmonaten über 2500 Maschinen.

Hitler setzte nun vorrangig auf das Heer. Das Ansehen der Luftwaffe hatte entscheidend an Boden verloren. In diesem Krisenszenario erschütterte Göring eine Serie von Schicksalsschlägen. Erst nahm sich am 27. November 1941 Generalluftzeugmeister Ernst Udet das Leben, nachdem ihm Göring die alleinige Schuld an der Rüstungsmisere zugeschrieben hatte. Unmittelbar bevor sich Udet mit einem Revolver erschoß, notierte er auf eine Tafel: »Eiserner, Du hast mich verraten.« – »Eiserner« war Görings Spitzname. Kurz darauf verunglückte Werner Mölders, Inspekteur der Jagdflieger, auf dem Weg zum Staatsakt für Udet. Den USA erklärte Hitler den Krieg, ohne Göring zu konsultieren, und im Februar 1942 ernannte er nicht Göring, den

119

»Beauftragten für den Vierjahresplan«, zum Rüstungsminister, sondern den jungen Architekten Albert Speer. Der war nun zuständig für weite Teile der Kriegswirtschaft und damit faktisch Herr des Vierjahresplans. Die Entmachtung schritt unaufhaltsam voran. Nach dem britischen Angriff am 28. März 1942 auf die Altstadt von Lübeck befahl Hitler, zur »Vergeltung« historische britische Städte wie Bath, Canterbury oder Exeter zu bombardieren. Auf der Insel nannte man diese Racheversuche in Anspielung auf den Reiseführer spöttisch »Baedeker-Angriffe«. Allzu ernst nahmen die Briten diese schon längst nicht mehr. Göring mußte den Angriffen »seiner« Luftwaffe tatenlos zusehen. Hitlers Wort war Befehl.

Brüskiert, um Kompetenzen beschnitten, vom Drogenkonsum gezeichnet, zog er sich mehr und mehr ins Privatleben zurück. Bei Besprechungen im »Führer«-Hauptquartier ließ sich der Reichsmarschall immer öfter vertreten. Göring entfloh in Traumwelten der Kunst, berauschte sich in Carinhall am Anblick eines Cézanne oder van Gogh, reiste zum Kunsteinkauf nach Paris und gefiel sich in grotesk anmutenden Auftritten in Rom. Italiens Außenminister Graf Galeazzo Ciano schilderte ihn als »aufgeblasen und überheblich«, als einen Politclown in einem gewaltigen Zobelpelz, der aussehe wie ein »Mittelding zwischen dem Anzug eines Autofahrers aus dem Jahre 1906 und dem Pelz einer teuren Kurtisane, die in die Oper geht«. Immer mehr verfiel Göring den Lockungen des Müßiggangs. »Er galt 1942«, erinnerte sich Albert Speer, »allgemein als lethargisch und ausgesprochen arbeitsunlustig.« Der impulsive Gefolgsmann von einst, der den Aufbau der Luftwaffe und den Vierjahresplan mit soviel Energie angepackt hatte, wirkte schläfrig. Sein glasiger Blick verriet ihn als Süchtigen. »Zusehends«, so Speer, »machte er einen unsteten Eindruck, wahllos griff er zu viele Ideen auf, war sprunghaft und meist unrealistisch.« Ernsthaft schlug er vor, Lokomotiven aus Beton zu bauen, weil es an Stahl mangelte. Albert Kesselring, Oberbefehlshaber Süd, kam zu dem Schluß: »Der Göring von 1934/35 und der von 1942/43 sind sehr verschiedene Erscheinungen. In den 30er Jahren eine energiegeladene, selbstbewußte und kämpferische Persönlichkeit, in den 40er Jahren ein müder, cholerischer Mann, der sich von der vaterländischen Aufgabe weit absetzte und sich auch nicht mehr durchsetzen konnte.«

Doch obwohl der Reichsmarschall mit den »beringten Wurst-

»Kein Wort gegen den Führer...« Göring als Gefangener in Nürnberg (1946).

Ich war der einzige Mann in Deutschland neben Hitler, der *eigene*, keine abgeleitete Autorität hatte. Das Volk will nun einmal lieben, und der Führer stand oft der großen Menge zu fern. Da hielt man sich an mich.

*Göring, beim Nürnberger Prozeß, 1945*

In Nürnberg wollte er die Rolle, die er im Nazi-Reich als zweiter Mann gespielt hatte, fortsetzen. Er versuchte seine Mitgefangenen zu manipulieren. Er erinnerte sie an ihre Pflicht, zu Hitler zu stehen. Während der Mittagspausen erzählte er ihnen immer, wie sie sich zu benehmen hätten und was sie während des Prozesses sagen sollten. Auf einige der Angeklagten – Ribbentrop, Sauckel, Streicher – hat er sicherlich Einfluß ausgeübt. Andere – Schacht, Speer und Frank – waren seine Gegner und wollten lieber eigenständig ihre Verteidigung organisieren. Sie beschwerten sich schließlich über ihn, und daraufhin wurde Göring von den anderen getrennt.

*William Jackson, Sohn und Assistent des Chefanklägers in Nürnberg*

fingern« (Generalstabschef Franz Halder) sein Versprechen nicht halten konnte und deutsche Städte den Bombenangriffen der »fliegenden Festungen« und »Lancaster«-Bomber schon bald schutzlos ausgeliefert waren, erfreute sich Göring beim Volk dank seiner routinierten Herzlichkeit weiter einer erstaunlichen Popularität. Auch angesichts der Tatsache, daß sich die Luftangriffe auf das Reich dramatisch häuften. Allein Köln mußte zwischen 1940 und 1942 104 Bomberwellen über sich ergehen lassen. Aber erst der »1000-Bomber-Angriff« in der Nacht zum 31. Mai 1942 verdeutlichte, wie wehrlos die Luftwaffe massiven Attacken ausgeliefert war. 1500 Tonnen Bomben verwandelten die Domstadt in eine Trümmerwüste. Der bis dato größte Luftangriff der Kriegsgeschichte bedeutete für Köln eine Vernichtungskatastrophe. Nur die Luftwaffe wollte das tödliche Desaster nicht wahrhaben. Sie protzte tatsächlich mit einem »großen Sieg« und erwog sogar, sich mit einer Sondermeldung selbst zu beweihräuchern. »Mit dem bisher festgestellten Abschuß von 37 feindlichen Bombenflugzeugen«, sollte es heißen, »wurde etwa die Hälfte der in das Reichsgebiet eingeflogenen feindlichen Flugzeuge vernichtet. Ein Nachtjagdverband [...] erzielte hierbei seinen 600. Nachtjagdabschuß.« Das waren selbst Hitler zu viele Lügen in einem Satz. »Der Führer«, hielt das Kriegstagebuch des Oberkommandos der Wehrmacht fest, »lehnte angesichts der Verluste eine derartige Siegesmeldung aus psychologischen Gründen schärfstens ab und vertrat darüber hinaus den Standpunkt, daß diese Meldung auf keinen Fall zutreffen könne.« Das Maß war nun voll. »Als Göring Hitler die Hand reichen wollte«, erinnerte sich Görings Adjutant Karl Bodenschatz, »beachtete Hitler Göring nicht. In Gegenwart junger Offiziere schnitt er den Reichsmarschall.« Gespräche unter vier Augen – früher an der Tagesordnung – wurden seltener. Wichtige Besprechungen fanden schon seit längerem ohne ihn statt. Dennoch war er in der engeren Entourage vielleicht der einzige Realist. Er ahnte, was dem Reich blühte. Die Überlegenheit der Alliierten ließ Schlimmes befürchten. »Wir müssen froh sein«, sagte er Ende 1942, »wenn Deutschland nach diesem Kriege die Grenzen von 1933 erhalten bleiben.«

Vor allem der aufgeblähte Apparat des Luftfahrtministeriums war Hitler ein Ärgernis. Neben zahllosen Stäben gehörten 104 Personen zu Görings Privatbüro, das eine ganze Etage im Ministerium belegte. Zwei Millionen Mann dienten in der Luftwaffe, und schon deshalb hatte sie eine Bringschuld. In der Schlacht um Stalingrad wollte Göring endlich beweisen, was seine Truppe tatsächlich zu leisten imstande war. Eine Luftbrücke wie im Winter zuvor in Demjansk sollte die Wende an der Wolga bringen. In der Hoffnung, sein ramponiertes Ansehen aufzupolieren, versprach Göring Hitler vollmundig: »Mein Führer! Die Versorgung der 6. Armee in Stalingrad aus der Luft wird von mir persönlich garantiert. Sie können sich darauf verlassen.« Täglich 500 Tonnen Verpflegung, Munition und Treibstoff wollte der zwischen Apathie und Euphorie schwankende Luftwaffenchef in den Kessel schaffen lassen – angesichts der Transportkapazitäten und Wetterverhältnisse ein illusorisches Vorhaben. Beeinflußt von Görings Beruhigungsparolen, die Verpflegungslage im Kessel sei »gar nicht so schlimm«, befahl Hitler, um jeden Preis auszuhalten. Den ausgezehrten Soldaten blieb bei Schnee und Eis als letzte Hoffnung die Luftwaffe. Doch deren Oberbefehlshaber zog es vor, im luxuriösen Sonderzug »Asien« nach Paris zu reisen, um mit Kisten voller Gemälde, Wandteppiche, Silberteller und Marmorstatuen zurückzukehren. Stalingrad schien ihm fern. Die Luftlage? Gobelins waren Göring wichtiger. Nur durchschnittlich 160 Tonnen Versorgungsgüter beförderte die Luftwaffe täglich in den Kessel – zuwenig zum Überleben. Als die Lage schon vollends aussichtslos war, übertrug Hitler Feldmarschall Milch, den er für sein Organisationstalent schätzte, das Kommando zur Luftversorgung Stalingrads. Hitler wußte: Der großsprecherische Göring hatte versagt. Stalingrad geriet zum größten Desaster seiner Karriere. In seinem privaten Terminkalender heißt es am Tag der Kapitulation der Reste der 6. Armee: »Bettruhe ganzen Tag«.

Überrascht stellte nun auch Joseph Goebbels fest, daß Görings Ansehen bei Hitler »kolossal gelitten« hatte. Hitler, diktierte er am 9. März 1943 für sein Tagebuch, übe »außerordentlich scharfe Kritik«, denn Göring habe »sich durch seine Generalität in Illusionen wiegen lassen. [...] Göring hört eben gern das Angenehme; deshalb sagt ihm seine Umgebung das Unangenehme nicht. [...] Der Führer hat eine Granatenwut auf diese verantwortungslose Umgebung des Reichsmarschalls.«

Hitlers Zorn auf Göring sollte sich noch steigern, als die britische Luftwaffe im März das Ruhrgebiet mit einem Bombenteppich überzog und in Hamburg bei fünf Großangriffen binnen acht Tagen, vom 24. bis zum 30. Juli 1943, mit Tausenden von

Nürnberg 11. Oktober 1946.

Der Reichsmarschall
des Großdeutschen Reiches

*I.*

An den Alliierten Kontrollrat!

Erschießen hätte ich mich ohne weiteres
lassen! Es ist aber nicht möglich, den
Deutschen Reichsmarschall durch den
Strang zu richten! Das kann ich
um Deutschlands willen nicht zulassen.
Außerdem habe ich keine moralische
Verpflichtung, mich dem Strafvollzug
meiner Feinde zu unterwerfen. Ich
wähle deshalb die Todesart des großen
Hannibal.

*Hermann Göring*

Werden!

Mir ist die Frage der Judenvernichtung im Gedächtnis geblieben. Göring war
ja damals bei entscheidenden Sitzungen anwesend und hatte Dokumente
unterschrieben. Beim Prozeß riß er zunächst die Verantwortung dafür an
sich. Dann aber bestritt er alles und sagte, er hätte es nicht so gemeint, hätte
geglaubt, die Juden wären alle ausgewandert und von Vernichtungslagern
hätte er gar nichts gemerkt. Das war so unglaubwürdig: Jetzt brach diese
ganze Pose des Mannes zusammen. Zum Schluß sah er erbärmlich aus.

*»Erschießen hätte ich mich lassen...«* Görings Abschiedsbrief vor seinem Selbstmord (1946).

Göring war die interessanteste Gestalt des Nürnberger Prozesses. Er saß entweder aufrecht da oder lümmelte sich hin und lehnte seinen Arm irgendwo auf. Er zeigte so durch seine Körpersprache, daß er sich nichts bieten lassen wollte. Auch durch seine Mimik und Gestik sorgte er dafür, daß man ihn beachten mußte.

*Susanne von Paczensky, Beobachterin der Nürnberger Prozesse*

Brandbomben einen Feuersturm entfachte, der die Temperaturen dermaßen in die Höhe trieb, daß auch der Straßenasphalt lichterloh brannte. Hamburg ereilte die Katastrophe, die sich Göring für London wünschte. Die Royal Air Force hatte die Radarüberwachung mit Stanniolfolie, den »Düppelstreifen«, lahmgelegt. Damit war die gesamte Nachtjagd blind, das Reich nachts ohne Schutz. Weder war Göring imstande, die angloamerikanischen Angriffe abzuwehren, noch gelang es ihm, wirksame Gegenoffensiven einzuleiten.

Fast pausenlos flogen britische Verbände nachts immer exaktere strategische Angriffe auf deutsche Städte. Mannheim, Nürnberg, Darmstadt, Heilbronn – jede größere Stadt war zur potentiellen Zielscheibe geworden. Das »Dach« der »Festung Europa« stand himmelweit offen. Alle Hoffnungen richteten sich in dieser Phase auf die »Vergeltungswaffen«, an denen in Peenemünde fieberhaft gearbeitet wurde. Als bei einem großangelegten Täuschungsmanöver nicht Berlin, sondern das geheime Raketenversuchszentrum bombardiert wurde, kannte Hitlers Wut kaum noch Grenzen. Ein Sündenbock mußte her. Eigentlich hätte sein Zorn Göring treffen müssen; aber dessen Autorität wollte Hitler nicht antasten. Er gab die Schuld dem Chef des Generalstabs, Generaloberst Hans Jeschonnek, der ohnehin gerade dabei war, an Görings Launen, seiner Ignoranz, Unkenntnis und seinem Größenwahn zu verzweifeln. Zermürbt von den Anschuldigungen setzte sich Jeschonnek wie Udet die Pistole an die Schläfe. Auf dem Schreibtisch des Toten ein Zettel: »Ich kann mit dem Reichsmarschall nicht mehr zusammenarbeiten. Es lebe der Führer!«

Auch Hitler wollte mit Göring immer weniger zu tun haben. Ausfallende Beleidigungen nicht nur unter vier Augen häuften sich. »Ihr Saustall von Luftwaffe«, hielt ihm Hitler vor, ohne wahrhaben zu wollen, wie überfordert die Luftwaffe mit den ihr zugewiesenen Aufgaben war. »Göring! Die Luftwaffe taugt nichts. Das ist Ihre Schuld. Sie sind faul!« Schon seit einiger Zeit beobachtete Hitler Görings byzantinischen Lebensstil in Carinhall, Rominten oder auf Burg Veldenstein mit wachsendem Mißfallen. Während die Luftwaffe um ihr Überleben kämpfte, lud Göring den neuen Gesandten in Stockholm, Hans Thomsen, zur Jagd mit anschließender Modenschau nach Carinhall. »Morgens im ›Wams‹ mit bauschigen weißen Hemdsärmeln«, schilderte der Diplomat und Widerständler Ulrich von Hassell Görings

126

groteskes Auftreten, »am Tage mehrfach das Gewand wechselnd, abends bei Tisch im blauen oder violetten Kimono mit pelzbesetzten Schlafschuhen. [...] Schon morgens trug er einen goldenen Dolch an der Seite, am Hals eine Agraffe [Krawattennadel] mit Edelsteinen, um den dicken Leib einen breiten, mit vielen Steinen besetzten Gurt, ganz zu schweigen von Pracht und Zahl der Ringe.«

Und doch hielt Hitler an Göring als Oberbefehlshaber fest – aus »staatspolitischen Erwägungen«, wie er sich gegenüber Generaloberst Heinz Guderian ausdrückte. Noch immer nämlich erfreute sich der designierte Nachfolger im Volk ungebrochener Beliebtheit, die dem Regime von Nutzen war. Göring blieb aber vor allem deshalb ein nicht zu unterschätzender Machtfaktor, weil sich Hitler nie ganz von dem Bild lösen wollte, das er sich in der Kampfzeit vom »alten Kämpfer« geschaffen hatte. Wie unter Hypnose schwärmte er in der Lagebesprechung vom 25. Juli 1943, nach Mussolinis Sturz: »Der Reichsmarschall hat sehr viele Krisen mit mir durchgemacht, ist eiskalt in Krisen. Einen besseren Ratgeber in Krisenzeiten kann man nicht haben als den Reichsmarschall. Der Reichsmarschall ist in Krisenzeiten brutal und eiskalt. Ich habe immer gemerkt, wenn es auf Biegen und Brechen kommt, ist er der rücksichtslose, eisenharte Mensch. Also, da kriegen Sie gar keinen Besseren, einen Besseren können Sie gar nicht haben. Der hat mir noch alle Krisen durchgemacht, die schwersten Krisen, da ist er eiskalt. Immer, wenn es ganz schlimm wurde, ist er eiskalt geworden...« Trotz Enttäuschungen und Mißerfolgen – das Band zwischen dem »Führer« und seinem »ersten Paladin« schien undurchtrennbar zu sein. Er käme nicht mehr von Hitler los, vertraute Göring Albert Speer an, und dem Psychologen Gilbert gab er zu verstehen: »Wenn ich einen Treueeid leiste, kann ich ihn nicht brechen. Auch für mich war es höllisch schwer, ihn zu halten, das kann ich Ihnen sagen! Versuchen Sie mal, zwölf Jahre lang Kronprinz zu spielen, immer dem König treu ergeben, mit vielen seiner politischen Aktionen nicht einverstanden, aber unfähig, etwas dagegen tun zu können und dann das Beste aus der Situation machen zu müssen.« Nach dem Krieg, in einem seiner seltenen selbstkritischen Momenten, definierte Göring sein Verhältnis zu Hitler als »seelische Prostitution«.

»Politisch gesehen«, schrieb der Adjutant von Joseph Goebbels, Rudolf Semler, am 10. August 1943 in sein Tagebuch,

»könnte Göring ebensogut tot sein. Es waren schon Gerüchte von seinem Tod im Umlauf. Deshalb hatte Hitler, bei dem Göring merkwürdigerweise noch hoch in Ansehen steht, vorgeschlagen, daß der Reichsmarschall sich wieder in der Öffentlichkeit zeigen solle, um seine Beliebtheit wiederzugewinnen.« Man sollte meinen, daß es für einen Mann wie Göring nicht ungefährlich war, sich in dieser Lage unters Volk zu mischen. Aber beim Gang durch Berlin zeigte sich, daß Göring dank seiner demonstrativen Gutmütigkeit und seinem ungezwungenen Charme erstaunlicherweise noch immer mit Sympathien rechnen konnte. Zwar grüßten ihn vereinzelt Passanten mit »Herr Meier«, doch mehr Kritik als diese spöttelnde Anspielung auf den Spruch, er wolle »Meier« heißen, »wenn nur ein einziger feindlicher Bomber das Reichsgebiet erreicht«, mußte Göring nicht einstecken. Offensichtlich wurde die Schuld an den Bombardements und am Versagen als Chef der Luftwaffe anderen gegeben: der »Führung« zumeist, nicht aber dem »Dicken«. Der war mehr Witzfigur als Blitzableiter für die verzweifelten Bombenopfer. Göring, spottete Volkes Stimme, ähnele »Tengelmann« – in jeder Stadt eine Niederlage. Und über die Luftwaffe hieß es: »Görings Jäger sind jetzt oben, der Angriff muß vorbei sein.«

Dieser schwarze Humor hatte einen wahren Hintergrund. Im Mai 1944 flogen täglich 2000 alliierte Flugzeuge ins Reichsgebiet ein. Tag für Tag fielen mehr Bomben auf Hydrierwerke, Raffinerien und Rüstungsbetriebe. Im Winter 1944 schien die Lage vollends aussichtslos. Die Luftwaffe war in Auflösung begriffen, die deutschen Städte versanken in Schutt und Asche. Göring beschimpfte seine Jäger als feige und verfluchte Udet für das Chaos in der Luftrüstung. Das Drängen Gallands, die erste serienreife Düsenmaschine der Welt, die Messerschmitt 262, sofort als Abfangjäger einzusetzen, lehnte Göring ab, um den brüchigen Frieden mit Hitler, der die Me 262 unsinnigerweise als Bomber forderte, zu wahren.

Monatelang zog sich das Gerangel um den Einsatz des ersten serienreifen Strahlflugzeugs hin. Erst im Spätsommer 1944 wurden die Me 262 als »Blitz-Bomber« und die Arado 234, ein 800 Stundenkilometer schneller zweistrahliger Bomber, an die Luftwaffe ausgeliefert – zu spät, um noch mit der alliierten Flugzeugflotte am Himmel über Deutschland fertig werden zu können. Auch die Rekorde in der Flugzeugproduktion gingen nahezu wirkungslos unter im Bombenhagel der Alliierten. 1944 verließen 38 000 Flugzeuge (1941: 11 000) die Waffenschmieden, aber nach den Bombardements der Hydrierwerke lähmte Benzinmangel die Jäger, die erst jetzt in Massen aus den Fabrikhallen auf die Abstellplätze rollten, wo sie schutzlos den Bomben ausgesetzt waren. Am 6. Juni 1944 vertraute Goebbels seinem Tagebuch an: »Unsere Unterlegenheit im Luftkrieg ist geradezu katastrophal. Der Führer leidet sehr darunter, vor allem im Hinblick darauf, daß Göring ja direkt und indirekt daran die Schuld trägt. Er kann aber gegen Göring nichts unternehmen, weil damit die Autorität des Reiches und der Partei schwersten Schaden erleiden würde.«

Auch innerhalb der Luftwaffe schwand das Vertrauen in den Oberbefehlshaber. Göring, als hochdekorierter Weltkriegsheld einst das Idol junger Piloten, hatte sich von den Nöten und Sorgen der Fliegertruppe weit entfernt. Wie sehr das Verhältnis zwischen dem Oberbefehlshaber und seinen Offizieren gelitten hatte, zeigte sich, als Göring am 7. November 1944 bei einer Besprechung in Berlin-Wannsee die anwesenden, vom Kampf gezeichneten Flieger erneut als »feige« schmähte und die beleidigende Rede allen Jagdverbänden auf Schallplatte zukommen ließ – ein offener Affront, der fast einen Aufstand nach sich zog. Die Stimmung besserte sich auch nicht, als Göring zur Klärung der Mißstände ein »Luftwaffenparlament« mit 30 führenden Offizieren einberief, die »Delegierten« aber maßregelte, »alles oder jeden in der Luftwaffe zu kritisieren – mich ausgenommen«.

Göring stand mit dem Rücken zur Wand: Weder bei Hitler noch bei seiner Truppe hatte er noch Rückhalt. »Mitte bis Ende Januar 1945«, sagte er in Nürnberg, »war keine Hoffnung mehr.«

Als im Januar 1945 sowjetische Truppen nahe an die heile Welt der Schorfheide heranrückten, ließ Göring Frau Emmy und Tochter Edda nach Bayern bringen. Während Dresden im Inferno unterging, sorgte er dafür, daß erste Ladungen seiner Kunstschätze in einem Bergstollen bei Berchtesgaden versteckt wurden. Ein letztes Mal keimten in diesen Tagen Friedenshoffnungen. Mit den Alliierten wollte er einen Frieden aushandeln und glaubte in völliger Verkennung der Lage an eine »Remischance«. Doch insgeheim rechnete er mit dem Schlimmsten – und schrieb sein Testament.

Die Zeit des Abschieds: Am 20. April 1945, Hitlers letztem Geburtstag, machte sich Göring ein letztes Mal auf den Weg in die Reichskanzlei, um noch einmal dem Mann gegenüberzustehen, dem er in blinder Ergebenheit bei allen Verbrechen gefolgt war. Er werde Hitler bis in den Tod treu bleiben, hatte Göring mehr als zwanzig Jahre zuvor gelobt. Jetzt war er entschlossen, seinen »Führer« und die eingeschlossene Reichshauptstadt so schnell wie möglich zu verlassen. »Göring erklärte«, schilderte Albert Speer die Szenerie, »er habe in Süddeutschland dringendste Aufgaben zu erledigen. Hitler sah ihn geistesabwesend an. Mit gleichgültigen Worten gab er Göring die Hand.«

Dann fuhr er nach Carinhall, sprengte den Herrensitz selbst in die Luft und setzte sich ab zum Obersalzberg. Er war gezeichnet vom Drogenkonsum, lethargisch und aufgedunsen wie eine Qualle, wie Hitler ein körperliches Wrack, aber mit der Hoffnung, endlich das große Ziel seines Lebens zu erreichen: aus Hitlers Schatten herauszutreten und seine Nachfolge zu übernehmen. Endlich alleiniger Herrscher! Die Nachricht von Hitlers angeblichem Nervenzusammenbruch versetzte ihn noch einmal in hektische Betriebsamkeit. War Hitler wirklich tot? Noch am selben Tag, dem 23. April 1945, kabelte Göring um 22 Uhr ein folgenschweres Funktelegramm in Hitlers Bunker in Berlin. Schon die Lektüre der ersten Zeilen trieb Hitler die Zornesröte ins Gesicht: »Mein Führer, sind Sie einverstanden«, stand da zu lesen, »daß ich [...] gemäß Ihres Erlasses vom 29. 6. 1941 als Ihr Stellvertreter sofort die Gesamtführung des Reiches übernehme mit voller Handlungsfreiheit nach innen und außen?« War allein schon diese Frage für Hitler ein Affront, so besiegelte der folgende Absatz den endgültigen Bruch mit Göring. »Falls bis 22.30 Uhr keine Antwort erfolgt, nehme ich an, daß Sie Ihrer Handlungsfreiheit beraubt sind. Ich werde dann die Voraussetzungen Ihres Erlasses als gegeben ansehen und zum Wohle von Volk und Vaterland handeln.«

Bormann mußte nicht lange überlegen. Er erkannte die Chance zur finalen Intrige gegen seinen Intimfeind. »Göring übt Verrat!« bestärkte er Hitler. »Ich weiß es schon lange«, schrie der mit hochrotem Kopf. »Ich weiß, daß Göring faul ist. Er hat die Luftwaffe verludern lassen. Er war korrupt. Sein Beispiel hat die Korruption in unserem Staate möglich gemacht. Zu allem ist er seit Jahren Morphinist. Ich weiß es seit langem.«

Wenig später hielt in Berchtesgaden SS-Obersturmbannführer Bernhard Frank einen Befehl in Händen, den Bormann eilig mit Handschrift aufs Papier geworfen hatte: »Umstellt sofort Haus

Göring und verhaftet sofort unter Brechung jeden Widerstandes den bisherigen Reichsmarschall Hermann Göring. Gezeichnet Adolf Hitler.« Am 23. April 1945, gegen 22 Uhr, schlug Frank in Görings palastartigem Landhaus auf dem Obersalzberg die Hacken zusammen und eröffnete dem vermeintlichen Verräter: »Herr Reichsmarschall, Sie sind verhaftet!« Sechs Tage später ordnete Hitler in seinem »Politischen Testament« an: »Ich stoße vor meinem Tode den früheren Reichsmarschall Hermann Göring aus der Partei aus.« Sein Vorwurf, Göring habe mit den Alliierten hinter seinem Rücken verhandelt, war haltlos. Bormann aber hatte sein Ziel erreicht.

Göring fühlte sich von Hitler mißverstanden und als Opfer einer Intrige. Obwohl nicht er, sondern Großadmiral Karl Dönitz Hitlers Erbe antrat, sah er sich noch immer als einzigen legitimiert, über Deutschlands Schicksal zu entscheiden. In grenzenloser Selbstüberschätzung bot er am 6. Mai 1945 Dönitz an, mit Eisenhower im Gespräch von »Marschall zu Marschall« einen »ehrenvollen Frieden« für Deutschland auszuhandeln. Als Dönitz nicht einmal antwortete, wandte sich Göring als »ranghöchster Offizier der deutschen Wehrmacht« direkt an Eisenhower – mit der Bitte, »mich persönlich zu empfangen«, um »weiteres Blutvergießen in einer aussichtslosen Lage zu verhindern«. Am 7. Mai 1945 geriet der Reichsmarschall mit Gattin Emmy und Tochter Edda auf dem Weg zum Treffpunkt mit der US-Army auf einer Bergstraße bei Radstadt in amerikanische Gefangenschaft. Es war das letztemal, daß Hermann Göring seine Familie in Freiheit sehen sollte. Sein Kommentar sprach Bände: »Wenigstens zwölf Jahre anständig gelebt!«

»Er sah heruntergekommen aus«, erinnerte sich Leon Thanson, Dolmetscher im luxemburgischen Gefangenenlager Mondorf, »und er verlangte nach Tabletten. ›Ohne Tabletten kann ich nicht leben‹, hatte er gesagt. Erst nachdem er am dritten Tag wieder seine Tabletten bekommen hatte, blühte er auf und war der umgänglichste aller Gefangenen.« Was 1925 in Schweden nicht gelungen war, schafften die Ärzte der US-Army. Die Sieger setzten »Mister Göring«, wie sie ihn nannten, auf Diät und verabreichten ihm täglich schwächer werdende Dosen von Parakodeintabletten. In diesen Tagen begegnete Göring erstmals Gustave Gilbert. In den 17 Monaten, die ihm noch zu leben blieben, stand dem prominenten Gefangenen kein Mensch so nahe wie der Psychologe im Dienste der US-Army. Gilbert nahm

131

Göring genau unter die Lupe. Ein Intelligenztest ergab den überdurchschnittlichen Quotienten von 138. Weniger schmeichelhaft für den Gefangenen, der von seinem eitlen Gehabe nichts verloren hatte, fielen die Persönlichkeitstests aus. »Offen gesagt«, eröffnete Gilbert Göring, »Sie haben gezeigt, daß Sie trotz Ihres aktiven, aggressiven Charakters nicht den Mut zu wirklicher Verantwortung haben. Bei diesem Kleckstest haben Sie sich selbst mit einer kleinen Geste verraten. Erinnern Sie sich an die Karte mit dem roten Fleck? Sie versuchten, ihn mit den Fingern wegzuschnippen, als dächten Sie, daß Sie das Blut mit einer kleinen Bewegung wegwischen könnten. Das gleiche haben Sie während des ganzen Prozesses getan. Sie haben die Kopfhörer abgenommen, wenn die Beweise für Ihre Schuld unerträglich wurden.«

Görings unerträgliche Schuld stand für das internationale Militärtribunal in Nürnberg außer Zweifel. »Es kann kein mildernder Umstand angeführt werden«, hieß es im Urteil, »denn Göring war oft, fast immer die treibende Kraft, und nur seinem Führer stand er nach. Er war die leitende Persönlichkeit bei den Angriffskriegen, sowohl als politischer als auch militärischer Führer; er war Leiter der Sklavenarbeiter und der Urheber des Unterdrückungsprogramms gegen die Juden und gegen andere Rassen im In- und Ausland. Alle diese Verbrechen wurden von ihm offen zugegeben. [...] Diese Schuld ist einmalig in ihrer Ungeheuerlichkeit. Für diesen Mann läßt sich in dem ganzen Prozeßstoff keine Entschuldigung finden.«

»Göring«, beobachtete Psychologe Gilbert nach dem Urteilsspruch, »kam als erster herunter und ging mit langen Schritten und starrem Gesicht und vor Entsetzen hervorquellenden Augen in seine Zelle. ›Tod!‹ sagte er, als er sich auf die Pritsche fallen ließ. Obwohl er versuchte, lässig zu wirken, zitterten seine Hände. Seine Augen waren feucht, und er atmete schwer, als kämpfe er einen seelischen Kollaps nieder.« Noch am selben Abend mußte ihn der deutsche Gefängnisarzt Dr. Ludwig Pflükker wegen Herzrasens behandeln. Der Arzt: »Das Urteil hat ihn doch sehr erregt.«

Zu einem der Dolmetscher hatte er gesagt: »Jeder muß sterben, aber als Märtyrer zu sterben, das macht unsterblich. Ihr werdet unsere Knochen einst in Marmorsärge legen.« Gegen seinen Willen stellte der Verteidiger ein Gnadengesuch. Göring selbst wollte nicht bei den Siegern um Gnade bitten. Statt dessen

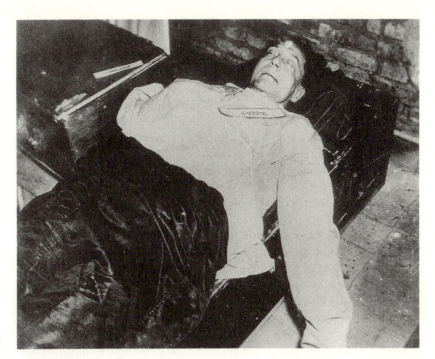

Wenn Sie wirklich etwas Neues machen wollen, so werden Ihnen die Guten dabei nicht helfen. Sie sind selbstgenügsam, faul, haben ihren lieben Gott und ihren eigenen Dickkopf – man kann es nicht mit ihnen machen. »Laßt wohlbeleibte Männer um mich sein« – das kann ein gesalbter König sagen, aber kein Führer, der sich selbst geschaffen hat. Laßt abgefeimte Schurken um mich sein. Die Bösen, die etwas auf dem Kerbholz haben, sind gefällige Leute, hellhörig für Drohungen, denn sie wissen, wie man es macht, und für Beute. Man kann ihnen etwas bieten, weil sie nehmen. Weil die keine Bedenken haben. Man kann sie hängen, wenn sie aus der Reihe tanzen. Laßt abgefeimte Bösewichter um mich sein – vorausgesetzt, daß ich die Macht habe, die ganze Macht über Leben und Tod. Alleiniger und einziger Disponent, dem niemand hineinpfuschen darf. Was wissen Sie von den Möglichkeiten im Bösen! Wozu schreibt ihr Bücher und macht Philosophie, wenn ihr nur von der Tugend etwas wißt und wie man sie erwirbt, wo doch die Welt im Grund von etwas anderem bewegt wird.

*Göring zu seinem Nürnberger Verteidiger, 1946*

Göring bietet ein groteskes Bild. Morgens im Wams mit bauschigen, weißen Hemdsärmeln, am Tage mehrfach das Gewand wechselnd, abends bei Tisch im blauen oder violetten seidenen Kimono mit pelzbesetzten Schlafschuhen. Schon morgens einen goldenen Dolch an der Seite, der mehrfach gewechselt wird, am Hals eine Agraffe mit ebenfalls wechselnden Edelsteinen, um den dicken Leib einen breiten, ebenfalls mit vielen Steinen besetzten Gurt, ganz zu schweigen von der Pracht und Anzahl der Ringe.

*Ulrich von Hassell, 1937*

»*Ihr werdet unsere Knochen einst in Marmorsärge legen...*« Göring nach seinem Selbstmord am 15. Oktober 1946.

schrieb er drei Briefe: an den Gefängnispfarrer, an seine Frau
Emmy und an den Alliierten Kontrollrat, in dem er betonte:
»Erschießen hätte ich mich ohne weiteres lassen! Es ist aber nicht
möglich, den Deutschen Reichsmarschall durch den Strang zu
richten! Dies kann ich um Deutschlands willen nicht zulassen.
Ich wähle deshalb die Todesart des großen Hannibal.«

Am 15. Oktober 1946 um 22.45 Uhr zerbiß Hermann Göring
in der Zelle Nummer fünf des Nürnberger Gefängnisses das
dünne Glas einer Zyankalikapsel. Wer ihm das Gift zugespielt
hatte, ist bis heute umstritten. Der Verdacht fiel zunächst auf
Emmy Göring, die ihren Mann im Gefängnis besuchen durfte,
ließ sich aber nicht beweisen. Es darf vermutet werden, daß Jack
G. Wheelis, ein junger amerikanischer Wachoffizier und Jäger-
freund, dem Göring auch seinen goldenen Ring und eine goldene
Uhr geschenkt hatte, die todbringende Kapsel in die Zelle ge-
schmuggelt hatte. Wheelis ist inzwischen verstorben und hat sein
Geheimnis mit ins Grab genommen.

Am Tag nach dem Selbstmord schütteten amerikanische Sol-
daten in München-Solln die Asche von mehreren Leichen in den
Conwentzbach, einen Zufluß der Isar. Einer der Toten trug den
Namen »George Munger«. Die GIs glaubten, einen verunglück-
ten Kameraden zu bestatten. Sie ahnten nicht, daß »Munger«
Hermann Göring war.

Niemand erfuhr, wo die Asche verstreut wurde. »In einem
Fluß irgendwo in Deutschland«, hieß es offiziell. Unter allen
Umständen sollte verhindert werden, daß eine Wallfahrtsstätte
entstand. Denn daß ihm einmal ein Denkmal errichtet werden
würde, davon war Göring bis zuletzt überzeugt. Noch am Vor-
abend seines Selbstmords prophezeite er: »In 50 oder 60 Jahren
werden in ganz Deutschland Standbilder Hermann Görings zu
sehen sein.«

Er hielt inne, zögerte ein wenig und fügte dann hinzu: »Vielleicht keine Standbilder, aber ein Bild in jedem Haus.«

# Der Vollstrecker

Wir sind verpflichtet, wann immer wir zusammen-
kommen, uns unseres Grundsatzes zu erinnern: Blut, Auslese, Härte

Ehrlich, anständig, treu und kameradschaftlich
haben wir zu Angehörigen unseres eigenen Blutes zu sein und zu sonst
niemandem

Wir wollen die Homosexuellen mit Stumpf
und Stiel ausrotten

Juristen sind gesetzlich zugelassene Diebe,
Betrüger und Ausbeuter

Ob die anderen Völker in Wohlstand leben oder ob sie
verrecken vor Hunger, das interessiert mich nur insoweit,
als wir sie als Sklaven für unsere Kultur brauchen

Was in den Völkern an gutem Blut unserer Art
vorhanden ist, werden wir uns holen,
indem wir ihnen, wenn notwendig, die Kinder rauben
und sie bei uns großziehen

Wir hatten das moralische Recht, wir hatten die Pflicht
gegenüber unserem Volk, dieses Volk, das uns umbringen
wollte, umzubringen

Für mich selbst ist es ideal,
einmal arm zu sterben

*Himmler*

Ein anscheinend sehr gut veranlagter Schüler, der mit unermüdlichem Fleiß, brennendem Ehrgeiz, regster Beteiligung am Unterricht die besten Leistungen im Unterricht erzielte.

*Himmlers Klassenlehrer, 1914*

Er hat sich stets wohlgesittet betragen und gewissenhaften Fleiß an den Tag gelegt.

*Himmlers Reifezeugnis, 1919*

Himmler ist nicht übermäßig klug, aber fleißig und brav.

*Goebbels, 1930*

Merkwürdigerweise ging dennoch von diesem Menschen nach meinem Empfinden etwas unmittelbar viel Unheimlicheres aus als von »seinem« Führer, bei dem ich während der beiden sehr verschiedenen Zusammenkünfte, die ich mit ihm hatte, immer ein Element von Schwäche, einen Zug von Besessenheit spürte. Bei Himmler fiel die letztere weg. Er war unheimlich durch den Grad von konzentrierter Subalternität, durch etwas engstirnig Gewissenhaftes, unmenschlich Methodisches mit einem Element von Automatentum.

*Carl Jacob Burckhardt, 1938*

Er war halb Schulmeister, halb verschrobener Narr.

*Speer über Himmler, 1953*

Wie ich höre, ist auf der Alb wegen der Anstalt Grafeneck eine große Erregung. Die Bevölkerung kennt das graue Auto der SS und glaubt zu wissen, was sich in dem dauernd rauchenden Krematorium abspielt. Was dort geschieht, ist ein Geheimnis und ist es doch nicht mehr.
Somit ist dort die schlimmste Stimmung ausgebrochen, und es bleibt meines Erachtens nur übrig, an dieser Stelle die Verwendung der Anstalt einzustellen und allenfalls in einer klugen und vernünftigen Weise aufklärend zu wirken, indem man gerade in der dortigen Gegend Filme über Erb- und Geisteskranke laufen läßt.

*Himmler, 1940*

Das Konzentrationslager ist sicherlich eine scharfe und strenge Maßnahme. Harte, neue Werte schaffende Arbeit, ein geregelter Lebenslauf, eine unerhörte Sauberkeit im Wohnen und in der Körperpflege, ein tadelloses Essen, eine strenge, aber gerechte Behandlung, die Anleitung, Arbeit wieder zu erlernen und Fähigkeiten handwerklicher Art zu gewinnen, sind die Methoden der Erziehung. Die Devise, die über diesen Lagern steht, lautet: Es gibt einen Weg in die Freiheit. Seine Meilensteine heißen: Gehorsam, Fleiß, Ehrlichkeit, Ordnung, Sauberkeit, Nüchternheit, Wahrhaftigkeit, Opfersinn und Liebe zum Vaterland.

*Himmler, 1939*

Ach, ich wollte ja die Juden gar nicht vernichten, ich hatte ganz andere Ideen. Aber dieser Goebbels hat das Ganze auf dem Gewissen.

*Himmler, 1942*

Mit dem Antisemitismus ist es genauso wie mit der Entlausung. Es ist keine Weltanschauungsfrage, daß man die Läuse entfernt. Das ist eine Reinlichkeitsangelegenheit. Wir sind bald entlaust.

*Himmler, 1943*

Bei dem Russen macht es nur die Masse, und diese Masse muß eben zertreten und abgestochen, abgeschlachtet werden. Es ist, um einmal ein ganz brutales Beispiel zu gebrauchen, wie bei einem Schwein, das abgestochen wird und allmählich ausbluten muß.

*Himmler, 1942*

Unter uns soll es einmal ganz offen ausgesprochen sein, und trotzdem werden wir in der Öffentlichkeit nie darüber reden. Ich meine jetzt die Judenevakuierung, die Ausrottung des jüdischen Volkes. Es gehört zu den Dingen, die man leicht ausspricht. – »Das jüdische Volk wird ausgerottet«, sagt ein jeder Parteigenosse, »ganz klar, steht in unserem Programm, Ausschaltung der Juden, Ausrottung, machen wir.« Und dann kommen sie alle an, die braven 80 Millionen Deutschen, und jeder hat seinen anständigen Juden. Ist ja klar, die anderen sind Schweine, aber dieser eine ist ein prima Jude. Von allen, die so reden, hat keiner zugesehen, keiner hat es durchgestanden.

*Himmler vor SS-Gruppenführern, 1943*

Wenn das nationalsozialistische Deutschland schon zugrunde gehen soll, dann sollen seine Feinde und die ganze Bande von Kriminellen, die jetzt in den Konzentrationslagern sitzen, nicht den Triumph erleben, als Sieger herauszukommen. Sie sollen den Untergang teilen. Das ist der klare Befehl des Führers, und ich muß dafür sorgen, daß er genauestens und gründlich durchgeführt wird.

*Himmler, 1945*

Der Pennäler galt als fleißig. Sein Klassenlehrer lobte ihn als »sehr gut veranlagten Schüler, der mit unermüdlichem Fleiß, brennendem Ehrgeiz, regster Beteiligung am Unterricht die besten Leistungen der Klasse erzielte«. Sein Eifer und seine Intelligenz, seine Sorgfalt und Liebenswürdigkeit wurden in vielen Zeugnissen hervorgehoben. Nie wurde dem Knaben irgendeine Neigung zur Gewalt bescheinigt. Sein Schulkamerad, der deutsch-amerikanische Historiker George Hallgarten, erinnerte sich später an den friedfertigen Mitschüler, er sei »das sanfteste Lamm gewesen, das sich denken ließ. Ein Junge, der keiner Fliege ein Leid antun konnte.« Der Musterknabe stammte aus gutem Hause, hatte eine humanistische Bildung genossen, erhielt beste Zensuren, absolvierte erfolgreich ein Hochschulstudium. Auch wenn die erhoffte militärische Karriere an seiner starken Kurzsichtigkeit scheiterte und der unscheinbare junge Mann kaum Eindruck hinterließ, so würde er doch eine, wenngleich bescheidene, Karriere machen.

Als Student konnte er seiner Leidenschaft für Pflanzen und Landwirtschaft nachgehen. Er suchte Anschluß und Anerkennung, wurde Mitglied in einer Reihe von Vereinen. Er fiel nicht auf, schon gar nicht durch Radikalität oder aufrührerische Reden und revolutionäre Ideen. Nach bestandenem Examen fand er schnell eine gute Anstellung – was keine Selbstverständlichkeit in den Zeiten der Wirtschaftskrise war.

Er hätte Beamter werden können und wäre gewiß ein wertvolles Glied in der deutschen Finanzbürokratie geworden: penibel, unbestechlich, immer exakt die Gesetze einhaltend. Brillanz war seine Sache nicht. Wilhelm Höttl, einer seiner engsten Mitarbeiter, billigte ihm »bestenfalls das Format eines kleinen Finanzbeamten« zu. »Ein ziemlich unbedeutender Beamter«, lautete gar das vernichtende Urteil des schwedischen Diplomaten Graf Folke Bernadotte.

Vielleicht hätte er auch als Lehrer seine Talente entfalten können. Wäre er das geworden, hätte er seine Schüler zur Erfüllung

»sekundärer Tugenden« im überlieferten Sinne erzogen: zu Ordnung und Gehorsam, Pflichtbewußtsein und Ehrgefühl, Tüchtigkeit und Sparsamkeit. Er sei ein »Schulmeister mit ausgeprägtem Sparsinn«, so definierte SS-Funktionär Oswald Pohl die herausragenden Charaktereigenschaften seines Chefs. Der spätere Multifunktionär bezog selbst an der Spitze der Karriereleiter ein Gehalt von gerade einmal 24 000 Reichsmark im Jahr. Dies war ein Taschengeld, verglichen mit den Korruptionsexzessen, die sich andere Spitzenfunktionäre der Herrschaftsclique leisteten. Fast karikaturhaft wurde er von vielen Zeitgenossen, die ihn näher kannten, als Inkarnation des Oberlehrers beschrieben. Albert Speer charakterisierte ihn, allerdings nachträglich, als »halb Schulmeister, halb verschrobener Narr«.

Sein komisch wirkender Hang zu okkulten Phänomenen, sein Aberglaube, seine Leidenschaft für Kräuterheilkunde wären über die Grenzen des eigenen Gartens nicht hinausgelangt, wenn es kein »Drittes Reich« gegeben hätte. Liebenswert hätten ihn seine Nachbarn genannt, spleenig vielleicht, verschroben im schlimmsten Fall – aber gefährlich?

Ein alltägliches Leben wäre es geworden, ein banales fast – wenn ihn nicht die Zeitläufte einen ganz anderen Weg hätten einschlagen lassen. Hannah Arendts Wort von der »Banalität des Bösen« war gemünzt auf Adolf Eichmann, Himmlers Helfer – doch es galt genauso für den Meister selbst. Heinrich Himmler war vor allem eines: Hitlers williger Vollstrecker, der Millionen tötete, ohne jemals selbst Hand an sie zu legen. Er war ein Mann mit Eigenschaften, die noch heute als »typisch deutsch« gelten: effektiv und exakt, pflichtbewußt und autoritätshörig, ordentlich und sauber. Heinrich Himmler – eine deutsche Karriere oder eine deutsche Krankheit?

So unbeschreiblich die Verbrechen sind, die sich mit dem Namen Himmler verbinden, so unscheinbar war jener Mann, der sie begangen hat. Er hatte nichts Großartiges, nicht einmal Großes im Wesen. Schon seine Zeitgenossen beschrieben Heinrich Himmler als »völlig unbedeutende Persönlichkeit, die auf unerklärliche Weise in eine hervorgehobene Stellung gekommen war« (Albert Speer), als einen Mann, der »nichts Hervorragendes oder Besonderes« hatte (Generalmajor Walter Dornberger, Verantwortlicher für V-Waffen), dessen einzige Auffälligkeit seine Unauffälligkeit war. In seinem Charakter war »nichts Schreckliches oder Dämonisches«, schreibt der britische Historiker Hugh Trevor-Roper. Dämonisch wurde Himmler allerdings durch seine Effizienz. Wie ein Finanzbeamter Hunderte von Steuererklärungen abzeichnet, so erledigte Himmler seine Aufgabe: Völkermord als Organisationsproblem. Am Ende machte er sich keine Sorgen um das Leid der Opfer, aber viele um die Seelenpein der Täter.

Heinrich Himmler wurde am 7. Oktober 1900 als zweiter von drei Brüdern in der Wittelsbacherstraße 2 in München geboren. Sein Vater Gebhardt Himmler war ein anerkannter Gymnasiallehrer. Für einen NS-Spitzenfunktionär stammte Heinrich Himmler aus exotischen, gesicherten Verhältnissen. Man war katholisch und königstreu, sittsam und gebildet, bodenständig und bayerisch. Noch 1941 nahm der Mann, der von Amts wegen katholische Geistliche verfolgen ließ, an einem streng katholischen Begräbnis der bis zuletzt verehrten Mutter teil. Sein Vater Gebhardt, Konrektor des Landshuter Gymnasiums, war ein frommer Mann, humorvoll in gewissen Grenzen, aber grenzenlos pedantisch. Er war ein deutscher Nationalist, aber kein Antisemit. Der hochgebildete Gymnasiallehrer erzog seine Söhne im humanistischen Geist. Hat Himmler seinen Platon mißverstanden?

Auch wenn Heinrichs Eltern nicht reich waren, so konnten sie doch als wohlhabend gelten. Dafür sorgte schon der prominente Taufpate, Seine Königliche Hoheit Prinz Heinrich von Bayern. Der Vater des neuen Erdenbürgers war Hauslehrer des Wittelsbacherprinzen gewesen, Himmlers Onkel Hofkanonikus. Die Familie Himmler galt etwas am bayerischen Hofe. Dieser Familie wurde nun die Ehre zuteil, dem Prinzen »ein Glas Champagner anbieten zu dürfen«, wie es in der Geburtsanzeige an das Königshaus hieß, um auf Heinrichs Taufe anzustoßen. Es galt als große Gunst, daß ein Mitglied der königlichen Familie die Patenschaft für den Sohn des Lehrers übernommen hatte. Der Kontakt zwischen Prinz Heinrich und der Familie Himmler überdauerte den Tod des Prinzen, der 1916 an der Front fiel. Als letztes Geschenk erhielt Heinrich aus dem Nachlaß seines Paten eine Kriegsanleihe über 1000 Reichsmark. Materielle Not trieb ihn nicht in die Fänge des Nationalsozialismus.

»Heinrich war viel krank. 160 Versäumnisse, holte aber durch Stunden bei Frl. Rudet alles ein und bestand mit Note II«, heißt es in den Notizen seines Vaters über Heinrichs Volksschuljahre. Zeit seines Lebens litt Himmler unter einer schwachen Gesund-

*Das Patenkind des Prinzen Heinrich: Heinrich Himmler (1901).*

*»Stets wohlgesittet...« Heinrich Himmler (untere Reihe, Zweiter von links) mit seinen Mitschülern im Landshuter Gymnasium.*

In Himmlers Charakter war nichts Schreckliches oder Dämonisches. Seine Kälte war nicht eisig, sondern blutlos. Er hatte keine Freude an Grausamkeiten, er war gleichgültig dagegen. Die Skrupel anderer erschienen ihm nicht verächtlich, aber unklug.

*Hugh Trevor-Roper*

heit. Wie der Schüler Heinrich glich auch der Reichsführer-SS dieses körperliche Defizit durch Eifer aus. Das Landshuter Unterrichtsziel, »auf religiöser Grundlage zu sittlicher Tüchtigkeit zu erziehen, eine höhere allgemeine Bildung im vaterländischen Geiste zu gewähren und zu selbständiger Geistesarbeit fähig zu machen« – bei Heinrich Himmler schien es auf den ersten Blick geglückt: »Er hat sich stets wohlgesittet betragen und gewissenhaften Fleiß an den Tag gelegt«, heißt es in seinem Reifezeugnis vom 15. Juli 1919.

Der Einserschüler in Geschichte, alten Sprachen und Religion begann ein Studium der Landwirtschaftskunde an der TH in München. Wie der Schüler war auch der Studiosus Heinrich Himmler eher unauffällig, als »tapsig« beschrieben ihn die Kommilitonen. Auf der Suche nach Anschluß erwies sich Himmler als Vereinsmeier: Von der »Deutschen Gesellschaft für Züchtungskunde« über die »Vereinigung der Freunde des humanistischen Gymnasiums« bis zum »Altbayerischen Schützenbund« war er Mitglied in mindestens zehn Vereinen – und der katholischen Kirche: »Ich werde immer Gott lieben, der Kirche treu bleiben!« schrieb er damals in sein Tagebuch. In jungen Jahren hatte er den obligaten Ministrantendienst geleistet. Im Dezember 1919 erwarb er die Mitgliedschaft in der katholisch orientierten Bayerischen Volkspartei und verließ sie erst nach vier Jahren, um im August 1923 einer völlig unbedeutenden Partei mit großen Ambitionen beizutreten.

Bei den Kostümbällen im Münchener Fasching wurde der strebsame Heinrich in der Verkleidung eines Türkensultans gesehen. Nur beim Trinken konnte er nicht mithalten. Hier mußte sich der sonst so angepaßte Studiker der bayerischen Normalität entziehen. Die Burschenschaft Apollo erklärte ihn sogar für »nicht satisfaktionsfähig«. Erst als ihm von medizinischer Seite ein Reizmagen bestätigt und er daraufhin vom Biertrinken befreit wurde, erhielt er die Weihen einer schlagenden Verbindung.

Kein Scheitern in der Schule, kein abgebrochenes Studium, keine erfolglose Ausbildung – der Berufsweg ist nicht die Erklärung für den Massenmörder.

Nur seine Militärkarriere war für ihn ein dunkler Fleck. Schon im Alter von 17 Jahren habe er an den Kämpfen im Weltkrieg als Fahnenjunker im 11. Bayerischen Infanterieregiment teilgenommen. So bombastisch beschreibt es der offizielle Lebenslauf

Heinrich Himmlers, abgedruckt im Handbuch für den Groß-deutschen Reichstag 1943. Die Front hatte er zu diesem Zeit-punkt noch nicht gesehen, an den Kämpfen im Westen (im Osten war der Krieg bereits beendet) nahm er nicht teil, auch wenn er gelegentlich behauptete, als Feldwebel des bayerischen Leibregiments seine Leute schon im Alter von 16 Jahren »in die Schlacht« geführt zu haben. Damals begann die Lebens-lüge des Heinrich Himmler. Die Wahrheit ist wesentlich be-scheidener.

Richtig ist, daß Gebhardt Himmler in der Endphase des gro-ßen Krieges versucht hatte, alte Beziehungen zu nutzen, um seinem Sohn den Weg in eine Militärlaufbahn zu ebnen. Er tat dies auf Drängen des jungen Heinrich, der unbedingt Offizier werden wollte, obwohl der Vater zunächst auf einen Schulab-schluß gedrängt hatte. »Ich freue mich auf den Kampf, wenn ich des Königs Rock trage«, schrieb der Musterschüler, der nur im Turnen schlechte Noten hatte, in sein Tagebuch.

Als der Sohn endlich die Einwilligung zum Verlassen des Gymnasiums erhalten hatte, wollte die kaiserliche Marine den stark kurzsichtigen Rekruten trotz königlicher Protektion nicht akzeptieren, da »allgemein Brillenträgern der Dienst auf dem Wasser versagt war«. So bewarb sich der noch nicht siebzehnjäh-rige Schüler um die Aufnahme in das Heer. »Mein Sohn hat den dringenden Wunsch, Infanterieoffizier zum Lebensberuf zu ma-chen«, schrieb der Vater als Begründung auf den Aufnahme-antrag. Doch das Kaiserreich brauchte einfache Soldaten, Ka-nonenfutter für die Front, das die blutigen Verluste in den Schützengräben Frankreichs ausgleichen konnte. Heinrich aber strebte nach Höherem. Aus dem Regensburger Ausbildungsla-ger unterschrieb er einen Brief an die Eltern mit »miles Hein-rich« – wozu hatte man schließlich lange genug lateinische Voka-beln gepaukt? Der behütete Schnösel mit dem Anspruch auf Besserstellung teilte mit dem gemeinen Volk die Begeisterung über den Krieg als Ausbruch aus den Zwängen der Epoche. Der Enthusiasmus für alles Militärische – auch hier war Heinrich Himmler ein Kind seiner Zeit. Am »gerechten Kampf« des deut-schen Vaterlands, an diesem »heiligen Ringen«, wollte Himmler teilnehmen, seine »größte Reifezeit« bestehen. »Ich bin halt im Innern Soldat«, vertraute er seinem Tagebuch an. Beim nächsten Befreiungskrieg, »da ziehe ich mit, wenn ich ein Glied noch rühren kann«, dessen war sich der Möchtegernkämpfer sicher, der den Krieg nur aus glorifizierenden Schriften kannte und nicht aus eigener leidvoller Erfahrung.

Hitler kannte das Grauen des Krieges, er war sein Produkt. Sein Staat war die Verlängerung der Hölle, die er im Schützengraben gesehen hatte: eine moderne Apokalypse. Himmler dagegen, der diese Apokalypse organisierte, würde sein Leben lang von einer archaischen Welt träumen; von Fackeln und Schwertern, Pflugscharen und Ackerschollen.

Der potentielle Krieger kam nicht zum erhofften Einsatz. Bevor er seine militärische Ausbildung beendet hatte, war der Frieden ausgebrochen. Himmler hatte zwar die Kurse als Offiziersanwärter absolviert, für einen aktiven Einsatz an der Front war es aber zu spät. Hitlers oft zitierte persönliche Fronterfahrungen, sie fehlten dem Mann, der in der Endphase des nächsten Krieges an der Spitze der Heeresgruppe Weichsel den Angriff der Roten Armee abwehren sollte. Der Offiziersanwärter, der davon träumte, in schöner Uniform glänzende Siege zu erringen, erlebte das blutige Gemetzel des industrialisierten Krieges nicht. Das stille Grauen eines unsichtbaren Gasangriffs, die todbringenden Fliegerattacken, die überraschenden Panzerangriffe blieben ihm erspart. Nichts störte seine idealisierten Bilder vom heroischen Kampf.

Im April 1919 trat Heinrich Himmler in eines der zahlreichen Freikorps ein, um gegen die bayerische Räterepublik zu kämpfen. Er diente sich verschiedenen Wehrorganisationen an, die gegen die Demokratie, den »Versailler Schandvertrag« und natürlich gegen die »marxistische Diktatur« marschierten. In den Freikorps »Landshut«, »Oberland«, »21. Schützenbrigade« und »Einwohnerwehr« leistete er paramilitärischen Dienst. Orientierungslos wie viele suchte der verhinderte Weltkriegsteilnehmer nach Halt, nach Bestätigung, nach Erklärung – und vor allem nach einem Idol.

In Münchener Studentenkreisen kursierten damals antisemitische Pamphlete, die der nach Orientierung süchtige Himmler las. Er machte Bekanntschaft mit Houston Stewart Chamberlains *Rasse und Nation*, er begegnete den »Protokollen der Weisen von Zion«, einem angeblich dokumentarischen Beweis für die Versuche einer »jüdischen Weltverschwörung«. Pedantisch genau, wie Himmler war, hinterließ er für die Nachwelt eine Leseliste mit Kommentaren zu jedem Buch. Daraus spricht die Vorliebe des blassen Jünglings für Bücher über das Germa-

144

»Noch in der zweiten Reihe...« Himmler (rechts hinter Heß) bei einem Marsch der NSDAP in München (1925).

Als Verwalter eines Gutes, als Bürgermeister einer Stadt, aber auch in höheren Regionen als Kultusbeamter mit seinem Sinn für wissenschaftliche Forschung hätte Himmler vielleicht Tüchtiges geleistet. Das Schicksal gab ihm eine Position in die Hand, die er nicht zu meistern vermochte. In allem was er tat, lag irgendein Krampf. Wo er wesensmäßig weich war, predigte er Härte. Taten, die ihm wesensmäßig völlig fremd waren, vollbrachte er wie ein Automat und wenn es sein Führer befahl, sogar die physische Vernichtung von Menschen.

*Felix Kersten, Himmlers Arzt und Masseur, 1952*

Bei Himmler. Ich lege mit ihm die Grundlagen unserer zukünftigen Zusammenarbeit in der Propaganda fest. Er ist ein kleiner, feiner Mann. Gutmütig, aber wohl auch wankelmütig.

*Goebbels (Tagebuch), 1929*

Himmler war ja der Sohn eines Lehrers und wurde durch den elterlichen Haushalt, glaube ich, sehr beeinflußt. Er hatte etwas pedantisch Lehrerhaftes an sich, war kühl, abweisend, abschätzig. Er hatte keinerlei Güte, sondern sein einziges oder wichtigstes Erziehungsmittel war immer die Bestrafung.

*Ernst-Günther Schenck, Ernährungsbeauftragter der Wehrmacht und SS*

nentum und Werke über angebliche Weltverschwörungen von wechselnden Gruppierungen: Freimaurern, Jesuiten, Juden.

Doch um den Prozeß erklären zu können, den Himmler Anfang der zwanziger Jahre vollzog, reicht diese Lektüre nicht aus. Himmler war nicht dumm, doch seine Kritikfähigkeit war eher begrenzt. Er suchte nach einfachen Erklärungen für den komplexen und rapiden Wandel der Welt. Die Wirren des gesellschaftlichen und politischen Umbruchs schufen Unsicherheit und schürten Ängste. Die alte Ordnung hätte dem Sohn des Prinzenerziehers einen sicheren Platz in der Gesellschaft zugewiesen. Jetzt sah der junge Heinrich seine Lebensplanung über den Haufen geworfen. Er suchte nach Erklärungen – und fand beides in simplen Theorien, die einen Sündenbock benannten, dem man die Schuld an der ganzen Misere geben konnte: jener jüdischen Weltverschwörung, die den germanischen Helden um die verdienten Früchte seiner Arbeit bringen wollte. Himmler war einer von denen, die die Lösung in der Rückbesinnung auf verschüttete Traditionen sahen.

Schon Gebhardt Himmler hatte seinen Sohn für germanische Geschichte, die besondere Passion des Gymnasiallehrers, begeistert. In Tacitus' »Germania« fand Heinrich Himmler das »herrliche Bild, wie hoch, sittenrein und erhaben unsere Vorfahren waren«. Wie anders als in diesem Ideal, von dem schon der Vater geschwärmt hatte, empfand der Sohn nun seine konkrete Lebenssituation. Das deutsche Volk, so schien es ihm, verfiel in Dekadenz und Sittenlosigkeit. Er aber träumte von der guten, alten, germanischen Zeit. Sein größter Wunsch: »So sollten wir wieder werden.« Wenn später die nationalsozialistische Utopie vom edlen germanischen Recken ihren glühendsten Verfechter im Reichsführer-SS fand, so reichen diese Hirngespinste in die frühen zwanziger Jahre zurück. 1924 beschrieb er in seinem Tagebuch, daß aus dem »mischrassigen« deutschen Volk wieder »reinrassige« Germanen gezüchtet werden müßten. Dabei schwebte ihm eine Art Kschatrijakaste vor – so wie die adlige, landbesitzende Kriegerkaste der altindischen Kastenordnung sollte auch sein »neuer« Germane sein: ein der Scholle verbundenes höheres Wesen, allen anderen überlegen. Ziel seiner romantisch-verklärenden Zukunftsvorstellungen vom »Paradies der germanischen Rasse« war ein weitverzweigtes Geflecht von neuen Modellstädten im Osten, mit Kulttempeln, Wehrdörfern und Totenburgen – ein »germanischer Blutwall«.

146

Die menschenverachtenden Folgen dieser frühen Wahnideen sollten sich zeigen, als Himmler, anders als viele, die ähnlichen Vorstellungen nachhingen, die Möglichkeit erhielt, sie verwirklichen zu können. Ebenfalls in seinem Tagebuch hatte er die Voraussetzung und Begleiterscheinung seines »germanischen Paradieses« beschrieben: zwischen den Wohnstätten der Menschen »nordischen Blutes« sollte es Lager geben mit »Arbeitssklaven, die ohne Rücksicht auf irgendeinen Verlust unsere Städte, unsere Dörfer, unsere Bauernhöfe bauen«. Genauso hätte es in Hitlers Ostland aussehen sollen.

Die Geschichte bog sich der Sohn des Hobbyhistorikers zurecht, wie es ihm paßte. Folglich waren »die Germanen«, so Himmler, »ein Volk, das seit frühesten Vorzeiten eine hohe Kultur besessen« und nach ungeschriebenen Gesetzen gelebt hätte. »Was hätten die Ahnen in diesem Fall getan?« lautete eine von Himmlers gängigen Floskeln, wenn eine Frage zur Entscheidung anstand.

Auch das väterliche Steckenpferd mittelalterlicher deutscher Geschichte trug bei seinem Sohn späte Früchte. Heinrich Himmler hielt Heinrich den Vogler und Heinrich den Löwen für die Urväter des großgermanischen Reiches. Heinrich der Vogler hatte sich ohne kirchlichen Segen zum Kaiser krönen lassen, er war gegen Slawen und Ungarn gezogen. In einer Rede zum tausendsten Todestag Heinrichs I. am 2. Juli 1936 beschwor der Reichsführer-SS dessen »unvollendeten Auftrag«: den Osten Europas slawischer Hand zu entreißen und mit »deutschem Blut« zu kolonisieren.

War Himmlers politische Vision schon in den zwanziger Jahren die gewaltsame Eroberung eines »germanischen Großreiches«, so sahen seine privaten Ziele damals noch vergleichsweise bescheiden aus. Er hatte Landwirtschaft studiert, weil er hoffte, als Verwalter eines Landguts »mit einem deutschen Mädel in Frieden leben zu können«: eine Idylle auf deutscher Scholle. Alles hätte anders laufen können, auch bei Heinrich Himmler. Die Geschichte ist nie eine Einbahnstraße.

Anfang der zwanziger Jahre schmiedete der junge Student Auswanderungspläne. Am 23. November 1921 schrieb er in sein Tagebuch: »Heute habe ich mir aus der Zeitung einen Artikel über Auswanderung nach Peru herausgeschnitten. Wo wird es mich hinverschlagen: Spanien, Türkei, Baltikum, Rußland, Peru? Ich denke oft darüber nach. In zwei Jahren bin ich nicht mehr in Deutschland.« Kein Ziel schien ihm dabei fern genug. 1924 fragte er bei der sowjetischen Botschaft an, ob er nicht als Gutsverwalter in die Ukraine gehen könnte. Der Mann, dessen Einheiten zwanzig Jahre später in der Ukraine die Ernte vernichten und jüdische Einwohner erschießen würden, wollte als friedlicher Bauer Entwicklungshilfe leisten. Bei einer Zusage hätte Heinrich Himmler als Landwirt in der Ukraine den deutschen Einmarsch 1941 aus anderer Perspektive verfolgen können.

So träumte er vom Osten, während sein realer Horizont noch auf Bayern beschränkt war. Am 1. August 1922 schloß er sein Studium mit einem Notendurchschnitt von 1,7 ab. Der frischgebackene Diplomlandwirt fand gleich nach dem Examen eine Anstellung als landwirtschaftlicher Assistent in einer Düngemittelfirma: Himmler wurde Verkäufer bei der Stickstoff-Land GmbH in Schleißheim.

Nun hätte eigentlich alles seine bürgerlichen Wege gehen können. Der schüchterne Heinrich fand sogar sein »deutsches Mädel«: die aus Bromberg stammende und einige Jahre ältere Krankenschwester Marga. Die protestantische Tochter eines wohlhabenden westpreußischen Gutsbesitzers entsprach Himmlers Idealvorstellungen von einer deutschen Frau. Jeder Regisseur einer Wagneroper hätte sie als Idealbesetzung der Walküre nehmen können: Sie war groß, blond, blauäugig und ziemlich stämmig. Als Himmler sie – gegen den Willen seiner Eltern – am 3. Juli 1928 heiratete, konnte er sich dank ihrer Mitgift seinen Traum von einer eigenen Landwirtschaft verwirklichen: Bei Waldtrudering nahe München wurde das junge Ehepaar Besitzer einer Hühnerfarm. Der Mann, der später einmal »Menschenmaterial« zu einer Heldenrasse züchten wollte, begann als Kleintierzüchter – allerdings mit mäßigem Erfolg.

Geschickter bastelte er an seiner NSDAP-Karriere. Schließlich war er »alter Kämpfer« und Parteimitglied seit 1923. Heinrich Himmler, der Mitläufer, hatte am Marsch auf die Feldherrnhalle teilgenommen. Als Fahnenträger der »Reichsflagge« unter dem Kommando von Ernst Röhm hatte er mit seinem Bruder Gebhardt und rund 400 anderen Kämpfern das Kriegsministerium besetzt.

Während Röhm und Hitler ins Gefängnis mußten (Hitler nach Landsberg, wo er »Mein Kampf« schrieb, Röhm nach Stadelheim), blieb der unscheinbare Himmler von den staatlichen Organen unbehelligt. Er galt als kleines Licht und litt darunter: »Ich

»Dieser Anhimmler...« Himmler mit Hitler und Röhm (1930).

Er entstand uns aus der tiefsten Not, als es mit dem deutschen Volk nicht mehr weiter ging, er gehört zu den großen Lichtgestalten, die dem Germanentum immer dann entstehen, wenn es in tiefste körperliche, geistige und seelische Not gelangt. Goethe war eine solche Gestalt auf dem Geistesgebiet, Bismarck auf dem politischen Sektor, der Führer ist es auf allen Gebieten, dem politischen, kulturellen und militärischen. Er ist dazu von dem Karma des Germanentums der Welt vorbestimmt, den Kampf gegen den Osten zu führen und das Germanentum der Welt zu retten, eine der ganz großen Lichtgestalten hat in ihm ihre Inkarnation gefunden.

*Himmler über Hitler, 1940*

Niemand, der es nicht selbst mit angesehen hat, wird glauben, daß ein Mann mit den Machtbefugnissen Himmlers Angst hatte, wenn er zu Hitler befohlen war, und sich wie über ein bestandenes Examen freute, wenn es einmal wieder gutgegangen war oder er sogar ein Lob erhalten hatte. Man begreift dann, wie sehr er sich scheute, Hitler unangenehme Dinge vorzutragen, und bei jedem Stirnrunzeln zurückzuckte. Der Persönlichkeit Hitlers gegenüber besaß Himmler kein Schwergewicht. Zuverlässige Beobachter erzählten mir, daß Hitler ihn mit einigen Worten und Handbewegungen einfach hinwegfegen oder so erledigen konnte, daß er nichts mehr zu sagen wagte. Himmler litt persönlich unter diesem Zustand.

*Felix Kersten, Himmlers Arzt und Masseur, 1952*

bin ein Sprüchemacher, Schwätzer, ohne Energie, mir gelingt nichts«, schrieb er in sein Tagebuch.

Nach seiner Kündigung arbeitslos geworden, setzte er seine ganze Zeit und Energie im Frühjahr 1925 zunächst für die »Nationalsozialistische Freiheitsbewegung« ein, die unter dem Weltkriegshelden General Erich von Ludendorff agitierte. Zu dieser Zeit war er bereits mit Gregor Strasser bekannt. Der aus Landshut stammende Apotheker kandidierte für den Reichstag – und Himmler engagierte sich im Wahlkampf als Strassers Sekretär. Für ein Monatssalär von 120 Reichsmark sauste er als hauptamtlicher Funktionär mit dem Motorrad durch Niederbayern und hielt flammende Reden gegen Juden und Kapitalisten. Strasser hielt damals die Reste der NS-Bewegung zusammen, galt eher als Sozialist und sollte mit dem linken NSDAP-Flügel später im parteiinternen Machtkampf gegen Hitler unterliegen. Himmler setzte sich damals für Strasser und dessen politische Überzeugungen ebenso kompromißlos ein wie später für Hitler.

Die chaotischen Zustände in der am 27. Februar 1925 nach dem Verbot wiedergegründeten NSDAP machten eine schnelle Parteikarriere möglich. Als Geschäftsführer des NSDAP-Gaues Niederbayern betreute Himmler von Landshut aus die Parteistützpunkte in der Region und stieg noch im selben Jahr zum stellvertretenden Gauleiter von Niederbayern-Oberpfalz auf. Die nächsten Sprossen der Karriereleiter: 1926 stellvertretender Gauleiter von Oberbayern-Schwaben, stellvertretender Reichspropagandaleiter und 1927 schließlich stellvertretender Reichsführer-SS. Es sah so aus, als sei er der prädestinierte zweite Mann, der seinen Aufstieg der bedingungslosen Treue zum ersten Mann verdankte, dem er sich blind unterordnete. Solche Leute brauchte Hitler.

Der Mann aus Braunau war mittlerweile aus der Festungshaft entlassen, sein Buch »*Mein Kampf*« erschienen. Himmler hatte es gelesen. Sein Urteil: »Es stehen unheimlich viele Wahrheiten darin.« Himmler hatte seinen Ersatzgott gefunden. Schon bald staunten niederbayerische Parteigenossen, wenn Strassers Sekretär in der Geschäftsstelle in Landshut vor dem Konterfei Hitlers Zwiesprache mit dem Idol hielt.

Mitte der zwanziger Jahre war Hitlers später so gefürchtete »Schutzstaffel« nur ein verlorener Haufe von kaum 200 Mann Stärke. Hitler sah diese Schwäche seiner ursprünglichen Leibwache: »Als ich aus Landsberg kam, hatte sie sich in einige sich gegenseitig befehdende Banden aufgelöst. Ich sagte mir damals,

150

daß ich eine Leibwache brauchte, die wenn sie auch klein war, mir bedingungslos ergeben wäre und sogar gegen ihre eigenen Brüder marschieren würde«, blickte er Anfang 1942 in den Tischgesprächen auf die bescheidenen Anfänge zurück.

Der Demagoge Hitler wußte, daß er besonderen Schutzes bedurfte: nicht nur, um sich der politischen Gegner zu erwehren, sondern auch, um sich vor den eigenen Parteifreunden zu schützen. Hitler brauchte eine ihm treu ergebene, auf ihn eingeschworene Truppe. Und er brauchte einen Mann, der sich an deren Spitze völlig loyal verhalten würde: Heinrich Himmler.

Als Hitler den Mann mit der SS-Mitgliedsnummer 156 am 6. Januar 1929 zum Reichsführer-SS ernannte, war die SS ein kleiner Part der großen Sturmabteilungen. Die SA war unter Röhms machtbewußter Führung zur Parteiarmee aufgestiegen.

Anders als die Sturmabteilungen, die stets auf Masse setzten, sah sich die Schutzstaffel von Anfang an eher als Elitetruppe. Mit ihren schwarzen Mützen, auf denen ein Totenkopf prangte, und den schwarzumrandeten Hakenkreuz-Armbinden gab sie sich bewußt die Aura einer Nibelungenschar: »Wenn alle untreu werden, so bleiben wir doch treu. Daß immer noch auf Erden für Euch ein Fähnlein sei.« Dieses Selbstverständnis förderte Hitler gern: Am 4. Juli 1926 überreichte er auf dem Reichsparteitag der NSDAP in Weimar Joseph Berchtold, dem Führer der Schutzstaffel, zur sicheren Verwahrung die »Blutfahne« des Marsches auf die Feldherrnhalle.

Der endgültige Durchbruch für die SS aber kam erst mit Heinrich Himmler. Den hatten die Prätorianer der römischen Kaiser schon als Jungen fasziniert. Eine solche Garde, auf den großen Mann an der Spitze eingeschworen, wollte er schaffen. Diese Truppe sollte Hitlers Willen umsetzen – effektiv und ohne viel zu fragen. Sichtbarstes Zeichen der bedingungslosen Unterordnung unter den »Führer« waren die Koppelschlösser der späteren SS-Uniformen: »SS-Mann, Deine Ehre ist Treue« stand da eingraviert. Der gleiche Spruch zierte die Klingen der SS-Ehrendolche. Damit hatte Adolf Hitler im April 1931 die Leistungen der Berliner SS-Einheiten gewürdigt, die unter Führung von Kurt Daluege einen Putschversuch der radikalen Berliner SA im Keim ersticken konnten. Es war nicht die erste parteiinterne Auseinandersetzung, und es sollte auch nicht die letzte sein. Aber schon Anfang der dreißiger Jahre wurde deutlich, wie Hitler derartige Probleme zu lösen gedachte – und mit wem.

151

Auch Himmler prägte eine Formel für sich und seine Garde. Sie klang wesentlich bescheidener und atmete noch den Geruch seiner katholischen Erziehung, obwohl sie von den alten Preußen gestohlen war: »Mehr sein als scheinen«. Himmler war gewiß nicht nur der subalterne »Anhimmler«, als den ihn Röhm verspottete. Er war auch ein kluger Taktiker, der unbeirrt und unauffällig auf dem Weg zur Macht die richtigen Schritte wählte – im richtigen Tempo.

Nach Himmlers Amtsantritt als Reichsführer-SS zeigte sich, welche Rolle der SS in der Auseinandersetzung mit Hitlers Gegnern zugedacht war. Daß die Ausschaltung jeden Widerstands gegen Hitler Himmlers großes Ziel war, gab er in seiner Neujahrsbotschaft 1934 offen zu: »Eine der dringendsten Aufgaben, die wir vor uns haben, ist die, alle offenen und verborgenen Feinde des Führers und der nationalsozialistischen Bewegung ausfindig zu machen, sie zu bekämpfen und zu vernichten.«

Zu diesem Zeitpunkt waren die Schutzstaffel und ihr Reichsführer-SS Heinrich Himmler längst aus dem Schatten der einst übermächtigen SA herausgetreten. Von 200 Mann Ende 1928 hatte sich die Mitgliederzahl im folgenden Jahr auf 1000 Mann verfünffacht. Dann folgte eine jährliche Verdoppelung bis auf einen Stand von 50 000 SS-Leuten im Juni 1934. Schon 1931 war unter Leitung von Reinhard Heydrich der berüchtigte Ic-Dienst entstanden, die Keimzelle des späteren Sicherheitsdienstes, ein wirksames Überwachungsorgan zunächst der Partei und ihrer Gliederungen. Die Nagelprobe kam im Juni 1934.

Ohne Hitler hätten Göring und Himmler nie gegen Röhm losgeschlagen. Ohne Himmler und Heydrich hätte Hitler nicht losschlagen können. Hitler wußte, daß die SA nach seiner Machterschleichung eigentlich überflüssig war. Der neue deutsche Kanzler war auf die Schlägertrupps der Straßenkämpfe nicht mehr angewiesen. Sie waren seinem Ansehen als Mann, der für Ruhe und Ordnung sorgen sollte, nur noch abträglich. Seinen Plänen für den Machtausbau stand die SA im Wege. Reichswehrminister Blomberg hatte Hitler deutlich gemacht, daß er nur dann auf die Unterstützung der Reichswehr bauen könne, wenn sie die einzige Waffenträgerin im Reich bleibe. Bei den konservativen Kräften in Wirtschaft, Politik und Militär herrschte Mißtrauen, ja Furcht vor einer »proletarischen Volksarmee«.

Zwei von Hitlers Paladinen hatten wie ihr »Führer« großes

»Männer sollten mehrere Frauen haben ...« Familienvater Himmler mit Frau Marga, Tochter Gudrun und einer Freundin.

Er konnte ein zärtlicher Familienvater, ein korrekter Vorgesetzter und ein kameradschaftlicher Mann sein. Gleichzeitig aber war er ein besessener Fanatiker, ein verschrobener Träumer und ein willenloses Werkzeug in den Händen Hitlers, dem er in einer immer stärker werdenden Haßliebe verbunden war.

*Karl Wolff, Himmlers Adjutant*

Himmler war mit seiner ehemaligen Krankenschwester verheiratet. Sie war älter als er. Die Ehe schien nicht sonderlich glücklich zu sein, er sprach jedoch von seiner Frau stets in der ritterlichsten Form. Frauen gegenüber war Himmler von betonter Ritterlichkeit, zweideutige Äußerungen oder gar Zoten waren ihm verhaßt, er sah darin eine Beleidigung seiner eigenen Mutter.

*Felix Kersten, Himmlers Arzt und Masseur, 1952*

Interesse daran, die Macht der SA zu brechen: Hermann Göring und Heinrich Himmler. Röhm war Görings Hauptfeind. Mit seiner SA wollte Röhm der militärische Führer Deutschlands werden, gleichberechtigt neben dem politischen Führer Adolf Hitler. Röhm war sich seiner Unentbehrlichkeit sicher und erhob immer lauter Anspruch auf den Platz an Hitlers Seite. Doch den hatte Göring für sich vorgesehen.

Auch Himmler war Röhms Feind. Er hing es allerdings nicht an die große Glocke. Schließlich war die SS formal der SA und damit Röhm unterstellt, die Prätorianergarde gezwungenermaßen ein Teil des undisziplinierten braunen Pöbels, der von ständiger Revolution sprach und sozialistische Parolen im Munde führte. Wenn der SA nicht die Flügel gestutzt würden, gab es für die SS keine Zukunft. Röhm mußte erledigt werden.

Bei der Vorbereitung jener Aktion, die als die »Nacht der langen Messer« in die NS-Geschichtsschreibung eingehen sollte, spielte Himmlers SS eine wesentliche Rolle. Bespitzelung, Denunziation und schließlich Mord, das waren ihre Waffen im Kampf um die Macht. Die Fäden im Hintergrund dieser braunen Bartholomäusnacht zog Reinhard Heydrich, der jene Unterlagen fälschen ließ, die einen angeblich bevorstehenden SA-Putsch beweisen sollten. Himmler brachte die Nachrichten von diesem fiktiven Umsturzversuch Röhms persönlich zu Hitler, der am 28. Juni 1934 als Trauzeuge des Essener Gauleiters Josef Terboven im Rheinland weilte. Himmlers fingierte Botschaft: Macht und Leben des »Führers« seien durch eine großangelegte Verschwörung in Gefahr.

Diese angeblich geplante Aktion lieferte Vorwand und Rechtfertigung für das weitere Vorgehen. Todeslisten wurden zusammengestellt, auf denen neben den Namen der führenden SA-Köpfe auch Personen standen, die mit der SA und dem fiktiven Umsturz nichts zu tun hatten. Die Gelegenheit war zu verlockend, um außer Röhm auch noch alte Gegner Hitlers wie Kurt von Schleicher und Gustav von Kahr oder angebliche »Verräter« wie Gregor Strasser ermorden zu lassen. Mit der Mordaktion am 30. Juni 1934 ging der Todesstern der SS endlich auf.

Der nichtsahnende Röhm wurde in Bad Wiessee von Hitler selbst zur Rede gestellt. »Du bist verhaftet«, schrie Hitler den überraschten Gefährten aus alten Kampfzeiten an, als dieser ihm in den frühen Morgenstunden im Schlafanzug seine Zimmertür öffnete. Wenige Stunden später wurden auch in Berlin hohe SA-

Führer arretiert, deren Namen auf einer sogenannten »Reichsliste« standen. Die Opfer dieser Aktion »Kolibri« wurden in der Lichterfelder Kadettenanstalt ohne große Verzögerung erschossen. Anders in München: Dort war Röhm nach Stadelheim gebracht worden, wo er elf Jahre zuvor schon einmal inhaftiert gewesen war. Hitler persönlich strich die Liste mit über 100 Namen von Verhafteten, denen die Todesstrafe drohte, auf kaum 20 zusammen. Der Name Röhms fehlte noch. Hitler zögerte, das Todesurteil für seinen alten Kampfgefährten zu unterzeichnen. Manche Interpreten der NS-Zeit sehen darin einen Beleg für die These, derzufolge Hitler eigentlich ein »schwacher Diktator« war, der von seinen Paladinen manipuliert und von unterschiedlichen Interessenten – wie in diesem Fall von Himmler und Göring – in unterschiedliche Richtungen gelenkt werden konnte. Richtig ist, daß die konkreten Pläne für die Mordaktion von Heydrich und Himmler stammten. Richtig ist, daß Hitler Röhm zunächst sogar »begnadigen« wollte und von Himmler und Göring förmlich beschwatzt wurde, den SA-Chef doch noch umbringen zu lassen. Richtig ist aber auch, daß Hitler der große Nutznießer dieser Mordaktion war. Einer seiner gefährlichsten, populärsten und mächtigsten Rivalen in der Partei konnte ihm, dem »Führer«, nun nicht mehr gefährlich werden. Wenn Hitler Röhm und die SA opferte, war ihm zudem die große Zustimmung der konservativen Eliten gewiß. »Der Führer schützt das Recht« – der Titel eines Jubelartikels aus prominenter Feder in der von Goebbels kontrollierten Presse – gab die herrschende veröffentlichte Meinung wieder: Endlich hatte es ein Ende mit dem Straßenterror.

Das Zögern Hitlers in diesem wie in vielen anderen Fällen erklärt sich nicht aus der Schwäche des Diktators, sondern aus dessen persönlicher Disposition: abzuwarten, bis sich eine radikale Möglichkeit anbietet, die das Problem in seinem Sinne optimal löst. So ist es denn auch richtig, daß Hitler die eigenmächtige Erweiterung der Todeslisten im nachhinein nicht ahndete. Röhm, der sich weigerte, Selbstmord zu begehen, wurde schließlich doch ermordet. Es war Himmlers SS, welche die Drecksarbeit übernahm. Theodor Eicke, der Kommandant des ersten Konzentrationslagers in Dachau, erschoß Ernst Röhm, den Mann, der mit seinen Truppen für Hitler die Weimarer Republik sturmreif geschossen hatte. Hitlers Stellvertreter Rudolf Heß lieferte die bezeichnende Rechtfertigung: »Da es um

Sein oder Nichtsein des deutschen Volkes ging, durfte über die Größe der Schuld des einzelnen nicht gerichtet werden.«

Die kriminalistische Frage »Wem nutzt es?« bietet auch noch eine zweite Antwort, denn neben Hitler gab es einen zweiten Nutznießer dieser »Nacht der langen Messer«: Heinrich Himmler. Möglich, daß weder Göring noch Röhm selbst von Himmlers Kalkül wußten. Himmler zeigte sich oft mit Röhm und hatte gemeinsam mit ihm die Patenschaft von Heydrichs erstem Sohn übernommen. Nun hatte Himmler die Messer gegen Röhm gewetzt und sich seine Mittäterschaft bei Röhms Beseitigung teuer bezahlen lassen: Von Göring hatte er die Leitung der Gestapo übernommen. Die Geheimpolizei war nun im ganzen Reich in Himmlers Hand. Heydrich übernahm den Chefposten im Geheimen Staatspolizeiamt, dessen Sitz die ehemalige Kunstgewerbeschule in der Prinz-Albrecht-Straße 8 in Berlin war, von nun an die gefürchtetste Adresse Deutschlands. Dafür hatte Himmler den Mann umbringen lassen, dem er einst in die NSDAP gefolgt, der eine Art Ziehvater für ihn gewesen war. Der Reichsführer-SS ließ bei dieser Gelegenheit auch Gregor Strasser erschießen, dem er in Landshut als Stellvertreter gedient hatte. Röhm und Strasser – der Stellvertreter von einst hatte keine Hemmungen, seine beiden ersten »Führer« zu ermorden. Himmler sei gutmütig, hatte Goebbels 1929 notiert, vielleicht auch wankelmütig: »Ein Strasserprodukt.« Beim Mord an Röhm und Strasser offenbarte Himmler weder Gutmütigkeit noch Wankelmut. Es war sein erster großer Verrat.

Seinen Judaslohn erhielt er in Form eines Hitlererlasses vom 20. Juli 1934: »Im Hinblick auf die großen Verdienste der SS, besonders im Zusammenhang mit den Ereignissen des 30. Juni 1934, erhebe ich dieselbe zu einer selbständigen Organisation im Rahmen der NSDAP.«

Damit erhielt Himmler eine Sonderstellung, die ihm steten und direkten Zugang zu dem Mann verschaffte, der die einzige Quelle aller Macht im »Dritten Reich« war: Adolf Hitler. Und er nutzte dies nach Kräften aus: 1939 wurde für die Angehörigen der SS ein eigenes Recht eingeführt. Es stand neben der Kriegsgerichtsbarkeit der Wehrmacht und galt für alle militärischen und zivilen Straftaten. So wurde die SS zum Staat im Staate.

Neben diesem Sprung auf der Karriereleiter der Partei setzte Himmler obendrein auch seine staatliche Karriere fort. Mit der Machtergreifung der NSDAP in Bayern hatte Himmler am

9. März 1933 als kommissarischer Polizeipräsident die Exekutivgewalt in München übernommen. Auch Reinhard Heydrich,
Himmlers rechte Hand, wurde bedacht und zum Leiter des politischen Referats der Münchener Kripo bestellt. In der offiziellen
Bekanntmachung dieser Personalpolitik wird deutlich, worum es
jeweils ging: Es sollte gewährleistet werden, »daß die Reichsregie-
rung der nationalen Erhebung unter der Führung Adolf Hitlers
auch in Bayern treue Gefolgschaft findet«. Hier wurde der »Führer«-Staat, der sich im Deutschen Reich erst nach dem Tode
Hindenburgs mit der Vereidigung der Soldaten auf die Person
Hitlers reüssieren sollte, schon vorweggenommen. Nicht mehr
die Aufrechterhaltung der staatlichen Ordnung war Aufgabe
der Polizei, sondern die Umsetzung des persönlichen Willens
Hitlers.

Von Bayern aus ging Himmler daran, in allen deutschen Ländern die Chefposten der jeweiligen politischen Polizei zu ok-
kupieren. Im Januar 1934 befehligte er die gesamte politische
Polizei außerhalb Preußens. An »Führers Geburtstag«, dem
20. April, wurde der Reichsführer-SS stellvertretender Chef und
Inspekteur der preußischen Geheimen Staatspolizei, der wichtigsten politischen Polizei im Reich. Formal noch Göring als
preußischem Ministerpräsidenten unterstellt, übertrug dieser am
20. November 1934 die Befehlsbefugnis ganz auf Himmler. Obwohl Göring sich lange geziert hatte, Machtbefugnisse an Himmler abzutreten – nach der Lösung des Röhmproblems war auch er
dem Bundesgenossen verpflichtet. Nun mußte Göring Himmlers
Aufstieg zum Chef der deutschen Polizei hinnehmen und akzeptieren, daß am 1. Oktober 1936 das Gestapo-Gesetz auf Reichs-
ebene Anwendung fand. Die politische Polizei, bislang Länder-
sache, war damit zentralisiert. »Die Führung der gesamten poli-
tisch-polizeilichen Tätigkeit im Deutschen Reiche liegt in der
Hand des Reichsführers-SS Himmler«, beschrieb NS-Jurist Hans
Frank 1937 die Situation.

In seiner neuen Funktion konnte Himmler an Kabinettssitzungen teilnehmen, da ihm die Rechte eines Ministers zustanden.
Die Bemühungen des Reichsinnenministers Frick, die Polizei
weiter in seinem Geschäftsbereich zu halten, indem Himmler als
»Inspekteur der Polizei« dem Innenministerium unterstellt werden sollte, scheiterten.

Die Polizei war nun kein staatliches Organ mehr, sondern
Instrument der Führergewalt unter dem Befehl eines Mannes,

*»Mit einem deutschen Mädel...« Himmler mit Ehefrau Marga (1934).*

Himmler wirkte eigentlich schüchtern, nicht etwa selbstsicher, militärisch oder gar brutal. Er hatte eher das Auftreten eines scheuen, bürgerlichen Mannes gehabt.

*Traudl Junge, Hitlers Sekretärin*

Unser Vater hatte im Führerhauptquartier eine Geliebte, mit Genehmigung meiner Mutter. Auch Himmler hatte ein außereheliches Verhältnis, und diese Geliebte hat ihm zwei Kinder geboren. Mein Vater sorgte dafür, daß die Frau mit ihren Kindern einen Bauernhof in der Nähe des Königssees bekam und dort wohnen konnte.

*Martin Bormann, Bormanns Sohn und Hitlers Patenkind*

Himmler war klüger als sein Auftreten und seine Taten, und vielleicht infolgedessen war er so ausgesprochen untreu.

*Carl Jacob Burckhardt, 1938*

Er hatte nicht die Aura eines Massenmörders. Aber das ist wahrscheinlich gerade das, was die Massenmörder so erfolgreich macht.

*Traudl Junge, Hitlers Sekretärin*

*»Mehr sein als scheinen...«
SS-Chef
Himmler
(1936).*

Der undurchsichtigste unter den Gefolgsleuten Hitlers war der Reichsführer-SS Heinrich Himmler. Der unscheinbare Mann, mit allen Zeichen rassischer Inferiorität behaftet, trug äußerlich ein einfaches Wesen zur Schau. Er war bemüht, höflich zu sein. Seine Lebensweise war im Gegensatz zu der Görings fast spartanisch einfach zu nennen. Um so ausschweifender war aber seine Phantasie. Er lebte nicht auf diesem Planeten. Seine Rassenlehre war verfehlt und verleitete ihn zu schweren Verbrechen.

*Generaloberst Heinz Guderian*

Himmler war kein Mensch mit irgendwelchen einnehmenden und bestechenden Eigenschaften, darin unterschied er sich völlig von Hitler und Goebbels, die sich, falls es der Zweck gebot, durchaus liebenswürdig und charmant zeigten. Himmler dagegen benahm sich betont derb und gradaus, protzte mit Landsknechtmanieren und antibürgerlicher Gesinnung, obwohl er damit offensichtlich nur eine angeborene Unsicherheit und Linkischkeit überdecken wollte.

Doch das wäre zu ertragen gewesen. Was ihn aber auf jener Fahrt zu einem beinahe unerträglichen Gesellschafter machte, war das törichte und im Grunde gegenstandslose Geschwätz, mit dem er ununterbrochen auf mich eindrang.

*Albert Krebs, Gauleiter von Hamburg bis 1932*

der fortan als »Reichsheini« verspottet wurde. Laut geäußert werden durfte solcher Spott natürlich nicht, das konnte tödlich sein.

In seiner neuen Funktion setzte Himmler mit dem Erlaß vom 26. Juni 1936 eine grundlegende Neuorganisation der deutschen Polizei durch: Der Polizeigeneral Kurt Daluege wurde Chef der Ordnungspolizei, welcher die Gendarmerie, die Schutz- und die Gemeindepolizei unterstanden. SS-Gruppenführer Reinhard Heydrich übernahm als Chef der Sicherheitspolizei die politische Polizei und die Kriminalpolizei. Hinter dieser Zweiteilung der Polizeiorgane verbarg sich die Aufwertung der politischen Polizei zum selbständigen Zweig. Überdies wurde die Kriminalpolizei dem Einflußbereich der politischen Polizei integriert. Die Einrichtung der beiden Hauptämter Ordnungs- und Sicherheitspolizei machte zudem deutlich, daß die Polizei faktisch in die SS eingegliedert wurden, denn die Organisationsform »Hauptamt« war in der staatlichen Verwaltung unbekannt und entstammte der SS-Terminologie.

Wes Geistes Kind der neue Polizeichef war, zeigte sich eindrucksvoll in einer Rede am 11. Oktober 1936, ausgerechnet vor der Akademie für Deutsches Recht. Dort machte Himmler seine prinzipielle Abneigung gegen jedes staatliche Handeln auf der Grundlage von Recht und Gesetz deutlich. In Stammtischmanier schwadronierte er von der Hilflosigkeit der demokratisch kontrollierten Polizei, die vor allem darum besorgt sei, nicht in eine Falle zu gehen, wenn ein Verbrecher es darauf anlege, die Hüter des Gesetzes ins Unrecht zu setzen. Himmlers eigenes Rechtsverständnis: »Ob ein Paragraph unserem Handeln entgegensteht, ist mir völlig gleichgültig. Ich tue zur Erfüllung meiner Aufgaben grundsätzlich das, was ich nach meinem Gewissen in meiner Arbeit für Führer und Volk verantworten kann und was dem gesunden Menschenverstand entspricht. Ob die anderen Leute über die Brechung der Gesetze jammerten, war [...] gänzlich gleichgültig. In Wahrheit legten wir durch unsere Arbeit die Grundlagen zu einem neuen Recht, dem Lebensrecht des deutschen Volkes.«

Diese Einstellung machte Himmler zu Hitlers wirksamstem Helfer. War die SS für Hitler freilich bloßes Herrschaftsinstrument, so hatte Himmler ihr noch eine zweite Aufgabe zugedacht: Sie sollte die Keimzelle einer künftigen nordischen Herrenrasse werden.

Noch im Frühjahr 1933 war die SS eine Art »vornehmere SA«. Die vulgären Braunhemden waren in den Augen vieler Bürger nichts als Rüpel, die prügelnd durch die Straßen zogen. Wer aus Karrieregründen glaubte, nach der Machtergreifung einer der NS-Organisationen beitreten zu müssen, ohne sich allzusehr zu engagieren, drängte zur SS oder in deren »Förderorganisation«, die zahlende, aber ansonsten passive Mitglieder aufnahm. Obwohl Himmler daran interessiert war, die Schutzstaffel möglichst bald in schlagkräftige und damit notwendigerweise auch größere Einheiten aufzugliedern, wuchs die Mannschaftsstärke der SS nur langsam. Als viel wichtiger als die Steigerung der bloßen Zahl erachtete es Himmler, das »richtige Menschenmaterial« in der SS zu sammeln. In den Jahren von 1933 bis 1935 erhielten 60 000 Mann das SS-Mitgliedsbuch. Das war verglichen mit den 200 Mann des Jahres 1929 zwar ein enormer Anstieg. Doch mißt man ihn an den drei Millionen Mann, welche die Sturmabteilung Ende 1933 zählte, nahm sich ihre Stärke zunächst vergleichsweise bescheiden aus. Die Zurückhaltung Himmlers bei der Rekrutierung von SS-Männern hatte einen Grund: »Von 100 Bewerbern können wir im Durchschnitt 10 oder 15 brauchen, mehr nicht«, erklärte der Reichsführer. Die Zugangsmöglichkeit zur SS wurde restriktiv gehandhabt, weil Himmler sich in den Kopf gesetzt hatte, die SS zu einer rassischen Elite zu machen. »Ich habe keine Leute unter 1,70 Meter genommen«, formulierte er ein Einstellungskriterium, das er selbst gar nicht erfüllt hätte. Doch in seinen abstrusen Vorstellungen ging Himmler davon aus, daß ein rassisch wertvoller Mensch eine bestimmte Körpergröße haben müsse. Auch die Gesichtszüge mußten auf »arisches Blut« schließen lassen. Himmler ließ sich Lichtbilder der Aspiranten vorlegen, die er persönlich durchsah, ob sich nicht »die für unser deutsches Auge irgendwie komisch aussehenden Merkmale« fänden, wie er sie bei den »Soldatenratstypen« der Nachkriegsjahre festgestellt haben wollte. Breite Wangenknochen deuteten auf mongolisches oder zumindest slawisches Blut hin – dessen war sich Himmler sicher. Er selbst litt darunter, daß er mit »breiten Backenknochen und rundem Gesicht mehr an den ostischen Menschen« erinnerte, wie sein Masseur und Leibarzt Kersten notierte.

Der gelernte Agrartechniker übertrug sein Wissen um die Mendelsche Vererbungslehre auf den Menschen: »Wir gingen so wie der Saatzüchter, der eine alte gute Sorte, die vermischt und abgebrannt ist, wieder reinzüchten soll und zuerst über das Feld der sogenannten Staudenauslese geht, zunächst daran, rein äußerlich die Menschen abzusieben.« In besonderen Ehevorschriften versuchte Himmler, die Verbindung von Menschen mit »hochwertigem Erbgut« zu gewährleisten. Ein Fortpflanzungsbefehl erging am 28. Oktober 1939 an die gesamte SS. Die höchste Pflicht deutscher Frauen und Mädchen »guten Blutes« sei es, von den Soldaten Kinder zu empfangen, bevor diese in die Schlacht zögen. Besonders wichtig: Der Zeugungsakt sollte aus tiefer moralischer Verantwortung, nicht aus frivoler Leidenschaft heraus erfolgen. Himmler träumte vom großen blonden, blauäugigen Helden, und er wollte den germanischen Idealtypus erschaffen: einen rassestolzen, harten, konsequenten Herrenmenschen.

Solche fixen Züchtungsideen fanden ihren unmenschlichsten Niederschlag in der »Aktion Lebensborn«. Jeder Frau, so Himmler, sollte es möglich sein, Mutterglück zu erfahren, sofern sie »rassisch einwandfreies Blut« nachweisen könne. Die Ehe sei hierfür nicht notwendig. Ledigen Frauen stellte Himmler »Zeugungshelfer« zur Verfügung. Für die Nachkriegszeit spann der SS-Chef große Pläne: Gesetzliche Pflicht jeder Frau sollte es werden, dem Staat mindestens ein Kind zu schenken. Schon während des Krieges erging ein Befehl an die SS, daß jeder gesunde SS-Mann, ob verheiratet oder nicht, wenigstens ein Kind zeugen müsse – als Ausgleich für die Kriegsverluste, die gerade das »wertvolle SS-Blut« betrafen. Der katholisch erzogene Himmler hielt Monogamie für Sünde. Scheidungsverbot und Einehe seien unmoralische Vorschriften der Kirche, Kinderarmut und Untreue Folge kirchlicher Irrlehren. Demgegenüber schwärmte der SS-Zeugungswart für den Islam und seinen Propheten Mohammed: »Er verhieß jedem Krieger, der tapfer in der Schlacht kämpft und fällt, zwei schöne Frauen zur Belohnung. Diese Sprache versteht der Soldat. Wenn er glaubt, so im Jenseits empfangen zu werden, setzt er gern sein Leben ein, zieht mit Begeisterung in die Schlacht und fürchtet den Tod nicht.« Männer sollten mehrere Frauen haben dürfen, um viele Helden zeugen zu können. Die Aufhebung der Einehe hätte zudem einen weiteren Vorteil, wie Himmler seinem Arzt Kersten erläuterte: »Im Falle der Doppelehe wird die eine Frau für die andere der Ansporn sein, dem Idealbild in jeder Beziehung nahezukommen, die Haare auf den Zähnen und die Schwammigkeit werden

Seine Hoffnung war, spätestens nach dem Kriege seine ganze Truppe zu Vegetariern zu machen, alkohol- und nikotinfrei. Das war sein Zukunftsbild, und er glaubte, daß auf diesem Wege die deutsche Rasse am besten emporgezüchtet würde. Um später seine Truppe alkoholfrei zu halten, kaufte er auch in seinem wirtschaftlichen Unternehmen die ganzen Mineralwasserbrunnen. Diese Ideen Himmlers waren natürlich auch Grundlage für viele Truppenwitze.

*Ernst-Günther Schenck, Ernährungsbeauftragter der Wehrmacht und SS*

Ein fast kleiner Mann, in seinem Äußeren mit seinen breiten Backenknochen und rundem Gesicht mehr an den ostischen Menschen erinnernd, schaute mich lebhaft unter seinem Zwicker an. Er war kein sportlicher Typ, statt gelöst und federnd war er in sich verkrampft.

*Felix Kersten, Himmlers Arzt und Masseur, 1952*

»Wir sind der Kern der Herrenrasse...« SS-Chef Himmler (rechts) beim Training für das »Reichssportabzeichen« (1936).

verschwinden.« So würde der Abneigung des Mannes nach Jahren der Einehe Einhalt geboten, und es habe ein Ende mit der Kinderarmut. Was so umfassend weltanschaulich untermauert war, genehmigte sich Himmler selbstverständlich auch: Neben Ehefrau Margarete hielt er sich eine Geliebte, die ihm zwei Kinder gebar. Beide leben heute noch in Deutschland.

In Quedlinburg, der kleinen Stadt im Harz, ließ Himmler im Sommer 1936 den tausendjährigen Todestag des deutschen Königs Heinrich I. feiern und entwarf dabei die Vision von der SS als Garant deutscher Zukunft: »So sind wir angetreten und marschieren nach unabänderlichen Gesetzen als ein nationalsozialistischer, soldatischer Orden nordisch-bestimmter Männer und als eine geschworene Gemeinschaft ihrer Sippen den Weg in eine ferne Zukunft und wünschen und glauben, wir möchten nicht nur sein die Enkel, die es besser ausfochten, sondern darüber hinaus die Ahnen spätester, für das ewige Leben des deutschen germanischen Volkes notwendiger Geschlechter.«

Abmarsch in nordischen Nebel: So verschwommen blieben die Vorstellungen der NS-Ideologen immer, wenn sie vom irdischen Paradies redeten, das es zu schaffen gelte. Himmler war da keine Ausnahme. Auch seine Zukunftsvisionen blieben die Visionen einer mißverstandenen Vergangenheit. Zukunft hatte im Nationalsozialismus immer etwas Antimodernes und war Rückbesinnung auf geschnitzte Ahnen. Die zukünftigen Deutschen wären in diesem Sinne nichts anderes als Nibelungen auf Raketen.

Bei Himmler trieb die Rückbesinnung die skurrilsten Blüten. Manche ihrer Wurzeln reichten bis in seine Kindheit. Der junge Heinrich war im Umfeld einer alten Apotheke aufgewachsen, die ihn mit all ihren Pulvern und Kräutern, Pillen und Salben, Tiegeln und Töpfen fasziniert hatte. Von dieser Leidenschaft sollte er lebenslang nicht lassen. Später empfahl er Lauch und Mineralwasser als Frühstück für den SS-Mann und verordnete kriegsverpflichteten Frauen rohen Knoblauch, damit sie die Last der Arbeit möglichst lange würden tragen können. Die »Pellkartoffelfrage« beschäftigte ihn eingehend, persönlich drängte er darauf, daß diese »ganz klar geregelt werden« müsse. Als die SS später ein riesiges Wirtschaftsimperium aufbaute, waren dabei auch die Marotten des Reichsführers maßgebend. So deckte die SS 1944 75 Prozent des Mineralwasserbedarfs in Deutschland aus eigenen Quellen, darunter Apollinaris in Bad Neuenahr. Himmler hatte schon als Student Probleme mit dem Biertrinken und

»Ein Orden nordisch bestimmter Männer...« Heinrich Himmler an der Gruft des Königs Heinrich I. im Quedlinburger Dom (1938).

Sein Andenken zu ehren und an diesem heiligen Platz in stiller Besinnung uns vorzunehmen. Die menschlichen und Führertugenden ihm nachzuleben, mit denen er vor einem Jahrtausend unser Volk glücklich gemacht hat, uns immer wieder vorzunehmen und klarzumachen, daß wir ihn am besten dadurch ehren, daß wir den Mann ehren, der nach 1000 Jahren König Heinrichs menschliches und politisches Erbe in nie dagewesener Größe wieder aufnahm, unserem Führer Adolf Hitler für Deutschland, für Germanien, mit Gedanken, Wort und Tat, in alter Treue und im alten Geiste dienen.

*Himmler bei der Reichsfeier zum 1000. Todestag Heinrichs I., 1936*

So sind wir angetreten und marschieren nach unabänderlichen Gesetzen als ein soldatischer, nationalsozialistischer Orden nordisch bestimmter Männer und als verschworene Gemeinschaft. Wir gehen den Weg in eine ferne Zukunft und wünschen und glauben: Wir möchten nicht nur die Enkel sein, die es ausfochten, sondern darüber hinaus die Ahnen spätester, für das Leben des deutschen und germanischen Volkes notwendiger Geschlechter.

*Himmler, 1935*

hätte als Reichsführer-SS den Deutschen das Bier am liebsten ganz abgewöhnt. Statt dessen schwärmte er von Met, jenem »hochwertig biologischen Getränk« der alten Germanen.

Eines seiner Steckenpferde war die Homöopathie. Die Anwendung von Haferstrohbädern war ihm ebenso bekannt wie der Nutzen mittelalterlicher Kräuterkuren. Später ließ er sogar in den KZs Kräutergärten anlegen. Diese Angelegenheit war ihm so wichtig, daß der Arzt seiner Mutter, Dr. Fahrenkamp, die Aufsicht über den Kräutergarten im KZ Dachau führen mußte. Umgeben von Elend und Tod sollten Kräuter gedeihen und zu einem kleinen grünen Paradies inmitten einer dunklen Welt höllischer Qualen heranwachsen. Die Lehren des großen Paracelsus schätzte Himmler ebenso wie die Wasserkuren des Pfarrers Kneipp. Bei Unterkühlungstests, die der Stabsarzt der Luftwaffe, Dr. Sigmund Rascher, in Dachau unternahm, regte der SS-Chef an, die in eiskaltem Wasser halb erfrorenen Versuchspersonen mit »animalischer Wärme« wieder aufwärmen zu lassen. Hierzu wurden Rascher vier Frauen aus dem KZ Ravensburg überstellt. Als Ergebnis stellte Rascher fest, daß eine solche Wiedererwärmung stark abgekühlter Menschen nur zu empfehlen sei, wenn andere Erwärmungsmöglichkeiten fehlten. Rascher war bekannt für Versuche, die den Tod der Probanden zum Ziel hatten. Als sich einige wissenschaftliche Mitarbeiter Raschers weigerten, an diesen Versuchen mitzuwirken, schrieb Himmler einen wütenden Brief an Luftwaffengeneral Erhard Milch: »In diesen ›christlichen‹ Ärztekreisen steht man auf dem Standpunkt, daß selbstverständlich ein junger deutscher Flieger sein Leben riskieren darf, daß aber das Leben eines Verbrechers dafür zu heilig ist und man sich damit nicht beflecken will.« Menschlichkeit war nie ein Argument, nur Nützlichkeit.

Mögen wir heute über Himmlers altgermanische Symbole wie Runen und Jul-Leuchter lächeln oder über kultische Feierlichkeiten spotten, die er bei Fackelschein zelebrieren ließ. Wer Himmlers Marotten, wie etwa die Idee, aus dem westfälischen Dorf Wewelsburg ein »Zentrum der arischen Welt« zu machen, seltsam findet und all dies und manches andere als Belege für die Irrlichtereien eines verquasten Gehirns belächelt, der möge bedenken, daß es dem Ideologen mit solchen Symbolen gelang, in der SS ein Gemeinschaftsbewußtsein zu schaffen, das bisherige Bindungen ersetzte. »Wer auf die Hakenkreuzfahne schwört, hat nichts mehr, was ihm selbst gehört«, hieß eine Losung der SS.

166

Himmler gab den Mitgliedern seines Ordens ein Gefühl des Auserwähltseins. So geriet für viele die SS zu einer Art »Ersatzfamilie«.

Hitler selbst hatte an Himmlers Inszenierungen wenig Interesse, er blieb dem SS-Treiben von Quedlinburg fern. Über Himmlers Sektierertum, seine Quacksalbereien, die Geschichtsromantik und pseudogermanische Brauchtumspflege machte sich der »Führer« gern lustig. Schon in »*Mein Kampf*« hatte er sich gegen das »Pseudoprofessorentum des völkischen Okkultismus« ausgesprochen. Noch schärfer erteilte er den volkstümelnden Vorstellungen seines Paladins 1938 eine Absage – ohne den »getreuen Heinrich« allerdings beim Namen zu nennen: »An der Spitze unseres Programms steht nicht das geheimnisvolle Ahnen, sondern das klare Erkennen. Wehe, wenn aber durch das Einschleichen unklarer mystischer Elemente die Bewegung oder der Staat unklare Aufträge erteilt. Es ist schon eine Gefahr, irgendeinen Antrag für eine sogenannte Kultstätte zu stellen, weil sich schon daraus die Notwendigkeit für das spätere Ersinnen sogenannter kultischer Spiele und kultischer Handlungen ergibt. Unser Kult heißt ausschließlich: Pflege des Natürlichen.«

Doch Hitler akzeptierte Himmlers unglaubliche Effizienz. Trotz seiner irrationalen Neigungen war die Handlungsweise des Reichsführers-SS immer zweckgerichtet. Für Hitler waren nur Ergebnisse wichtig – und Himmler garantierte diese Ergebnisse. Dafür durfte er unbehelligt seinen Marotten nachgehen, seine Phantastereien ausleben, durfte mit seinen Männern alljährlich in der Krypta des Domes von Quedlinburg eine mystisch verklärte Feierstunde abhalten oder im Sachsenhain zu Verden, wo der von Himmler verachtete Karl der Große »4500 Sachsen hingemordet« hatte, zu Ehren der Gefallenen einen Hain errichten. Dort gedachte Himmler unter dem Klang germanischer Luren jedes Jahr zur Sonnenwende all der Ahnen, die sich nicht mehr wehren konnten.

Hinter den Kulissen hatte Himmlers Traumwelt freilich stets reale Züge. Die Wewelsburg, »Zentrum der arischen Welt«, funktionierte nur, weil ihr ein eigenes Konzentrationslager angeschlossen war. So vermischten sich Himmlers Organisationsmacht und seine rassebiologischen Visionen zu einem gefährlichen Gebräu.

Seine Macht gründete Himmler vor allem auf seine persönliche Beziehung zu Hitler, die unmittelbare Zuordnung zum

167

»Führer«. Daß er die dadurch entstandenen Möglichkeiten überhaupt nutzen konnte, verdankte er Reinhard Heydrich, dem Chef des Sicherheitsdienstes. Der intelligente und berechnende Heydrich war machtgierig genug, den unauffälligen Himmler zu benutzen, um zu einem geeigneten Zeitpunkt an dessen Stelle treten zu können. Heydrich hatte Himmler verdeutlicht, welche herausgehobene Stellung er als Reichsführer-SS innehatte; er war die treibende Kraft, welche die SS zur mächtigen Exekutivgewalt im »Dritten Reich« werden ließ. Heydrichs Einfluß war auch den Zeitgenossen bekannt: H. H. H. H. – Himmlers Hirn heißt Heydrich, lautete ein Flüsterwitz im »Dritten Reich«.

Daß Himmler in der SS-Organisation nie in die Rolle des Stellvertreters zurückfiel und Heydrich nicht als der eigentlich starke Mann in Erscheinung trat, hatte nur einen Grund: Heydrichs Tod nach einem Attentat durch tschechische Partisanen im Juni 1942. Nach dem Ausfall seiner kriminellen Energie blieb die SS-Organisation, was sie zum Zeitpunkt seines Todes war. Himmler selbst verstand es nicht, das zur Verfügung stehende Machtpotential vollends zu nutzen. Im Gegenteil: Er ließ sich in die alten Hierarchien einbinden, wurde als Reichsinnenminister Teil jener Organisationsstruktur, die er mit der SS zur Bedeutungslosigkeit degradiert hatte. Die Vorteile, die er als Reichsführer-SS gegenüber den niedrigen SS-Rängen besaß, nutzte er nicht. Daß Himmler etwa den SS-Mitgliedern Martin Bormann oder Joachim von Ribbentrop als vorgesetzter SS-Führer Befehle erteilt hätte, ist nicht bekannt.

Warum es Himmler gelingen konnte, mit dem Auf- und Ausbau der SS auch seinen persönlichen Aufstieg zu verbinden, dafür gibt die SS-Losung (»Deine Ehre heißt Treue«) einen durchaus richtigen Hinweis. »Treue« hieß tatsächlich absoluter Gehorsam und bedingungslose Gefolgschaft.

So wie Hitler eine Truppe brauchte, die politisch zuverlässig jede ihr gestellte Aufgabe anpackte und in seinem Sinne zu lösen versuchte, ohne lange nach Recht und Gesetz zu fragen, so benötigte er an der Spitze dieser Truppe eine völlig loyale Person, die keine Ambitionen zeigte, ihm die Führerrolle streitig zu machen. Anders als Röhm, der als Führer der SA durchaus eigene Ziele verfolgte, konnte Hitler sich auf Himmler, seinen »treuen Heinrich«, jahrelang verlassen.

Der Aufstieg Himmlers war also nicht von Zufälligkeiten begleitet, die zentrale Rolle der SS im »Dritten Reich« nur folgerichtig, wenn die Gedankenwelt Hitlers mit einbezogen wird. Dennoch gab es auch hier eine Sollbruchstelle: Himmler verstand die SS nicht nur als schlagkräftige und zuverlässige Truppe, sondern als elitäres Zentrum der NS-Ideologie. Die SS sollte mehr sein als ein Exekutivorgan der NS-Politik. Im Männerorden der SS sah Himmler die Grundlage des künftigen völkischen Einheitsstaats. Aus dieser doppelten Zielsetzung hätten sich Probleme ergeben können, denn es liegt im Wesen jedes Elitedenkens, daß diejenigen, die sich für etwas Besseres halten, bestrebt sind, die absolute Spitze zu bilden oder sich doch zumindest als gleichberechtigt neben der obersten Autorität zu betrachten. Der Elitegedanke birgt ein oligarchisches Prinzip, das auf Eigenständigkeit zielt und im Widerspruch zur absoluten Diktatur durch einen einzelnen steht, der zudem nicht Teil dieser Elite ist.

Daß diese Sprengkraft sich bis zum Untergang der Herrschaft Hitlers nicht in einem Putsch entlud, lag im Charakter Himmlers begründet. Ein Heydrich etwa hätte den Ehrgeiz besessen, mit dem Potential der SS eigene Ziele durchzusetzen. Himmler war anders geartet: Selbst als Reichsführer-SS und Chef der deutschen Polizei mit der Fülle aller anderen Ämter – vom Reichskommissar zur Festigung des deutschen Volksgutes bis hin zu den militärischen Ämtern in der Endphase des Zweiten Weltkriegs – blieb er doch, was er von Anfang an war: der ewige Stellvertreter, der zweite Mann, der nicht erster sein wollte. Deshalb blieb die SS das, was sie nach dem Willen Hitlers sein sollte: ein absolut zuverlässiges Werkzeug der Macht, das seine Alleinherrschaft sicherte, das als schlagkräftige Organisation seine Vorgaben umsetzte und sich dabei nicht um Prinzipien der Moral kümmerte. Die SS war das Herrschaftsinstrument in Hitlers Maßnahmenstaat, das nur eine Norm kannte: den Willen des »Führers«. Und Himmler war der richtige Mann, um dieses Organ aufzubauen. Lutz Graf Schwerin von Krosigk, Hitlers Finanzminister, nannte Himmlers Erfolgsgeheimnis: »Hitler konnte seine politische Müllabfuhr keinem geeigneteren Mann übertragen als dem, der eine Organisation des Schreckens pedantisch aufzog und weder Gnade noch Reue kannte.«

Wenn sich mit dem Namen Heinrich Himmlers das dunkelste Kapitel der deutschen Geschichte verbindet, dann nicht deshalb, weil er als »Ideologe« ein abstruses Gedankengebäude errichtete oder als »Machttechniker« eine neue Organisation aufbaute. Auch der Spitzelapparat Himmlers, den die Chefs von Polizei und SD, der Himmlervertraute Reinhard Heydrich und sein Nachfolger Ernst Kaltenbrunner aufbauten, war nichts Singuläres – er hat, nicht minder effektiv, auf deutschem Boden wie auch in anderen Staaten eine Fülle von Vorgängern und Nachfolgern gefunden. Schon gar nicht darf man sich auf die militärischen Leistungen beschränken, welche von der SS erbracht worden sind. Wenn in manchen Augen die SS noch heute eine draufgängerische Aura umgibt, so hat dies mit der Waffen-SS zu tun. Sie war neben den »Totenkopfverbänden«, welche die KZs bewachten, und der »Allgemeinen SS« ein Teil der Schutzstaffel. Die Waffen-SS, die aus der »Verfügungstruppe« hervorging, wurde neben der Reichswehr zu einer zweiten Armee.

Doch es waren andere Teile der SS, die unter Himmlers Oberkommando einen rassisch begründeten Vernichtungskampf führten. Ihnen ging es nicht darum, eine andere Armee militärisch zu besiegen, sondern darum, ganze Völkerschaften auszurotten. Heinrich Himmler schuf die Organisation, die gebraucht wurde, um diese Aufgabe mit tödlicher Wirksamkeit zu erfüllen.

Die Feinde »der Gesundung des Volkes« waren seit langem gefunden. »Sie mögen sich weiter nicht im Zweifel darüber sein«, sagte Himmler in einer Rede 1935, »daß wir mit den ältesten Gegnern, die unser Volk seit Jahrtausenden hat, mit Juden, Freimaurern und Jesuiten, im Kampf liegen.« Schon bald erweiterte er seine Gegnerschaft um alles, was er für »undeutsch« hielt. Dazu gehörten völkische Gruppen wie »slawische Untermenschen« oder »Zigeuner«, Andersdenkende wie »Kommunisten und Bolschewisten«, Kranke, Christen, Asoziale, Homosexuelle und andere. Die Theorie vom »Untermenschen« gab Himmler die Legitimation für die Ausrottung aller Menschen, die Hitlers Plänen im Wege standen. Der Krieg gegen Rußland, der »Krieg im Krieg«, schuf die notwendigen Voraussetzungen, um mit dem eigentlichen Vernichtungsfeldzug zu beginnen.

Um ihn zu führen, konnte Hitler nicht die deutschen Soldaten und Offiziere einsetzen, dafür brauchte er außerstaatliche Organisationen. Zwar war auch die Wehrmacht an Kriegsverbrechen beteiligt, der Rock des deutschen Soldaten blieb nicht immer so unbefleckt, wie es mancher Kriegsteilnehmer nachträglich darstellte. Doch die eigentlichen Mordaktionen verübten neue, speziell für diesen Zweck geschaffene Einheiten.

Aus Sicherheitspolizei und SD ließ Himmler Einsatzgruppen bilden, die im Rücken der Front »Sonderaufgaben« übernehmen sollten. SD-Chef Heydrich, auch hier ein unermüdlicher Organisator, erläuterte den Führern dieser zunächst 3000 Mann starken Gruppe im Mai 1941 die Zielsetzung: »Ausschaltung aller Juden, aller Asiatisch-Minderwertigen, aller kommunistischen Funktionäre und Zigeuner.« Die Leiter der Einsatzgruppen führten ihre »Sonderaufgaben« mit menschenverachtender Präzision durch. Otto Ohlendorf, einer von vier Gruppenkommandeuren, gab die Zahl der von seiner Einsatzgruppe durchgeführten Erschießungen bis zum Jahresende 1941 mit rund 90 000 an. Dabei hielten Hitlers Helfer akribisch den Völkermord fest, ordentlich notierten sie die Daten der Exekutionen und Anzahl ihrer Opfer. Die Buchhaltermentalität Heinrich Himmlers setzte sich durch. Eines der größten Probleme schien dabei zu sein, bei Massenerschießungen wie im ukrainischen Babi Yar die große Zahl der Opfer zu bewältigen.

Wie wurden die Täter mit solchen Schlächtereien fertig? Himmlers Antwort auf diese Frage offenbarte die Vision vom sauberen Mörder: »Ich will hier vor Ihnen in aller Offenheit auch ein ganz schweres Kapitel erwähnen«, sagte er in einer Rede vor SS-Gruppenführern in Posen, die einem den Atem stocken läßt. »Unter uns soll es einmal ganz offen ausgesprochen sein. Ich meine jetzt die Judenevakuierung, die Ausrottung des jüdischen Volkes. Es gehört zu den Dingen, die man leicht ausspricht. – ›Das jüdische Volk wird ausgerottet‹, sagt ein jeder Parteigenosse. Machen wir. Ganz klar. Steht in unserem Parteiprogramm. Und dann kommen sie alle, die braven 80 Millionen Deutschen, und jeder hat seinen anständigen Juden. Von allen, die so reden, hat keiner zugesehen, keiner hat es durchgestanden. Von euch werden die meisten wissen, was es heißt, wenn 100 Leichen beisammen liegen, wenn 500 daliegen oder wenn 1000 daliegen. Dies durchgehalten zu haben, und dabei – abgesehen von Ausnahmen menschlicher Schwächen – anständig geblieben zu sein, das hat uns hart gemacht.«

Anständig bleiben? Mit der Zerstörung menschlichen Lebens ging die Aufhebung aller Moralvorstellungen einher. »Es gibt Fälle«, sagte Himmler, »in denen die bürgerlichen Wertungen versagten und ein Einzelner einmal Richter und Vollstrecker sein« müsse, »nicht weil er blutrünstig und grausam« sei, sondern weil es die »Ehre der höheren Gemeinschaft« fordere, um der

*»Der Führer gab mir den Befehl...« SS-Chef Himmler mit seinen Mitarbeitern (von links) Franz-Josef Huber (Gestapo), Arthur Nebe (Kripo), Reinhard Heydrich (SD), Heinrich Müller (Gestapo) (1939).*

Himmler war dem Schein nach, wie oft gesagt wurde, ein so unbedeutender kleiner Pedant. In Wirklichkeit war er jedoch alles andere als »klein«, und er hatte bemerkenswerte Fähigkeiten: die Fähigkeit, zuzuhören, die Fähigkeit, lange nachzudenken, bevor er Entscheidungen traf, das Geschick, Leute für seinen Stab auszuwählen, die sich insgesamt als sehr effizient herausstellten. Sie sehen, das spricht letztlich nicht für eine unbedeutende Persönlichkeit. Er hatte natürlich auch diese andere Seite, die ihn in den Augen geistig anspruchsvollerer Leute grotesk erscheinen ließ.

*Speer, 1979*

Gestern die Nachricht, daß Himmler das Ministerium des Innern erhalten hat. Der Radikalste also, der berüchtigste Bluthund der Partei, der Polizeiführer, der Göringgegner, der Exponent der eigentlichen Blutrichtung! Wie muß es in Deutschland aussehen, wenn man den Henker zum Minister des Inneren macht!

*Victor Klemperer, jüdischer Romanist, 1943*

Hitler und Göring und vielen anderen haben die Leute zugejubelt, aber ich habe nie ein Bild gesehen oder miterlebt, daß man Himmler zugejubelt hat.

*Ernst-Günther Schenck, Ernährungsbeauftragter der Wehrmacht und SS*

Wir haben nur eine Aufgabe, zu stehen und diesen Rassenkampf erbarmungslos zu führen. Man mag uns in der Welt nennen, wie man uns nennen will, die Hauptsache ist, daß wir des germanischen Volkes und des Führers ewig treue, gehorsame, standfeste und niemals besiegbare Truppe sind, die Schutzstaffel des germanischen Reichs.

Himmler, 1943

*»Der Mann für die politische Müllabfuhr...« Himmler mit Streicher und Ley.*

Mein Vater war sehr unpolitisch, dadurch war er auch ungefährlich. Aber Menschen wie Heydrich und Kaltenbrunner fürchteten alles um sich herum. Kaltenbrunner ging sogar soweit, einen Anschlag auf ihn zu verüben: Es wurde eine Wegsperre errichtet, und mein Vater und sein Chauffeur sollten erschossen werden. Ein SS-Mann riet meinem Vater, einen anderen Weg zu nehmen, so kam er pünktlich nach Berlin zu Himmler an jenem Tag. Himmler knöpfte sich später Kaltenbrunner vor und sagte zu ihm: »Wenn Kersten etwas passiert, sind Sie innerhalb von vierundzwanzig Stunden selbst tot.«

*Andreas Kersten, Sohn von Himmlers Arzt und Masseur*

»Erhaltung der Seele und des Lebens des Volkes« willen. Himmler entwickelte für seine SS eine eigene Moral: »Der Führer hat immer recht« lautete die erste Maxime. »Der Zweck heiligt die Mittel« die zweite.

Auf keinen Fall wollte Himmler eine Truppe, die aus sadistischen Motiven oder anderen Beweggründen heraus mordete. Vielmehr versuchte er, das Grauen der Massenausrottung als große säkulare Aufgabe darzustellen, die erfüllt werden mußte. »Es ist der Fluch des Großen, daß er über Leichen schreiten muß«, sagte Himmler, nachdem er sich bei Minsk, im Bereich der Einsatzgruppe Nebe, die Exekution von 200 Juden vorführen ließ und schon bei der ersten Salve einen Schwächeschock erlitt, weil es dem Kommando nicht gelang, zwei Frauen sofort zu töten. Seine doppelte Moral führte so weit, daß er seinen Männern zwar das Recht (und sogar die Pflicht) zum Massenmord zubilligte, Diebstahl von konfisziertem Judenvermögen jedoch scharf verurteilte: »Wir hatten das moralische Recht, wir hatten die Pflicht gegenüber unserem Volk, dieses Volk, das uns umbringen wollte, umzubringen. Wir haben aber nicht das Recht, uns auch nur mit einem Pelz, einer Uhr, mit einer Mark oder mit einer Zigarette oder sonst etwas zu bereichern.« Himmler fürchtete um die Reinheit seines Ideals und drohte mit drakonischen Strafen: »Ich werde niemals zusehen, daß hier auch nur eine kleine Fäulnisstelle entsteht. Wo sie sich bilden sollte, werden wir sie gemeinsam ausbrennen. Insgesamt aber können wir sagen, daß wir [. . .] keinen Schaden in unserem Innern, in unserer Seele, in unserem Charakter daran genommen haben.«

Um dies zu erreichen, mußte das bedauernswerte Opfer zuvor umfassend denunziert, mußte ihm das Menschsein abgesprochen werden. »Jene biologisch scheinbar völlig gleichgeartete Naturschöpfung mit Händen, Füßen und einer Art Gehirn, mit Augen und Mund, ist doch eine ganz andere, eine furchtbare Kreatur, ist nur ein Wurf zum Menschen hin, mit menschenähnlichen Gesichtszügen – geistig, seelisch jedoch tiefer stehend als jedes Tier. Im Innern seines Wesens ein grausames Chaos wilder, hemmungsloser Leidenschaften: namenloser Zerstörungswille, primitivste Begierde, unverhüllteste Gemeinheit. Untermensch – sonst nichts!« erklärte der Reichsführer 1942. Gegenüber einem solchen Wesen bedurfte es keiner Nachsicht – das war die von Himmler gebetsmühlenartig wiederholte Botschaft. Hier liegt die Antwort auf die Frage, warum ein Mensch, der sich bei

174

der Pirsch weigerte, »auf arme Tiere zu schießen, die so unschuldig, wehrlos und ahnungslos am Waldrand äsen«, ohne Skrupel Menschen massakrieren lassen konnte. Weil es für ihn drei Kategorien Lebewesen gab – Menschen, Tiere, Untermenschen. Zugleich räsonierte Himmler, wie man den deutschen Kindern nach dem Krieg systematisch »Tierliebe einimpfen« müßte, und daß den Tierschutzvereinen Polizeibefugnisse zu erteilen seien.

Für Himmler war Humanität nur Zeichen einer »überfeinerten zivilisierten Dekadenz«. Die ethischen Werte, die seine Truppe zusammenschweißen sollten, waren andere: Treue, Ehrlichkeit, Gehorsam, Härte, Anständigkeit, Armut und Tapferkeit. Doch die Zielgruppe der Ethik war begrenzt: »Ein Grundsatz muß für den SS-Mann absolut gelten: Ehrlich, anständig, treu und kameradschaftlich haben wir zu Angehörigen unseres eigenen Blutes zu sein und zu sonst niemandem.«

Das Opfer als Mensch zu desavouieren, die Tat für notwendig zu erklären und die Handlungen mechanisch durchzuführen – läßt sich so die Janusköpfigkeit Himmlers und seiner Mordgesellen erklären? Kann es überhaupt eine rationale Erklärung für das irrationale Tun eines Mannes geben, der den Geschenkkorb für ein Dienstmädchen aus seinem Elternhaus persönlich packt – und zugleich die Erschießung weiterer Juden befiehlt?

In den Aufzeichnungen des Lagerkommandanten von Auschwitz, Rudolf Höß, erscheint Himmler als kühler Planer und Vollstrecker des Völkermords. Auch wenn Höß versucht hat, etwas von seiner eigenen Schuld auf den Dienstherrn abzuwälzen, so sind seine Anschuldigungen nicht aus der Luft gegriffen. Im Sommer 1941, so Höß, habe Himmler ihn nach Berlin kommen lassen und ihm erklärt: »Der Führer hat die Endlösung der Judenfrage befohlen. Wir, die SS, haben diesen Befehl durchzuführen. Die bestehenden Vernichtungsstellen im Osten sind nicht in der Lage, die beabsichtigten großen Aktionen durchzuführen. Ich habe daher Auschwitz dafür bestimmt.« Von Himmler zu größter Geheimhaltung vergattert, sollte Höß mit Adolf Eichmann, dem Leiter des Judenreferats im Amt V des Reichssicherheitshauptamts, den Völkermord organisieren. Der eine, Eichmann, plante mit großer Perfektion den Transport, der andere, Höß, mit nicht geringerem Eifer die Vernichtung der Opfer. Beide gingen ihre Aufgabe mit ebenso großer Skrupellosigkeit wie Teilnahmslosigkeit an. Sie organisierten den Mord an Menschen, als ginge es nur um die Vernichtung von Sachen.

Mit Auschwitz kam ein gänzlich neuer Typus des Konzentrationslagers auf. »Der Krieg hat eine sichtbare Strukturänderung gebracht und ihre Aufgabe hinsichtlich des Häftlingseinsatzes grundlegend geändert«, schrieb Oswald Pohl, Leiter der SS-Wirtschaftsunternehmen, am 30. April 1942 an Himmler. »Die Verwahrung von Häftlingen nur aus Sicherheits-, erzieherischen und vorbeugenden Gründen allein steht nicht mehr im Vordergrund. Die Mobilisierung aller Häftlingsarbeitskräfte zunächst für Kriegsaufgaben schiebt sich immer mehr in den Vordergrund.« Was Pohl euphemistisch mit »Erziehungsaufgaben« umschreibt, spottet der tatsächlichen Funktion, welche die Konzentrationslager schon in den ersten Jahren des »Dritten Reiches« ausübten. Die Lager, die ursprünglich zum Zuständigkeitsbereich der SA gehörten, waren Speerspitzen des Unterdrückungsapparats. Politisch Andersdenkende – von Kommunisten und Sozialdemokraten über Geistliche, Juden und Freimaurer bis hin zu Homosexuellen und »Asozialen« – wurden darin »konzentriert«. Theodor Eicke, von Himmler zum »Inspekteur der Konzentrationslager und Führer der SS-Wachverbände« ernannt, besorgte von 1934 an die Vereinheitlichung der KZ-Organisation. Wie in Dachau, das Eicke als Kommandant geleitet hatte, führte er nun allgemeine Wach- und Strafvorschriften ein, Struktur und Aufbau der Lager wurden angeglichen. Als Wachmannschaften fungierten rund 4000 SS-Männer, die in den »Totenkopfverbänden« organisiert waren. In der Öffentlichkeit definierte Heinrich Himmler als Aufgabe der Lager: »Harte, neue Werte, schaffende Arbeit, eine strenge gerechte Behandlung. Die Anleitung, Arbeit wieder zu erlernen und Fähigkeiten handwerklicher Art zu gewinnen, sind die Methoden der Erziehung. Die Devise, die über diesen Lagern steht, lautet: Es gibt einen Weg in die Freiheit. Seine Meilensteine heißen Gehorsam, Fleiß, Ehrlichkeit, Ordnung, Sauberkeit, Nüchternheit, Wahrhaftigkeit, Opfersinn und Liebe zum Vaterland.« Im Gegensatz zu diesem idyllischen Bild sah die Wirklichkeit der Lager anders aus. Für viele Häftlinge gab es nur einen Weg heraus: als Asche, die den Hinterbliebenen zugestellt wurde.

Den Augen der Öffentlichkeit entzogen, wurden die Gefangenen für grausame medizinische Versuche mißbraucht. Kein Berufsstand ist im »Dritten Reich« so tief gefallen wie die SS-Ärzteschaft. Obwohl durch den Eid des Hippokrates verpflichtet, den Menschen überall und mit allen Mitteln zu helfen, nutzten sie die Möglichkeit, im rechtsfreien Raum des KZs wehrlose Menschen für »Forschungszwecke« zu quälen. Bevorzugte Opfer waren Kinder. Im »Dienste der Wissenschaft« wurden ihnen tödliche Seuchenerreger injiziert, um die Wirksamkeit von Gegenmitteln zu testen. Vivisektionen, Unterdruck- und Unterkühlungsversuche, Sterilisation durch Bestrahlung, Sulfonamide zur Wundbrandbekämpfung, »terminale Experimente«, also Untersuchungsmethoden, die von vornherein auf den Tod des Häftlings ausgelegt waren – die Liste des Schreckens ist lang.

An den Rampen von Auschwitz und anderen Lagern wurde »ausgesondert«. Wer zur »Sonderbehandlung« vorgesehen war, mußte sofort in eine der Vergasungsanlagen, in denen die Nazischergen ihre Opfer mit dem hochgiftigen Zyklon B in weniger als 15 Minuten töteten. Wer als arbeitsfähig galt, mußte länger leiden. Die Häftlinge wurden als billige Arbeitskräfte mißbraucht, um die Rüstungsproduktion zu steigern. »Arbeit macht frei« – das zynische Motto stand über dem Tor manches Konzentrationslagers. Vernichtung durch Arbeit – das war die Praxis.

Gab es zu Kriegsbeginn auf dem Reichsgebiet in sechs großen Konzentrationslagern rund 21 000 Häftlinge, so stieg ihre Zahl in der darauffolgenden Zeit stark an. 1940 waren bereits 800 000 Menschen hinter Stacheldraht verschwunden. Doch das Grauen nahm noch zu und erreichte eine völlig neue Qualität. Zu den Konzentrationslagern kamen Vernichtungslager, in denen nur ein Ziel verfolgt wurde: die Tötung möglichst vieler Opfer mit möglichst geringem Aufwand. Schlachthöfe für Menschen: Auschwitz, Sobibor, Chelmno, Majdanek, Treblinka, Belzec. Sie lagen nicht auf Reichsgebiet, sondern auf dem Territorium des »Generalgouvernements«. Die Deutschen sollten nichts von alledem mitbekommen.

1942 kam Himmler nach Auschwitz, wohnte der Selektion der Opfer bei und sah der Vergasung durch ein Guckloch in der Tür der Gaskammer zu. Er kommentierte den ganzen Vorgang mit keinem Wort. Höß verstand das richtig: Der Reichsführer war zufrieden. Himmler inspizierte auch das gesamte Lager, wobei Höß ihn auf die Überbelegung, die dadurch drohende Seuchengefahr auch für SS-Wachleute und auf die geringe Arbeitsleistung der Häftlinge durch Hunger hinwies. Laut Höß sah Himmler das ganze Elend, ließ sich jedoch dadurch nicht aus der Ruhe bringen. »Ich will von Schwierigkeiten nichts mehr hören!« fuhr er Höß an. »Für einen SS-Führer gibt es keine Schwierigkeiten, seine Aufgabe ist stets, auftretende Schwierigkeiten sofort selbst zu beseitigen! Über das Wie zerbrechen Sie sich den Kopf, nicht ich!«

Wie konnte ein Vernichtungswerk solchen Ausmaßes ungestört über die Bühne gehen? Das »Dritte Reich« war ein Reich der Geheimnisse und Himmler ein Virtuose der Geheimniskrämerei. Göring behauptete 1945, daß er keinen Einblick gehabt habe in die Angelegenheiten der SS: »Kein Außenstehender wußte irgend etwas über Himmlers Organisation.« Gewiß nicht über Einzelheiten, aber kann der Völkermord geheim bleiben? Sicher nicht. Selbst Lagerkommandant Höß gab zu bedenken: »Schon bei den ersten Verbrennungen im Freien zeigte es sich, daß dies auf Dauer nicht durchzuführen sei. Bei schlechtem Wetter oder starkem Wind trieb der Verbrennungsgeruch viele Kilometer weit und führte dazu, daß die ganze umwohnende Bevölkerung von den Juden-Verbrennungen sprach, trotz der Gegenpropaganda von seiten der Partei. Es waren zwar alle an der Vernichtungsaktion beteiligten SS-Angehörigen besonders streng verpflichtet, über die gesamten Vorgänge zu schweigen, doch auch erhebliche Strafen konnten die Schwatzhaftigkeit nicht verhindern.« Der Judenmord war zwar geheime Reichssache, doch es gab genügend Menschen, die genügend wußten, um genau zu wissen, daß sie nicht mehr wissen wollten.

Was ist zunächst mit denen, die selbst Hand anlegten? Die Täter beriefen sich meist auf Befehlsnotstand. Die Verantwortlichkeit wurde nach oben weitergereicht. Hinter jedem Mörder stand einer, der den Mord befohlen hatte. Auf den obersten Befehlshaber, Hitler, wollte man alle Schuld abladen und gemeinsam mit ihm versenken.

Doch so einfach ist es nicht. Hitler selbst hat, wie auch Himmler, persönlich keinen Mord begangen. Himmler erklärte seinem Umfeld, er habe von Hitler den Befehl bekommen, die Judenfrage durch Mord zu lösen. Einen Beweis in Form eines schriftlichen Dokuments gibt es nicht. Schon im September 1942, so berichtet Masseur Felix Kersten, habe Himmler ihm erklärt: »Ich wollte ja die Juden gar nicht vernichten, ich hatte ganz andere Ideen. Dieser Goebbels hat das Ganze auf dem Gewissen.« Abgesehen davon, daß es eine Fülle anderer Äußerungen Himmlers gibt, bleibt festzuhalten, daß der Reichsführer-SS die Befehle zur Judenvernichtung weitergegeben hat. Wer kann sich auf Befehlsnotstand berufen? Himmler war nach Hitler der

178

Als ich Hitler das letzte Mal sprach, in der Nacht vom 29. zum 30. April 1945, hielt er mir auch eine Rede über die Enttäuschungen seines Lebens. Er sprach davon, daß er vor allem in seinen letzten Tagen die furchtbare Enttäuschung erleben mußte, daß ihn seine Mitarbeiter verlassen haben. Als furchtbarste Enttäuschung bezeichnete er den Verrat Himmlers an ihm.

*»Der Führer hat immer recht...« Himmler mit Hitler und Göring.*

*Arthur Axmann, Reichsjugendführer*

Ich habe ein einziges Mal erlebt, daß Hitler bei Tisch das Gespräch auf Himmler und Konzentrationslager gebracht hat. Dabei entstand der Eindruck, es seien Arbeitslager. Hitler erwähnte, daß Himmler da ein ganz raffiniertes System anwendete. Er hätte z. B. einen notorischen Brandstifter mit der Verantwortung für die Brandwache beauftragt. Himmler hat dann gesagt, »da können Sie sicher sein, mein Führer, da wird kein Brand ausbrechen«. Man hatte das Gefühl, es handelte sich um wohlorganisierte, psychologisch geschickt geführte Arbeitslager. Bei Hitler schwang Achtung und Bewunderung für Himmlers organisatorische Talente mit.

*Traudl Junge, Hitlers Sekretärin*

mächtigste Mann im »Dritten Reich«. Wenn einer die Möglichkeit gehabt hätte, die Befehle des »Führers« zu boykottieren, dann der Mann an der Spitze der SS. Der aber sah sich gerade hier als Werkzeug eines »Gottmenschen«: »Er entstand uns aus der tiefsten Not«, sagte Himmler einmal zu seinem Leibarzt Kersten, »als es mit dem deutschen Volk nicht mehr weiterging, er gehört zu den großen Lichtgestalten, die dem Germanentum immer dann entstehen, wenn es in tiefste körperliche, geistige und seelische Not gelangt. Goethe war eine solche Gestalt auf dem Geistesgebiet, Bismarck auf dem politischen Sektor. Der Führer ist es auf allen Gebieten, dem politischen, kulturellen und militärischen.« Himmler sah Hitler nicht nur in einer Reihe mit Goethe und Bismarck, sondern als Erlöser der Nation. Denn für Himmler war der Mann aus Braunau vor allem eines: der Messias. Seine späteren Versuche, angesichts der drohenden Niederlage alle Schuld auf Hitler allein zu laden, um sich damit reinzuwaschen, sind vor diesem Hintergrund nicht glaubwürdig.

Gab es Befehlsnotstand auf unterer Ebene? Etwa für Höß und Eichmann, zwei der zentralen Organisatoren des Massenmords? Für den SS-Mann, der im KZ Wache schob? Für den Arzt, der an der Rampe selektierte und gottgleich zum Herrn über Leben und Tod wurde? Sie alle beriefen sich auf Befehlsnotstand. Doch wie viele Fälle sind bekannt, in denen die Weigerung eines entsprechenden Befehls zu Konsequenzen für den Betroffenen führte?

Sicher ist zumindest, daß es keinen Zwang gab, über die befohlenen Tötungen hinaus weitere Grausamkeiten zu begehen. Himmler selbst machte sich Sorgen um die Moral der Truppe, die angesichts der von ihr zu begehenden Taten verrohen könnte. Deshalb forderte er mehrfach, daß SS-Männer »anständig« bleiben müßten. Gewaltexzesse waren häufig in der Person des Ausübenden begründet. Sie nachträglich als »Befehlsnotstand« zu rechtfertigen, widerspricht der historischen Wahrheit. Wer seinen Dienst in den Einsatzgruppen oder den »Totenkopfverbänden« versah, war dazu nicht gezwungen worden. Konnte er sich nach diesem freiwilligen Entschluß die Dienstvorschriften und damit die Ausführung eines Tötungsbefehls verweigern? Es gab durchaus Möglichkeiten, sich derartigen Befehlen zu entziehen, Möglichkeiten, die ohne besonderes Risiko waren. Wer erklärte, den Anforderungen nicht gewachsen zu sein oder sich ohne ausdrückliche Begründungen stillschweigend entzog, mußte nicht mit persönlichen Folgen für Leib und Leben rechnen. Es war nicht unmöglich, sich aus der Tötungsmaschinerie der Nazis herauszulösen. Leicht fiel dies allerdings nicht, einfacher ist es heute, sich nachträglich auf Befehlsnotstand zu berufen. Doch so leicht es ist, es wäre falsch. Diese Entschuldigung steht keinem Täter zur Verfügung. Von Himmler über Heydrich und Höß bis zum letzten SS-Mann und KZ-Arzt – ohne ihre Tatkraft und ihren Einsatz wäre die wahnsinnige Ausrottungspolitik der Nationalsozialisten gar nicht erst möglich geworden. Hitler hatte viele Helfer.

Warum haben diejenigen, die nicht unter die Knute des Systems gezwungen wurden, nichts dagegen unternommen? Die Alliierten erfuhren sehr früh von dem beginnenden Völkermord. Warum wurde Auschwitz von ihnen nicht bombardiert und die Vernichtungsmaschinerie ebenso zerstört, wie sie es mit der Dresdner Frauenkirche getan haben? Wie will man einem Deutschen, der beim lebensgefährlichen Abhören der sogenannten Feindsender von der Massenvernichtung erfuhr, vorwerfen, daß er nichts gegen sie unternahm? Können wir heute den Heldenmut einfordern, den es damals bedurft hätte, um, bedroht von KZ-Haft, gegen Auschwitz, Sobibor und Majdanek zu protestieren?

Wer immer sich heute aufs hohe moralische Roß setzt und die Menschen verurteilt, die das Töten nicht verhindert haben, mag sich selbst eine andere Frage stellen: Wie weit steht es mit der Zivilcourage heute? Wie lange etwa durfte Pol Pot in Kambodscha oder Idi Amin in Uganda morden, bis die zivilisierte Welt einschritt? Wie lange hat die Gemeinschaft der Völker zugesehen, als sich Hutus und Tutsis in Ruanda gegenseitig hinmetzelten? Was unterscheidet das Massaker an unschuldigen Moslems in Srebrenica von der Ermordung unschuldiger Juden in Babi Yar? Dagegen aufzustehen, erfordert *heute* keinen Heldenmut.

Am Ende wurde der Vollstrecker zum Verräter. Himmler kannte den Berliner Rechtsanwalt Dr. Carl Langbehn und den ehemaligen preußischen Finanzminister Dr. Johannes Popitz, die beide zum Kreis derer gehörten, die einen Putsch gegen Hitler planten. Beide haben Himmler sicher nicht in die Pläne der Attentäter des 20. Juli 1944 eingeweiht, soweit sie ihnen überhaupt bekannt waren. Unstrittig ist jedoch, daß Langbehn mit SS-General Karl Wolff, einem Himmlervertrauten und dessen Stabschef, schon lange vor dem 20. Juli über die Möglichkeiten sprach, eine andere Politik gegenüber dem Westen zu betrei-

*»Das hat uns hart gemacht...« Himmler zu Besuch in Auschwitz (1942).*

Das Konzentrationslager ist sicherlich – wie jeder Freiheitsentzug – eine scharfe und strenge Maßnahme. Harte, neue Werte schaffende Arbeit, ein geregelter Lebenslauf und eine unerhörte Sauberkeit im Wohnen und in der Körperpflege, ein tadelloses Essen, eine strenge, aber gerechte Behandlung. Die Devise, die über diesen Lagern steht, lautet: Es gibt einen Weg in die Freiheit! Seine Meilensteine lauten: Gehorsam, Fleiß, Ehrlichkeit, Ordnung, Sauberkeit, Nüchternheit, Wahrhaftigkeit, Opfersinn und Liebe zum Vaterland.

*Himmler*

Himmler hatte eine gewisse nüchterne Fähigkeit, Sachen abzuwägen. Er war völlig ohne Hemmungen, ohne Skrupel. Aber mein Vater brachte es durch Gespräche mit Himmler fertig, den einen oder anderen aus dem KZ herauszukriegen, zum Beispiel einen Sozialisten, der in Oranienburg saß. Mein Vater ging also zu Himmler und sagte: »Für den Mann setzen sich jetzt die englischen Quäker ein. Da ist eine sehr aktive Dame herübergekommen, und die setzt sich für den Mann ein. Wenn der freigelassen würde, wäre es publizistisch im Ausland für uns ein großes Plus, wenn nicht, wäre es ein ebenso schmerzliches Minus.« Himmler hörte sich das an und sagte: »Ja gut, das sehe ich ein.« Und so kam der Mann frei, und es wurde ihm sogar ermöglicht, ins Ausland zu gehen: Der Mann hieß Ernst Reuter und wurde nach dem Krieg Regierender Bürgermeister von Berlin.

*Egon Hanfstaengl, Sohn von Hitlers Pressechef*

*»Keine Kameraden...« Himmler besucht ein Lager mit russischen Kriegsgefangenen im Rücken der Ostfront (1941).*

Wir werden niemals roh sein oder herzlos, wo es nicht sein muß. Wir Deutschen, die wir als einzige auf der Welt zum Tier eine anständige Einstellung haben, werden zu diesen Menschentieren auch eine anständige Einstellung haben.

*Himmler*

Frau Potthast, Himmlers Geliebte, sagte, sie wolle uns etwas Interessantes zeigen, eine besondere Sammlung, die Himmler in einer ganz speziellen Mansarde aufbewahre. Sie führte uns hinauf in das Dachgeschoß. Als sie die Tür öffnete und wir hineingingen, begriffen wir zuerst gar nicht, was wir da sahen – bis sie es uns erklärte, ganz wissenschaftlich. Es waren Tische und Stühle aus Teilen menschlicher Körper. Da war ein Stuhl, die Sitzfläche war ein menschliches Becken und die Beine menschliche Beine – auf menschlichen Füßen. Und dann nahm sie ein Exemplar von Hitlers *Mein Kampf* von einem Stapel. Sie zeigte uns den Einband – aus Menschenhaut, sagte sie – und erklärte uns, daß die Dachauer Häftlinge, die ihn gemacht hätten, dazu Rückenhaut verwendet hätten.

*Martin Bormann, Bormanns Sohn und Hitlers Patenkind*

ben, nach Möglichkeiten zu suchen, den Krieg in Verhandlungen mit dem Westen zu beenden. Zu diesem Zweck durfte Langbehn 1943 ins neutrale Ausland fahren. Daß die Attentäter des 20. Juli ihr Vorhaben durchführen konnten – lag es auch daran, daß Himmler in Kenntnis der Attentatspläne von einer Aufdeckung durch die Gestapo absah? Kersten fragte den Reichsführer-SS in dessen Quartier Hochwald bei Rastenburg: »Kann es denn sein, daß Sie bei Ihrem weitverzweigten Nachrichtensystem nichts von den Attentatsplänen wußten? Wird man das Ihnen nicht sehr schwer anrechnen?« Kerstens Frage war berechtigt. Und Himmler selbst fürchtete, daß nicht nur sein Masseur diese Frage stellen würde. Ihm konnte er die Antwort verweigern, anderen nicht. Himmlers Kripochef Arthur Nebe und sein Auslandsnachrichtendienstchef Walter Schellenberg gehörten selbst zu den aktiven Verschwörern. Schellenberg berichtet in seinen Memoiren, daß er Himmler mehrfach gefragt habe, was in einem Deutschland nach Hitler werden solle oder »in welcher Schublade er seine Alternativvorstellungen« aufbewahre, wenn der Rußlandfeldzug eine unglückliche Wende nehmen würde. Tatsache ist, daß Himmler am 17. Juli 1944 einen schriftlichen Antrag auf Verhaftung Carl Goerdelers und Ludwig Becks ablehnte. Sturmbannführer Willi Höttl, ein Vertrauter Himmlers im Auslandsamt des SD, sprach von einer angeblichen Verzögerungstaktik seines Chefs. Ob dahinter die Absicht steckte, die Verschwörer erst einmal zur Tat schreiten zu lassen, oder ob Himmler einfach nur die weitere Entwicklung abwarten wollte, wird sich nicht klären lassen. Es kann als sicher gelten, daß Himmler über die Widerstandsgruppen in der Wehrmacht und den Kreisauer Kreis unterrichtet war. Fest steht auch, daß Himmlers perfekter Verfolgungsapparat erst nach dem Scheitern des Bombenanschlags auf Hitler auf vollen Touren lief – dann aber mit aller Perfektion und mörderischen Gründlichkeit. Der Gedanke liegt nahe, daß Himmler es anderen überlassen wollte, den Schlag gegen Hitler zu führen, den er angesichts der Kriegslage, bei aller »Treue«, mittlerweile selbst für die Ultima ratio hielt. Nach dem mißglückten Attentat bemühte sich der Reichsführer-SS, seine Kontakte zum Widerstand in ein für ihn günstiges Licht zu rücken. Er stellte sich als raffinierten Intriganten dar, der höchstpersönlich mit Popitz konspiriert habe, um ihn auszuhorchen. Es kann bezweifelt werden, daß Hitler einer solchen Interpretation Glauben geschenkt hätte. Doch der Dikta-

184

tor stellte diese Frage nicht. Selbst der mißtrauische »Führer« konnte sich nicht vorstellen, daß ihn sein »treuer Heinrich« einst verraten würde.

Um so mehr traf es ihn, als er erfuhr, daß auch Himmler ihn in der Endphase des »Dritten Reiches« im Stich lassen wollte – zu einem Zeitpunkt allerdings, als es ohnehin schon keine Rolle mehr spielte. Am 20. April 1945 war Himmler zum letztenmal zu Gast im »Führer«-Bunker in Berlin. »Führers Geburtstag« – der letzte Feiertag im »Dritten Reich«, das überall in Trümmern lag. Zur gleichen Zeit wartete auf dem Gut von Felix Kersten ein Abgesandter des Jüdischen Weltkongresses auf den Reichsführer-SS. Um zwei Uhr am Morgen des 21. April traf Himmler dort mit seinem Spionagechef Schellenberg ein. Das Ansinnen, das Himmler vortrug, war absurd: »Es ist Zeit, daß ihr Juden und wir Nationalsozialisten die Streitaxt begraben«, erklärte er dem verdutzten Boten Norbert Masur. Die Streitaxt, welche die Nazis ausgegraben und die Himmlers SS geschwungen hatte, einfach begraben? Masur war bereit, mit dem Henker zu verhandeln: »Ich hoffe, daß unsere Begegnung vielen Menschen das Leben retten wird.« Sie wollten und konnten keine Friedensverhandlungen führen, sondern versuchten, die Insassen der Konzentrationslager davor zu bewahren, bei dem bevorstehenden Zusammenbruch Deutschlands mit in den Abgrund gerissen zu werden. Masur forderte, daß alle inhaftierten Juden dort, wo es möglich war, die Schweizer oder schwedische Grenze zu erreichen, unverzüglich auf freien Fuß gesetzt werden sollten. In allen anderen Lagern verlangte er wenigstens eine menschenwürdige Behandlung bis zur kampflosen Übergabe der KZs. Masur legte eine Liste des schwedischen Außenministeriums mit Namen schwedischer, französischer, norwegischer und jüdischer Häftlinge vor, welche die Deutschen als Geiseln festhielten. Sie sollten gemeinsam mit 1000 Jüdinnen im KZ Ravensbrück sofort freigelassen werden. Der bislang so gnadenlose Himmler zeigte sich verhandlungswillig. Die Häftlinge und die 1000 Jüdinnen in Ravensbrück sollten ebenso freikommen wie die holländischen Juden in Theresienstadt. Die Lager sollten beim Herannahen des Gegners unzerstört übergeben werden. Die Gefangenen, versprach Himmler treuherzig, würden nicht evakuiert. Zur gleichen Zeit zogen, nur wenige Kilometer vom Verhandlungsort entfernt, in einem Todesmarsch Insassen des Lagers Sachsenhausen vorbei. Wenige Tage zuvor hatte Himmler den KZ-Kommandanten von

Dachau und Flossenbürg die sofortige Evakuierung ihrer Lager befohlen. Kein Häftling sollte in die Hand des Feindes fallen. Eine Übergabe der Lager komme nicht in Betracht, weil es in Weimar, so Himmler, zu Ausschreitungen gegen die Zivilbevölkerung gekommen sei, nachdem sich die Gefangenen des Lagers Buchenwald selbst befreit hätten. Auch das war eine Lüge.

Noch am 20. April hatte Himmler die Bildung »Fliegender Feld- und Standgerichte« befohlen, die, unterstützt durch Sperrkommandos von Sicherheitspolizei und SD, die Innenstadt Berlins abriegeln und jeden Fluchtversuch der Zivilbevölkerung vereiteln sollten. Flüchtende Soldaten oder Angehörige von Hitlers letztem Aufgebot wurden, wenn sie der Desertierung verdächtig schienen, sofort aufgehängt: als abschreckendes Beispiel für alle, die nicht bereit waren, das sinnlose Kämpfen bis zum Ende durchzustehen. Innerlich hatte Himmler freilich selbst schon kapituliert. Beim Abschied von Kersten erklärte er: »Der wertvollste Teil des deutschen Volkes wird mit uns untergehen. Das Schicksal der übrigen aber ist unwichtig.« Nicht Menschlichkeit, nicht Reue – Gleichgültigkeit war der Beweggrund für Himmlers »Großzügigkeit«, einigen Menschen das Schicksal zu ersparen, das er Millionen anderen bereits zugefügt hatte; Gleichgültigkeit und der Versuch, sich selbst freizusprechen:»Mir wird man alle Verbrechen in die Schuhe schieben, die Hitler selbst beging und die ich stets zu verhindern versuchte.« Es war die Stunde des letzten Verrats.

Am 23. April führte Himmler Gespräche mit dem schwedischen Grafen Folke Bernadotte. Walter Schellenberg hatte den Reichsführer schon seit Jahresanfang überreden wollen, hinter Hitlers Rücken Friedensverhandlungen mit dem Westen zu führen. Nun, da Hitler selbst die Niederlage eingestanden hatte, ließ Himmler alle bisherigen Hemmungen fallen. Dem Diplomaten unterbreitete er im Keller des schwedischen Konsulats in Lübeck, wohin er vor einem alliierten Luftangriff geflohen war, ein überraschendes Angebot:»Um so viel von Deutschland wie möglich vor der russischen Invasion zu retten, bin ich bereit, an der Westfront zu kapitulieren – aber nicht an der Ostfront.« Bernadotte sagte zu, seine Regierung über Himmlers Vorschlag zu informieren. Die Chancen auf einen separaten Waffenstillstand hielt er allerdings für sehr gering. Himmler ließ die Einwände nicht gelten. Für ihn gab es keinen Zweifel, daß die Westmächte mit ihm verhandeln würden. Er litt so sehr an Realitätsverlust, daß er sich bereits darüber Gedanken machte, ob er bei einem Zusammentreffen mit Eisenhower seinem siegreichen Gegner die Hand schütteln sollte. Am nächsten Tag mußten die SS-Spitzen vor den herannahenden sowjetischen Spähtrupps fliehen. Der Westen dachte nicht daran, auf Himmlers Friedensangebot einzugehen. Doch die Offerte wurde in die Presse lanciert. Am 28. April berichtete der Londoner Rundfunk: »Der Reichsführer-SS behauptet, Hitler sei tot und er sein Nachfolger.« In Berlin tobte Hitler über den »schamlosesten Verrat der Weltgeschichte«. Görings Luftwaffe sollte Himmler gefangennehmen: Realitätsverlust überall. Da Hitlers Rachedurst keinen Aufschub duldete, mußte ein Ersatzopfer herhalten. Es traf Hermann Fegelein, Himmlers Verbindungsoffizier im »Führer«-Bunker. Er wurde wegen eines angeblichen Fluchtversuchs degradiert und als »Mitwisser« kurzerhand zum Tode verurteilt. Es half Fegelein nicht, daß er mit der Schwester Eva Brauns verheiratet war. Wegen »geheimer Verhandlungen mit dem Feinde, die Sie ohne mein Wissen und gegen meinen Willen führten« enthob Hitler in seinem politischen Testament Himmler und Göring aller Ämter und befahl, den Kampf fortzusetzen. Anschließend entzog er sich selbst durch Selbstmord der Verantwortung.

Himmler zeigte sich von Hitlers Urteil unbeeindruckt. Am 1. Mai kam der neue erste Mann im Reich mit dem abgesetzten Reichsführer-SS zusammen. Admiral Dönitz sprach mit Himmler in der Admiralsbaracke in Plön, umgeben von U-Boot-Männern – Schutz für alle Fälle. Himmler war zwar amtsenthoben, aber niemand wußte, wie loyal sich die SS gegenüber ihrem Führer verhalten würde. Dönitz hatte eine schußbereite Browning in seinem Schreibtisch, als er Himmler, der mit großem Gefolge von seinem letzten Hauptquartier in Kalkhorst an der Lübecker Bucht angereist war, das Bormanntelegramm gab, in dem er über die Ereignisse in Berlin und insbesondere seine Absetzung informiert wurde. Himmler beglückwünschte Dönitz und bot an, als zweiter Mann im Staate weiter für ihn arbeiten zu wollen. Seine Karriere, die als Stellvertreter begonnen hatte, wollte er als Stellvertreter fortsetzen. Dönitz lehnte ab. »Andererseits konnte ich mich aber nicht ganz von ihm trennen, weil er die Polizei in der Hand hatte.« Himmler versuchte noch einige Male im persönlichen Gespräch mit Dönitz eine Position im Nachfolgestaat zu erhalten. Doch am 6. Mai gegen 17 Uhr teilte

Dönitz seinem Besucher mit, daß er Himmler nun endgültig nicht mehr sehen wolle. Auf dem Weg aus Dönitz' Büro traf Himmler den neuen Außenminister Graf Schwerin von Krosigk, dem er seine weiteren Pläne schilderte: Der Westen bekäme bald Ärger mit den Russen. Bis zu diesem Zeitpunkt, und der werde bald eintreffen, wolle er sich verstecken. Dann, wenn Deutschland die Rolle des »Züngleins an der Waage« in der Auseinandersetzung zwischen Ost und West einnähme, dann werde seine Zeit kommen: »Wir werden dann das vollenden, was wir im Kriege nicht erreichen konnten.« Bis dahin, Himmler rechnete mit zwei bis drei Monaten, werde er sich verborgen halten. Vor den wenigen letzten Getreuen schwadronierte er davon, aus Schleswig-Holstein einen SS-Staat machen zu wollen.

Der 22. Mai 1945 war ein heißer Frühlingstag. Zwei Wochen nach dem Ende des Zweiten Weltkriegs in Europa herrschte Chaos in Deutschland. Die Städte lagen in Trümmern, heimatlos gewordene, vertriebene und ausgebombte Menschen zogen über die staubigen Landstraßen. Die Reste von Hitlers Wehrmacht gingen in alliierte Gefangenschaft. Mancher versuchte, in Zivilkleidern diesem Schicksal zu entgehen. Für andere bedeutete die deutsche Uniform Schutz, sie hofften, sich als »einfache Soldaten« der Verantwortung für ihre Verbrechen entziehen zu können. In seinem Flensburger Hauptquartier hatte Heinrich Himmler vor Kriegsende Rudolf Höß geraten, unterzutauchen: »Schleunigst in der Wehrmacht verschwinden«, lautete das Motto derer, denen mehr drohte als die Gefangenschaft. Die Mörder sollten sich unter das Volk mischen, über das sie Schande gebracht hatten. Mancher aus der zweiten Garnitur der braunen Elite versuchte, in der anonymen Masse unterzutauchen, aus der er zwölf Jahre zuvor hervorgekochen war. Der längst geschaßte »Frankenführer« Julius Streicher versteckte sich als Maler in Bayern, Robert Ley, vormals Leiter der »Deutschen Arbeitsfront«, verbarg sich hinter dem Namen Dr. Distelmeyer, der großspurige Exaußenminister Joachim von Ribbentrop schlüpfte bei einer Freundin in Hamburg unter.

Am Rande des Dorfes Barnstedt zwischen Bremervörde und Hamburg tauchte an diesem 22. Mai eine kleine Gruppe abgerissener Gestalten auf. Eine britische Patrouille hielt sie auf. Ein kleiner, schmaler Mann stellte sich als Feldwebel »Heinrich Hitzinger« vor, als Legitimation diente ein gefälschter Ausweis. Mit dem mächtigen Reichsführer-SS hatte der ausgezehrt und kränk-

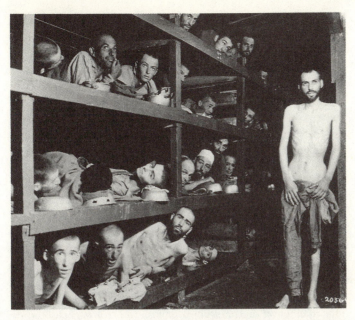

»Zeit, das Kriegsbeil zu begraben...« Überlebende von Himmlers Lagern (1945).

Die Häftlinge im Lager Niedernhagen starben an Unterernährung und an Strafen, die an das Mittelalter erinnerten. Die Hände mancher Gefangenen wurden zum Beispiel rücklings zusammengebunden, dann hochgezogen, bis die Schultergelenke auskugelten. Oder es wurden die Hände vorn zusammengebunden, beide Knie zwischen den Ellenbogen durch und eine Eisenstange dazwischen. So ließ man die Häftlinge auf dem Zementboden liegen.

Im Lager machten SS-Jungärzte an Häftlingen ihre ersten Operationen. Bedingung war, daß die Gefangenen nach den Operationen am neunten Tag wieder arbeitsfähig waren. Meine Bruchoperation wurde ohne Anästhesieärzte gemacht. Vier Mann haben mich festgehalten, dann wurde operiert und vernäht. Am neunten Tag wurde ich zum Holzhacken entlassen. Nach einer halben Stunde ist die Wunde aufgerissen, und meine Därme hingen bis auf die Knie. Dann habe ich mich auf den Rücken gelegt, als der Vorarbeiter nicht hinschaute, und die Därme wieder in den Bauch gedrückt. Anschließend hielt ich mit einer Hand den Bauch fest, mit der anderen hackte ich Holz.

*Max Hollweg, KZ-Häftling*

lich wirkende Mann keine Ähnlichkeit. Es fehlte der Schnurrbart, das linke Auge verdeckte eine schwarze Klappe. Niemand
ahnte, wer sich hier, in der Uniform eines einfachen Soldaten,
durch die angelsächsischen Linien von Flensburg nach Bayern
durchschlagen wollte. Am 12. Mai hatten die Männer in ihren
heruntergekommenen Uniformen, denen die Schulterstücke
fehlten, mit einem Fischerboot die Elbe überquert. Die Autos
hatten sie auf der anderen Seite zurücklassen müssen. Nun setzten sie ihre Flucht zu Fuß fort: Himmler, sein Leibwächter Kiermayer, sein Referent Standartenführer Rudolf Brandt, seine
Adjutanten Obersturmbannführer Grothmann und Sturmbannführer Macher mit weiteren sieben Männern der SS. Sie alle
gaben sich als demobilisierte Angehörige der Geheimen Feldpo-
lizei aus. Mit dabei war Professor Karl Gebhardt, ein »Jugend-
freund« Himmlers, Chefarzt des Klinikums Hohenlychen, der
wegen seiner Menschenversuche im KZ Ravensbrück ebenfalls
allen Grund hatte, sich der Gefangennahme durch die Sieger zu
entziehen. Nach langem Fußmarsch versteckten sie sich einige
Tage in einem Bauernhof bei Bremervörde. Als nächste Etappe
war die Überquerung der Oste vorgesehen. Doch schon an der
ersten Kontrollstelle scheiterte das Unternehmen. Britische Soldaten nahmen die kleine Gruppe in Gewahrsam und brachten sie
in das Lager 031 bei Bramstedt. Noch immer ahnten die Engländer nicht, welch großer Fisch ihnen ins Netz gegangen war.

Die Behandlung, die Himmler nun als Feldwebel Hitzinger
erfuhr, schien ihm der Wichtigkeit der eigenen Person nicht
angemessen. Der Gefangene bat um ein »persönliches Gespräch« mit Captain T. Sylvester. In der ersten Besprechung mit
dem Lagerkommandanten des Vernehmungslagers 031 nahm er
sofort die Augenklappe ab, setzte wieder seine Brille auf und
lüftete, mit müder Stimme, sein Inkognito. Himmler hoffte nun
auf besonders zuvorkommende Behandlung. Doch es kam anders: Wie Millionen seiner Opfer in den KZs mußte er sich völlig
entkleiden. Anders als den Schergen der SS ging es den Briten
freilich nicht um die Verwertung seiner Habe, sondern um die
Sicherheit vor einem Selbstmord. Bis zu seinem Transport ins
Hauptquartier der 2. britischen Armee in Lüneburg behielt Captain Sylvester seinen hohen Gefangenen unter persönlicher Aufsicht. Nach einer Leibesvisitation erhielt er eine englische Uniform, um zu verhindern, daß er in seinen Kleidern Giftkapseln in
seine Zelle schmuggeln konnte.

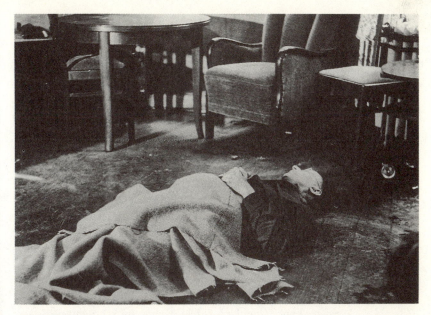

Man hatte mir nicht gesagt, wer er war. Ich wußte nur, daß ich einen wichtigen Gefangenen bewachen sollte. Als er in den Raum trat – nicht als die elegante Gestalt, die wir alle kannten, sondern in Armeewäsche gekleidet, mit einer Decke um den Körper –, erkannte ich ihn sofort. Ich sprach ihn auf deutsch an und wies auf eine leere Couch. »Das ist Ihr Bett«, sagte ich, »ziehen Sie sich aus!«
Er sah mich an und sagte: »Er weiß nicht, wer ich bin.« Ich sagte: »Sie sind Himmler. Und das ist Ihr Bett. Ziehen Sie sich aus.« Er starrte mich an. Aber ich starrte zurück. Schließlich senkte er den Blick und begann, seine Unterhosen auszuziehen.
Der Arzt und der Oberst kamen herein und untersuchten ihn. Wir hatten den Verdacht, er könne Gift bei sich haben. Der Arzt sah zwischen seinen Zehen nach, überall an seinem Körper, in den Achselhöhlen, in den Ohren, hinter den Ohren, in seinem Haar.
Dann kam er zu seinem Mund. Er bat Himmler, den Mund zu öffnen. Der gehorchte und bewegte seine Zunge frei. Aber der Doktor war nicht zufrieden. Er bat ihn, näher ans Licht zu kommen. Der Doktor versuchte, zwei Finger in seinen Mund zu stecken. Da zog Himmler den Kopf weg, biß dem Doktor auf die Finger und zerbrach die Giftampulle, die er seit Stunden im Mund trug.
Der Doktor sagte: »Er hat's getan!«
Als er gestorben war, warfen wir eine Decke über ihn und ließen ihn liegen.

*Sergeant-Major Edwin Austin, Himmlers Bewacher, 1945*

*»Dann hat er zugebissen...« Himmler nach seinem Selbstmord am 23. Mai 1945.*

Am nächsten Tag, dem 23. Mai, wurde Himmler zu einer erneuten Vernehmung vorgeführt. Noch immer hatte er von der Giftampulle, die er wie alle Nazigrößen bei sich trug, keinen Gebrauch gemacht. Der ihn verhörende britische Offizier, Colonel N. L. Murphy von der Nachrichtenabteilung Montgomerys, ordnete erneut eine Leibesvisitation an. Als ein Arzt den Mund Himmlers durchsuchen wollte, zerbiß der Gefangene eine Zyankaliampulle, die er in einer Zahnlücke verborgen gehalten hatte. »We immediately upended the old bastard«, schrieb einer der anwesenden Offiziere später in sein Tagebuch. Mit Nadel und Faden versuchten die Engländer, die Zunge Himmlers zu fixieren, um das Gift durch Verabreichen von Brechmitteln und Magenauspumpen wieder aus dem Körper zu entfernen. Doch alle Versuche schlugen fehl. Nach zwölfminütigem Todeskampf war der gefürchtetste Mann des »Dritten Reiches« tot. Einen Tag lang blieb die Leiche liegen. Amerikanische und sowjetische Offiziere besichtigten die sterblichen Überreste. Eine Totenmaske wurde angefertigt. Die Sowjets blieben skeptisch. Es könne sich um Himmler handeln, lautete ihr vorsichtiges Urteil. Doch Zweifel waren unangebracht. Der Tote war Heinrich Himmler, Hitlers Vollstrecker. Am 26. Mai wurde seine Leiche von britischen Soldaten verscharrt. Noch heute liegen seine Knochen, anonym und unbestattet, in einem Waldstück bei Lüneburg. Wenigstens in dieser Hinsicht ist ihm das gleiche Schicksal zuteil geworden, das er Millionen seiner Opfer zugefügt hat.

# Der Stellvertreter

Ich kenne mich nicht aus mit mir

Ich will der Hagen der Partei sein

Wir glauben daran, daß der Führer einer höheren Berufung
zu Gestaltung deutschen Schicksals folgt

Ich möchte Nationalsozialismus und Faschismus
geradezu als den in politische Formen gegossenen
gesunden Menschenverstand bezeichnen

Der Nationalsozialismus wurzelt im Kriege

Diese Bekenntnisse zum Frieden in unseren großen
offiziellen Reden sind keine Lippenbekenntnisse

Sie können sich jederzeit von mir absetzen –
erklären Sie mich für verrückt

Ich bereue nichts

*Heß*

Alles ist neu für einen, nie erlebt. Neulich stand ich dick eingemummelt auf Posten. Die Landschaft weiß von Schnee, Sternhimmel funkelt. Rechts plötzlich ein heller Schein am Himmel, bald auch links. Brennende Ortschaften! Packend schön. Krieg!

*Heß an seine Eltern, 1914 (Brief)*

Die Regierung Kapp scheint wieder erledigt zu sein. Es ist traurig. Ein großer Teil des Volkes schrie nach einem Diktator, der Ordnung schaffte, gegen die Judenwirtschaft auftritt, die Schieberei und Wucherei unterbindet. Ist aber mal der Mann da, der selbstlos zum Wohl des Ganzen die Sache in die Hand nehmen will und auf eignes Wagnis handelt: Sieh da, das Zetergeschrei über den »Friedensstörer« geht los. Unsere Judenpresse, die weiß, daß es den Rassegenossen an den Kragen gehen könnte, tut natürlich ihr möglichstes, die neuen Leute als »Junker«, »Reaktionäre«, »Monarchisten« usw. zu brandmarken.

*Heß an seine Eltern, 1920 (Brief)*

Wann wird endlich diese künstliche Mauer zwischen Arbeiter und Bürger eingerissen? Solange das Judenpack Nutzen davon hat, sicher nicht.

*Heß an seine Eltern, 1920 (Brief)*

Ich selbst war bis dahin kein Antisemit. Die Tatsachen von 1918 und später waren aber so in die Augen springend, daß ich mich zum Antisemitismus bekehren mußte.

*Heß, 1940*

Heß: der anständigste, ruhig, freundlich, klug, reserviert: der Privatsekretär. Er ist ein lieber Kerl.

*Goebbels, 1926 (Tagebuch)*

Ich hoffe nur, daß Heß mich niemals ersetzen muß. Ich wüßte nicht, wer mir mehr leid täte, Heß oder die Partei.

*Hitler zu Göring, 1937*

Sollte mir etwas zustoßen, dann ist mein erster Nachfolger Parteigenosse Göring. Sollte Parteigenosse Göring etwas zustoßen, dann ist der nächste Nachfolger Parteigenosse Heß.

*Hitler, 1939*

Ich sehe meinen Mann noch vor mir, als sei es gestern gewesen: Der Tee ist getrunken, nach einem Handkuß steht er an der Tür zum Kinderzimmer, plötzlich merkwürdig ernst, grüblerisch, fast zögernd.
»Wann kommst du zurück?«
»Ich weiß noch nicht genau, vielleicht morgen schon, sicher aber werde ich wohl Montag abend wieder daheim sein.«
Ich glaubte ihm nicht.

*Ilse Heß über ihren Mann, kurz vor dessen Englandflug*

Sie wollen mir allen Ernstes erzählen, daß der Stellvertreter des »Führers« in England ist? Also, Heß oder nicht Heß, ich schau' mir jetzt im Kino die Marx-Brothers an.

*Winston Churchill, 1941*

Wir alle haben unsere Gräber und werden immer einsamer, aber wir müssen überwinden und weiterleben, meine liebe, gnädige Frau! Auch mir fehlen die beiden einzigen Menschen meiner Umgebung, an denen ich wirklich innerlich gehangen habe: Dr. Todt ist tot, und Heß ist mir davongeflogen.

*Hitler zu der Witwe des Verlegers Hugo Bruckmann, 1942*

Wenn ich es richtig beurteile, ist Hitler über den »Treuebruch« seines Stellvertreters nie hinweggekommen. Noch einige Zeit nach dem Attentat vom 20. Juli 1944 erwähnte er im Rahmen einer seiner phantastischen Fehlbeurteilungen der Lage, zu seinen Friedensbedingungen zähle die Auslieferung des »Verräters«. Er müsse aufgehängt werden. Heß meinte, als ich ihm später davon erzählte: »Er hätte sich mit mir ausgesöhnt. Ganz bestimmt! Und glauben Sie nicht, daß er 1945, als alles zu Ende ging, manchmal dachte: ›Heß hat doch recht gehabt‹?«

*Speer über Heß' Englandflug*

Er ist völlig unbeteiligt, hat auf den Knien ein paar Blätter Papier liegen und schreibt unablässig. Göring beugt sich hinüber und macht ihn darauf aufmerksam, daß nun er an die Reihe komme. Aber Heß wehrt mit einer unwilligen Handbewegung ab und fährt fort, seine geheimnisvollen Notizen zu machen, ohne sich um das zu kümmern, was über ihn gesprochen wird. Nicht einmal die Kopfhörer hat er aufgesetzt, und als Göring ihm anschließend den Schuldspruch ins Ohr flüstert, quittiert er das lediglich mit einem geistesabwesenden Nicken.

*Joe J. Heydecker, amerikanischer Journalist, 1946 in Nürnberg*

»Falscher Alarm«, Unteroffizier Felicity Ashbee schüttelte den Kopf, »wieder mal eine Fehlmeldung von der Küste.« Die Radarstation von Ottercops Moss auf dem östlichsten Zipfel Schottlands war berüchtigt dafür, daß sie bisweilen Gewitterwolken mit deutschen Bombern verwechselte. Die Meldung an diesem Abend des 10. Mai 1941 klang auch allzu abenteuerlich: eine einzelne Maschine über der Nordsee, höher als 5000 Meter und so schnell wie ein Jagdflugzeug, mit Kurs auf Schottland. Für die erfahrene Flugmelderin Ashbee widersprach das jeglicher Logik. Sie wußte zwar, daß zur gleichen Zeit 500 deutsche Bomber einen Nachtangriff gegen London flogen und solche massiven Bombardements stets mit Ablenkungsmanövern verbunden waren. Doch jetzt, kurz vor 22 Uhr – die Angreifer waren schon in den südenglischen Luftraum eingedrungen –, war es dafür viel zu spät. Auch ein Aufklärungsflug der deutschen Luftwaffe kam kurz vor Einbruch der Dunkelheit nicht mehr in Frage.

Um 22.08 Uhr bestätigten zwei weitere schottische Radarstationen die Meldung von Ottercops Moss. Wenige Minuten später überflog der Eindringling die schottische Küste. Luftraumbeobachter des Royal Observer Corps identifizierten das Flugzeug als eine Messerschmitt Bf 110. Zwei britische »Spitfire«-Jäger hefteten sich an ihre Fährte. Ohne Bordradar war dies jedoch in der Dämmerung ein aussichtsloses Unterfangen. Die Messerschmitt jagte jetzt im Tiefflug über die schottische Hügellandschaft. Ihr Pilot sollte später über seine Eindrücke schwärmen: »Märchenhaftes Bild. Die steilen Berginseln im Vollmond, im letzten Dämmerschein.«

Erst von einem in Glasgow alarmierten »Defiant«-Nachtjäger drohte ernste Gefahr. Doch der deutsche Flieger hatte Glück. Als ihn nur noch wenige Meilen von dem Nachtjäger trennten, öffnete er die Kanzel seiner Maschine und sprang mit dem Fallschirm in die schottische Nacht. Hätte er nur ein paar Minuten länger gezögert, die Weltgeschichte wäre um ein bizarres Kapitel ärmer gewesen.

196

Mit dem ersten Fallschirmsprung seines Lebens näherte sich in jener Nacht der »Stellvertreter des Führers«, Rudolf Heß, schottischem Boden. Es waren seine letzten Minuten in Freiheit. Kaum eine andere Episode des Zweiten Weltkriegs gab zu so vielen Mutmaßungen Anlaß wie dieses waghalsige Unternehmen. Die Hintergründe sind bis heute nicht restlos aufgeklärt worden. Die Aussichten für eine vollständige Lösung des Rätsels stehen schlecht. Alle unmittelbar Beteiligten sind tot, und entscheidende Hinweise in den Akten fehlen. Auch nach der weitgehenden Öffnung der britischen Archive im Jahr 1992 bleibt ein letztes Fragezeichen: Flog Heß tatsächlich als chancenloser Friedensengel in eigener Mission, wie der überwiegende Teil der Forschung annimmt, oder war er doch der selbstlose Überbringer einer Offerte Hitlers, wie manche Historiker glauben?

Rudolf Heß hat bis zu seinem Tod 1987 im Spandauer Kriegsverbrechergefängnis geschwiegen. Offiziell durfte er zwar ohnehin nicht Auskunft über etwaige politische Hintergründe seines Fluges geben, doch hat er auch denen, die sich über die Gefängnisbestimmungen hinwegsetzten und mit ihm vertrauliche Gespräche führten, kein Wort verraten. Nicht zuletzt dieses selbstgewählte Schweigen, sein an Halsstarrigkeit grenzender Stolz ließen Heß zur Kultfigur für Neonazis in aller Welt werden. Er selbst wollte dies wohl nicht. Seinem Sohn sagte er, daß er kurzgeschorene Skinheads in Bomberjacken für »Spinner und Idioten« halte. Dennoch hat ihn sein Tod zum Märtyrer für Neu- und ewig Gestrige gemacht. Obwohl stichhaltige Beweise fehlen, glaubt nicht nur die Familie von Heß fest an einen mysteriösen Mord hinter den Gefängnismauern von Spandau.

Das Rätselraten über den Englandflug und über das Ende im Gefängnis hat jedoch den Blick verstellt auf die eigentliche Biographie des Rudolf Heß. Wo liegen die Wurzeln dieses Menschen, die ihn zum Geheimnis der Zeitgeschichte werden ließen? Wer war der Mann, der Hitlers Aufstieg von Beginn an aus nächster Nähe begleitet hat und diesen bis zur völligen Hingabe unterstützte? Welche Eigenschaften machten ihn zum gläubigsten Helfer Hitlers, ließen ihn dem Bann des Demagogen so endgültig verfallen?

Die erste Gemeinsamkeit fanden Verführer und Gefolgsmann im Standort ihrer Wiegen. Geboren wurde Heß in der ägyptischen Hafenstadt Alexandria, also wie der Österreicher Hitler außerhalb jenes Reiches, das für beide zum Ziel ihrer Wünsche werden sollte. Wie Hitler entwickelte Heß schon in frühen Jahren starke Gefühle gegenüber der fernen Heimat. Das Kaiserreich bedeutete für die wohlhabende Kaufmannsfamilie Heß in Alexandria vor allem die romantisch verklärte Wiedergeburt der Nation. Unter den sogenannten Auslandsdeutschen war übersteigerter Nationalismus freilich weit verbreitet – »deutscher als deutsch«, wie ein späterer Weggefährte von Heß bemerkte.

Kaisers Geburtstag galt als höchster nichtchristlicher Feiertag. Fritz Heß, der Vater, ging dann nicht ins Kontor, feierte zu Hause und öffnete seine beste Flasche Wein. Weit weg von den sozialen Problemen im Hohenzollernstaat, empfand auch er das 1871 gegründete Reich als höchstes nationales Glück. Und wenn die Familie Heß Jahr für Jahr im Sommer in die deutsche Heimat zurückkehrte, dann mied sie die Städte, wo mitunter hinter protzigen wilhelminischen Fassaden das Elend der Fabrikarbeiter sichtbar werden konnte. Lieber weilten die Sommerfrischler in ihrer Reichholdsgrüner Villa, umgeben von der Abgeschiedenheit des Fichtelgebirges.

Für Fritz Heß war es schon bei der Geburt seines Sohnes Rudolf 1894 keine Frage, daß dieser einmal die Firma leiten würde. Die Erziehung, die er seinem Sproß angedeihen ließ, entsprach jener Ausbildung, die wohlhabende Auslandsdeutsche üblicherweise genossen: Hier waren es die kleine deutsche Schule und Privatlehrer, 1908 dann der Besuch eines Internats im rheinischen Bad Godesberg. Rudolf war begabt, wenn auch nicht übermäßig. Naturwissenschaften und Mathematik lagen ihm mehr als Sprachen. Das Verhältnis zu seinen Eltern entsprach den um die Jahrhundertwende gültigen Erziehungsmustern. Vater Heß kommandierte die Familie in strengem Kasernenhofton, »bei dem«, wie sich Rudolf Heß später erinnerte, »uns das Blut zu gerinnen drohte«. Gefühle zu zeigen gegenüber seinen Kindern – Rudolf bekam noch zwei Geschwister, Alfred und Margarete –, widersprach dem Naturell des Patriarchen. Die Herkunft der Familie aus der Schweiz, orientiert an Kalvinismus und alter Kaufmannstradition, spiegelte sich im Familienoberhaupt wider. Dabei blieb Fritz Heß trotz des angehäuften Reichtums im Grunde seines Wesens ein biederer Kaufmann. Hitlers »Pressechef« Ernst Hanfstaengl sah sich nach einer Begegnung mit dem Vater des »Stellvertreters« an einen »Kegelbruder« erinnert. Disziplin und Selbstdisziplin, Pflichterfüllung und Gehorsam, das waren die Eckpfeiler, die Fritz Heß seinem

Links:
»Deutscher als deutsch...«
Rudolf Heß als Kind mit seiner Mutter Clara (1895).

Rechts:
»Hoffnung auf den Tag der Rache...«
Rudolf Heß als Student.

Die Familie Heß war sehr deutsch-national. Daher interessierte sich Rudolf für Hitler. Rudolf Heß' Vater hatte in seinem Arbeitszimmer ein großes Bild vom Wilhelm II. hängen. An dessen Geburtstag ließ er sich immer Wein bringen und wünschte seinem Kaiser »Happy Birthday«. Als Hitler gewählt wurde, fragte ich Frau Heß, was sich nun ändern würde. Sie sagte: »Das ist doch sehr einfach. Anstatt daß man mit irgendeinem guten Plan warten muß, bis sich die Regierung darauf einigt, haben wir nun einen Mann, der sagt, so wird das gemacht, und damit Schluß.« Das leuchtete mir durchaus ein.

*Stefanie Camola, Freundin der Familie*

Die Eltern von Rudolf Heß waren ganz reizend. Meine Schwester verstand sich sehr gut mit Vater Heß, der manchmal etwas arrogant wirkte. Seine Frau war sehr viel weicher. Für den Vater war es schlimm, daß sein Ältester kein Kaufmann wurde, um die Firma zu übernehmen.

*Ingeborg Pröhl, Heß' Schwägerin*

Heß achtete immer sehr auf seine Ernährung. Die ganze Familie aß fleischlos, auch Wein trank er selten. Als ich noch neu bei ihm war, hatten wir ein Fest und da wurde auch Wein ausgeschenkt. Göring, der ebenfalls eingeladen war, meinte dazu: »Wer hätte gedacht, daß es beim Heß so guten Wein gibt.«

*Hildegard Faht, Heß' Privatsekretärin*

Sohn mit auf den Weg gab – Eigenschaften einer Epoche, von denen Hitler nicht nur in diesem Falle profitieren sollte.

Für Nestwärme zu Hause war die Mutter, Clara Heß, zuständig. Von ihr erbte Rudolf die Liebe zur Natur und zur Musik, das Vertrauen auf Heilkräuter und ein ausgeprägtes Interesse für die Gestirne. Briefe an den Sohn im Internat schrieb fast immer die Mutter. Furcht und Bewunderung gegenüber der Autorität des Vaters und auf der anderen Seite das innige, zärtliche Verhältnis zur Mutter – diese beiden Gegenpole sollten Rudolf Heß ein Leben lang prägen.

Charakteristisch für ihn wurde, daß er im Spannungsfeld zwischen beiden Positionen keinen wirklich eigenen Standpunkt zu finden vermochte. Zeit seines Lebens kennzeichneten ihn zwei Gesichter: Der harte Draufgänger in den Schlägereien der »Kampfzeit« war gleichzeitig ein hochsensibler Tierfreund, der im Wortsinn keiner Fliege etwas zuleide tun konnte. Der Moralapostel der Partei, der sich gegen Korruption und Amtsmißbrauch stark machte, trat im nächsten Moment als scharfer Hetzer auf, der die Einführung der Prügelstrafe für Juden im besetzten Polen forderte. Der tapfere und entscheidungsfreudige Offizier des Ersten Weltkriegs entwickelte gegenüber Hitler eine unterwürfige Ergebenheit, die kaum Spielraum für Eigeninitiative ließ. Und schließlich: Der politisch kaltgestellte Stellvertreter, von den anderen Paladinen ob seiner Teilnahmslosigkeit und Weltfremdheit nur noch belächelt, brachte 1941 überraschend Entschlußkraft und Wagemut auf, um mitten im Krieg zum Feind zu fliegen.

Die Jugendjahre von Rudolf Heß sind oft als verhängnisvoll für seinen späteren Weg interpretiert worden. Dabei geschah während dieser Zeit in Wahrheit nichts, was aus dem Rahmen des »Normalen« herausragt. Es war eine eher glückliche Jugend ohne materielle Sorgen. Auf dem Godesberger Internat gehörte er zu den unauffälligen Schülern. Dem Wunsch des Vaters, statt des Abiturs den Abschluß einer Handelsschule im schweizerischen Neuchâtel anzustreben, gehorchte Rudolf – wenn auch widerwillig. Eigentlich wollte er lieber Ingenieur werden. In ruhigeren Zeiten wäre aus ihm wohl ein braver Kaufmann geworden, der insgeheim seinen naturwissenschaftlichen Neigungen nachgetrauert hätte.

Doch die Zeiten waren stürmisch. Als im Spätsommer 1914 die Völker Europas dem nationalen Rausch erlagen und im Taumel der Begeisterung in einen Krieg zogen, der zum Weltenbrand geriet, war das auch für den zwanzigjährigen Rudolf Heß die entscheidende Wende. Noch im August meldete er sich freiwillig – gegen den Willen des Vaters. Es war das erstemal, daß der Sohn offen den Gehorsam verweigerte. Die Saat, die der übermächtige Nationalismus des auslandsdeutschen Kaufmanns gelegt hatte, war längst aufgegangen. Vater und Sohn blieben zwar auch weiterhin respektvoll einander verbunden, doch Autorität suchte sich Rudolf Heß von nun an woanders.

Zunächst blieb der erhoffte Weg an die Front jedoch versperrt. Zu viele deutsche Männer waren freiwillig zu den Fahnen geeilt. Rudolf Heß mußte sich erst einmal in Geduld üben, dann auf dem Kasernenhof im Gebrauch von Kriegsgerät. Das Warten auf den ersten Einsatz wurde für ihn zur Qual. In der absurden Furcht, vor dem erwarteten schnellen Sieg keinen Schuß mehr abgeben zu können, hoffte der Rekrut sogar auf höhere deutsche Verluste: »Man muß also geradezu wünschen«, schrieb er der Mutter, »daß die armen Kerle beim nächsten Treffen mitgenommen werden. Sonst ist es unsicher, wie lang mein Schweben zwischen Himmel und Erde noch dauert.«

Gelegenheit, das große Sterben aus nächster Nähe zu erleben, bekam Rudolf Heß dann vier Jahre lang. Seine Einheit, das 1. Bayerische Infanterieregiment, kämpfte an der Westfront. Als der Infanterist Heß seine Feuertaufe bestand, war der Krieg im Westen schon zum Stellungskrieg erstarrt. Von seinen Eindrücken schwärmte er dennoch in Briefen voller naiver Begeisterung: »Brennende Ortschaften. Packend schön. Krieg!« Heß besaß das Rüstzeug zum »guten« Soldaten. Militärischen Gehorsam kannte er von zu Hause, und auch die vom Vater ererbte Entschlußfreudigkeit fiel den Vorgesetzten bald angenehm auf. Im Sommer 1915 erhielt er die Beförderung zum Unteroffizier, 1917 war er schon Leutnant.

Die Anfangsbegeisterung wich bald der ernüchternden Einsicht, daß die Aussicht auf einen schnellen Sieg gegen Frankreich eine trügerische Illusion gewesen war. Zweifel aber blieben dem Soldaten Heß fremd. »Weiterkämpfen, durchhalten – im Felde wie auch daheim«, beschwor er die Eltern 1916 auf dem Höhepunkt der Schlacht von Verdun und beschrieb, wie er selbst »gewaltig gegen die Flaumacher« anredete. Der sinnlose, millionenfache Tod in den Schützengräben und Granattrichtern – um den Krieg mit seinem Weltbild vereinbaren zu können, verbrämte ihn Heß mit dickem Pathos. In einer seitenlangen Schlachtenballade reimte der »Frontkämpfer« von »stolzen Siegesläufen«, »Höllenfeuern« und »grauen, harrenden Gestalten«.

Auch die Verwundungen, die er sich an der Front zuzog, änderten an seinem Enthusiasmus nichts. 1917 entging er nach einem Lungensteckschuß an der Rumänienfront nur knapp dem Tod. Wieder genesen, erhielt der frischgebackene Leutnant den Befehl, eine Ersatzkompanie an die Westfront zu begleiten. In dieser Kompanie befand sich auch ein Österreicher, der sich vor dem Dienst in der k.u.k. Armee gedrückt hatte und lieber freiwillig im Heer des deutschen Kaisers diente: Adolf Hitler. Bei dieser Zufallsbegegnung wechselten der Offizier und der Gefreite, die später in anderer Rollenverteilung Geschichte schrieben, allerdings kein Wort.

Im Frühjahr 1918 wurde der Leutnant nach wiederholter Bewerbung zur neuen Elite der Armee versetzt, der »fliegenden Truppe«. Heß schwärmte für die Fliegerasse um Baron von Richthofen und Hauptmann Göring, deren Luftkämpfe zwar fern jeder kriegsentscheidenden Bedeutung blieben, die aber dennoch jedes Kind kannte. Während der Ausbildung zum Flieger entpuppte er sich auch in der Pilotenkanzel als begabt. Doch um selbst ein Kriegsheld zu werden, kam er zu spät. Erst in den letzten Tagen des Weltkriegs eingesetzt, schoß er kein Flugzeug mehr ab – und erlitt auch selbst keinen Schaden. Der Fliegerei aber sollte er treu bleiben.

Den Zusammenbruch des Kaiserreichs im November 1918 empfand Heß wie die meisten seiner Kameraden als nationale Katastrophe. Nichtsahnend vom maßgeblichen Anteil der kaiserlichen Regierung am Ausbruch des Krieges, hielt er ihn noch immer für einen gerechten Verteidigungskampf des deutschen Volkes. Die Aufnahme von Waffenstillstandsverhandlungen war für ihn ein großer Fehler: »Wir stehen nicht schlechter da als 1914«, schrieb er trotzig seinen Eltern, »im Gegenteil. Unsere Leute waren nur eine Zeitlang nicht mehr standhaft, in Folge Hetzereien aus der Heimat und durch geschickt verfaßte Flugblätter des Gegners.« Dolchstoß – die Schuldigen am »Versagen« der Heimat standen für Heß längst fest: die Linken. Daß der eigentliche Kriegsherr der letzten Jahre, General Ludendorff, die Niederlage eingestanden hatte, um sich dann umgehend per Rücktritt aus der Verantwortung zu schleichen, davon wollte Heß wie viele Frontsoldaten nichts wissen.

*»Ich liebe ihn...«* *Rudolf Heß (zweiter von rechts) mit Hitler als Häftling in Landsberg.*

Er stand von Anfang an seinen Mann und war bald einer der schneidigsten Soldaten. Wenn es galt, Freiwillige für die zahlreichen Erkundungspatrouillen und Stoßtrupps zu finden, so war er stets unter ihnen, setzte sich immer voll und ganz ein, war bei Angriffen durch seine Kaltblütigkeit und Selbstlosigkeit ein Vorbild.

*Kriegskamerad von Heß im Ersten Weltkrieg, 1955*

Nach dem mißglückten Putschversuch mußte sich Rudolf Heß erst einmal verstecken. Meine Schwester Ilse hat ihm damals immer das Essen gebracht, weil sie die einzige war, die von seinem Versteck im Isartal wußte. Später stellte er sich und wurde dann in Landsberg inhaftiert. Die Atmosphäre dort war nicht so bedrückend wie in einem normalen Gefängnis, sondern viel freier. Vor allem meine Schwester hat ihn dort regelmäßig besucht.

*Ingeborg Pröhl, Heß' Schwägerin*

Hitler war sein großes Idol. Schon ganz früh lernte er ihn kennen und sagte damals, daß das der Mann sei, der uns aus der Misere herausholt. Als solchen hat er Hitler dann immer verehrt und geachtet. Er hätte auch nie etwas hinter seinem Rücken gemacht.

*Laura Schroedel, Heß' Sekretärin*

Heß' feierlicher Ernst geht mir manchmal an die Nerven!

*Hitler zu Heinrich Hoffmann, 1927*

Der verlorene Krieg als bohrender, persönlich empfundener Schmerz, das fatale Mißverständnis vom Verrat der parlamentarischen Politiker – ein Trauma senkte sich in Millionen Herzen und riß in die Weimarer Republik eine tiefe Kluft, die das Volk spaltete. Rudolf Heß stand auf jener Seite des Grabens, die nur einen Gedanken kannte: »Das einzige, was mich hochhält«, erklärte er im Sommer 1919, »ist die Hoffnung auf den Tag der Rache.« Wer diese Rache zu spüren bekommen würde, das sah Heß schon genauso wie sein späteres Idol zur gleichen Zeit: nicht nur Kommunisten und Sozialdemokraten, auch die Juden. 16 Jahre später hat er dies in einer Rede unterstrichen: »Ich war bis dahin kein Antisemit. Die Tatsachen von 1918 waren aber so in die Augen springend, daß ich mich zum Antisemitismus bekehren mußte.«

Für ein solches Gedankengut erwies sich München, wo sich der ausgemusterte Leutnant einquartiert hatte, als gefährliches Pflaster. Unter dem sozialistischen Ministerpräsidenten Kurt Eisner war die Bayernmetropole neben Berlin die zweite Hauptstadt der Revolution geworden. Auf dem Königsplatz patrouillierten Soldaten mit roten Armbinden. Beinahe täglich berichteten die Zeitungen über politische Morde. Heß zog zunächst einmal den Kopf aus der Schußlinie und räsonierte nur im stillen über diese »Komödie nach russischem Vorbild«.

Auch für ihn persönlich sah die Zukunft düster aus. Die Briten hatten den ägyptischen Besitz der Familie beschlagnahmt, und die Jahre finanzieller Sorglosigkeit waren vorüber. In der Reichholdsgrüner Villa warteten die Eltern ab, wie sich die Zeitläufte entwickeln würden. Für den fünfundzwanzigjährigen Sohn kulminierten der einstweilige Verlust der Firma in Alexandria und die Wirren der deutschen Politik in einer schweren Lebenskrise. In einem späteren Brief gestand er ein, damals mit dem Gedanken gespielt zu haben, sich »eine Kugel in den Kopf zu jagen«.

Einen ersten Halt fand der Verzweifelte in einem Hinterzimmer des Münchener Nobelhotels »Vier Jahreszeiten«. Hier trafen sich konspirativ die Mitglieder einer Vereinigung, die im Münchener Vereinsregister als »Studiengruppe für germanisches Altertum« aufgeführt war. Hinter dem harmlosen Eintrag verbarg sich jedoch eine Geheimloge mit rechtsradikalen, antimarxistischen und antisemitischen Zielen, die »Thule-Gesellschaft«. In ihr bündelte sich »völkisches« Gedankengut mit ge-

genrevolutionären Staatsstreichplänen – Brutkasten für ein ideologisches Verhängnis, das 14 Jahre später zum Ausbruch kommen sollte.

Emblem der »Thule« war das Hakenkreuz, eines ihrer Ideale der »arische Mensch«. Heß schloß sich Anfang 1919 dem Geheimbund an und übernahm bald wichtige Aufgaben als Waffenbeschaffer, Freiwilligenwerber und Anführer von Sabotagetrupps. Als paramilitärische »Freikorps« mit Unterstützung der Reichswehr im Mai 1919 die Münchener Räterepublik zerschlugen, trug seine subversive Arbeit Früchte. Das Freikorps »Epp« richtete sein Hauptquartier in den Räumen des »Vier Jahreszeiten« ein. Heß bekämpfte die Linken nun auch in Freikorpsdiensten.

In der »Thule« hatten sich sein vager Antisemitismus und sein Traum von der Wiederherstellung nationaler Größe zu einem radikalen Gedankengemisch gefestigt. Auch die Vorstellung von einem »Führer«, der Deutschlands »Wiedergeburt« herbeiführen sollte, stieß bei Heß auf lebhafte Zustimmung. Darüber hinaus lernte er in den Räumen der Gesellschaft spätere Weggefährten und NS-Größen kennen: Hans Frank, Alfred Rosenberg und Dietrich Eckart. Ob auch ein damals noch unbekannter Bierkellerredner namens Adolf Hitler mit der »Thule« in Kontakt stand, wie dies Rudolf von Sebottendorf, der Kopf der Organisation, später behauptete, ist ungewiß. Sicher ist jedoch, daß in der Folge Gedankengut und auch zahlreiche Anhänger der »Thule« später in der NSDAP Wurzeln schlagen konnten.

Rudolf Heß hatte im Hotel »Vier Jahreszeiten« seine erste politische Heimstatt gefunden. Auch beruflich schlug er einen neuen Weg ein: Als Frontkämpfer durfte er ohne Abitur an der Münchener Universität studieren. Ein Universitätsabschluß schien genau das Richtige, um dem immer noch drohenden Kontor der väterlichen Firma endgültig zu entgehen. Heß schrieb sich in Wirtschaft und Geschichte ein – ein Studium aus Verlegenheit, ohne genaues Berufsziel.

Im Hörsaal machte er eine folgenschwere Bekanntschaft. Das Fach »Geopolitik« lehrte der General a. D. und Professor Karl Haushofer, ein honoriger Mann mit Verbindungen zur Münchener Gesellschaft. Heß fand in dem alten Haudegen den ersehnten Ersatz für jene Autoritätsperson, die der Vater lange Jahre gewesen war. Der Student Heß wurde bald Assistent des Professors, war immer häufiger auch privat zu Besuch und machte sich das wissenschaftliche Kredo des Lehrmeisters zu eigen. Haushofers Thesen waren in Wahrheit eher ein politisches denn akademisches Programm. Sein Grundgedanke hieß: Dem deutschen Volk mangele es an »Lebensraum«, der nur im Osten gefunden werden könne. Daß die Realisierung dieses Wahns Ströme von Blut kosten würde, fehlte in der wissenschaftlichen Begründung des Professors Haushofer. Sein Assistent sog den »Lebensraum«-Plan dennoch begierig auf.

Privat führte der junge Mann, der sich mit 25 Jahren in den rechtsradikalen Münchener Kreisen schon einen Namen gemacht hatte, ein eher karges Leben: kein Alkohol, keine Zigaretten, nicht einmal Tanz. Obwohl er sportlich war, aus wohlhabendem Hause und gutaussehend, scheint es auch keine Mädchen in der frühen Vita des Biedermanns gegeben zu haben. Aus dem Ton seiner frühen Briefe spricht eine blasse Nüchternheit, die nur dann in fanatische Besessenheit umschlug, wenn es um Deutschland, um Politik oder um den Krieg ging. Die wenigen Bilder von Heß aus jenen Jahren zeigen einen verschlossen wirkenden Mann, der mit seinen buschigen Augenbrauen diesen Eindruck auch noch optisch zu verstärken schien.

1920 lernte er in seiner bescheidenen Schwabinger Pension die Offizierstochter Ilse Pröhl kennen – die erste Frau im Leben des Sonderlings. An das erste Treffen mit ihrem späteren Ehemann erinnerte sie sich so: »Plötzlich sprang, durch einen äußeren Zugang in den Garten gelangt, ein junger Mann in feldgrauer Uniform, am Arm den bronzenen Löwen des Freikorps Epp, drei Stufen auf einmal nehmend, die kleine Treppe hinauf. Ein Ruck bei meinem unerwarteten Anblick, ein höchst finsterer und abweisender Blick unter buschigen Brauen, ein knappstes, aber höfliches Verbeugen – weg war er! Das war Rudolf Heß.« Es war nicht gerade ein leidenschaftliches Entflammen füreinander. Bezeichnenderweise brauchte Heß lange, um sich mit dem Gedanken, eine Frau an seiner Seite zu haben, anzufreunden. Seinen Eltern beschrieb er Ilse wenig schmeichelhaft: Aus einer »Grube voller Schlangen« habe er den »einzigen Aal« gefischt. Doch Ilse Pröhl wurde mehr als nur Freundin, Verlobte und Ehefrau. Als eine der ersten Frauen trat sie der NSDAP bei und half in den Jahren vor der Hochzeit auch bei der politischen Arbeit.

Diesem privaten Umschwung folgte an einem Maiabend 1920 ein Erlebnis, das sein Leben verändern sollte: In einem Münchener Bierkeller, dem »Sterneckerbräu«, hörte Rudolf Heß einen

Redner der Deutschen Arbeiterpartei (DAP), einer der vielen völkischen Splittergruppierungen in Bayern. In der Gaststätte hatten sich knapp zwei Dutzend Zuhörer versammelt. Eine Kellnerin servierte Bier in Maßkrügen. Zigarettenqualm lag in der Luft. Der Redner war ein paar Jahre älter als Heß, trug gescheiteltes, dunkles Haar und einen fast rechteckig gestutzten Schnurrbart. Auf einem Handzettel der DAP wurde sein Beruf als »Kunstmaler« angegeben.

Mit starkem österreichischen Akzent begann er, die Ereignisse der letzten Jahre zu schildern: den Versailler Vertrag als Verbrechen am deutschen Volk, den »Verrat« der bürgerlichen Regierung an den Frontsoldaten, und er beschuldigte die Juden, Drahtzieher von allem zu sein. Längst hatte sich sein Vortrag zu ekstatischem Geschrei gesteigert. Heß war gebannt. Es war sein Erweckungserlebnis. Dieser Mann schien ihm aus der Seele zu sprechen. Noch in der Nacht stürmte er in das Zimmer seiner Freundin. »Der Mann, der Mann«, stammelte er begeistert, »es sprach ein Unbekannter, den Namen weiß ich nicht mehr. Aber wenn jemand uns von Versailles befreien wird, dann ist es dieser Mann, dieser Unbekannte wird unsere Ehre wieder herstellen!« Ilse Heß schilderte später, ihr Mann sei »wie ausgewechselt gewesen, lebendig, strahlend, nicht mehr düster, nicht vergrämt«.

Hitler war 1920 weit davon entfernt, »Führer« zu sein. Vorläufig kämpfte er noch innerhalb der winzigen DAP um die Macht. Die spätere Gewalt seiner Rede allerdings war schon spürbar. Heß gehörte zu den ersten, die dieser Demagogie verfielen. Wenige Tage später entschloß er sich, dem redenden Maler zu folgen. Die Gründe dafür waren vielschichtig. Gewiß, Hitlers noch ungeordnete politische Vorstellungen entsprachen weitgehend denen, die sein zukünftiger Jünger im völkischen Milieu der »Thule« verinnerlicht hatte. Beide waren Frontkämpfer. Beide hatten eine schwere Verwundung erlitten, und beide waren durch den Zusammenbruch der kaiserlichen Heere persönlich verletzt. Doch Heß erlag auch einem anderen, inneren Verlangen: der Sehnsucht nach Autorität. Nach der Loslösung vom Vater war er stets auf der Suche nach einem Fixpunkt gewesen. In der Armee hatte die militärische Hierarchie dieses Vakuum gefüllt, später für kurze Zeit der Lehrer und väterliche Freund Karl Haushofer.

Jetzt schien dieser »Mann« aus dem »Sterneckerbräu« nicht

nur geeignet, zur neuen, persönlichen Autorität zu werden, sondern auch eine Lösung für den bohrenden Schmerz über den Zustand der Nation zu bieten – eine fatale Symbiose privater und politischer Sehnsucht für Heß. Hier deckten sich seine Wünsche mit dem Zeitgeist. In zahlreichen Büchern, Gedichten und Artikeln jener Jahre war von »dem Einen« die Rede, der die Rettung der Nation bringen würde. Für Heß war Hitler jener »Eine«, und von nun an machte er es sich zur Aufgabe, diesen nationalen »Retter« ans Ziel zu bringen.

Hitler fand sofort Gefallen an dem jungen Helfer, der sich ihm wie ein Jünger anschloß. Heß war zuverlässig, kannte aus seiner »Thule«-Zeit einflußreiche Leute und verfügte über eine Eigenschaft, die dem manisch monologisierenden Hitler sehr entgegenkam – er konnte zuhören. Innerhalb der noch kleinen Partei wurde das ungleiche Paar belächelt, das selbst Kaffeehausbesuche meistens gemeinsam unternahm: Heß, der Bürgersohn, zurückhaltend, mit guten Manieren – und Hitler, der aus einfachen Verhältnissen stammende Agitator, der auf andere so linkisch und verschlagen wirkte. Nichts deutete darauf hin, daß hier der künftige »Führer« der Deutschen und sein Stellvertreter auftraten.

Heß' Begeisterung für den »Tribunen«, wie er Hitler ehrfürchtig nannte, steigerte sich rasch zu ungebremstem Fanatismus. »Ein Prachtmensch«, schrieb er seiner Cousine und schwärmte dann mit gehöriger Übertreibung: »Kürzlich brachte er es in einer prachtvollen Rede fertig, daß am Schluß im Zirkus Krone die etwa 6000 Zuhörer aller Kreise das Deutschlandlied anstimmten. Etwa 2000 anwesende Kommunisten sangen mit.« Solcher Überschwang weckte natürlich bei Karl Haushofer, dem besorgten Gönner von Heß, nicht gerade Begeisterung. Der gebildete General rümpfte die Nase über den Emporkömmling Hitler, der weder Esprit noch Bildung vorzuweisen hatte. Freilich war wohl auch ein Quentchen Eifersucht im Spiel, daß es dieser Bierkellerredner aus Österreich fertigbrachte, seinen Lieblingsstudenten von der Universität fernzuhalten.

Heß entwickelte sich immer mehr zum Sekretär Hitlers – vor allem, als der 1921 die Führung der NSDAP an sich gerissen hatte. Er machte sich auch auf andere Weise nützlich, klebte mit seiner Freundin Ilse Werbeplakate, verteilte Handzettel und organisierte auf Hitlers Geheiß die erste »Studentische Hundertschaft« der SA. Vorlesungen besuchte der Nachwuchsfunktionär

*»Er war grün vor Ärger...« Bei der Namenstaufe des Heß-Sohnes Wolf-Rüdiger am 9. November 1938 (Pogromnacht) war Hitler Taufpate.*

Heß war von allen meinen Chefs sicher der beste. Er war immer höflich und nett, und wir haben oft zusammen gelacht. Auch sein Gerechtigkeitssinn war sehr ausgeprägt. So hat er die Frau von General Haushofer immer geschützt. Auch sonst, wann immer er von besonderen Härten hörte, griff er ein und half den Betroffenen. Deshalb hieß er auch »die Klagemauer der Partei«. Viele baten ihn um Hilfe und Beistand. Zornig habe ich ihn kaum erlebt. Nur einmal war er wütend wegen der Kristallnacht, die hinter seinem Rücken organisiert worden war. Als er von der Aktion erfuhr, verbot er jedem Parteigenossen, sich daran zu beteiligen. Es war jedoch schon zu spät.

*Hildegard Faht, Heß' Privatsekretärin*

Meine Schwester fragte ihn einmal: »Großer, müssen wir jetzt nicht aus der Kirche austreten?« Er antwortete: »Nein, stell dir vor, wie die Leute reagieren würden. Die würden alle auch austreten, nur weil der Heß ausgetreten ist. Und das geht nicht, im Grunde brauchen wir die Kirche doch. Die Leute verlieren sonst ihren Halt. Wir bleiben drin!«

*Ingeborg Pröhl, Heß' Schwägerin*

kaum noch. Das Tauziehen zwischen Hitler und Haushofer um die Zukunft von Rudolf Heß war entschieden. In Saalschlachten mit politischen Gegnern erwarb er sich als Draufgänger einen gewissen Ruhm. Die Tatsache, daß ihm ein von Kommunistenhand geführter Bierseidel einmal eine klaffende Kopfwunde zugefügt hatte, wurde in den späteren Reden des »Stellvertreters« zur immer wiederkehrenden Phrase: »Wer wie ich blutend vor dem Führer zusammengebrochen ist...«

Doch um in der frühen NSDAP zu renommieren, fehlte Heß eine maßgebliche Fähigkeit. Er konnte nicht reden! Wenn Heß auf einem Podium stand, sprach er gehemmt und verkrampft. Zuhörer hatten den Eindruck, daß er froh war, wenn seine eigenen Ansprachen vorbei waren. Hermann Esser, Parteiredner in der Frühzeit, meinte: »Vor einem Dutzend Menschen kann Heß keinen zusammenhängenden Satz reden.«

Dennoch begann man in der Partei, den verläßlichen Helfer an Hitlers Seite ernst zu nehmen. Im *Völkischen Beobachter*, der neuen Parteizeitung, durfte er am 31. Juli 1921 in einem Leitartikel das Programm der Partei erläutern, das bereits die wesentlichen Punkte der späteren Jahre enthielt: Es war antiparlamentarisch, antijüdisch, antikapitalistisch – und visierte als Ziel die Schaffung einer »nationalen Volksgemeinschaft« an. Heß gehörte zwar nicht zu den Verfassern des Programms, er war kein Kopf der Partei und ist es nie geworden – doch er gab ihr schon in dieser Frühzeit ein Gesicht: fanatisch, gläubig, und auf fatale Weise auch glaubwürdig. Konsequent begann er, einen Mythos um seinen »Tribunen« zu errichten. Jener Titel, den zwölf Jahre später jedes Kind in Deutschland mit Hitler in Verbindung bringen sollte, ist das Werk von Heß. Als erster nannte er Hitler den »Führer«.

Im November 1923 schickte sich dieser »Führer« zum erstenmal an, Geschichte zu schreiben. In Bayern herrschte ein explosives Klima. Die Inflation hatte einen ungeahnten Höhepunkt erreicht. Ein Laib Brot kostete mehr als eine Billion Reichsmark. Hunderttausende Existenzen waren durch den rasenden Geldwertverfall ruiniert worden. Besonders im Süden der ungeliebten Republik von Weimar wurde der Ruf laut, Schluß zu machen mit der »Mißwirtschaft der Parlamente«. Ein Jahr zuvor hatten in Italien Benito Mussolini und seine faschistischen Schwarzhemden mit ihrem »Marsch auf Rom« vorgemacht, wie man in einem maroden Staat die Macht ergreifen konnte. Hitler war zwar kein Mussolini und seine NSDAP noch immer eine Splitterpartei, die jenseits der Grenzen Bayerns fast niemand kannte, doch er glaubte sich schon stark genug, um zu handeln. Am 8. November wagte er den Staatsstreich.

Heß beschrieb in einem Brief an seine Eltern noch am selben Tag seinen Eindruck vom Geschehen – ein Dokument ersten Ranges. Demnach gab der Exgefreite Hitler dem Leutnant a. D. Heß am Morgen um neun Uhr den Befehl, sich bereit zu halten, um abends sämtliche bayerischen Minister zu verhaften: »Ein ehrenvoller und wichtiger Auftrag. Ich versprach unbedingtes Schweigen, und wir schieden bis zum Abend.« Mit Hitler, Göring und einer Handvoll bewaffneter SA-Männer drang der Putschist Heß gegen sechs Uhr nachmittags in den »Bürgerbräukeller« ein, wo die Landesregierung eine Kundgebung abhielt. »Hitler sprang auf einen Stuhl«, so seine Schilderung, »wir Begleiter folgten, wir verlangten Ruhe, sie trat nicht ein. Hitler gab einen Schuß in die Luft ab – das wirkte. Hitler verkündete: ›Soeben ist die nationale Revolution in München ausgebrochen; die ganze Stadt wird im gleichen Augenblick von unseren Truppen besetzt. Der Saal selbst ist mit 600 Mann umstellt.‹«

Schon am nächsten Tag stellte sich der Putschversuch als ein dramatischer Bluff heraus, dilettantisch geplant und operettenhaft in Szene gesetzt. Im Gewehrfeuer einer Polizeieinheit scheiterte der erste Versuch Hitlers, die Macht zu ergreifen, blutig. Das Gedenken an die vierzehn Opfer jenes 9. November 1923 sollte später zum jährlich gefeierten, düsteren Ritual werden – mit Fackelschein, Trommelwirbeln und all dem Pathos, den die Zeremonienmeister des Regimes zu wecken wußten. Daß Rudolf Heß dabei stets in der ersten Reihe der »alten Kämpfer« marschierte, war eine bewußte Verdrehung der Geschichte, denn am 9. November, beim blutigen Desaster vor der Feldherrnhalle, war er in Wahrheit nicht dabei.

Auftragsgemäß bewachte er zur gleichen Zeit Geiseln aus der bayerischen Staatsregierung, die beiden Minister Schweyer und Wutzelhofer. Als er vom Scheitern des Putsches erfuhr, requirierte er einen Wagen und floh mit seinen beiden »Schutzbefohlenen« in Richtung Bad Tölz. Den weiteren Verlauf der Geiselnahme schilderte Heß wieder in dem Brief an seine Eltern: Bei Einbruch der Dunkelheit versuchte er, in einem Hof am Wegesrand Quartier für die ungewöhnliche Reisegemeinschaft zu machen. »Als ich zurückkam, war das Auto aus einem mir bis jetzt unbekannten Grund fortgefahren. Die Minister sind dann in München eingetroffen. Vielleicht war es die beste Lösung.« Tatsächlich war die Flucht der Minister aus seinem Gewahrsam kein Ruhmesblatt für den Möchtegernputschisten, ebensowenig sein weiteres Verhalten: Noch am selben Tag setzte sich Rudolf Heß über die Grenze nach Salzburg ab.

Während Hitler und die meisten anderen Putschisten im Gewahrsam der Polizei auf ihren Prozeß warteten, blieb der Sekretär untergetaucht. Benimmt sich so ein Vasall, der seinem Herrn »hündisch« ergeben ist, wie einige Biographen schon den frühen Heß charakterisieren? In der Abgeschiedenheit wechselnder Verstecke in den Alpen genoß er die Natur, fuhr Ski, traf sich mit seiner Freundin und widmete sich auch wieder seinen volkswirtschaftlichen Studien.

Ein letztes Mal in seinem Leben schien er zu schwanken. In einem Brief an die Eltern grübelte er: »In meinen Jahren noch immer ohne wohlbestallten Ruf, ohne Haus, Kind und Kegel...« War für einen kurzen Augenblick der Weg zurück möglich, in eine bürgerliche Existenz? Keimten bei Heß Zweifel, daß nach der Katastrophe vom 9. November die Partei noch einmal zu neuem Leben erweckt werden könnte? Verblaßte die Anziehungskraft des »Tribunen« auf seinen Helfer, da dessen Aufstieg durch die Staatsmacht so jäh gestoppt schien?

Erst die Nachrichten aus der Münchener Kriegsschule, wo ein »Volksgericht« über die Putschisten zu befinden hatte, richteten den Flüchtling wieder auf. Hitler nutzte den Prozeß als politische Bühne für sein Rednertalent – und die Richter ließen ihn gewähren. Das Fiasko vor der Feldherrnhalle wandelte sich unerwartet in einen Triumph. Passagen seiner Rechtfertigungstiraden wurden von den Zeitungen gedruckt. Als Heß einen Ausschnitt in die Hand bekam, jubelte er: »Sie ist wohl eine der besten, gewaltigsten Reden, die er je gehalten hat.« Der Bann war wiederhergestellt. Die Urteile gegen die Hochverräter fielen milde aus. Hitler erhielt fünf Jahre Festungshaft und 200 Goldmark Geldbuße. Ihm wurde in Aussicht gestellt, die Strafe bei guter Führung nach sechs Monaten zur Bewährung auszusetzen.

Wie ein Jünger, der seinen Glauben zurückgefunden hat, machte sich Heß auf den Weg nach München. Jetzt wollte er sich den Behörden stellen. »Schlimmer als dem Meister kann es mir ja wohl nicht ergehen«, beruhigte er seine Eltern. Die Zeit drängte. Im Mai 1924 sollten die »Volksgerichte« in Bayern abgeschafft werden. Würde es dem Nachzügler nicht mehr gelingen, hier vor Gericht gestellt zu werden, dann drohte das Reichsgericht in Berlin – mit weit härteren Strafen. Doch Heß hatte Glück. Nach wenigen Tagen Verhandlung wurde er zu 18 Monaten Festung verurteilt und wie Hitler ins Gefängnis von Landsberg gebracht.

Die folgenden Monate waren für das Verhältnis von Heß und Hitler entscheidend. Erst in Landsberg festigte sich jene enge Beziehung endgültig, die »Führer« und »Stellvertreter« über ihre »Trennung« 1941 hinaus verbinden sollte. Die Karriere von Heß begann dort, wo sie endete: hinter Gittern. Dabei entsprachen die Haftbedingungen in Landsberg dem milden Umgang der Richter mit den Umstürzlern. In einem modernen, geräumigen Gebäude, das eher einem Sanatorium glich als einer Haftanstalt, genossen die politischen Gefangenen weitreichende Freiheiten.

Als Heß eintraf, hatte Hitler schon ein eigenes Zimmer, dessen Türen nie verschlossen wurden. Die engsten Vertrauten wohnten mit ihm im ersten Stock, der von den anderen Gefangenen ehrfurchtsvoll »Feldherrnhügel« genannt wurde. Heß erhielt das Zimmer neben Hitler, der seinen Gefolgsmann nahe bei sich haben wollte. »Der Tribun sieht glänzend aus«, meldete sich Heß bei seiner Freundin Ilse beglückt. »Sein Gesicht ist nicht mehr so mager. Die erzwungene Ruhe tut ihm gut.« Doch für Hitler war die Zeit in Landsberg nicht nur körperliche Regeneration, sondern vor allem politische Einkehr. Nach dem Scheitern seines ersten Anlaufs plante er in luxuriöser Haft die Zukunft der »Bewegung«.

Heß spielte dabei mehrere Rollen zugleich: als Diskussionspartner, Stichwortgeber und Testpublikum. Sein direkter Einfluß auf das Gedankengebäude, das Hitler entwickelte und in seinem Bekenntnisbuch »Mein Kampf« auch formulierte, war wohl größer als bisher angenommen. Dabei war Heß nicht Sekretär, der das Manuskript für den Verfasser tippte, sondern Berater. Vor allem die geopolitischen Thesen seines Lehrers Haushofer fanden Eingang beim »Tribunen«. »Lebensraum im Osten«, dieses Kernstück der Geopolitik Haushofers, wurde auch zur zentralen Forderung im außenpolitischen Teil von »Mein Kampf«.

Haushofer selbst, mehr als zwei Jahrzehnte später dazu von den Alliierten in Nürnberg befragt, wollte verständlicherweise von seiner Urheberschaft in Sachen »Lebensraum« nichts mehr wissen. Erst nach hartnäckigem Insistieren der Vernehmer räumte der Professor ein: »Ja, diese Ideen kamen über Heß zu Hitler, aber der hat sie nie wirklich verstanden, und er hat meine Bücher nie gelesen.« Wenige Wochen nach diesem Verhör beging Haushofer Selbstmord.

In Landsberg fanden die beiden Häftlinge auf dem »Feldherrnhügel« nicht nur politisch zueinander. Bezeichnend eine Szene im Juni 1924: Hitler trug einige Seiten aus dem Manuskript »*Mein Kampf*« vor: über die Augustbegeisterung 1914, über die Kameradschaft im Schützengraben, über den Tod der Kameraden. Die Szene in der Zelle geriet zum Rührstück: »Der Tribun hatte zuletzt immer langsamer, immer stockender gelesen«, schrieb Heß an Ilse Pröhl, »dann ließ er plötzlich das Blatt sinken, stützte seinen Kopf in seine Hand – und schluchzte. Daß es da auch mit meiner Fassung zu Ende war, brauch ich Dir das zu sagen?« Gemeinsame Tränen der beiden Weltkriegsveteranen – so etwas schweißt für immer zusammen. Das Ende des Briefes: »Ich bin ihm ergeben mehr denn je, ich liebe ihn.«

Von nun an konnte sich Heß dem Bannkreis Hitlers nie wieder entziehen. Wohin der »Tribun« den Weg der Partei auch lenkte, Heß würde folgen. Die neue Marschrichtung gab Hitler schon in Landsberg vor. »Wir werden unsere Nasen in den Reichstag stecken«, sagte er. »Es wird zwar länger dauern, die Marxisten zu überstimmen, als sie zu erschießen, aber schließlich wird uns ihre eigene Verfassung den Weg zum Erfolg garantieren.« Als Heß fragte, wann er hoffte, die Macht zu übernehmen, antwortete Hitler: »Mindestens fünf, höchstens sieben Jahre.« Es sollte nur ein Jahr länger dauern.

Der langsame Weg zur Macht: Nach der Entlassung aus Landsberg, wo ihn Ilse Pröhl im Wagen abholte, ordnete Hitler die Partei neu und begann mit dem »legalen« Versuch, sein Ziel zu verwirklichen. Wahlkampfreisen, Parteikundgebungen und immer wieder Reden – die NSDAP startete ihren Dauerfeldzug um die Wählergunst. Zunächst war dies ein mühsames Unternehmen. In der zweiten Hälfte der zwanziger Jahre, den »golden Twenties«, erholte sich die deutsche Wirtschaft von der Inflation. Die ungeliebte Republik schien doch dauerhafter zu sein, als dies 1923, im Jahr der Krisen, zu vermuten war.

Es waren schlechte Zeiten für Radikale – die NSDAP erreichte bei Reichstagswahlen bis 1930 nie mehr als zwei Prozent der Wählerstimmen. Der Privatsekretär des Parteichefs übte sich dennoch in ungezügeltem Optimismus. »Der Tag wird kom-

*»Das Opfer von Wahnvorstellungen...«
Heß und sein Stellvertreter Martin Bormann.*

Bormann war aus derberem Holz geschnitzt als Heß. Er ließ die Zügel der Parteileitung nicht mehr am Boden schleifen, sondern führte die Gauleiter an der Kandare, der sich die meisten knirschend fügten.

*Lutz Graf Schwerin von Krosigk, 1939*

Bormann war ein unangenehmer Mensch. Er war, was wir in Bayern »hinterfotzig« nennen. Solange er noch für Heß arbeitete, war er freundlich. Sowie er aber Heß den Rücken gekehrt hatte, arbeitete er gegen ihn.

*Stefanie Camola, Freundin der Familie*

Nach Heß' Englandflug 1941 wuchs Bormanns Macht natürlich ins Unermeßliche. Schon lange zuvor war es ihm gelungen, Heß fast völlig zu isolieren, ohne Zweifel einer der Gründe für Heß' verrückten Flug. Danach übernahm Bormann, der sich übrigens Heß' Frau gegenüber ganz entsetzlich benahm, sehr schnell, innerhalb von Tagen, alle seine Funktionen und ließ sich zum Sekretär des Führers ernennen.

*Speer, 1979*

men«, prophezeite er den Eltern, »da das deutsche Volk selbst seine Geschicke in die Hand nimmt, durchaus entsprechend der Verfassung, aber nicht im Sinne der Verfasser!« Außerdem, schrieb er, habe er einem »astrologischen Büchlein« entnommen, daß »alle Anzeichen« für Hitler sprächen. Datum des Briefes ist der 27. Januar 1927 – der erste Hinweis auf beginnende himmelszugewandte Neigungen.

Heß war in diesen Jahren der »Kampfzeit« fast ständig in der Nähe seines »Führers«. Als Sekretär organisierte er Hitlers Terminplan und reiste mit ihm von Veranstaltung zu Veranstaltung. Nachdem Hitler wieder einmal zwei Reden vor reserviertem Publikum in tosende Triumphe verwandelt hatte, registrierte Heß stolz und besorgt: »Zum Schluß hatte er sie. Aber der Tribun war fertig! Käsebleich, eingefallen, wankend, den Kopf schweigend auf den Tisch gelegt, kaum mehr verständlich vor Heiserkeit. Ich tue es nie wieder, so knapp hintereinander zwei Veranstaltungen anzusetzen.«

Auch wenn Hitler sich auf dem Obersalzberg in seinem neu erworbenen Haus »Wachenfels« aufhielt, war Heß meist dabei. Bei offiziellen Anlässen redeten sich beide mit »Sie« an, privat war man längst beim vertraulichen »Du«. Neidisch registrierten die anderen Paladine die anhaltende Gunst für Heß. Alfred Rosenberg etwa klagte: »Man kommt einfach nicht an Hitler heran, dauernd ist dieser Heß um ihn herum.« Andere Parteifunktionäre spöttelten wegen seiner zurückhaltenden, devoten Art schon über das »Fräulein« Heß. Tatsächlich schien Rudolf Heß schon vor 1933 das Selbstverständnis eines Dieners für eine höhere Sache entwickelt zu haben. Lärmende Auftritte, große Töne und jede Form von Profilierungssucht waren ihm ein Graus. Goebbels, der ihn 1926 zum erstenmal kennenlernte, notierte in sein Tagebuch: »Heß: der Anständigste, ruhig, freundlich, klug, reserviert.«

In der deutschen Öffentlichkeit blieb der Name des Mannes in Hitlers Schatten noch weitgehend unbekannt. Für Furore sorgten neben dem Parteichef der Braunhemden andere: der barocke und brutale Hermann Göring, Joseph Goebbels, der in Berlin für die Bewegung »trommelte«, oder der ehemalige Reichswehroffizier und SA-Chef Ernst Röhm. Heß gab sich zufrieden mit seiner Rolle, denn tatsächlich übertraf sein Einfluß den Bekanntheitsgrad bei weitem.

In der zutreffenden Annahme, er habe seine Stimme an Hitlers Ohr, wurde er in der Partei hofiert und geehrt. Heinrich Himmler zum Beispiel verlieh Heß nach und nach immer höhere Dienstgrade der SS, den »Obergruppenführer« sogar als Weihnachtsgeschenk am 24. Dezember 1932. Gleichzeitig nutzte Heß seine Position als Mittler zwischen Hitler und dem Rest der Partei, um seinen Chef von lästigen Querelen und Beschwerden abzuschirmen. Ohne von irgend jemandem formal dazu beauftragt zu sein, schuf der Privatsekretär auf diese Weise eine inoffizielle Parteifunktion als Koordinator und Kummerkasten.

Diese Aufgaben ließen kaum Raum für ein Privatleben. Ilse Pröhl, die nach sieben Jahren des Wartens mehr wollte als gelegentliche Bergwanderungen mit ihrem Freund, plante, eine Stellung in Italien anzunehmen – aus beruflichen Gründen, wie sie sagte, aber auch, um sich von dem Mann zu entfernen, der ohnehin lieber in der Nähe des »Führers« zu sein schien. Erst jetzt entschloß sich Heß, zu heiraten. Doch nicht er gab den Anstoß, sondern Hitler, der sich wohl auch um das Gerede Sorgen machte, das die vielen Junggesellen in seiner Umgebung auslösten. Ilse Heß beschrieb den entscheidenden Abend: »Wir saßen mit Hitler in der ›Osteria‹. Als ich über meine Italien-Pläne sprach, legte Hitler plötzlich meine Hand mit der von Rudolf Heß zusammen und sagte: ›Ist es Ihnen denn nie in den Sinn gekommen, diesen Mann zu heiraten?‹«

Am 30. Dezember 1927 gaben sich die beiden das Jawort. Es war eine schlichte Hochzeit. Auf eine kirchliche Trauung hatten die Brautleute aus »ideologischen« Gründen verzichtet. »Mit dem Himmel im landläufigen Sinn«, begründete Heß diesen Entschluß gegenüber seinen gläubigen Eltern, »haben wir beide ohnehin nichts zu tun.« Trauzeugen waren Hitler und Haushofer, die sich noch immer nicht besonders mochten. Die Eltern Heß fehlten, weil sie in Ägypten weilten, wo Fritz Heß sein Geschäft wiederaufgebaut hatte. Ilses Mutter dagegen kam vermutlich deshalb nicht, weil sie, wie Rudolf schrieb, auf »politisch ganz anderem Boden« stand als der Schwiegersohn.

Der Traum vom häuslichen Glück erfüllte sich für die frischvermählte Frau Heß jedoch nicht. Zwar bezog das Paar gemeinsam eine kleine Wohnung im Norden Münchens, doch den Großteil seiner Zeit verbrachte der Gatte weiterhin an der Seite des »Tribunen«. Ilse Heß sollte zeit ihres Lebens nur geteilte Liebe erfahren. Schon bald nach der Hochzeit vertraute sie einer Bekannten ernüchtert an, sie fühle sich bisweilen wie eine

»Klosterschülerin«. Doch zumindest konnte sie sich vor amourö-
sen Fehltritten ihres Mannes sicher fühlen. Auf Frauen wirkte
Rudolf Heß zwar mit seinem geheimnisvollen Wesen attraktiv –
wenn man den wenigen Berichten glauben darf. Seine Auffassung von Moral aber hätte einen Seitensprung wohl nie zugelas-
sen.

Der tugendhafte Ehemann blieb auch einer anderen alten
Liebe treu: seiner Flugleidenschaft. Nachdem er mangels Gelegenheit einige Jahre hatte pausieren müssen, bot der Kauf
einer einmotorigen Maschine durch den *Völkischen Beobachter*
wieder eine Möglichkeit, in die Pilotenkanzel zu steigen. Heß
unternahm zahlreiche Werbeflüge für die Parteizeitung. Bei
sportlichen Rundflügen, etwa dem »Deutschlandflug« oder dem
»Zugspitzflug«, nahm er teil, wann immer der Zeitplan seines
Chefs es erlaubte. Als deutsche Antwort auf die erste Atlantik-
überquerung durch den Amerikaner Charles Lindbergh plante
Heß im Sommer 1927 den ersten Atlantikflug in ost-westlicher
Richtung. Telegraphisch fragte er beim US-Automogul Henry
Ford um finanzielle Unterstützung an. Fords Sympathien für die
deutschen Nazis waren bekannt. Weil der aber dankend ab-
lehnte, verpaßte Heß diese erste Gelegenheit, auf dem Luftweg
Geschichte zu machen.

Wenigstens gelang es ihm, auf fliegerische Weise in Gerichts-
akten Eingang zu finden. In Hannover sprengte er 1931 mit dem
Parteiflugzeug im Tiefflug eine sozialdemokratische Kundgebung. Die Begründung der Strafanzeige gegen den Piloten vermerkt, daß er zweieinhalb Stunden lang immer wieder über die
Köpfe der Gegner gebraust war und selbst einem Marsch durch
die Häuserschluchten der Innenstadt »auf waghalsige Weise«
folgte. Die zwei Gesichter des Rudolf Heß – derselbe Mann, der
den Parteigenossen wegen seiner bedächtigen, ruhigen Art auffiel, riskierte lebensgefährliche Flugmanöver über vollgefüllten
Straßen. Diese Fähigkeit, urplötzlich alle Zurückhaltung abzulegen und das äußerste zu wagen, ist auch einer der Schlüssel zur
Erklärung des Englandflugs zehn Jahre später.

In den Briefen, die Heß später aus der Spandauer Haft geschrieben hat, erscheint das Jahrzehnt zwischen Landsberg und
der Machtergreifung als das glücklichste in seinem Leben. Mit
der Partei ging es aufwärts, Hitler war er so nah wie kein anderer,
und die Vision, Deutschlands »Ehre« wiederherzustellen, schien
immer realistischer zu werden. Die Schilderungen über Heß aus

218

jenen Jahren zeigen denn auch keine Anzeichen für die spätere geistige Verwirrung. Ein chronisch kranker Mann, wie manche Biographen glauben machen wollen, war er zumindest damals noch nicht.

Als die Partei am Münchener Königsplatz das »Braune Haus« bezog und Heß ein eigenes Büro bekam, dessen Einrichtung er gegen den Widerstand des Architekten geradezu spartanisch gestaltete, war er längst so etwas wie die »graue Eminenz« der Braunhemden. Auch als Spendensammler profilierte sich der Sekretär, der noch immer keinen offiziellen Titel trug. Die lukrativen Kontakte zu den Ruhrindustriellen, die wegen der »sozialistischen« Töne im NS-Wahlkampf noch zögerten, waren vor allem das Werk von Heß. »Er wirkte so integer«, erinnerte sich ein Diplomat des Auswärtigen Amtes. Besser als die radikalen »Radaumacher« der Partei, mitunter sogar besser als Göring, nahm der Kaufmannssohn die Kontakte zu den Schlotbaronen wahr. Deren großzügige Spenden ermöglichten erst jene Ankurbelung eines Wahlkampfs, der alle anderen Parteien in den Schatten stellte.

»Wenn nur das Dritte Reich recht bald erstehen würde. Es brächte sicher vielen eine Erlösung.« Der sehnliche Wunsch der Mutter vom 4. Mai 1932 erreichte ihren Sohn mitten in einem »Jahr zwischen Hoffen und Bangen«. Wirtschaftskrise, Arbeitslosigkeit und die Agonie der Regierungen hatten die NSDAP zur Massenbewegung anschwellen lassen. Mit 37 Prozent erreichte sie bei der Wahl im Juli ein überwältigendes Ergebnis. Doch Hitlers Erwartungen, zum Reichskanzler ernannt zu werden, erfüllten sich nicht. Hindenburgs Abneigung gegen den »böhmischen Gefreiten« und die begründete Furcht der Konservativen vor Hitlers Auffassung von Verfassungstreue verhinderten den Triumph im heißen Sommer 1932.

Die Partei stürzte in ihre schwerste Krise. Wie bei einem überspannten Bogen drohte nun, da das Ziel trotz des Wahlerfolgs fern blieb, das Band zwischen »Führer« und Basis zu zerreißen. Ungeduld, Resignation und Finanznot machten sich breit. Weil die Industriekapitäne ihre Taschen zugeknöpft hielten, hatte die Partei bald zwölf Millionen Reichsmark Schulden.

Die Krise machte Rudolf Heß krank. Eine schwere Furunkulose zwang ihn im September in ein Sanatorium. Die Mutter, die kurz zuvor bei ihm zu Besuch weilte, sah die Ursachen für die Erkrankung eindeutig im »Beruf«. Als Heß an seinen Platz zurückkehrte, hatte sich die Lage dramatisch zugespitzt. In der Novemberwahl hatte die NSDAP zwei Millionen Stimmen verloren. Die ersten Verluste bei Reichstagswahlen! Hitlers Nimbus erlitt ernsten Schaden.

Auch in der Partei bröckelte die Autorität des »Führers«. Gregor Strasser, der alte Weggefährte, der mit seiner »Reichsorganisationsleitung« das Funktionieren der Partei garantiert hatte, verhandelte am 4. Dezember 1932 auf eigene Faust mit Reichskanzler Schleicher – für Hitler und auch für Heß offene Rebellion! Daß Strasser aus Sorge um den Zusammenhalt der »Bewegung« das Gespräch mit der Regierung gesucht hatte, spielte keine Rolle. »Sie sind mir in den Rücken gefallen!« schrie ihn Hitler an. »Sie wollen nicht, daß ich Kanzler werde! Sie wollen die Bewegung spalten!« Strasser verstand die Welt nicht mehr und verließ wortlos den Raum. »Es ist schon schlimm genug, wenn einer ein Bohemien ist«, sagte er einem Vertrauten kopfschüttelnd. »Wenn er dazu hysterisch ist, dann gibt es eine Katastrophe.«

Am Abend schien Hitler so niedergeschlagen wie noch nie. »Wenn die Partei einmal zerfällt«, sinnierte er, »dann mache ich in drei Minuten mit der Pistole Schluß!« Nach all den Erfolgen, nach dem ungeahnten Aufstieg der Partei war ein Rückschlag einfach nicht einkalkuliert. Goebbels notierte in sein Tagebuch: »Wir sind alle sehr deprimiert.« Es waren nur die treuesten Parteigenossen, die sich an jenem Abend im Hotel »Kaiserhof« um Hitler versammelt hatten. Heß war natürlich dabei.

Seine Nibelungentreue wurde bald belohnt. Gregor Strasser, der für einen kurzen Moment das Schicksal der Partei in der Hand gehabt hatte, entfloh dem Streit mit Hitler in einem Nachtzug nach Italien. So kam es nicht zum drohenden Schisma. Den gescheiterten Rivalen sollte für sein eigenmächtiges Handeln dennoch Hitlers maßlose Rache treffen. Die Mordkommandos der SS, die am Tag des sogenannten »Röhmputsches«, dem 30. Juni 1934, ausschwärmten, erschossen auch Gregor Strasser.

Noch im Dezember 1932 zerstückelte Hitler den Machtapparat, den Strasser hinterlassen hatte: Neben dessen Stellvertreter, einem trunksüchtigen Apparatschik namens Robert Ley, wurde der treue Diener Heß der eigentliche Erbe von Strassers Organisation. Es war sein erstes Parteiamt überhaupt: die Leitung der »Politischen Zentralkommission«. Rudolf Heß war über Nacht zu einer Art Generalsekretär geworden – mit Befugnissen, die

Heß war ein sympathischer Spinner. Wir wußten alle, daß er so bestimmte Eigenheiten hatte, daß er zum Beispiel an Kräuterdoktoren glaubte. Er war ein begeisterter Anhänger von Hitler und kündigte ihn immer geradezu salbungsvoll an. Er schwor ihm ewige Treue, und daran hielt er sich auch. Heß war ein fast religiöser Nationalsozialist, ein Phantast und Idealist, und er war ein Mann mit sehr hohen Moralbegriffen.

*Reinhard Spitzy, Referent bei Ribbentrop*

*»Hoffentlich muß er mich nicht ersetzen...« Hitler und sein Stellvertreter Heß (mit Goebbels) (1941).*

Heß liebt Hitler! Heß war der einzige wahre Gentleman in Hitlers näherer Umgebung. Aber seine Liebe zu Hitler war eine Art von Hörigkeit. Für Hitler tat er alles, sogar Dinge, gegen die sich sein natürliches Gefühl für Anstand und Ehre aufbäumen mußte.

*Otto Strasser, 1973*

Mein Vater war ein Idealist und sehr von Deutschland überzeugt. Sein Ziel war immer das Wohlergehen seines Landes. Er war sicher kein typischer Machtmensch wie zum Beispiel Göring. Als der Krieg begann, wurde bei uns zu Hause alles abgeschafft, was entbehrlich war. Es blieb also ein einziges Auto für den ganzen, sehr umfangreichen Haushalt. Ähnlich wie Hitler führte er ein sehr strenges Leben.

*Wolf-Rüdiger Heß, Heß' Sohn*

auf dem Papier in sämtliche Gliederungen der NSDAP hinein-
reichten: Die gesamte Parteipresse und alle gewählten NS-Man-
datsträger außerhalb Preußens unterstanden von nun an der
Kontrolle von Heß. Hitlers Kalkül bei der Ernennung des Sekretärs zum »Aufseher« war durchschaubar: Die unbedingte Loyalität von Heß würde verhindern, daß wieder ein Funktionär gegen
die Autorität des »Führers« rebellierte.

Die Aufwertung des Sekretärs demonstrierte Hitler auch nach
außen. Zum entscheidenden Gespräch mit Franz von Papen,
dem konservativen Einflüsterer des greisen Präsidenten, durfte
Heß seinen Chef begleiten. Ironischerweise war es gerade die
Krise der NSDAP, die ihren Chef im Januar auf einmal hoffähig
machte. Sie nährte die Illusion des »Herrenreiters« Papen, den
Nazichef »zähmen« zu können. Es wurde ein Ritt auf dem Tiger.

Heß wußte nur teilweise über die Ränkespiele hinter den
Kulissen Bescheid, die am 30. Januar die Ernennung Hitlers zum
Reichskanzler ermöglichten. Wie die meisten Parteigenossen
war er überrascht und beglückt. Er gratulierte als einer der
ersten. Der Händedruck der beiden Frontkämpfer, Haftgenos-
sen und Weggefährten fiel lang und herzlich aus. Am folgenden
Tag schickte Heß seiner Frau ein Schreiben mit dem Briefkopf
des Reichskanzlers: »Mein liebes, kleines Mädele! Träum ich
oder wach ich – das ist hier die Frage! Ich sitze im Arbeitszimmer
des Kanzlers in der Reichskanzlei am Wilhelmplatz. Ministerial-
beamte nähern sich auf weichen Teppichen geräuschlos, um
Akten ›für den Herrn Reichskanzler‹ zu bringen.«

Hitler war am Ziel – was nun folgte, entsprach seinem Versprechen, daß er die Reichskanzlei nur noch als Leiche wieder
verlassen würde. Zwölf Jahre »Tausendjähriges Reich« und
Ströme von Blut lagen noch vor der endgültigen Erfüllung dieser
Prophezeiung.

Nach der Machterschleichung »durch die Hintertür« am
30. Januar folgte nun Schlag auf Schlag die eigentliche Machtergreifung, die mit einer Art Generalmobilisierung des ganzen
Volkes einherging. Reichstagsbrand, Ermächtigungsgesetz, die
Zerschlagung der Parteien, die »Gleichschaltung« ganz Deutschlands waren Eckpunkte des atemberaubenden Aufbaus einer
Diktatur. Nennenswerten Widerstand gab es nicht. In Deutschland »gingen die Lichter aus«, wie ein hellsichtiger Beobachter
bemerkte.

Auch für Heß begann ein neuer Abschnitt. Hitler ernannte ihn

222

am 21. April 1933 zum »Stellvertreter des Führers«. Ein verheißungsvoller Titel, der damals wie heute Anlaß zu Mißverständnissen gab – was wohl auch so geplant war. Denn mit dem neuen Titel war kaum realer Machtzuwachs verbunden. Die Stellvertretung galt nur »innerhalb der Partei«, und dort war er ja bereits als Leiter der »Zentralkommission« der formal ranghöchste Mann nach Hitler.

Für Heß bedeutete diese Beförderung denn auch zunächst etwas anderes: das Ende seiner öffentlichen Zurückhaltung. Der Stellvertreter rückte ins Rampenlicht. Im Herbst 1933 wurde er als Minister ohne eigenen Geschäftsbereich auch Mitglied der Regierung. Seine Akzeptanz in der Bevölkerung überraschte selbst die medialen Puppenspieler aus dem Propagandaministerium. Obwohl es noch keine demoskopischen Barometer für die Beliebtheit von Politikern gab, galt Heß gemeinsam mit dem volksnahen Göring bald als populärster Nazi – hinter Hitler, versteht sich.

Am Münchener Königsplatz entstand nun unter der Regie des »Vizekönigs ohne Macht« die neue Zentrale der Partei. Ein Teil der geplanten Monumentalbauten konnte vor Kriegsausbruch verwirklicht werden. Fertig wurden der »Führerbau« und das »Verwaltungsgebäude« der NSDAP mit den »Ehrentempeln« für die Toten des 9. November 1923 – in Stein gehauener Größenwahn. Zusammen mit den angrenzenden Häusern, die aufgekauft wurden, entstand rund um das »Braune Haus« ein Komplex für mehrere tausend Parteiverwalter – mit einem eigenen Kraftwerk, mit »gassicheren« Luftschutzkellern und einem unterirdischen Labyrinth von Verbindungsgängen.

In den neuen Gebäuden wucherte der Apparat des Stellvertreters. Aus dem Sekretär, der stets in der Nähe Hitlers gearbeitet hatte, war eine Art Behördenchef geworden. Dem ausufernden Parteiimperium unterstanden hunderttausende »Politische Leiter«, vom Gauleiter bis zum Blockwart. An zahlreichen Stellen gab es Überschneidungen mit den Kompetenzen staatlicher Stellen – ein Wildwuchs, den zu kanalisieren eigentlich die Aufgabe des Stellvertreters war. Doch Heß fand keinen Gefallen am Funktionärsdasein.

Rasch sah er sich nach einem eigenen, tüchtigen Sekretär um. Im Mai 1933 hatte sich bei ihm der weithin unbekannte Chef der »Hilfskasse der NSDAP« um einen Posten beworben. Der stiernackige Mann, seit 1927 in der Partei, schien ein zuverlässiger

Arbeiter mit großem Durchsetzungsvermögen zu sein. Sein Name war Martin Bormann.

Im Juli 1933 fing der »Neue« an. Schon im Oktober erhielt er den Rang eines »Reichsleiters der NSDAP«. Ein rasanter Aufstieg, über dessen Gründe man nur spekulieren kann. Sicher ist, daß Bormann sich sofort derart in die Arbeit stürzte, daß Heß fortan von lästigem Papierkrieg befreit war. Auch mimte er gegenüber seinem Chef konsequent den devoten Lakaien. Der arglose Stellvertreter hat wohl anfangs echte Sympathien für seinen Sekretär entwickelt. In Briefen scherzte er freundlich über sein »Bormännle«. Tatsächlich entwickelte sich dieser Prototyp des Technokraten immer mehr selbst zum starken Mann. Oft entschied er zwar im Namen, aber ohne Wissen seines Vorgesetzten. Skrupellos, machtgierig und verschlagen, gelang es ihm, seinen Chef schleichend zu entmachten. Daß Heß dies nicht erkannte, scheint unglaubhaft. Vielmehr lag wohl der Machtkampf mit einem Sekretär unter der Würde des Stellvertreters.

Rudolf Heß mochte wie Hitler keine Aktenarbeit. In einer Rede am 12. September gab er das auch unverhohlen zu: Akten solle man nicht »allzuviel Bedeutung beimessen«, empfahl er den anwesenden Gau- und Kreisleitern, was zähle, sei allein das »lebendige, eigene Urteil auf Grund persönlichen Eindrucks«. Genau wie sein Idol konnte er sich jedoch geradezu erschöpfend mit Detailfragen beschäftigen, mit ausgesprochenen Kleinigkeiten. Bis zu vier Stunden am Tag ließ er sich von Mitarbeitern den Gang der Parteiangelegenheiten vortragen. Da ging es um Fragen wie den Plan des »Bundes der heimattreuen bayerischen Ostmärker«, neue Fahnen anzuschaffen, oder um die Sorgen eines Kreisamtsleiters um die Kriegsopferversorgung in seinem Zuständigkeitsbereich.

Die drängenden Probleme löste er nicht. Die Herrschaft im »Dritten Reich« geriet allmählich zum undurchdringlichen Gestrüpp unterschiedlicher Instanzen. Ministerien und Parteiämter verwandten mehr Energie auf Kompetenzgerangel als auf ihr eigentliches Aufgabengebiet. Das lag zwar zum Teil in Hitlers Absicht, der sich getreu der Devise »teile und herrsche« unersetzlich machen wollte, doch Regierung und Verwaltung waren gelähmt. Jetzt rächte sich die Betrauung von Heß mit dem höchsten Parteiamt. Parteidisziplin wurde zur Phrase. Einzelne Gauleiter tanzten dem Stellvertreter öffentlich auf der Nase herum. Die grassierende Raffgier der »Goldfasane« aus den regionalen Parteiämtern – sie war vor allem eine Folge der Ohnmacht von Heß.

Doch trotz dieser offenkundigen Unfähigkeit, die Partei zu regieren, war Heß zumindest in den Friedensjahren eine zentrale Figur des Regimes. Seine Wirkung auf die Massen war enorm. Seine geradezu andächtigen Weihnachtsansprachen im Reichsrundfunk, die von ihm abgehaltenen rituellen Massenvereidigungen auf Hitler bei Fackelschein und Trommelwirbeln, die mit glühenden Augen vorgetragenen Parteitagsreden – Heß hatte an der verhängnisvollen Massenhypnose einen großen Anteil. Die Floskeln, die er auf Reichsparteitagen vor mehr als 100000 Anhängern ins Mikrofon brüllte, klingen heute banal – etwa die Formel:»Hitler ist Deutschland, so wie Deutschland Hitler ist.« Auf die Zeitgenossen aber übten solche Schwüre verheerende Suggestionskräfte aus.

Als der Hohepriester des »Führer«-Kults war Heß einer der effektivsten »Künder« seines Herrn, wie er sich selbst gern nannte. Bezeichnend eine nächtliche Massenvereidigung auf dem Münchener Königsplatz 1937, illuminiert nur von Dutzenden Feuerschalen: mit vor Andacht vibrierender Stimme sprach Heß als Zeremonienmeister die Eidesformel vor, und Zehntausende antworteten:»Ich schwöre Adolf Hitler – bei den Wächtern der Bewegung – und den Führern, die er mir bestimmt – unbedingten Gehorsam!«

Auf Film gebannt, haben diese Szenen viel von ihrer Gespenstigkeit verloren. Noch heute aber verblüfft die ungeheure Inbrunst, mit der Heß solche pseudosakralen Weihestunden abhielt – zumal er nach eigenem Bekunden ja öffentliche Auftritte haßte. Hier stand einer vor den Massen, der den Glauben an den »Führer« zum ersten Kredo gemacht hatte. Sein eigener Glaube machte ihn so glaubwürdig. Das innere Feuer dieses ersten Gralshüters des »Führer«-Kults, es war nicht gespielt.

Der Eifer, mit dem Heß den Herold seines Herrn mimte, trieb bisweilen groteske Blüten. Filmaufnahmen, die Leni Riefenstahl vom Reichsparteitag 1934 gedreht hatte, stellten sich zum Teil als unbrauchbar heraus. Wenige Monate später mußten daher die Aufnahmen im Atelier noch einmal nachgestellt werden. Albert Speer schilderte die Szene:»Heß kam an und wurde als erster zur Aufnahme gebeten. Genau wie vor den 30000 des Parteikongresses erhob er feierlich die Hand. Mit dem ihm eigenen Pathos aufrichtiger Erregung begann er sich genau dorthin zu wenden,

*»Frieden mit England...«
Rudolf Heß am Steuer der Me 110, mit der er nach Großbritannien flog.*

Im Herbst 1940 erzählte Heß mir, er müsse seine ganze Kraft auf eine Tat konzentrieren, die Deutschland die Rettung bringen würde. Als ich ihn fragte, was er mit »Rettung« meinte, antwortete er, daß er nicht darüber sprechen könne, daß er sich aber auf eine Tat von historischer Bedeutung vorbereite.

*Felix Kersten, Himmlers Arzt und Masseur, 1940*

Vom Ende des Jahres 1940 an wußte ich, daß bei meinem Chef Dinge vorgingen, von denen er seine engsten Mitarbeiter ausschloß. Herr Heß schien ein Geheimnis zu haben, an das wir bewußt nicht rührten.

*Alfred Leitgen, Heß' Adjutant, 1955*

Ich habe damals oft für Heß Reden getippt. Einmal, wir waren gerade alle zur Erholung bei einem Freund in Karlsbach, diktierte er mir dort im Garten eine Rede. Er wollte sie vor englischen Offizieren halten. Darin stand so ungefähr: »Wir wollen mit Euch ein Gentleman-Agreement vereinbaren, wir haben Euch kaputtgemacht, Ihr habt uns kaputtgemacht, nun müssen wir gegen den Osten zusammenhalten.« Während er mir die Rede diktierte, dachte ich immer: Ich möchte bloß wissen, wo Herr Heß diese Rede halten wird, wie kommt er jetzt wohl an englische Offiziere heran. Ich wurde aus der Sache nicht schlau, doch er nahm mir das Ehrenwort ab, nicht über die Rede zu sprechen. Daß er mit einem Flugzeug allein nach England fliegen will, darauf kam ich nicht.

*Laura Schroedel, Heß' Sekretärin*

Ich aß gerade mit dem Herzog und der Herzogin von Hamilton zu Abend, als er plötzlich angerufen wurde. Ein Anrufer sagte, daß ein deutsches Flugzeug abgestürzt wäre. Der Pilot sei mit einem Fallschirm unweit Glasgow gelandet und wolle unbedingt mit dem Herzog von Hamilton sprechen. Sein Name sei Alfred Horn. Der Herzog meinte, er kenne niemanden mit Namen Horn, und er würde morgen kommen. Der anrufende Offizier sagte: »Es ist etwas Merkwürdiges an dem Mann, ich denke, Sie sollten wirklich heute kommen.« Der Herzog ging tatsächlich und kam erst nachts um zwei zurück. Dann sagte er: »Haltet mich nicht für verrückt, aber ich glaube, Rudolf Heß ist in Glasgow. Was sollen wir nun machen?« Wir berieten uns und waren der Meinung, der Herzog müsse zunächst irgendwie dem Außenminister Lord Halifax Bericht erstatten. Das Ganze brachte den Herzog in eine sehr schwierige Lage, denn die Leute sagten natürlich: »Was soll das? Ist er etwa mit den Deutschen gut Freund?«

»Wie kann der Heß mir so etwas antun...?« Die Trümmer der Me 110, mit der Heß am 12. Mai 1941 bei Glasgow notlandete.

*Sandy Johnstone, britischer Luftwaffen-Vizemarschall und Freund des Herzogs von Hamilton*

Uns allen war klar, daß Churchill auf keinen Fall Interesse an Friedensverhandlungen hatte. Unser Außenminister Lord Halifax war ebenfalls nicht ernsthaft daran interessiert, hatte aber noch etwas anderes im Sinn. Er war immerhin bereit, sich Friedensangebote anzuhören. Aber da Churchill letztlich die Entscheidungsgewalt hatte, kamen wir gar nicht auf die Idee, daß irgendwelche Friedensverhandlungen möglich wären. Hinzu kam, daß Großbritannien gerade dabei war, sich Verbündete zu schaffen, also keinesfalls isoliert war. Also gab es keinen Grund, auf ein deutsches Friedensangebot einzugehen.

*Sir Frank Roberts, 1941 Diplomat im britischen Außenministerium*

wo Hitler nun eben nicht saß und rief in strammer Haltung: ›Mein Führer, ich begrüße Sie im Namen des Parteikongresses.‹«

Heß galt aber auch als Saubermann an Hitlers Seite, integer, zuverlässig, anständig. Das gute Gewissen der Partei: Tatsächlich ließ er einmal, als sein Chauffeur den privaten Mercedes-Sportwagen in der Fahrbereitschaft der Partei aufgetankt hatte, die Summe aus seinem eigenen Geldbeutel erstatten. Gezielt unterstützte die Propaganda dieses »saubere« Image. Die Laudatio der Zeitung *NS-Rheinfront* anläßlich des fünfundvierzigsten Geburtstags von Heß lobte ihn als »Mahner, der darüber wacht, daß der Nationalsozialismus rein und unverfälscht bleibt; daß alles, was im Namen des Nationalsozialismus geschieht, auch wirklich nationalsozialistisch ist«. Angesichts des Gebarens der Gauleiter im Zuständigkeitsbereich des Stellvertreters war das freilich blanker Hohn.

Dennoch traf die ironische Selbsteinschätzung von Heß, er sei die »Klagemauer der Bewegung«, einen wahren Kern. Hunderte von Beschwerden über Amtsmißbrauch und Fehlverhalten örtlicher Parteifunktionäre gingen täglich in München ein. Mit vielen beschäftigte sich der Stellvertreter selbst – ein Kampf für Gerechtigkeit im Dienste des Ungerechten. Seine Ermahnungen an die braunen Funktionäre schienen jedoch oft nicht viel mehr als Belustigung bewirkt zu haben. Etwa als er auf dem Parteitag 1938 die »Politischen Leiter« beschwor, das Rauchen und den Alkohol aufzugeben und täglich eine Stunde der Gesundheit zu widmen, da »die Gesundheit des nationalsozialistischen Führers der Nation« gehöre.

Mit dem Aufstieg ins höchste Parteiamt begann jedoch auch die Entfernung aus der Umgebung des geliebten »Führers«. Der weilte ohnehin jetzt öfter in Berlin. Einen ersten schweren Riß erhielt das Verhältnis der beiden im Sommer 1934. Der Chef der SA, Ernst Röhm, war nach der »Machtergreifung« zum Unruhefaktor geworden. Seine Parteiarmee war unzufrieden. Die versprochenen Pfründen waren den braunen Schlägern verwehrt geblieben. Röhm forderte nun ganz unverblümt mehr Macht für sich und die SA – auf Kosten der Reichswehr.

Hitler entschied sich nach einigem Zögern gegen den Duzfreund Röhm. Die Reichswehr würde er noch brauchen. Am 30. Juni ließ er die gesamte Führung der SA überfallartig verhaften und liquidieren. Heß war zutiefst enttäuscht – nicht über die

Morde, sondern darüber, daß man ihn vorher nicht eingeweiht hatte. Alfred Rosenberg schilderte, wie Heß mit einem verzweifelten Loyalitätsbeweis die Gunst Hitlers zurückzuerobern trachtete: Demnach wollte er den verhafteten Röhm mit den Worten »Das größte Schwein muß weg« eigenhändig liquidieren. Hitler jedoch erteilte den Auftrag anderen.

Als ein SS-Mann die Liste mit den weiteren Todeskandidaten vorlas, kam es zu einem Gefühlsausbruch des Stellvertreters. Alfred Leitgen, sein Adjutant, erinnerte sich:»Mein Chef war totenbleich, aber äußerlich ganz ruhig. Aber als der Name Schneidhuber fiel, machte er eine abwehrende Bewegung, warf den Kopf zurück und murmelte etwas. Er beugte sich zu Hitler, flüsterte ihm ein paar Worte zu. Der schüttelte unwillig den Kopf. Heß wurde plötzlich grün im Gesicht. Er ging in ein Nebenzimmer. Als ich ihm kurze Zeit darauf folgte, winkte er mich hinaus. Er krümmte sich vor Schmerzen, als ob er einen Magenkrampf hätte. In seinen Augen standen Tränen. Schneidhuber war sein Freund gewesen.«

Der doppelte Schmerz hinderte Heß jedoch nicht daran, wenige Tage nach den Schüssen vom 30. Juni in den Chor der Rechtfertigung einzustimmen und die Liquidierung von mehr als 200 Menschen als »Staatsnotwehr« schönzureden: »So treu, wie der alte SA-Mann zum Führer, so treu steht der Führer zu seiner alten SA. Der Führer hat die Schuldigen bestraft. Unser Verhältnis zur SA ist nunmehr wieder das alte.« Zweifel am Handeln Hitlers kamen Heß nicht. Hatte er nicht selbst in einem Aufsatz als Student 1921 hoffnungsvoll geschrieben: »Sein Ziel zu erreichen, stampft der Diktator auch über seine engsten Freunde hinweg!«?

Das »gute Gewissen der Partei« war in Wahrheit ebenso radikal und gewaltbereit wie die anderen Paladine. Nur mußte alles mit »rechten Dingen« zugehen. Genauso intensiv, wie sich Heß in den ersten Monaten nach dem 30. Januar gegen den »wilden« Terror der SA gewandt hatte, interessierte er sich für den Ausbau der »legalen« Gewalt in den Jahren danach. Von Himmler ließ er sich stundenlang durch das Konzentrationslager Dachau führen.

Am Terror per Gesetz gegen die Juden in Deutschland nahm der Stellvertreter regen Anteil. Die Nürnberger »Rassegesetze« von 1935 tragen seine Unterschrift ebenso wie das Berufsverbot für jüdische Anwälte und Ärzte. Wie andere aus dem innersten Führungszirkel hatte er jedoch ein ambivalentes Verhältnis zum Judentum. Drei Tage nach Verkündung der »Rassegesetze« rief

Heß privat beim alten Freund Haushofer an und versicherte ihm, seine Familie habe nichts zu befürchten. Haushofers Frau galt nach den »Rassegesetzen« als Halbjüdin. Im Krieg schlug der Stellvertreter vor, für Juden im besetzten Polen die Prügelstrafe einzuführen. Und er beteiligte sich rege an Vertuschungsmaßnahmen. 1935 höhnte er in kaltem Bürokratendeutsch: »Die nationalsozialistische Gesetzgebung hat gegen die Überfremdung korrigierend eingegriffen.«

Daheim, in der neuen Heßvilla im Münchener Vorort Harlaching, ging es demonstrativ bescheiden zu. Als einziger der hohen Würdenträger des »Dritten Reiches« versuchte Heß nicht, sich an seiner Stellung zu bereichern. Zum Fest der Namensweihe seines Sohnes erschien nur eine Handvoll ausgewählter Gäste. Eine kirchliche Taufe kam für Heß natürlich nicht in Frage – zwei Jahre später sollte er sich sogar dafür einsetzen, den Versand von christlicher Literatur an Frontsoldaten zu verbieten. Hitler kam als Namenspate. »Wolf-Rüdiger« sollte der Sproß des Stellvertreters heißen, »Wolf« nach dem frühen »Kampfnamen« Hitlers und »Rüdiger« nach dem treuen Helden aus der Nibelungensage. Es war ein historisches Datum, der 9. November 1938. Heß und Hitler schwelgten in Erinnerungen an den gemeinsamen Putschversuch anderthalb Jahrzehnte vorher. Am Abend klingelte das Telefon. Der Hausherr erfuhr, daß in ganz Deutschland die Synagogen brannten, daß Juden mißhandelt und ermordet worden waren. »Reichskristallnacht« sollte die verniedlichende Sprachregelung des Regimes diesen Abend später nennen.

»Als er vom Telefon zurückkam«, erinnerte sich die Privatsekretärin von Heß, »war er grün im Gesicht vor Ärger.« Wieder ein Vertrauensbruch. Niemand hatte den Stellvertreter von dem Pogromplan informiert, auch der Taufpate seines Sohnes nicht. Diesmal aber war er auch entsetzt über das Geschehen auf den Straßen. Wenn der Pöbel randalierte, entsprach das nicht dem Stil von Heß. Das war nicht »seine« Form von Gewalt. In einem telegraphischen Rundschreiben an alle Gauleitungen versuchte er am nächsten Tag, weitere Ausschreitungen zu unterbinden. Doch die Anweisungen des Stellvertreters wurden nicht mehr ernst genommen.

Die Empörung von Heß blieb eine Ausnahme. Gewöhnlich schloß er lieber die Augen. Als ihm Friedrich Rupp, stellvertretender Leiter einer Klinik im hessischen Stetten, schriftlich mit-

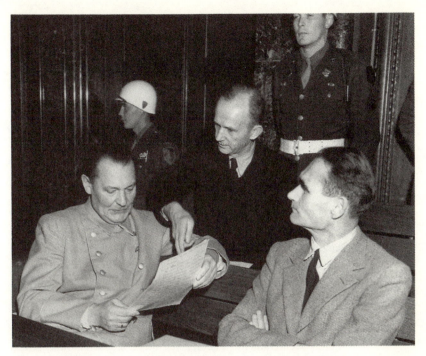

Heß war eine äußerst komplexe Persönlichkeit. Es wurde damals viel über die Umstände diskutiert, unter denen Heß nach England geflogen war. Die waren ja wirklich sonderbar. Auch wurde diskutiert, ob Heß überhaupt fähig war, dem Prozeß zu folgen und ihn durchzustehen. Die Frage nach seinem Gedächtnisverlust war sicher berechtigt. Ein Ärztegremium entschied dann, daß seine geistigen Fähigkeiten ausreichend waren, um dem Prozeß zu folgen.

*Lord Hartley Shawcross, britischer Ankläger in Nürnberg*

*»Gedächtnisverlust rein taktischer Art ...«
Heß auf der Anklagebank im Nürnberger Prozeß mit Göring und Dönitz (1945).*

Rudolf Heß ist ja am 10. Mai 1941 nach England geflogen, um in letzter Sekunde einen neuen Weltkrieg zu verhindern. Wenn ich die Sache richtig beurteile, hatte Heß damals 1941 den Status eines Parlamentärs. Der Parlamentär ist international rechtlich geschützt, und so hätte Heß von den Engländern nicht gefangengenommen werden dürfen. Man hätte ihn zurückfliegen lassen müssen.

*Dr. Alfred Seidl, Heß' Verteidiger in Nürnberg*

Sie werden sehen, diese Geistererscheinung wird verschwinden, und Sie werden binnen eines Monats der Führer von Deutschland sein!

*Heß zu Göring über den Nürnberger Prozeß, 1946*

231

teilte, in seinem Krankenhaus werde im Rahmen des »Euthanasieprogramms« systematischer Mord an geistig kranken Patienten begangen, schickte der Stellvertreter nur eine lapidare Antwort. Das Schreiben von Rupp sei zuständigkeitshalber an die SS weitergeleitet worden.

Rudolf Heß hatte vor dem eigentlichen Beginn des Massenmords an den Juden Deutschland verlassen. Hätte er den Holocaust genauso mitgetragen wie die staatliche Entrechtung der deutschen Juden vor dem Krieg? Heß verstand sich als »radikal«. »Nationalsozialismus ist angewandte Biologie«, hatte er gesagt. 1934 formulierte er in einer Rundfunkrede ein Verständnis des »Gehorsams«, das als eine vorweggenommene Anleitung für die SS-Mörder in Auschwitz verstanden werden konnte: »Treue in der Gesinnung bedeutet unbedingten Gehorsam, der nicht fragt nach dem Nutzen eines Befehls, der nicht fragt nach den Gründen eines Befehls, der gehorcht um des Gehorchens willen.« Solche Reden gehörten zu den vorbereitenden Arbeiten für das Jahrhundertverbrechen.

Im Gerichtssaal von Nürnberg jedoch erstarrte er bei der Vorführung eines Films über die Befreiung der Vernichtungslager. Heß schien nicht glauben zu können, welchen mörderischen Weg die »Endlösung der Judenfrage« in seiner Abwesenheit eingeschlagen hatte. Für ihn gab es nur einen Ausweg: Die Filmaufnahmen mußten Fälschungen sein. Hat er Hitlers Gedanken, die er seit der gemeinsamen Formulierung von »*Mein Kampf*« in Landsberg kannte, nicht zu Ende gedacht? Oder hat er die Konsequenzen vorausgeahnt und verdrängt? Ist es nur ein Zufall, daß Heß in jenen Jahren, da sich die »Rassepolitik« des Regimes immer mehr zu radikalisieren begann, pathologische Krankheitsbilder aufzeigte? Die Antwort darauf hätte nur der Gefangene von Spandau geben können.

Der Abschied von der Wirklichkeit, den der Stellvertreter unternahm, wurde von seiner näheren Umgebung genau registriert. Immer schon hatte Heß eine Vorliebe für Lehren im Grenzbereich menschlicher Erkenntnis gehabt. Zur Astrologie, die er zunehmend ernsthafter mit seinem Mitarbeiter und Freund Ernst Schulte-Strathaus betrieb, gesellten sich nach und nach andere obskure Leidenschaften: Wünschelrutengänger, Pendler, Traumdeuter und Hellseher gaben sich ein Stelldichein beim Stellvertreter.

Immer häufiger litt Heß jetzt unter Magen- und Gallenkoliken.

Weder die Schulmedizin noch Quacksalber und Wunderheiler, die der notorische Hypochonder konsultierte, verschafften Linderung. Alfred Rosenberg berichtete, daß sich Heß auf den Ratschlag eines dieser »Heilkundigen« hin sämtliche Zähne des Oberkiefers habe ziehen lassen, um einer vermuteten Infektion zu begegnen. Eine Besserung stellte sich auch dadurch nicht ein.

Natürlich blieb die wachsende Kauzigkeit seines Stellvertreters auch Hitler nicht verborgen. Kennzeichnend hierfür war folgende Begegnung. Wenn Heß in der Reichskanzlei zum Essen eingeladen war, ließ er heimlich in einem Blechnapf speziell für ihn zubereitetes vegetarisches Essen mitbringen. Eines Tages bekam Hitler, ebenfalls Vegetarier, Wind davon und stellte Heß bei Tisch zur Rede: »Ich habe hier eine erstklassige Diätköchin«, sagte Hitler nach der Erinnerung von Albert Speer. »Wenn Ihr Arzt etwas Besonderes für Sie verordnet hat, dann kann sie es gerne zubereiten. Aber Ihr Essen können Sie nicht mitbringen.« Heß versuchte dann die Extrawurst mit seinem speziellen Diätplan zu begründen, worauf ihm Hitler nahelegte, dann besser zu Hause zu essen. Speer: »Heß erschien darauf kaum noch zu den Mahlzeiten.«

Auch im Kreis der anderen Paladine witzelte Hitler über seinen seltsamen Stellvertreter, den er ansonsten im Gespräch immer noch freundschaftlich »mein Hesserl« nannte. »Ich hoffe nur, daß er mich niemals ersetzen muß«, sagte er zu Göring. »Ich wüßte nicht, wer mir mehr leid täte, Heß oder die Partei.« Zu wichtigen politischen Besprechungen wurde der Stellvertreter nicht mehr hinzugezogen. Sein Stabschef Bormann dagegen war nun ständig dabei.

Heß wurde statt dessen immer mehr zum reisenden Repräsentanten des Regimes: Winterhilfswerk, Kaffeekränzchen mit BDM-Grazien für die Wochenschau, Verleihung von Mutterkreuzen an die fruchtbarsten »Volksgenossinnen«, Ehrung von Weltkriegsversehrten – die Häufigkeit derartiger Auftritte auf dem Terminplan von Heß wuchs mit dem Verlust von Hitlers Gunst. »Er haßte solche Aufträge«, erinnerte sich die Sekretärin Laura Schrödl. Doch er drückte sich nie. Pflichterfüllung als oberstes Gebot, am Glaubenssatz des Vaters hielt der Sohn unverrückbar fest.

Der deutsche Überfall auf Polen am 1. September kam für Heß nicht überraschend. Pflichtbewußt hatte er während der Wochen zuvor in seinen Reden die propagandistischen Vorbe-

233

reitungen unterstützt. Fünf Tage bevor deutsche Truppen die Grenze überschritten, erklärte er mit gewohntem Pathos in Graz: »Wir stehen zur Fahne des Führers, komme, was da wolle.« Und dann mit unnachahmlicher Diktion: »Der Verantwortliche für die Unverantwortlichkeit Polens ist England!«

Zwei Wochen früher hatte Heß gegenüber Haushofer orakelt, der Krieg werde nur »ein kurzes Gewitter und kein Landregen« sein. Der Einwand des Freundes, man wisse nie, welche »Flutwelle« einem Gewitter folge, verhallte ungehört.

Der Stellvertreter sah seinen »Führer« nur noch selten. Als Kriegsherr scharte Hitler andere um sich. Dennoch wurde Heß offiziell aufgewertet. In seiner Rede am 1. September – der wohl zynischsten inoffiziellen Kriegserklärung aller Zeiten (»Seit 5.45 Uhr wird jetzt zurückgeschossen«) – regelte Hitler auch zum erstenmal öffentlich seine Nachfolge. Zum ersten »Führer«-Erben bestimmte er Hermann Göring und dann: »Sollte Parteigenosse Göring etwas zustoßen, dann ist sein Nachfolger Parteigenosse Heß!« Der dritte Mann im »Dritten Reich« – in Wahrheit war dies keine ernstgemeinte Ehrung, sondern ein Tribut an die Beliebtheit des Stellvertreters in der Bevölkerung. Hermann Göring, der sich über seinen potentiellen Nachfolger wenig begeistert zeigte, erfuhr von Hitler: »Wenn Sie Führer des Reiches werden sollten, dann können Sie doch Heß rauswerfen und Ihren eigenen Nachfolger bestimmen.« Außerdem berief Hitler seinen Stellvertreter zum Mitglied des »Ministerrats für Reichsverteidigung« – eine Ernennung, die vor dem Nürnberger Gericht zu Lasten von Heß ausgelegt werden sollte. Tatsächlich war der Verteidigungsrat ein Gremium ohne Bedeutung, und Heß hat niemals an einer Sitzung teilgenommen.

Am 3. September, deutsche Verbände hatten sich in Polen schon weit vorgekämpft, war der Stellvertreter allerdings noch einmal in der Reichskanzlei. Es war der Tag, als die Nachricht von der englischen Kriegserklärung eintraf. Nun sah es nicht mehr nach einem »kurzen Gewitter« aus. Fassungslos herrschte Hitler seinen Außenminister an: »Was nun?« Ribbentrop hatte immer wieder versichert, die Briten würden sich an einem Krieg nicht beteiligen.

»Mein ganzes Werk zerfällt nun«, lamentierte Hitler. »Mein Buch ist für nichts geschrieben worden.« Tatsächlich war nun eine der Kernthesen aus »*Mein Kampf*«, die Freundschaft mit England, hinfällig geworden. Die europäischen Brandstifter in

234

der Reichskanzlei bekamen es einen Moment lang mit der Angst zu tun. Tonlos murmelte Hermann Göring: »Wenn wir diesen Krieg verlieren, dann möge uns der Himmel gnädig sein.« In einem Anfall von konfusem Heroismus bat Heß militärisch knapp um die Erlaubnis, als Kampfflieger an die Front zu dürfen. Ein Mann von 45 Jahren – Hitler schaute seinen Stellvertreter ungläubig an und erteilte ihm dann schroff ein Flugverbot für die Dauer von einem Jahr. Heß schlug die Hacken zusammen und verließ schweigend den Saal.

Vorher war er noch Zeuge eines hilflosen Versuchs geworden, London aus dem Krieg herauszuhalten. Über einen schwedischen Diplomaten ließ Göring bei den Briten anfragen, ob er nicht per Flugzeug zu Verhandlungen auf die Insel kommen könne. Ein letzter Strohhalm, an den sich wohl auch Hitler klammerte. Die Antwort lautete kühl: »Die Regierung Seiner Majestät hat keine Zeit mehr für Diskussionen mit Herrn Feldmarschall Göring.« Ein untauglicher Versuch, auch aus der Sicht von Heß. Er wäre ohne Vorankündigung geflogen. Waren nicht vermittelnde Besuche seit dem »Friedensflug« von Chamberlain 1938 gute Tradition zwischen den beiden »nordischen« Staaten?

Es kam die Zeit der schnellen Siege. Ein neuer Begriff prägte das Kriegsjahr: »Blitzkrieg«. Auch Rudolf Heß jubelte über die unerwartet erfolgreichen Feldzüge, mit denen Hitlers Wehrmacht halb Europa unterwarf: Polen, Dänemark, Norwegen, Holland, Belgien, Frankreich. Doch der Krieg gegen Großbritannien blieb ein »Unglück« für den Stellvertreter. Ahnte er, daß Deutschland gegen die trotzige Insel auf verlorenem Posten stand?

Als die britische Armee bei Dünkirchen übers Meer entkam, glaubte der Stellvertreter an ein bewußtes Signal eines deutschen Entgegenkommens. Immer wieder hatte Hitler London Frieden angeboten: auf offiziellem Weg und über diskrete diplomatische Kanäle. Es wäre ein Frieden gewesen, der ihm in Europa freie Hand und dafür das Empire intakt gelassen hätte. Doch Churchill, der neue Premierminister, dachte nicht an ein Friedensabkommen mit einem Deutschland, das seine Nachbarn unterjocht und unverhüllten Terror zur Staatsmaxime gemacht hatte. Andere in seiner Regierung, allen voran der Außenminister Lord Irwin Halifax, wären wohl gesprächsbereit gewesen. Zumindest bis zum Beginn der deutschen Luftoffensive, mit der Hermann Göring versprochen hatte, England gefügig zu bomben.

235

Die Haltung Churchills zerschlug das gesamte Kalkül, das seit *»Mein Kampf«* Hitlers Eroberungsplänen zugrunde gelegen hatte. Besonders für den Stellvertreter war das alles ein tragisches Mißverständnis. Daß der Krieg aus der Sicht des Westens ein Kampf der Freiheit gegen die Diktatur geworden war, konnte er nicht nachvollziehen. Eigentlich war doch der Kommunismus der gemeinsame ideologische Gegner – so lautete ein verbreitetes Fehlurteil, das noch bis zum Kriegsende in Deutschland falsche Hoffnungen wecken sollte.

Im Sommer 1940 reifte ein neuer Gedanke. Vielleicht war der ausschlaggebende Moment ein Essen auf dem Berghof, bei dem Heß zugegen war. Rochus Misch, ein Soldat aus dem »Führerbegleitkommando«, erinnerte sich: »Auf einmal kam der Reichspressechef Dietrich und meldete: ›Mein Führer, die Engländer wollen nicht.‹ Darauf sagte Hitler verzweifelt: ›Mein Gott, was soll ich denn sonst noch tun? Ich kann doch nicht hinfliegen und mich vor den Engländern auf die Knie werfen!‹«

Heß begann nun, auf eigene Faust Außenpolitik zu machen. Bei seinem alten Lehrer Karl Haushofer suchte er Rat. Nach einem Besuch von Heß am 31. August auf dem Familiensitz der Haushofers schrieb der Berater an seinen Sohn Albrecht, es gelte jetzt, »unendlich Folgenschweres« abzuwenden. Reichlich kryptisch formuliert – denn die SS las mit –, bedeutete dies nichts anderes, als daß Haushofer seinen Freund von unbedachten Aktionen abzuhalten versuchen wollte.

Albrecht Haushofer, Professor wie sein Vater, erklärte sich bereit zu helfen. Der Gelehrte fühlte sich Heß verpflichtet, weil der seine schützende Hand über die »nichtarische« Familie hielt. Doch es war ein gefährliches Spiel, denn jede Verbindung zum Feind ohne Hitlers Wissen galt als Hochverrat.

Im Auftrag von Heß versuchte Albrecht nun, über einen Mittelsmann in Portugal Kontakt nach England zu knüpfen. Ziel sollte ein Treffen mit einem hochrangigen britischen Vertreter auf neutralem Boden sein. Als Adressaten dieser Botschaft entschied sich Heß für den Herzog von Hamilton. Wie die Wahl ausgerechnet auf diesen schottischen Adligen fiel, darüber kann viel spekuliert werden. Sicher ist, daß ihn Albrecht Haushofer leidlich kannte und daß er als passionierter Sportflieger dem Stellvertreter grundsätzlich sympathisch schien. Heß war ihm 1936 während der Olympischen Spiele von Berlin einmal kurz begegnet. Ob sie mehr als ein paar Höflichkeitsworte wechsel-

*»Ich bereue nichts...«
Rudolf Heß in seiner Zelle im Nürnberger Gefängnis.*

Niemand im Volk war damals der Auffassung, daß Heß ein »kleiner Mann« gewesen sei. Es hat sich ja erst nach der Nazizeit herausgestellt, daß er relativ wenig Befugnisse hatte. Aber er war ein Mittäter. Er war eine Person, die nie in irgendeiner Form Kritik am Geschehen in jener Zeit übte, im Gegenteil, er war eine Person, die dem Führer in Nibelungentreue ergeben war. Daran ändert auch nichts, daß er nach England geflogen ist. Die Greueltaten, die im Dritten Reich stattgefunden haben, die waren längst vor dem 10. Mai 1941 geplant. Der Angriffskrieg gegen Rußland war geplant, die Judenvernichtung war geplant, der Einsatz von Fremdarbeitern war geplant – das wurde ja nicht von heute auf morgen gemacht. All diesen Dingen lag langjährige Planung zugrunde, von der Heß gewußt hat und die er unterstützt hat. Unter vielen Gesetzen stand seine Unterschrift. Man kann sich doch dann nicht dadurch aus der Verantwortung ziehen, daß man sagt, »als es schließlich durchgeführt wurde, war ich nicht mehr da«.

*Arno Hamburger, Teilnehmer der Reichsparteitage*

Für Rudolf Heß war die Zeit 1941 stehengeblieben. Sein Verhältnis zu seinen Mitgefangenen war gleichwohl immer gut. Speer und von Schirach paßten immer ein bißchen auf den alten Mann auf, Speer machte ihm sogar das Bett. Am Schluß aber überlebte er sie alle.

*Eugene Bird, Kommandant in Spandau*

ten, ist fraglich. Doch Hamilton war alles andere als ein einflußreicher Politiker. Als Kommandeur der Luftverteidigung in Schottland mit einem militärischen Amt betraut, hatte er kaum Kontakte zum politischen London. Von einem eher romantischen Politikverständnis ausgehend, hielt der Stellvertreter den Herzog jedoch für einen geeigneten Verbindungsmann zur englischen Krone, deren wahre Bedeutung der Hobbyaußenpolitiker Heß bei weitem überschätzte.

Albrecht Haushofers Rolle bei den Friedensfühlern von Heß ist nie ganz geklärt worden. Wahrscheinlich spielte er ein Doppelspiel. Bei seinen guten Kontakten ins Ausland und auch zur Opposition gegen Hitler war die Zusammenarbeit mit dem politisch naiven Stellvertreter für ihn ein zweischneidiges Schwert. Einen Erfolg hielt er ohnehin für unwahrscheinlich. In einem Brief warnte er Heß, daß »alle irgendwie in Frage kommenden Engländer« einen vom »Führer« unterschriebenen Vertrag für einen »wertlosen Fetzen Papier« halten würden. Doch Heß hatte sich in seine Idee verrannt. Falls es ihm gelingen sollte, eine Verständigung herbeizuführen, dann müßte er damit doch die Wertschätzung Hitlers zurückerobern können – so hoffte er. Außenpolitische Fehleinschätzungen mischten sich mit irrationalen Gefühlsmomenten.

Die Kontaktaufnahme Albrecht Haushofers schlug fehl. Der britische Geheimdienst fing die Botschaft ab. Jetzt entschloß sich Heß zum Alleingang. Er selbst wollte als Parlamentär nach England fliegen. Ziel sollte wieder der Herzog von Hamilton sein, der praktischerweise auf dem Gelände des Familienbesitzes über ein Flugfeld verfügte. Karl Haushofer schien ihn bei seiner Entscheidung bestärkt zu haben. Auf einem Waldspaziergang erzählte er Heß von einem angeblichen »Traum«, in dem er ihn durch »mit Wandteppichen geschmückte Schlösser« habe wandeln sehen, um zwei großen Nationen den Frieden zu bringen. Für Heß, der an allerlei zwischen Himmel und Erde glaubte, ein gutes Omen. Noch aus englischer Haft schrieb er melancholisch an den Berater: »Ich denke oft an den Traum.«

Die Vorbereitungen rissen ihn aus der Apathie der letzten Monate. Goebbels notierte nach einem Treffen mit ihm erstaunt: »Er ist wieder in Schuß. Heß macht auf mich den besten Eindruck.« Doch niemand durfte erfahren, worum es ging – auch Hitler nicht, dessen Wohlgefallen das Unternehmen eigentlich wecken sollte. Es ist viel darüber gerätselt worden, ob Hitler nicht doch über den Flug seines Stellvertreters informiert gewesen und insgeheim der Drahtzieher der Aktion gewesen sei. Zahlreiche Historiker haben sich dieser Frage angenommen, doch vermochte keiner einen Beweis für eine Mitwisserschaft des »Führers« zu finden. Im Gegenteil: Die Umstände der Vorbereitungen und auch die Reaktionen nach dem Flug zeigten deutlich, daß Hitler dieses abenteuerliche Unternehmen niemals gebilligt hätte.

Bezeichnend war schon der erste Versuch von Heß, ein Flugzeug zu organisieren. Als er Ernst Udet, den alten Fliegerkameraden und Görings »Generalluftzeugmeister«, bat, ihm eine »Messerschmitt zum Vergnügen« bereitzustellen, erklärte der, er müsse erst die Zustimmung Hitlers einholen. Sofort wiegelte Heß ab und verzichtete. »Die Genehmigung des Führers«, meinte er zwei Jahre darauf, »dessen Flugverbot für mich doch gerade abgelaufen war, macht der harmlose Mensch zur Bedingung – ebensogut hätte ich mich gleich in Schutzhaft begeben können.«

Erst in den Messerschmitt-Flugzeugwerken in Augsburg wurde der »Friedensbote« fündig. Unter dem Vorwand, Testflüge durchführen zu wollen, erhielt er eine Jagdmaschine vom Typ Bf 110, die er nach und nach für seinen Langstreckenflug umbauen ließ. Niemand schöpfte Verdacht. »Wenn der Stellvertreter des Führers eine Maschine haben will«, erinnerte sich Testpilot Fritz Voss, »da hatten wir keinen Anlaß, Bedenken zu haben.«

Im Herbst begann er, englische Vokabeln zu büffeln. Seiner Sekretärin diktierte er eine Rede an englische Offiziere und nahm ihr das Ehrenwort ab, mit niemandem darüber zu sprechen. Diskret ließ er sich Wetterberichte und Sperrgebietskarten des Luftraums über der Nordsee beschaffen. Am 10. Januar unternahm er den ersten Versuch. Vor seinem Abflug übergab er seinem Adjutanten Karl-Heinz Pintsch zwei Briefumschläge: einen an Hitler gerichteten Abschiedsbrief und ein Schreiben, das vier Stunden nach seinem Abflug geöffnet werden sollte. Zwei Stunden nach dem Start verschlechterte sich das Wetter, und Heß kehrte um. Bei seiner Rückkehr in Augsburg mußte er feststellen, daß Pintsch einen der beiden Briefe bereits gelesen hatte. Sein Inhalt: Er, Heß, sei gerade »nach England« geflogen. Jetzt blieb ihm nichts anderes übrig, als den Adjutanten ins Vertrauen zu ziehen und auch ihm das Ehrenwort des absoluten

Stillschweigens abzuverlangen. Es war ein Versprechen, das Pintsch ins KZ bringen sollte.

Nach einem weiteren Startversuch war Heß Anfang Mai noch einmal in Berlin. Hitler hatte in diesen Tagen nur noch eines im Sinn: die Vorbereitungen für den Überfall auf die Sowjetunion. Natürlich wußte Heß davon und sah die Gefahren des Zweifrontenkriegs drohend vor Augen.

Am Abend sprach er mit Hitler noch einmal in der Reichskanzlei. Auch über den Inhalt dieser letzten Unterredung ist viel spekuliert worden. Sie dauerte nach der Aussage eines Polizeibeamten, der vor der Tür von Hitlers Arbeitszimmer Wache schob, vier Stunden. Am Ende hätten sich die beiden versöhnlich verabschiedet und Hitler gesagt: »Sie sind und bleiben ein alter Dickkopf.« Sicher ist: Heß hat sich noch einmal vergewissert, daß sich an Hitlers Wunschtraum eines Friedens mit Großbritannien nichts geändert hatte. Ein bislang unveröffentlichtes Dokument bestätigt dies: In den Unterlagen, die nach seinem Flug bei Heß gefunden wurden, befand sich auch ein sechzehnseitiges Manuskript für politische Verhandlungen. Darin unterbreitete er unverändert die gleichen Angebote, die Hitler ein Jahr zuvor noch vor dem Luftkrieg gegen England formuliert hatte: freie Hand in Europa und im Osten gegen die Unversehrtheit des Empires. Es war ein hoffnungsloses Verhandlungsangebot, das Churchill mehr als einmal schon schroff abgelehnt hatte. In seinem Manuskript berief sich Heß jedoch ausdrücklich auf die Übereinstimmung mit den Ansichten Hitlers: »Kein Interesse am Zusammenbruch des Weltreichs. Meine Unterhaltung mit dem Führer. Zuletzt am 3. Mai.« Über eine Einweihung Hitlers in die Flugpläne findet sich dagegen kein Wort in dem Manuskript – wie auch Heß in England die Frage, ob er im Auftrag Hitlers gekommen sei, stets verneinte.

Ein Astrologe hatte die Sterne am 10. Mai als günstig bezeichnet. Am Morgen spielte Heß in seiner Villa in Harlaching ausgiebig mit seinem vierjährigen Sohn, so lange, daß sich seine Frau zu wundern begann. Sie selbst fühlte sich an jenem Morgen unwohl und war im Bett geblieben. Gegen Mittag erschien ihr Mann in Fliegeruniform und verabschiedete sich von ihr. »Wann kommst du zurück?« Auf die Antwort »morgen« sagte Ilse in dunkler Vorausahnung: »Das glaube ich nicht. Komm bald zurück, der Junge wird dich vermissen.« – »Ich werde ihn auch vermissen.«

Gemeinsam mit Pintsch fuhr Heß nach Augsburg. Um 17.45

In meinen Augen war Rudolf Heß sicher nicht verrückt oder senil. Im Gegenteil: Er war intelligent und sehr konzentriert auf alles, was ihn interessierte. Er nahm lebhaft an allem teil, was um ihn herum passierte, und beschäftigte sich während seiner Gefangenschaft mit vielen Dingen. Beispielsweise wurde er zum Spezialisten für das amerikanische Weltraumprogramm. Auch körperlich war er noch kurz vor seinem Tod gut in Form, abgesehen von den üblichen kleineren Gebrechen. Er war ohne weiteres in der Lage, sich aufzuknüpfen.

*General Blank, US-Arzt in Spandau*

»Warum läßt man mich nicht sterben...?«
Der »teuerste Gefangene der Welt« im Garten des Spandauer Gefängnisses.

Heß versuchte mehrmals, Selbstmord zu begehen. Ich hörte von einem Versuch in englischer Gefangenschaft. Ein weiteres Mal versuchte er es, nachdem er als einziger Häftling in Spandau verblieben war. Dann verbesserten sich seine Haftbedingungen.

*Tony Le Tissier, Gefängnisdirektor von Spandau*

Uhr startete seine Messerschmitt. Um kurz nach zehn am Abend sprang er mit dem Fallschirm in die schottische Nacht. Es war der Moment, in dem alles endete. Es war das Ende einer fixen Idee, das Ende einer Karriere als gläubigster von Hitlers Helfern und das Ende der Freiheit von Rudolf Heß. Die zweite Hälfte seines Lebens verbrachte der Stellvertreter im Gefängnis. In der Nacht des 10. Mai 1941 vollendete sich in einem Akt von konfusem Heroismus sein Abschied von der Wirklichkeit.

In die angespannte internationale Lage platzte die Nachricht vom geflügelten Parsifal Rudolf Heß wie eine Bombe. Hitler wollte es erst nicht glauben, dann bekam er einen seiner Tobsuchtsanfälle. »Wie kann der Heß mir so etwas antun?« schrie er. Goebbels schrieb in sein Tagebuch, er könne sich die Sache nur als Folge von Heß' »Gesundbeten und Grasfresserei« erklären. Noch am selben Tag ließ Hitler die Adjutanten und Sekretärinnen von Heß verhaften. Dann zögerte er. Einen Moment lang schien er auf Nachrichten aus England gewartet zu haben. Man konnte ja nie wissen. Albrecht Haushofer wurde auf den Berghof gebracht und mußte unter Aufsicht ein Papier verfassen mit dem Titel: »Gibt es noch Möglichkeiten für einen Frieden mit England?«

Als die ersten Nachrichten aus England klarmachten, daß die Mission von Heß nicht die geringste Aussicht auf Erfolg gehabt hatte, war Schadensbegrenzung angesagt. Was sollten die Verbündeten denken? Gemeinsam mit Bormann entwarf Hitler eine Rundfunkmeldung, die Heß für verrückt erklärte und sich auf den Abschiedsbrief bezog, »der in seiner Verworrenheit leider die Spuren einer geistigen Zerrüttung« zeige, »die befürchten läßt, daß Parteigenosse Heß leider das Opfer von Wahnvorstellungen wurde«. Der Umgang mit der Affäre war allerdings alles andere als einheitlich. Ein vertrauliches Rundschreiben des Propagandaministeriums an die Kreisleiter der NSDAP vom 4. September 1941 teilte immerhin mit, der Stellvertreter sei »in lauterster Absicht« nach England geflogen. Wenigstens innerhalb der Partei sollte der Eindruck vermieden werden, an der Spitze der »Bewegung« sei Platz für Wahnsinnige.

Der deutschsprachige Dienst der BBC meldete wenige Tage nach der Ankunft von Heß spöttisch: »Heute keine weiteren Reichsminister eingeflogen.« Doch eine große britische Propagandaoffensive blieb zur Freude von Goebbels aus. »Was hätten wir daraus gemacht«, bemerkte der Propagandachef erleichtert.

242

Das Regime unternahm nun alles, um den unangenehmen Vorfall schnell vergessen zu machen. Die Wochenschau der zweiten Maiwoche wurde aus den Kinos zurückbeordert, weil in zwei Ausschnitten noch der Stellvertreter zu sehen war. Krankenhäuser, die den Namen von Heß trugen, wurden umbenannt. Die Adjutanten von Heß mußten nach monatelangen Verhören ins KZ. Auch der Astrologe Ernst Schulte-Strathaus wurde verhaftet.

Die Träume von Martin Bormann, der sich sofort von seinem ehemaligen Vorgesetzten distanziert hatte, erfüllten sich nicht. Er wurde zwar jetzt offiziell mit den Aufgaben betraut, die er sowieso schon ausübte, doch einen Stellvertreter ernannte Hitler nicht mehr. Verziehen hat er Heß wohl nie. Albert Speer berichtete von einem Gespräch im Jahr 1944: Hitler habe darauf bestanden, falls Heß jemals ausgeliefert werden würde, ihn »vor ein Standgericht zu stellen und sofort zu exekutieren«. In einem seiner Tischgespräche drohte er, Heß bleibe bei einer Rückkehr nur die Alternative »Erschießung oder Irrenhaus«. Erst in den letzten Tagen des Krieges schien sich der gescheiterte Diktator wieder auf andere Weise an seinen einstigen Gefährten erinnert zu haben. »Führer«-Fahrer Kempka berichtete Ilse Heß nach dem Krieg, in einem seiner letzten nächtlichen Monologe habe Hitler von ihrem Gatten als einzigem »Idealisten reinsten Wassers in der Bewegung« geschwärmt.

Die Geschichte von Heß nach seinem Fallschirmabsprung ist vor allem die Schilderung pathologischer Zustände. Churchill dachte nicht daran, den Stellvertreter Hitlers als Parlamentär zu behandeln. Auch für ihn kam der Heßflug höchst unwillkommen. Sowohl in Washington als auch in Moskau durfte keinesfalls der Eindruck von Friedensgesprächen entstehen. Der Herzog von Hamilton wunderte sich: »Es ist erstaunlich, wie wenig die Nazis uns verstehen.« Nach vielen Verhören, in denen Heß stereotyp erklärte, er komme »in einer Mission der Menschheit«, in denen er aber keinerlei neue Angebote unterbreitete, ließen die Briten den Emissär kommentarlos hinter Gittern verschwinden.

Zur großen Enttäuschung der britischen Regierung verriet er nichts über den Angriffstermin gegen die Sowjetunion – auch nicht nach der Verabreichung von Wahrheitsdrogen. Die Vernehmer berichteten nach London, daß Heß wohl tatsächlich nicht mehr ganz auf dem Boden der Realität stehe. Aus der Haft schrieb er noch einmal einen Abschiedsbrief an Hitler – ein Dokument geistiger Erstarrung: »Kaum je war es Menschen vergönnt, mit so viel Erfolg einem Manne und dessen Idee zu dienen, als denen unter Ihnen. Haben Sie von ganzem Herzen Dank für alles, was Sie mir gegeben haben und was Sie mir gewesen sind. Ich schreibe diese Zeilen in klarer Erkenntnis dessen, daß mir kein anderer Ausweg bleiben wird – so schwer mich dieses Ende ankommt. In Ihnen, mein Führer, grüße ich unser Großdeutschland, das einer ungeahnten Größe entgegengeht. Vielleicht bringt mein Flug trotz meines Todes oder gerade durch meinen Tod Frieden und Verständigung mit England. Heil mein Führer.« Einen Tag später stürzte er sich in seinem Gefängnis eine Treppe hinab. Doch dieser erste von insgesamt drei Selbstmordversuchen scheiterte. Heß brach sich nur ein Bein.

Während der prominenteste Gefangene des Zweiten Weltkriegs im Süden Londons immer mehr versteinerte, setzten die Armeen der Anti-Hitler-Koalition zum Sturm auf jenes »Großdeutschland« an, das Heß so gepriesen hatte. Regelmäßig mußten sich Psychiater um den berühmten Häftling kümmern. Seine Magenkrämpfe wurden chronisch. Die Wachen wurden angewiesen, weitere Selbstmordversuche zu unterbinden. Beschwerdebriefe des Gefangenen zeigten Anzeichen eines ausgeprägten Verfolgungswahns: »Sie taten ätzende Säure ins Essen. Die Haut meines Gaumens hing in Fetzen herunter.« Oder: »Das Essen schmeckt immer nach Seife, Spülwasser, Dung, verfaultem Fisch oder Karbolsäure. Das Schlimmste waren die Drüsensekrete von Kamelen oder Schweinen.«

Aus den paranoiden Symptomen seiner Krankheit flüchtete Heß schließlich in die Nacht der Erinnerungslosigkeit. Einer der behandelnden Ärzte befand: »Heß leidet an einer hysterischen Amnesie. Sie ist mit jener Form der Amnesie vergleichbar, die viele Soldaten unter starken Belastungen im Kriege entwickeln.«

Auch vor dem Kriegsverbrechertribunal von Nürnberg schien er zunächst unter Gedächtnisverlust zu leiden. Rudolf Heß wurde in allen Punkten des Verfahrens angeklagt: Verschwörung, Verbrechen gegen den Frieden, Kriegsverbrechen und Verbrechen gegen die Menschlichkeit. Juristisch war dies ein fragwürdiges Unterfangen – denn der Stellvertreter hatte vor dem Beginn des eigentlichen Massenmords Deutschland verlassen, und an der Kriegführung Hitlers war er nicht beteiligt. Schließlich wurden die letzten beiden Punkte fallengelassen.

Doch alle Hoffnungen der Familie und der Verteidiger auf eine Einstellung des Verfahrens wegen Verhandlungsunfähigkeit zerschlugen sich, als der Angeklagte in einem wirren Aufbäumen erklärte, daß sein »Vortäuschen von Gedächtnisverlust rein taktischer Art« gewesen sei.

Nach dieser Erklärung sank er wieder auf die Anklagebank und verfolgte mit leergebrannten Augen das Geschehen. War dieses Aufbäumen ein Anflug von sinnlosem Stolz oder nur der Versuch, die Aufmerksamkeit auf sich zu lenken? Rudolf Heß hat auch im Verfahren von Nürnberg keinen Anflug von Reue gezeigt. Verschlossen, voll herrischer Ablehnung gegenüber dem Gericht verharrte er gedanklich in der Welt, die er 1941 verlassen hatte.

Der sowjetische Ankläger verlangte auch für Heß die Todesstrafe, die Amerikaner wollten eine begrenzte Haftstrafe. Am Ende einigten sie sich auf »lebenslänglich«. Vielleicht wäre das Urteil milder ausgefallen, wenn Heß auf seine Schlußworte verzichtet hätte. Mit starren, in eine leere Ferne gerichteten Augen formulierte er das Bekenntnis eines Uneinsichtigen. Als Göring ihm zuflüsterte, er solle besser schweigen, herrschte er den Rivalen von einst an: »Unterbrechen Sie mich nicht.« Dann sagte er: »Es war mir vergönnt, viele Jahre meines Lebens unter dem größten Sohne zu wirken, den mein Volk in seiner tausendjährigen Geschichte hervorgebracht hat. Selbst wenn ich es könnte, wollte ich diese Zeit nicht auslöschen aus meinem Dasein. Ich bereue nichts. Dereinst stehe ich vor dem Richterstuhl des Ewigen. Ihm werde ich mich verantworten, und ich weiß, er spricht mich frei.«

Der letzte Satz entsprach fast wörtlich dem Schlußwort Hitlers vor dem Münchener Volksgericht von 1924. Im Deutschland von 1946, dem zerbombten Hungerland, verhallten sie ungehört. Doch für Heß waren sie der Versuch der Rehabilitierung, das Verlangen nach Rückkehr in den Kreis der Jünger. Nach dem Scheitern seines absurden Liebesbeweises in der Nacht des 10. Mai 1941 war er jetzt wieder Hitlers Helfer. An diesem fatalen Anachronismus hielt er bis zu seinem Ende fest.

Die vier Jahrzehnte im Kriegsverbrechergefängnis von Spandau waren für den Stellvertreter nur noch ein Warten auf den Tod. Einen Wachtposten fragte er noch in Nürnberg: »Warum läßt man mich nicht sterben?« Seit 1966 war er der einzige Häftling im teuersten Gefängnis der Welt. Alle anderen Pala-

245

dine, auch die mit lebenslänglichen Urteilen, wurden entlassen. Bei Heß scheiterten sämtliche Versuche am Veto der Sowjetunion, obwohl sich öffentlich und diplomatisch viele Stimmen für eine Freilassung des hochbetagten Gefangenen einsetzten – die Regierungen der drei westlichen Siegermächte, die Bundeskanzler und die Bundespräsidenten. Auch während der Jahrzehnte im Gefängnis blieb Heß sich treu – ein Sonderling. Erst 1969 erlaubte er seiner Familie, ihn zu besuchen.

Am Ende wurde Heß, der Häftling in einem Gefängnis, das als letztes Relikt der Anti-Hitler-Koalition im Kalten Krieg überlebt hatte, zum Märtyrer für Neonazis in aller Welt. Ob er sich nach einer Entlassung aus der Haft in dieser Welt, die ihm so fern war, zurechtgefunden hätte, ist mehr als fraglich.

Sein Tod am 17. August 1987 machte ihn endgültig zum Mysterium der Zeitgeschichte. Bis heute gibt es Stimmen, die nicht an die alliierte Verlautbarung vom Selbstmord des Stellvertreters glauben mögen. Schuld daran ist in nicht unerheblichem Maße das ungeschickte Verhalten der »Vier Mächte«: Die Vernichtung von Beweismaterialien, Widersprüche in öffentlichen Erklärungen, eine schlampig durchgeführte Obduktion und nicht zuletzt die Geheimhaltung von Akten und Untersuchungsberichten – all dies hat zu allerlei geheimnisvollen Verschwörungstheorien beigetragen. Wie ein Magnet hat der Tod von Heß, hervorgerufen durch ein Elektrokabel im Gartenhäuschen von Spandau, selbsternannte Experten und dubiose Zeugen angezogen.

Dabei sprechen die Fakten eine andere Sprache. Der letzte Gefängnispfarrer Michel Röhrig sagte aus, daß der rapide gesundheitliche Verfall von Rudolf Heß im Frühjahr 1987 den Lebenswillen des Gefangenen endgültig gebrochen habe. Als Röhrig Anfang August seinen Urlaub antreten wollte, habe ihn Heß beschworen: »Fahren Sie nicht, ich werde Sie brauchen.« Auch ein bei dem Toten gefundener Abschiedsbrief spricht gegen die Mordthese: »Geschrieben ein paar Minuten vor meinem Tode«, schrieb Heß auf die Rückseite eines Briefes seiner Schwiegertochter und bedankte sich für die jahrelange Zuwendung. Der Sohn, Wolf-Rüdiger Heß, hält den Brief dennoch für eine Fälschung, da er in der Diktion nicht mehr dem Stil seines Vaters zum Zeitpunkt des Todes entspreche. Ein in Auftrag gegebenes Gutachten fand indes keine diesbezüglichen Spuren.

Für Aufsehen sorgte der letzte Pfleger von Heß in Spandau, der Tunesier Abdullah Melaouhi, als er sich wenige Wochen

246

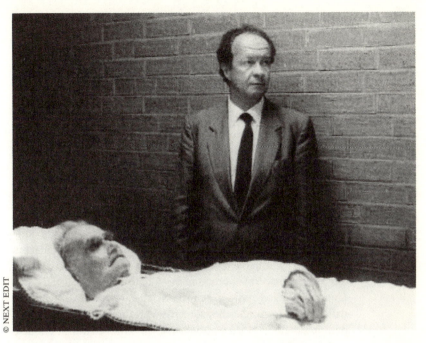

Wir behandelten die Angelegenheit von Heß' Tod sehr sorgfältig – in dem Bewußtsein seiner historischen Bedeutung. Auch die Obduktion wurde mit größter Sorgfalt von Dr. Cameron, einem britischen Pathologen, durchgeführt. Es nahmen verschiedene Abgesandte der Alliierten daran teil. Die Todesursache war ein Sauerstoffmangel im Gehirn. Das war etwas ungewöhnlich für einen Erhängten, da in diesem Fall nicht wie sonst üblich das Genick gebrochen war. Der Rückfluß des Blutes aus dem Gehirn war unterbrochen. Heß muß sehr schnell durch das Anschwellen des Gehirns das Bewußtsein verloren haben. Alle Anzeichen sprachen für diesen Verlauf und dafür, daß es sich um einen Selbstmord handelte.

*General Blank, US-Arzt in Spandau*

»*Wir können keine dritte Hand beweisen...*« *Heß-Sohn Wolf-Rüdiger nach der Obduktion seines Vaters (1987).*

Ich bin der Überzeugung, daß mein Vater umgebracht wurde, und zwar von den Engländern. Welches Motiv könnte dafür ausschlaggebend gewesen sein? Mein Vater wußte zuviel! Es bestand die Gefahr, daß schließlich herauskommen würde, daß England mitschuldig am Krieg war. Auch sonst sprach vieles für Mord: Mein Vater wußte, a) daß die Russen ihn entlassen wollten, b) war er ein Mann von dreiundneunzig Jahren, körperlich nicht einmal in der Lage, sich die Schnürsenkel selbst zu binden, geschweige denn, sich selber das Leben zu nehmen. Dazu kam die zweite Obduktion von Professor Spann, der ja in seinen Memoiren schreibt, »so wie die Engländer den Tod geschildert haben, kann es nicht abgelaufen sein«. Dann die Sache mit dem Abschiedsbrief, der offensichtlich gefälscht wurde, wie man vor allem inhaltlich merkt. Die These vom Selbstmord hat also keinen Bestand.

*Wolf-Rüdiger Heß, Heß' Sohn*

nach dem Tode seines Schützlings bei der Presse meldete und von zwei ihm unbekannten Männern in amerikanischer Uniform berichtete, die neben dem Toten gestanden und »wie Mörder« ausgesehen hätten. Melaouhi kam freilich erst über eine halbe Stunde nach dem Tod von Heß in das Gartenhäuschen, in dem der Gefangene gefunden wurde. Die beiden Männer in US-Uniform waren wohl der Wachoffizier Al Ahuja und sein Sanitäter. Ahuja: »Er konnte uns gar nicht kennen, wir sind uns nie vorher begegnet.« Eine plausible Erklärung, da die Wachkompanie, die jeden Monat wechselte, in der Regel keinen Kontakt zum ständigen Personal von Spandau hatte. Abdullah Melaouhi läßt sich im übrigen nur gegen ein saftiges Honorar interviewen.

Auch eine zweite Obduktion, von der Familie in Auftrag gegeben, diente als Argumentationshilfe gegen die alliierte Version. Tatsächlich widerlegte das Gutachten des renommierten Münchener Pathologen Wolfgang Spann den alliierten Bericht des britischen Professors Cameron und wies ihm nachlässige Untersuchungen nach. Doch die Schelte für den Kollegen betrifft vor allem gerichtsmedizinische Verfahrensweisen. Anhaltspunkte für einen Mord fand Spann nicht. Auf Nachfrage erklärte er: »Das gibt unser Gutachten nicht her. Wir können keine dritte Hand beweisen.«

Doch es bleiben Fragen in Sachen Rudolf Heß, die wohl nur durch die Öffnung der entsprechenden Archive geklärt werden können. Auch ein Aktenbestand des britischen Geheimdienstes über den Englandflug bleibt vorerst gesperrt. Die Regularien von Archiven nähren so noch immer Spekulationen um die beiden großen Rätsel im Leben des Stellvertreters.

Welche Wirkung solche Mysterien auf eine Minderheit von ewig Gestrigen ausüben können, zeigte sich noch einmal bei der Beerdigung von Heß in Wunsiedel, nur wenige Kilometer von Reichholdsgrün, dem Domizil seiner Jugend, entfernt. Weil tausende Rechtsradikale den Friedhof belagerten, mußte die Zeremonie verschoben werden. Jahr für Jahr pilgern noch immer Unverbesserliche am Todestag des Stellvertreters nach Wunsiedel, wo sie ein beachtliches Polizeiaufgebot beschäftigen. Der Irrglaube, an dem Rudolf Heß bis zuletzt festgehalten hat, ist noch nicht zu Grabe getragen worden.

# Der Architekt

Ich bewunderte Hitler vorbehaltlos

In diesen Stunden, wenn er sich als Architekt betätigte,
war er wirklich vollkommen entspannt und gelöst

Vor allem – und das war bestimmt der größte Fehler
in meinem Leben – hatte ich das Gefühl,
er sei ein Mensch

Man könnte auch sagen, daß *ich* ihm etwas bedeutete

Für einen großen Bau hätte ich,
wie Faust, meine Seele verkauft

Ich habe überhaupt ein wirklich reines Gewissen,
indem ich mich nie antisemitisch betätigte und äußerte

Ich wußte nichts über Juden

Wer Judenwohnungen ohne meine Genehmigung vermietet,
macht sich strafbar!

Ich dachte gar nicht daran, daß es mich persönlich
etwas angeht, wenn ein anderer vielleicht in meiner Gegenwart
redete, man müßte alle Juden totschlagen

*Speer*

Es gibt meiner Ansicht nach im Staatsleben zwei Verantwortungen. Die eine Verantwortung ist für den eigenen Sektor, dafür ist man selbstverständlich voll verantwortlich. Darüber hinaus bin ich persönlich der Meinung, daß es für ganz entscheidende Dinge eine Gesamtverantwortung gibt und geben muß, soweit man einer der Führenden ist, denn wer soll denn sonst die Verantwortung für den Ablauf der Geschehnisse übernehmen?

*Speer in Nürnberg, 1946*

Stellen Sie sich vor, jemand würde zu Ihnen sagen: Es ist mein unerschütterlicher Wille, daß die »Neunte« von nun an nur auf der Mundharmonika aufgeführt werden darf.

*Speer zu Wilhelm Furtwängler, 1939*

Die Kinder kannten ihn kaum. Vielleicht kannte er die älteren ein wenig. Vor dem Krieg nahm er sich manchmal einen Tag frei oder so. Aber die beiden jüngsten kannte er praktisch überhaupt nicht. Die Kinder hatten im Grund keinen Vater. Manchmal, in schlimmen Momenten, stellte ich mir vor, daß ich *Sie* zu Albert sagte.

*Margret Speer*

Bei Speer darf man allerdings nicht vergessen, daß er nicht ganz aus unserem alten nationalsozialistischen Blut ist. Er ist doch von Natur aus ein Techniker und hat sich um Politik immer sehr wenig gekümmert. Deshalb ist er auch in diesen schweren Krisen etwas anfälliger als die richtigen Nazis.

*Goebbels, 1944 (Tagebuch)*

Mein Führer, es ist für mich das erste Mal, daß Sie mit Leistungen, die in meinem Arbeitsgebiet vollbracht werden, unzufrieden sind.

*Speer an Hitler, Frühjahr 1944*

Bestellen Sie Speer, daß ich ihn lieb habe.

*Hitler zu Generalfeldmarschall Milch, Frühjahr 1944*

Mein Führer,
. . . .
mein Glaube an eine günstige Wendung unseres Schicksals war bis zum 18. März ungebrochen.
Ich kann nicht an den Erfolg unserer guten Sache glauben, wenn wir in diesen entscheidenden Monaten die Grundlagen unseres Volkslebens zerstören.
Ich bitte Sie daher, nicht selbst am Volk diesen Schritt der Zerstörung zu vollziehen.
Gott schütze Deutschland, Speer

*Speer, 1945*

Das deutsche Volk hat in diesem Krieg eine geschlossene Haltung gezeigt, die in späterer Zukunft die Bewunderung einer gerechten Geschichte hervorrufen wird. Wir dürfen gerade in diesem Augenblick nicht trauern und Vergangenem nachweinen. Nur durch verbissene Arbeit läßt sich unser Los weiter tragen.

*Speer, 3. Mai 1945*

Justice Jackson: Sie kannten auch die Politik der Nazi-Partei und die Regierungsmaßnahmen gegen die Juden, nicht wahr?
Speer: Ich wußte, daß die nationalsozialistische Partei antisemitisch ist, und ich wußte auch, daß die Juden aus Deutschland evakuiert worden sind.
Jackson: Sie nahmen doch an der Durchführung dieser Evakuierungsmaßnahmen teil, nicht wahr?
Speer: Nein.

*Verhör Speers im Nürnberger Prozeß, 21. Juni 1946*

Ich muß sagen, daß ich das Buch »Mein Kampf« nicht vollständig durchgelesen habe.

*Verhör Speers im Nürnberger Prozeß, 21. Juni 1946*

Ich habe mehrmals versucht, Himmler und andere aus der Regierung auszuschalten und sie zu zwingen, sich für ihre Tätigkeit zu verantworten.

*Verhör Speers in Nürnberg, 20. 6. 1946*

Speer hat nicht nur die Methoden gekannt, die zur Verschleppung der Bevölkerung der besetzten Gebiete in die Sklaverei angewandt wurden, sondern er hat auch an den Beratungen teilgenommen, wo Entscheidungen über die Verschleppung von Millionen von Menschen gefällt worden sind. Speer hat in engem Kontakt mit Himmler gestanden: Himmler hat ihm Häftlinge für den Arbeitseinsatz in Rüstungsbetrieben geliefert; in vielen Betrieben, die Speer unterstanden, sind Zweigstellen der Konzentrationslager errichtet worden. Dies ist das wahre Gesicht des Angeklagten Speer...

*General R. A. Rudenko, Hauptankläger für die Sowjetunion, 1946*

Ich lebte in der Planung für das Berliner Projekt, und, wie ich bemerkt habe, ich kann mich auch heute nicht davon losreißen. Wenn ich in der Tiefe suche nach meiner heutigen Ablehnung Hitlers, so ist neben all dem Grausamen, was er offenbarte, ein wenig auch die persönliche Enttäuschung: daß er durch sein politisches Machtspiel in den Krieg rannte und dadurch meinen Lebensplan zerstörte.

*Speer, 1953*

Ich habe mir die Frage, ob ich mich anders verhalten hätte, wenn ich alles gewußt hätte, millionenmal gestellt. Die Antwort, die ich mir gebe, ist immer dieselbe. Ich hätte diesem Mann irgendwie weiterhin zu helfen versucht, seinen Krieg zu gewinnen.

*Speer, 1979*

Die Mischung aus Bierdunst und Zigarrenqualm gehörte zur Atmosphäre der »Neuen Welt« genauso wie die »längste Saalrutsche Deutschlands«. Der heruntergekommene »Festsaal« in der Hasenheide, der Hauptstraße des Berliner Arbeiterbezirks Neukölln, hatte schon bessere Zeiten gesehen.

An diesem Abend des 4. Dezember 1930 aber kam das Publikum aus den »besseren Kreisen«. Diesmal schwofte nicht der Kiez, agitierten keine Kommunisten. Diesmal dominierten vorne, an den Tischen neben der Bühne, gestärkte Hemden, Vatermörder und dunkles Tuch. Dahinter: Kappen und bunte Wimpel. Hier saßen Hochschullehrer und Studenten, die vom Versammlungsleiter erfuhren, daß soeben wieder zwei SA-Männer »der roten Mordbestie zum Opfer gefallen sind«.

Der Badenweilermarsch erklang. Der junge Mann, der oben auf der Empore zum erstenmal eine politische Versammlung besuchte, erhob sich, ebenso die jungen Leute um ihn, die ihn hierher mitgenommen hatten: Architekturstudenten der technischen Hochschule. Der große, elegant gekleidete Mann war Assistent ihres Professors.

Hitler sprach. Er hatte sich seiner Umgebung angepaßt, trug dunklen Anzug und Krawatte. Die Stimme klang leise und eindringlich. Seine Forderung an die versammelten Akademiker war eindeutig: »Aus diesem Volk heraus ist noch einmal eine Organisation der Höchstwertigen, eine Organisation des Idealismus aufzustellen.«

Der Wolf hatte, wie stets in solchen Fällen, Kreide gefressen. Der Demagoge sparte an diesem Abend aus, wen er für minderwertig hielt – und was er mit jenen Menschen, die für ihn darunter zählten, vorhatte. Keine Polemik. Nur, in fast jedem Satz, erfolgte die Beschwörung von Nation, Volk, Vaterland: »Glück unserem Volk, wenn der Geist des SA- und SS-Mannes einst der Geist von 40 Millionen geworden ist.« An dieser Stelle gab es »stürmischen Beifall«.

Wenige Monate später, am 1. März 1931, trat der elegante

junge Mann der NSDAP bei und erhielt die Mitgliedsnummer 474481.

Warum wurde Albert Speer Nationalsozialist?

»Ich wählte nicht die NSDAP, sondern trat zu Hitler, dessen Erscheinung mich in der ersten Begegnung suggestiv berührt und seitdem nicht mehr freigegeben hatte.« War keinerlei Kalkül mit im Spiel?

Gerhard Kosel erinnert sich noch gut an den Speer jener Tage. Auch er studierte Architektur, aber Kosel war Kommunist. An der Hochschule war Speer sein größter Gegner: »Unter seiner Führung hatte sich eine ganze Gruppe organisiert.«

Speer, so Kosel, sei auch als Redner aufgetreten. Nach einer Diskussionsveranstaltung im Berliner Vorort Nikolassee kamen sich die beiden näher. Speer, seine junge Frau Margret und Kosel wanderten am Ufer des Wannsees auf und ab, bis in die frühen Morgenstunden.

»Speer ist davon ausgegangen, daß die Zukunft Adolf Hitler gehört«, erzählt Professor Kosel in seiner Wohnung am Strausberger Platz in Berlin. Von dort aus hat er einen guten Blick auf den von ihm geplanten Fernsehturm. »Er berichtete von seinen Gesprächen mit Hitler und den großartigen Perspektiven für die Entwicklung der Architektur, wenn Hitler an die Regierung kommt.«

Ist sich Kosel da ganz sicher? Speer will Hitler, so beteuerte er vor dem Nürnberger Gerichtshof (und vielfach bei anderen Gelegenheiten), erst 1934 kennengelernt haben. Das Gespräch am Wannsee fand aber schon 1931 statt.

»Ja«, sagt Kosel, »es ging aus seinen Ausführungen hervor, daß er wohl viele Gespräche mit Hitler über Architektur und Kunst geführt hat.«

Waren das nur Angebereien eines neugewonnenen Nazi, der einen Kommunisten überzeugen wollte? Tatsache ist jedenfalls, daß Albert Speer den ersten Bauauftrag erhielt, den die Berliner NSDAP 1932 zu vergeben hatte: den Umbau des neuerworbenen »Gauhauses« in der Voßstraße, mitten im Berliner Regierungsviertel. Nach vollzogener Leistung sprach der Bauherr Joseph Goebbels dem Architekten schriftlich »volle Anerkennung und wärmsten Dank aus«: »Wir haben es ganz besonders angenehm empfunden, daß Sie trotz der sehr knapp bemessenen Zeit den Umbau so rechtzeitig fertigstellten, daß wir die Wahlarbeit bereits in der neuen Geschäftsstelle in Angriff nehmen konnten.«

253

Zuverlässig einen Auftrag rasch erledigen – das war der Ruf, der den Grundstein legte für Speers Karriere.

Hitler war noch keine drei Monate Reichskanzler, da erhielt Albert Speer den nächsten, nicht gerade alltäglichen Auftrag: Er sollte die Dekoration für eine NS-Veranstaltung gestalten.

Der 1. Mai 1933 war für das neue Regime ein strategisches Datum. Der Kampftag des politischen Gegners wurde zum Feiertag der »Volksgemeinschaft« umfunktioniert. Auf dem Tempelhofer Feld in Berlin wollte Hitler die erste Großkundgebung des »Dritten Reiches« veranstalten. Hunderttausende wurden erwartet. Es war eine Machtdemonstration, um die angeschlagene Linke weiter zu demoralisieren, jeden Widerstand gegen den braunen Terror einzuschüchtern.

Albert Speer sollte den großen Auftritt des »Führers« inszenieren. Im Rundfunk erhielt der noch unbekannte Architekt Gelegenheit, seine Pläne zu erläutern. »Wir sind dabei zur Überzeugung gekommen, daß bei der Länge des Feldes von rund tausend Metern es notwendig ist, daß der Mittelpunkt, von dem aus der Führer spricht, so stark ausgestaltet wird, daß er auch von dem entferntesten Menschen als besonders wirkungsvoll empfunden wird.«

Den »Führer« besonders wirkungsvoll herausstellen – der junge Speer hatte klar erkannt, worauf es bei dem Auftrag ankam. Und Hitler zeigte sich über Speers Konzept begeistert.

Goebbels ernannte den jungen Architekten gleich darauf zum Regisseur des Regimes, zum »Amtsleiter für die künstlerische Gestaltung der Großkundgebungen«. Das war ein erster Schritt auf der Karriereleiter, aber noch nicht das, was sich Speer erträumt hatte.

Denn für die Gebäudeentwürfe zeichnete ein anderer verantwortlich: Professor Paul Ludwig Troost war Hitlers Architekt. Hitler bewunderte Troost, nannte ihn »den größten Baumeister seit Schinkel«, doch bei seinen Besuchen im Atelier des Münchener Professors nahm Hitler nur die Rolle eines Schülers an – nicht das ideale Lebensgefühl für einen Mann, der sich für das Genie schlechthin hielt.

Denn der »Führer« wollte sich selbst als Architekt profilieren. Schon in den zwanziger Jahren hätte Hitler die Monumentalbauten seines künftigen Reiches skizziert. Das Bauen erachtete Hitler als »die Königin der Künste«, zitiert Speer 1936 in einem Artikel aus »*Mein Kampf*« (dem Buch, das er so richtig nie gelesen

254

*Der erste Auftrag: Speer (Mitte) mit Goebbels und NS-Funktionären bei der Eröffnung des Gauhauses der Berliner NSDAP (1932).*

Speer war überzeugend. Er machte einen ganz ruhigen Eindruck – eben wie einer, der sehr genau wußte, was er wollte, der bestimmend war, der über den Dingen stand und allgemein interessiert war. Uns war er sympathisch, weil er auf uns einging – eben ein Mensch, der sich Sorgen und Nöte der anderen anhörte und dann auch entsprechend reagierte. Er war auch immer positiv und suchte in Gesprächen das Positive. Und er war unermüdlich in allem, was er tat.

*Manfred von Poser, Speers Adjutant*

Er war so arrogant. Einige von den hohen Tieren sprachen mit uns, selbst Göring. Aber Speer nie.

*Rochus Misch, Funker im »Führer«-Bunker*

Nach Hitler war Speer im letzten Jahr sicher der mächtigste Mann. Als Leiter der ganzen Produktion für den Krieg war er sich seiner Macht bewußt. Er achtete sehr darauf, daß seine hervorragende Stellung auch respektiert wurde. An sich war er ein höflicher und verbindlicher Mann, aber wenn es um Macht ging, konnte er sehr hart werden.

*Willy Schelkes, Architekt bei Speer*

Speer war ein außerordentlich bescheiden wirkender Mann. Er strahlte Sympathie aus. Wie er redete und was er sagte, hatte eine gewisse Wärme. Er benahm sich einfach zivil. Er hatte auch Charme und machte manchmal witzige Bemerkungen. Er fiel angenehm auf in dem ganzen Kreis, vor allem den Frauen.

*Traudl Junge, Hitlers Sekretärin*

haben wollte). Hitler, so hatte der junge Architekt bei der Lektüre außerdem erfahren, glaubte, »daß mir mein schöner Zukunftstraum, wenn auch nach langen Jahren, noch Wirklichkeit werden würde. Ich war stets überzeugt, als Baumeister mir dereinst einen Namen zu machen.«

Jetzt war Hitler zwar nicht Baumeister, aber Bauherr. Sein Augenmerk galt zunächst der »Hauptstadt der Bewegung«: »Das Haus der deutschen Kunst und die Führerbauten am Königsplatz sind die ersten schönen Bauten des neuen Reiches«, verkündete er bei der Grundsteinlegung. Neben Platzhirsch Troost war dort kein Platz für einen anderen Architekten.

Für den ehrgeizigen Albert Speer fielen jedoch immerhin jede Menge Kulissenbauten für Hitlers Kundgebungen ab: Fahnen, Adler, Scheinwerfer, Tribünen. Seltsam, daß dies alles ohne Hinzuziehung Hitlers stattgefunden haben soll: Selbst den Auftrag für die Gestaltung des »Parteitags des Sieges« im September 1933 will Speer erhalten haben, ohne den »Führer« persönlich kennenzulernen.

Lediglich auf einer *echten* Baustelle durfte der Achtundzwanzigjährige Ende 1933 als eine Art Bauleiter im Dienste Troosts mitarbeiten: beim Umbau der Reichskanzlei in Berlin. Dort erst sei Hitler auf ihn »aufmerksam« geworden, schildert Speer in seinen *»Erinnerungen«*. Gleichsam auf der *Suche* nach einem »jungen, begabten Architekten, so unbeschrieben noch, daß er ihn formen konnte«, sei Hitler auf ihn gestoßen.

Speer wollte später glauben machen, er habe sich erst zu diesem Zeitpunkt von der Macht *verführen* lassen. Ist es nicht vielen Deutschen damals ebenso ergangen? Nie verlor der Architekt ein Wort darüber, daß er zielstrebig seinen Weg zu Hitler gesucht hatte, daß er schon früh und ganz bewußt in ihm die Chance seines Lebens erkannte.

»Für einen großen Bau hätte ich wie Faust meine Seele verkauft«, schrieb Speer in den *»Erinnerungen«* über die Begegnungen auf der Berliner Baustelle. »Nun hatte ich meinen Mephisto gefunden.«

Nun erst? *Dieser* Faust tat längst schon alles, um seinen Mephisto in schönstem Licht erscheinen zu lassen – in der Hoffnung, dafür reich belohnt zu werden.

»Plötzlich und unerwartet« starb Anfang 1934 Paul Ludwig Troost. Zufall oder Absicht: Zur gleichen Zeit verlagerte Hitler den Schwerpunkt seiner Bauwut nach Nürnberg. Nun kamen sie zusammen, Speer und Hitler: Es ging zunächst um den Ausbau des Parteitagsgeländes.

Eines der raren Filmdokumente aus dieser Zeit illustriert das Verhältnis der beiden: Speer und Hitler betreten eine Baustelle. Zuerst spricht Speer, erläutert die Pläne. Dann ist Hitler dran. Er setzt die Brille auf, läßt sich Block und Bleistift reichen. Mit dem Knie als Unterlage für den Block beginnt er zu skizzieren. Speer, die Hände an der Hosennaht, sieht dem Meister zu. So wird das gemacht, Speer. – Und dann drückt ihm der »Führer« die Skizze in die Hand.

Speer, der »nur Architekt sein« wollte, schrieb damals: »Der Führer muß als Nationalsozialist bauen. Als solcher bestimmt er, ebenso wie er Willen und Ausdruck der Bewegung bestimmt, die Sauberkeit und Reinheit der Baugesinnung, die Härte des Ausdrucks, die Klarheit des Baugedankens, das Edle des Materials und als Höchstes und Wichtigstes den neuen inneren Sinn und damit den inneren Gehalt seiner Bauwerke. Das Bauen ist für den Führer kein Zeitvertreib, sondern eine ernste Angelegenheit, dazu bestimmt, dem Willen der nationalsozialistischen Bewegung auch in Stein hohen Ausdruck zu geben.«

Nur wenn Hitler verlangte, die Länge eines Gebäudes solle 100 Meter betragen, habe Speer widersprochen, erzählte Gerdy Troost, die etwas mißgünstige Witwe des Münchener Architekten. Sein Gegenvorschlag: 200 Meter, mein Führer!

Die Tribüne des Zeppelinfeldes, Speers erster großer »Steinbau«, maß dann auch 390 Meter – damit war sie doppelt so lang wie die Caracallathermen in Rom, wie Speer noch in seinen Erinnerungen stolz die Dimension vermerkt. Der Zweck des Baus habe ihn, so meinte er später, eher irritiert: »Störend erwies sich die unentbehrliche Ehrentribüne, die ich so unauffällig wie möglich in der Mitte der Stufenanlage anzuordnen versuchte.« Speer schrieb tatsächlich: »unauffällig«!

In der offiziellen, von Speer mit herausgegebenen Broschüre über »Das Reichsparteitagsgelände in Nürnberg« las der Volksgenosse es ganz anders: »Die Stelle, an der der Führer steht, ist architektonisch besonders hervorgehoben und festgelegt. Er steht vor der Versammlung, die, in bestimmter Ordnung aufgestellt, vor ihm aufmarschiert ist. Dieses Auge-in-Auge-Stehen, der Führer vor dem Volk und das Volk vor dem Führer, ist die bestimmende Ordnung für die Anlage. [...] In der Mitte, weit vorgeschoben gegen das Feld, ist der Platz des Führers. Diese zwingende Ausrichtung der Massen durch die Anordnung der Architektur bewirkt, daß jeder Teilnehmer den gewaltigen Zusammenklang des Willens [...] vor sich erblickt.« Und abschließend: »Ohne die Vergegenwärtigung dieser vom Nationalsozialismus geschaffenen Form des Aufmarsches als politisches Mittel kann diese Architektur nicht verstanden werden.«

Speers Architektur war die in Stein gefaßte Demonstration politischer Macht, die ohne seine Inszenierung nicht zur Geltung kam: Hitlers Zeremonienmeister bevorzugte Nacht und Scheinwerferlicht. So konnte er alle Effekte steuern. Hinzu kommen Fackeln und Feuerschein, Standarten, Marschkolonnen – und die Musik Richard Wagners: die Ouvertüre zu »Rienzi«, Hitlers Lieblingsoper.

Den Höhepunkt markierte der Lichtdom. Seine »schönste Raumschöpfung« wird Speer, scheinbar arglos, diese Blüte Hitlerscher Verführung später nennen: 130 hochmoderne Flakscheinwerfer, im Abstand von zwölf Metern rund um die Versammlung der 150 000 Menschen plaziert. Die Lichtstrahlen reichten sechs bis acht Kilometer in den Himmel hoch: »Alle, die an diesem Abend dabei sind, erfühlen in heiligem Schauer den Mythos Deutschland in ihrer Seele, den nur deutsches Blut ganz zu erfassen vermag«, drechselt die offizielle Parteitagslyrik.

Mit keinem Wort bedauerte der Architekt jemals seine Mitverantwortung bei der Verführung eines ganzen Volkes. »Meine Aufgabe war eine unpolitische«, sollte er später, als alles in Scherben fiel, selbst Hitler gegenüber dreist behaupten.

Speers größtes Projekt in Nürnberg war das »Deutsche Stadion«. 400 000 Zuschauer sollte es einmal fassen! Die Olympischen Spiele, verkündete Hitler auf der Baustelle, sollten in Zukunft nur noch hier stattfinden! Wer heute nach Überresten des »größten Stadions der Welt« sucht, wird lediglich einen Teich vorfinden: Die riesige Baugrube wurde kurz vor Kriegsende von der SS geflutet.

So allerdings hatte sich Speer den Untergang seiner Bauten nicht vorgestellt. Sie sollten »als Urkunden des politischen Willens noch in Jahrtausenden für ihre große Zeit zeugen«, orakelte er damals. Zu diesem Zweck verordnete er sogar ein spezielles Konstruktionsverfahren: das »Ruinengesetz«. Auf diese Weise sollten Hitlers Paläste auch noch im Stadium des Verfalls beeindrucken – wie die Tempel der Antike.

Es wird in der Geschichte einmalig sein, daß ein Führer mit überlegener Sachkenntnis steinerne Bauten schafft, die als Urkunden des politischen Willens noch in Jahrtausenden für ihre Zeit zeugen werden.

*Speer, 1934*

»Als ob eine Geliebte käme...« Speer und Hitler über den Plänen zum Umbau Berlins (1937).

Speer hat schon vor 1933 viele Gespräche mit Hitler geführt. Er vertrat die Meinung, daß Architektur für die Verwirklichung und Weiterentwicklung nationalsozialistischer Ideen eine große Rolle spielen würde. Ich kann mir vorstellen, daß er dabei auch an den Aufstieg seiner Person gedacht hat.

*Gerhard Kosel, Architekt*

Mir war bekannt, daß Speer in allerhöchstem Maße das Wohlwollen Hitlers genoß. Ich konnte das später selbst beobachten, als ich das erste Mal mit Ribbentrop am Obersalzberg war: Speer hatte das Sagen, wenn er da war. Er war sicher Hitlers persönlicher Freund. Hitler war begeistert, als ob eine Geliebte käme und ihn besuchte. Sie fingen dann beide an, zu zeichnen und Pläne zu machen. Modelle wurden aufgestellt. Man hatte das Gefühl, daß beide praktisch gleichberechtigt in dieser Sache waren. Mein Chef Ribbentrop und die anderen hatten plötzlich nichts mehr zu sagen – sie waren nur noch Staffage. Hitler machte dann für zwei, drei Tage Pause von seinen Staatsgeschäften und entwarf Pläne mit Speer.

*Reinhard Spitzy, Ribbentrops Adjutant*

Außer der Zeppelintribüne war nur die »Kongreßhalle« bis Kriegsbeginn im Rohzustand fertig – der einzige Nürnberger Bau, den Speer nicht geplant, sondern nur beaufsichtigt hatte. Auch dieser »erste Riese unter den Bauten des Reiches« (Hitler bei der Grundsteinlegung) diente nur als Kulisse – ausschließlich für Hitlers jährliche Rede an die 50 000 Delegierten des Parteitags.

Wie in Nürnberg, so träumte Speer, sollte es bald im ganzen Reich aussehen: »Nicht die Warenhäuser und die Verwaltungsbauten der Banken und Konzerne sollen den Städten das Gepräge geben, sondern die Bauten des Führers . . .«

Der Bauherr Hitler wollte seinen Architekten Speer auch auf dem Obersalzberg immer um sich haben. Die Familie erhielt von Hitler 1935 eine alte Villa, nur ein paar Fußminuten vom Berghof entfernt. Gleich nebenan wurde ein Atelierhaus gebaut. Speer und seine Frau Margret gehörten zum kleinen, privaten Kreis um Hitler, auf der Terrasse des Berghofs waren sie Stammgäste.

Reinhard Spitzy versah damals als Verbindungsreferent des Außenministers Ribbentrop oft seinen Dienst in Hitlers Alpendomizil. »Er genoß das Wohlwollen des Führers im allerhöchsten Maß«, erinnerte er sich an Speer. »Wenn er da war, hatte er schließlich und endlich das Sagen. Hitler war begeistert, als ob eine Geliebte käme und ihn besucht. Sie korrigierten sich, sie radierten, nahmen den Bleistift zusammen. Es war ein Genuß zu sehen, wie die beiden kongenial waren bei der Arbeit. Aber für uns Sekretäre war es natürlich eine Katastrophe, denn wir blieben dann mit unseren Akten zwei oder drei Tage sitzen. Wenn Speer da war, hieß es: Speer regiert die Stunde, da ging einfach nichts mehr.«

»Die schönsten Momente in seinem Leben«, sagte uns Spitzy, »waren für Adolf sicherlich die mit Speer.«

Von einer »starken homoerotischen Komponente beflügelt« analysierte der Psychologe Alexander Mitscherlich das Verhältnis Hitler/Speer: »In dieser Verbrüderung fiel Speer offensichtlich die weibliche Rolle zu. Er sollte *austragen*, was Hitler inspiriert, womit er ihn *befruchtet* hatte. Hitler legt ihm [. . .] die Welt zu Füßen. Normalerweise macht diese Geste ein Mann vor einer Frau.«

Irgendwann im Sommer 1936 legte Hitler seinem Speer tatsächlich die Welt zu Füßen: »Den größten Bauauftrag von allen«

habe er zu vergeben. Nur vergleichbar, wie er sagte, mit den Bauten Babylons und des alten Ägypten: Speer sollte Germania bauen, die Welthauptstadt. Anfang 1937 ernannte Hitler seinen Architekten zum »Generalbauinspektor für die Neugestaltung der Reichshauptstadt« und verlieh ihm den Titel »Professor«.

Die neue Reichskanzlei in Berlin war das einzige große Gebäude, das nach Entwürfen von Albert Speer fertiggestellt wurde. Nichts ist von ihr übriggeblieben als Berge von Fotos und wenig beeindruckendes Filmmaterial.

Nur die Farbfotos lassen Stil und Wirkung dieser Architektur erahnen: in ihren besseren Momenten (dem Mosaiksaal und dem runden Saal) die Imitation der Antike und der italienischen Renaissance – beeindruckende, kalte Pracht. In ihren schaurigsten (der Fassade und dem Ehrenhof) eine trostlose Monotonie aus »nordischem« Granit, klobigen Säulen und Statuen vor Fensterfronten, die wie Stiefel über die Fassaden knallen.

Für Hitler war das Bauwerk Teil seines politischen Programms. »Ich hatte mich in den Dezember- und Januartagen 1937/38 entschlossen, die österreichische Frage zu lösen und damit ein großdeutsches Reich aufzurichten. Sowohl für die rein dienstlichen als aber auch für die repräsentativen Aufgaben, die damit verbunden waren, konnte die alte Reichskanzlei nun unter keinen Umständen mehr genügen.«

Hitler hat es eilig. Mitte Januar 1939 will er beim Neujahrsempfang die versammelten Botschafter mit der Wucht dieser Architektur beeindrucken. Der offizielle Bauauftrag an Speer ergeht am 11. Januar 1938. Ihm bleibt also genau ein Jahr Zeit.

Für Speer ist dies die Nagelprobe: Jetzt muß er, jetzt kann er endlich an einem großen Bau beweisen, wozu er in der Lage ist. Geld spielt keine Rolle, bürokratische, juristische Hürden (Baugenehmigung! Einsprüche!) gibt es nicht. Binnen zwei Monaten sind sämtliche Häuser in der Voßstraße geräumt und abgerissen.

Willi Schelkes, einer von Speers engsten Mitarbeitern in der Generalbauinspektion der Reichshauptstadt, erinnert sich: »Er war ein großartiger Organisator, und deshalb hat er nicht eine Firma beauftragt mit dem Rohbau, sondern drei, vier oder fünf, so daß gleichzeitig an verschiedenen Stellen angefangen werden konnte. Nur dadurch war es überhaupt möglich, dieses Riesenobjekt innerhalb von so einer kurzen Zeit zu bauen.«

In der letzten Bauphase sind über 8000 Arbeiter aller Branchen gleichzeitig beschäftigt. Ununterbrochen fegen Putzkolonnen, während überall noch gehämmert, gesägt und dekoriert wird. Speer will den Termin unbedingt halten, will seinem »Führer« als Erfolgsmann gegenübertreten.

Zwei Tage vor Ablauf der Frist kann Hitler vorfahren. Die Filmbilder zeigen ihn neben einem Speer, der fast zu platzen scheint vor Stolz. Alles ist tatsächlich fertig, und Hitler überhäuft seinen Architekten mit Lob: »Daß und wie dieses Werk nun gelang, ist ausschließlich das Verdienst des genialen Architekten, seiner künstlerischen Veranlagung und seiner unerhörten organisatorischen Befähigung. [...] Es spricht für seinen genialen Baumeister und Gestalter Albert Speer.«

Hitler plant jedoch, das Gebäude nur für ein paar Jahre zu nutzen. Von 1950 an sei es, so schreibt er fast beiläufig, »für einen anderen Zweck vorgesehen«. Hier soll sein Stellvertreter Rudolf Heß residieren. Der »Führer« selbst will dann noch einmal umziehen: in das neue Zentrum des Reiches, das gleich neben dem Brandenburger Tor entstehen soll. Genau dort, wo sich heute die Kräne für Kanzleramt und Regierungsbauten der »Berliner Republik« drehen, ist das Zentrum der Welthauptstadt Germania vorgesehen.

Die Pläne von damals, läßt Speer auf allen seinen Zeichnungen geflissentlich dokumentieren, seien »nach Ideen des Führers« entstanden.

Der neue »Palast des Führers« sollte am »Großen Platz« errichtet werden, direkt gegenüber dem alten Reichstag (den Hitler als Museumsbau zu erhalten gedachte). Eingerahmt von den Palästen des »Oberkommandos der Wehrmacht« und von der »Großen Halle«, dem größten Bauwerk der Welt: einer 300 Meter hohen Kuppelhalle für 180 000 Menschen. Ganz obendrauf thronte ein Adler, der das Hakenkreuz in den Fängen hält. 1939 befahl Hitler dem Architekten, das NS-Symbol durch die Weltkugel zu ersetzen.

Einmal im Jahr, so Hitler, sollten Abordnungen der unterworfenen Völker hier sehen und staunen. Die Fertigstellung des Wahns Germania war für 1950 geplant.

In den Werkstätten des »Generalbauinspektors« am Pariser Platz wurde rund um die Uhr vor allem an den Modellen für den Großen Platz gearbeitet. Spätnachts, so erinnert sich Willi Schelkes, sei Hitler aus der Reichskanzlei unangemeldet und zu Fuß herübergekommen und habe sich alles zeigen lassen. »Das gefällt mir«, soll er immer wieder ausgerufen haben.

Natürlich gehörte ich damals eigentlich schon seit Jahren Hitlers »Hof« an. Aber man kann gar nicht sagen, wie plötzlich alles anders wurde. Vor allem änderte sich natürlich vom Augenblick meiner Ernennung an unsere Beziehung. Während sie in den Jahren als sein Architekt nicht nur herzlich, sondern geradezu intim gewesen war – sagen wir so intim, wie eine Beziehung zu ihm überhaupt sein konnte –, begegnete er mir seit jenem Morgen des 8. Februar 1942 kalt und distanziert. Die Zwanglosigkeit und natürlich auch Leichtigkeit verschwand vollkommen.

*»200 Meter, mein Führer...« Speer und Hitler auf der Baustelle des »Reichsparteitagsgeländes« (1936).*

*Speer über seine Ernennung zum Chef der Organisation Todt und zum Reichsminister für Bewaffnung und Munition, 1979*

Er war außer sich vor Freude. Er triumphierte: Die Welt gehörte ihm.

*Annemarie Kempf, Speers Sekretärin, über Speers Ernennung zum Chef der Organisation Todt*

Nach dem Attentat vom 20. Juli hat auch Speer mit dem Führer gesprochen. Er nahm seine Ministerien gegen Angriffe in Schutz, denn Mitarbeiter, die keine Parteimitglieder waren, wurden verdächtigt, am 20. Juli beteiligt gewesen zu sein. Speer erklärte: »Wir sind Fachleute, wir sind nicht parteigebunden, wir tun für das deutsche Volk das Beste, was wir tun können. Mit dem 20. Juli haben wir nichts zu tun.«

*Manfred von Poser, Speers Adjutant*

Am 14. Juni 1938 hatte der Herr Germanias das Startsignal gegeben: »Ich lege den Grundstein zum Neubau des Hauses des Fremdenverkehrs und befehle damit zugleich den Beginn der Arbeit des Umbaus von Großberlin.« Es sollte das erste Bauwerk an der »Nord-Süd-Achse« werden, der 120 Meter breiten und sieben Kilometer langen »Prachtstraße« der Welthauptstadt.

Aber diesmal ging es nicht so flott voran wie beim Bau der Reichskanzlei. Denn der »Generalbauinspektor« mußte zuerst Platz, viel Platz schaffen für die Bauten des »Führers«: 52 000 Wohnungen sollten abgerissen werden, fast vier Prozent des gesamten Berliner Wohnungsbestands!

Den »Abrißmietern« konnte Speer Ersatz anbieten: Über 23 000 sogenannte »Judenwohnungen« wurden ab Anfang 1939 von Speers Behörde registriert. Zuständig dafür war die Abteilung II/4 unter Leitung des GBI-Vizepräsidenten Clahes (ein Name, der in Speers »Erinnerungen« kein einziges Mal erwähnt wird!). »Rechtsgrundlage« war ein Schreiben Görings an Speer vom 26. November 1938, also zwei Wochen nach den großen Novemberpogromen, der »Reichskristallnacht«. In diesen »Vorschriften [...] über die Entfernung von Juden aus Wohnungen, Läden und Speichern arischer Vermieter« war vorgesehen, »daß dem Generalbauinspektor ein Vorkaufsrecht bzw. die Entscheidung über die erste Neuvermietung oder Neuverpachtung eingeräumt wird«.

Auf speziellen Meldezetteln mußten »freie bzw. freiwerdende Wohnungen jüdischer Mieter« dem GBI gemeldet werden. Die »freigemachten« Adressen wurden in »Wohnungsnachweisen für Mieter aus Räumungsbereichen«, dem »amtlichen Organ des GBI«, veröffentlicht. Speer, der später angeblich von all dem nichts wußte, drohte den Vermietern: »Wer Judenwohnungen ohne meine Genehmigung vermietet, macht sich strafbar.«

Schon am 14. September 1938 vermerkte das Protokoll einer internen Besprechung der GBI-Spitze: »[...] entwickelte Prof. Speer den Vorschlag, der darauf abzielt, die erforderlichen Großwohnungen durch zwangsweise Ausmietung von Juden freizumachen«.

Doch erst im Krieg wurde die Idee des GBI umgesetzt, dafür jetzt aber mit Nachdruck: Sogar vom Obersalzberg aus kümmerte sich Speer persönlich per Fernschreiben (vom 27. November 1940) an seinen Vizepräsidenten Clahes um »Fortschritte bei der Räumung von 1000 Judenwohnungen«.

Am 26. August 1941 vermerkte die im Berliner Landesarchiv vorliegende Chronik des GBI: »Gemäß Speer-Anordnung wird eine weitere Aktion zur Räumung von rund 5000 Judenwohnungen gestartet. Der vorhandene Apparat wird entsprechend vergrößert, damit die Judenwohnungen trotz der allseits bestehenden Schwierigkeiten infolge der Kriegslage schnellstens instandgesetzt und mit Abrißmietern aus den dringlich zu räumenden Bereichen belegt werden können.«

Haus für Haus durchkämmte die Gestapo die Stadt, begleitet von Beamten aus Speers Behörde, die mit deutscher Gründlichkeit Buch führen: Räumungslisten wurden angelegt, Namen und Adressen aller jüdischen Mieter ebenso dokumentiert wie die ihrer »arischen Nachmieter«. Der einfache »Volksgenosse« kam dabei allerdings kaum in den Genuß einer neuen Wohnung: Es waren, so stellte sich beim Studium dieser Akten heraus, vor allem SS-Leute, Angestellte der Ministerien (und von Speers Behörde) sowie verdiente »Parteigenossen«, denen vom Generalbauinspektor »Judenwohnungen« zugeschanzt wurden.

Am 27. Oktober 1941 kreuzte die Gestapo auch in der Bötzowstraße 53 auf. Dort bewohnte die vierköpfige jüdische Familie Krisch eine Dreieinhalbzimmerwohnung. Die Eltern waren bei Siemens zum Löten dienstverpflichtet, die beiden Söhne arbeiteten als Träger im Kohlenhandel. Werner Krisch kann die Bilder dieses Abends nicht vergessen: »Wir haben zwar munkeln hören, daß etwas passieren würde – aber was dann passiert ist, das haben wir nicht erwartet, das kam ganz überraschend.«

Die Brüder hatten Besuch an jenem Abend. Gegen zehn oder halb elf wollten sie zwei Mädchen nach Hause bringen. Noch auf der Treppe kamen ihnen zwei Männer entgegen. »Sie hielten uns an und fragten, wer wir sind. Dann wurde uns klargemacht, wir sollen die Mädels verabschieden und hoch in die Wohnung kommen. Dort wurde uns eröffnet, daß wir einen Koffer packen dürfen mit dem Notwendigsten. Alles andere mußte liegen bleiben. Auf diese Art und Weise wurden wir aus der Wohnung gewiesen.«

Noch am selben Abend mußte die Familie die Schlüssel abgeben. Geld, Schmuck, Werner Krischs Fotoausrüstung – alles wurde beschlagnahmt. Die Synagoge in der Levetzowstraße diente als Sammellager der »Entmieteten«: Dort filzte die Gestapo die Koffer, alles, »was sie gerne haben wollten, haben sie rausgenommen und behalten«, erinnert sich Werner Krisch.

Mit Lastwagen wurden sie dann zum Bahnhof Grunewald transportiert. Der Zug brachte die Familie ins Ghetto »Litzmannstadt« (der polnischen Stadt Lodz). Den Bruder und die Eltern sah Werner Krisch nie wieder. Er selbst überlebte Auschwitz, Sachsenhausen und zum Schluß den Todesmarsch nach Buchenwald.

Speer schrieb über diese Jahre: »[. . .] Ich muß die Empfindung gehabt haben, daß es mich persönlich nichts angehe, wenn ich hörte, wie Juden, Freimaurer, Sozialdemokraten oder Zeugen Jehovas von meiner Umgebung wie Freiwild behandelt wurden. Ich meinte, es genüge, wenn ich mich selber daran nicht beteiligte.«

Es war die »Umgebung« Speers, die Werner Krisch und seine Familie aus ihrer Wohnung und in den Tod trieb. Und es stimmte auch, daß Albert Speer im Treppenhaus der Bötzowstraße 53 nicht gesehen wurde.

Die »Chronik des Generalbauinspektors Albert Speer« vermeldete Anfang November 1941: »In der Zeit vom 18. Oktober bis 2. November wurden in Berlin rund 4500 Juden evakuiert. Dadurch wurden weitere 1000 Wohnungen frei und vom Generalbauinspektor zur Verfügung gestellt.«

»Haben Sie an der Durchführung von Evakuierungen teilgenommen?« fragte Staatsanwalt Jackson Speer in Nürnberg.

»Nein«, antwortete Speer.

Am 28. Juni 1940, drei Tage nach dem Waffenstillstand mit Frankreich, traf Hitler mit Albert Speer und dem Bildhauer Arno Breker (»meinen Professoren«) auf dem Pariser Flughafen Le Bourget ein. Der Sieger über Frankreich wollte die eroberte Hauptstadt des Erbfeindes besichtigen. Hitler soll gesagt haben, für ihn erfülle sich damit der Traum seines Lebens.

Nicht mit seinen Feldherrn wollte er sein Glück teilen, sondern mit seinen Künstlern. Speer und der Bildhauer Arno Breker flankierten Hitler, als er die Oper besuchte, bei Sacre-Cœur und am Eiffelturm einen Zwischenstopp einlegte, Napoleon im Invalidendom die Reverenz erwies. Paris in dreieinhalb Stunden: von halb sechs bis neun Uhr morgens.

Am Arc de Triomphe verlangsamte sich die rasende Fahrt etwas: So sah es also aus, das Bauwerk, das Hitler und Speer im Vergleich zu Berlin auf Spielzeuggröße zu reduzieren gedachten. Der Triumphbogen in Berlin – jetzt konnte er in Angriff genommen werden. Hitler hatte ihn schon 1925 skizziert und zehn Jahre

266

später Speer die Zeichnung geschenkt, nach der das Geschenk des GBI zu Hitlers fünfzigstem Geburtstag (am 20. April 1939) entstand: ein vier Meter hohes Modell zur Feier des Sieges in einem Krieg, der erst vier Monate später beginnen sollte!

Hitler hatte ursprünglich daran gedacht, Paris zerstören zu lassen. Jetzt sollte die eroberte Stadt erhalten bleiben: um klein und erbärmlich zu erscheinen neben Speers neuem Berlin. Noch in Paris befahl der Bauherr: »Berlin muß in kürzester Zeit [...] den ihm durch die Größe unseres Sieges zukommenden Ausdruck [...] erhalten. In der Verwirklichung dieser nunmehr wichtigsten Bauaufgabe des Reiches sehe ich den bedeutendsten Beitrag zur endgültigen Sicherstellung unseres Sieges.« Dem Generalbauinspektor, so die Anordnung Hitlers, sei dafür »jede geforderte Unterstützung zu gewähren«.

Speer, dem das alles später überhaupt nicht recht gewesen sein will, macht sich an seine Aufgabe. Wie, das schildert in seltener Offenheit seine »Chronik« des Jahres 1941: »Am Sonnabend, dem 1. März, besucht der Führer die Modellsäle am Pariser Platz. Herr Speer zeigte im Beisein von Schelkes die neuen Modelle der Großen Halle und der Bauten an der Großen Straße, die als ausführungsreif erklärt wurden.«

Während der Chef danach in Zürs am Arlberg Skiurlaub machte, bestellte seine Behörde in Norwegen und Schweden etwa 20 Millionen Kubikmeter Granit. Mitten im Krieg! Im April kam »Reichsmarschall« Göring zu Besuch: »Ganz besondere Freude bereitete ihm das Modell des Reichsmarschallamtes. Für das größte Treppenhaus der Welt müsse Breker ein Denkmal des Generalbauinspektors schaffen.«

Über die Besprechung berichtet die Speer-»Chronik«, »daß der Reichsmarschall bei der sehr herzlichen Verabschiedung bemerkt habe, welch ein Glück es sei, daß Deutschland zu dem großen Führer zu gleicher Zeit ein gleich großer Baumeister geschenkt worden sei. Obwohl Herr Speer darauf bemerkte, daß es immer große Baumeister gegeben habe, aber daß es leider nicht der Mangel an fähigen Baumeistern, sondern der Mangel an Bauherren mit der notwendigen Großzügigkeit und Energie gewesen sei, blieb der Reichsmarschall bei seiner Feststellung.«

Am 12. Mai hatte Speer auf dem Obersalzberg eine Besprechung mit dem »Führer« über zukünftige Paraden auf der Großen Straße. Die Zufahrtsstraßen waren zu schmal. »Herr Speer schlug darauf vor, die Paraden von Norden nach Süden abrollen

*»Das gefällt mir...«
Der »Palast des Führers« am »Großen Platz« der »Welthauptstadt Germania« (elektronische Simulationen von Speers Entwurf).*

Speer war ein überkorrekter, gutaussehender Gentleman. Er war sicher auch ein Mann, der sich immer mit den jeweiligen Mächten arrangiert hätte. Er war kein Kriecher, aber wegen der gemeinsamen Begabungen und Interessen war sein Verhältnis zu Hitler sehr gut. Man kann Speer wohl kaum einen Vorwurf machen, wenn er als junger Architekt großartige Pläne gehabt hat. Und da kam nun ein großer Staatsmann an und gab ihm die Möglichkeit, sich völlig auszutoben: Geld spielte keine Rolle.

*Reinhard Spitzy, Ribbentrops Adjutant*

Bei Speer. Seine neuen Modelle für den Umbau von Berlin besichtigt. Sie sind in der Tat grandios. Von einer Monumentalität ohnegleichen. Damit setzt der Führer sich ein steinernes Denkmal. Ich dringe daneben vor allem auch auf sozialen Wohnungsbau für Berlin. Das wird Speer auch tun. Das Modell für die große Kuppelhalle ist unbeschreiblich.

*Goebbels (Tagebuch), 1941*

Natürlich war ich mir vollkommen darüber im klaren, daß er die Weltherrschaft anstrebte. Was viele heute nicht verstehen, ist, daß ich mir damals nichts Besseres wünschen konnte. Das war doch der ganze Sinn meiner Bauten. Sie hätten grotesk ausgesehen, wenn Hitler in Deutschland sitzengeblieben wäre. Mein ganzes Wollen war darauf ausgerichtet, daß dieser große Mann den Erdball beherrschen würde.

Speer, 1979

Das Verhältnis von Hitler zu Speer war anders als das zu seinen übrigen Mitarbeitern. Speer nahm eine Sonderstellung ein, wie aus Hitlers Bemerkungen über ihn spürbar wurde: Da war mehr als nur eine dienstliche Beziehung, eher eine Art Freundschaft oder Geistesverwandtschaft. Hitler schätzte an Speer die Leidenschaft für die Architektur besonders hoch und teilte diese mit ihm. Auf dem Feld sind sich beide sehr nahegekommen. Speer war der einzige, der musisch angehaucht war, und Hitler empfand sich doch als Künstler. Hitler sagte immer, Speer sei der einzige, mit dem man über diese Dinge wirklich reden kann.

Traudl Junge, Hitlers Sekretärin

*»1950 soll es fertig sein ...« Blick von der »Großen Halle« auf die Nord-Süd-Achse zum Triumphbogen (elektronische Simulation von Speers Entwurf).*

zu lassen. Mit diesem Vorschlag erklärte sich der Führer einverstanden. Lediglich die Truppeneinmärsche nach Feldzügen sollen in der Richtung von Süd nach Nord durch das Bauwerk T vorgenommen werden.«

Im August, seit zwei Monaten tobte der Rußlandfeldzug, »erklärte Herr Speer, daß er beabsichtige, zwischen Südbahnhof und Bauwerk T etwa 30 schwerste Beutegeschütze und besonders große Stücke am Bahnhof selbst aufzustellen. Auch an weiteren Punkten der Großen Straße wolle er derartige Geschütze aufstellen. Auch besonders große Tanks sollen vor bedeutenden öffentlichen Gebäuden aufgestellt werden.«

»Bauwerk T« war die Tarnbezeichnung für den Triumphbogen. Seinetwegen waren schon 500 Schrebergärten geräumt, eine Maßnahme, deretwegen man sich in Berlin sehr unbeliebt machen kann. Bei den Berlinern, die mehr und mehr unter den Folgen des Krieges zu leiden hatten, waren die nutzlosen Bauten des GBI extrem unpopulär. Am 4. September vermerkte die Speer-»Chronik«: »Herr Speer beauftragte Oberbaurat Stephan damit, ein Manuskript für einen Film über die Planung der Reichshauptstadt zu entwerfen. Besonderer Wert soll auf die Beweisführung gelegt werden, wie notwendig nicht nur im künstlerischen, sondern im allgemeinen öffentlichen Interesse die neue Planung ist und welche Vorteile für die Allgemeinheit daraus entstehen.«

Im Dezember zeigte sich Speer erzürnt darüber, daß Göring, dem die Verteilung der russischen Kriegsgefangenen unterstand, »hierbei die Neugestaltungsmaßnahmen der Reichshauptstadt« nicht berücksichtigte: »Herr Speer hat auch diese Frage erneut zum Gegenstand einer Besprechung beim Führer gemacht und dessen Einverständnis erhalten, zunächst 30 000 sowjetische Kriegsgefangene im Berliner Gebiet einzusetzen.«

So also endete das Jahr, in dem Speer soviel Kritik geübt haben will, weil er fürchtete, daß Hitler und seine Führung den Sieg verspielen könnten. – Ja, wäre der Architekt damals doch schon Rüstungsminister gewesen, könnte man hinzufügen. »Minister für Bewaffnung und Munition« aber war Dr. Fritz Todt, ein Nationalsozialist der ersten Stunde und ergebener Gefolgsmann Hitlers: Seine »Organisation Todt« hatte die Autobahnen und den Westwall gebaut.

Doch Todt hielt den Zweifrontenkrieg gegen Rußland und Amerika für eine nationale Katastrophe. Er wußte genau, daß das Reich mit seinen begrenzten Ressourcen den Wettlauf gegen

Nach 1938 durften wir Juden unseren erlernten Beruf nicht mehr ausüben. Immerhin haben wir noch auf dem Bau gearbeitet oder anderswo – eben mit unserer Hände Arbeit das verdient, was wir zum Leben brauchten. Wir dachten auch, es könnte nicht so schlimm kommen, Arbeitskräfte wurden doch überall gebraucht. Die Vertreibung aus unserer Wohnung 1941 kam wirklich völlig überraschend, ohne jede Vorwarnung. Sich wehren hätte keinen Sinn gehabt.

*Werner Krisch, Berliner Jude*

Wenn ich an das Schicksal der Berliner Juden denke, überkommt mich ein unausweichliches Gefühl des Versagens und der Unzulänglichkeit. Oft sah ich bei der täglichen Fahrt in mein Architekturbüro auf dem Bahnhof Nikolassee Menschenmassen auf dem Bahnsteig. Ich wußte, daß es sich um die Evakuierung Berliner Juden handeln mußte. Sicher überlief mich für diesen Augenblick des Vorbeifahrens ein bedrückendes Gefühl, vermutlich hatte ich das Bewußtsein düsterer Vorgänge. Aber ich war den Prinzipien des Regimes in einem Maße verhaftet, das mir heute nur schwer verständlich ist. Parolen wie »Führer befiehl, wir folgen!« oder »Der Führer hat immer recht« hatten einen hypnotischen Inhalt, auch gerade auf uns in der unmittelbaren Umgebung Hitlers. Vielleicht war es auch eine unbewußte Betäubung des Gewissens, wenn wir uns ganz und gar in der Arbeit vergruben.

*Speer, 1981*

*»Das größte Gebäude der Welt...«
Die 300 Meter hohe »Große Halle«, geplant für 180 000 Menschen (elektronische Simulation von Speers Entwurf).*

die Zeit verlieren würde. Mehrfach drängte er Hitler, Frieden zu schließen, bevor sich das Blatt gegen Deutschland wendete. Doch stieß er beim Kriegsherrn auf taube Ohren.

Auch am 7. Februar 1942 versuchte Todt im »Führer«-Hauptquartier »Wolfsschanze« erneut, Hitler vom Ernst der Lage zu überzeugen. Beim Abschied wußte er, daß alles Bemühen vergeblich war. Am nächsten Morgen bestieg Todt ein Flugzeug nach Berlin. Gleich nach dem Start stürzte die Maschine ab. Die Ursache wurde nie aufgeklärt. Wahrscheinlich hat sich der verzweifelte Todt selbst in die Luft gesprengt. Wenige Tage später ernannte Hitler Albert Speer zum »Nachfolger Dr. Todts in allen seinen Ämtern«.

»Der Erfolg unserer Arbeit ist entscheidend für den Sieg Deutschlands. Ich habe dem Führer gelobt, meine ganze Kraft nur für dieses Ziel einzusetzen...« Mit diesen markigen Worten trat Albert Speer, gerade 37 Jahre alt, ein Amt an, für das er nach eigenem Bekunden nur zwei wesentliche Voraussetzungen mitbrachte: seine Fähigkeit zu organisieren und seine bedingungslose Treue zu Hitler.

Über das Rüstungswunder, das Speer seinem Chef schon beim Antrittsbesuch versprach, über die »Selbstverantwortung der Industrie«, über die Produktionsziffern von Geschützen, Panzern, Flugzeugen und U-Booten hatte sich Speer immer und ausführlich geäußert.

Ganz schweigsam wurde Speer später bei der Frage »was mir von der Verfolgung, der Verschleppung und Vernichtung der Juden bekannt ist«. Und er gab sich selbst die Antwort: »Ob ich gewußt oder nicht gewußt, und wieviel oder wie wenig ich gewußt habe, wird ganz unerheblich, wenn ich bedenke, was ich an Furchtbarem hätte wissen müssen...« Das klingt redlich und ist doch nur raffiniert. Speers Schlußfolgerung: »Ich gebe die Antwort nicht mehr.« Was Speer sich erst gar nicht fragte: Wie hoch war sein Beteiligungsanteil an all diesen Verbrechen?

Am 30. März 1943 besuchte Speer Mauthausen, ein berüchtigtes Konzentrationslager in Österreich, nicht weit von der Stadt Linz entfernt. Simon Wiesenthal hat hier seine Befreiung erlebt. Warum kam Speer hierher? Die Häftlinge schufteten und starben vor allem in einem Steinbruch, zu dem eine lange, in Fels gehauene »Todesstiege« führte. Der Steinbruch gehörte den »Deutschen Erd- und Steinwerken GmbH«. Eigentümerin dieses »Unternehmens« war die SS.

Günter Wackernagel war ein »Mitarbeiter« dieser Firma. Der Kommunist wurde 1937 verhaftet und ins KZ Sachsenhausen vor den Toren Berlins verschleppt. Gleich neben dem Lager wurde ab 1939 für die »Deutschen Erd- und Steinwerke« Gelände gerodet und darauf ein »Klinkerwerk« sowie ein »Steinbearbeitungswerk« für die »Bauten des Führers« errichtet. Zum Transport nach Berlin ließ die SS einen eigenen Hafen bauen.

Die Korrespondenz und die Lieferverträge zwischen der SS und der Behörde des »Generalbauinspektors« sind erhalten und können im Berliner Landesarchiv eingesehen werden. Ende 1941 wurde im Lager das »Arbeitskommando Speer« gebildet. »Alle Häftlinge, die etwas mit Bauen zu tun hatten, sollten darin erfaßt werden«, berichtet Wackernagel, »besonders aber Steinmetze. Häftlinge sollten sich freiwillig melden für diesen Beruf.«

10 000 Lagerinsassen aus Oranienburg hofften, auf diese Weise den elenden Zuständen zu entkommen. Sie wurden in eine andere Zweigstelle der SS-Firma, das KZ Flossenbürg in der Oberpfalz, verlegt. Nur kurz war ihre Arbeitskraft im Steinbruch für Speers Nürnberger Bauten erforderlich. Schon bald mußten sie in den Gebirgsmassiven quer durch Europa die Tunnel für Speers unterirdische Fabriken und für Hitlers Befehlsstände sprengen: »In fünf Monaten war es nicht einmal möglich zu baden«, erinnert sich Häftling 1245, Günter Wackernagel. »Von Wäschewechseln war gar nicht die Rede. Die Läuse hatten uns, nicht wir die Läuse. Und wir hatten Epidemien im Lager, Typhus, Fleckfieber.« Nur 200 von ursprünglich 10 000 »Freiwilligen« überlebten das »Arbeitskommando Speer«.

Speer besuchte in Mauthausen also einen Geschäftspartner. Was er dort aber sah, veranlaßte ihn 1943 zu einem Brief an den »lieben Parteigenossen Himmler«: »Während es uns für den Ausbau von Rüstungswerken des unmittelbaren Frontbedarfs nicht nur an Eisen und Holz, sondern auch an Arbeitskräften fehlt, mußte ich anläßlich meiner Besichtigung im Konzentrationslager Mauthausen sehen, daß die SS Planungen durchführt, die mir unter den heutigen Verhältnissen mehr als großzügig erscheinen.«

Speer forderte von der SS, den »Einsatz der in den KZ-Lägern verfügbaren Arbeitskräfte im Rahmen der Gesamtrüstung sinnvoller zu gestalten«. Zum Beispiel beim Rüstungsbau (was das bedeutet, hat der Häftling Wackernagel berichtet; vom Beispiel »Dora/Mittelbau« wird noch zu berichten sein). Dann gelangte

273

Speer zu der Schlußfolgerung: »Wir müssen deshalb für den Ausbau von KZ-Lägern eine neue Planung unter dem Gesichtspunkt des höchsten Wirkungsgrades bei Einsatz geringster Mittel mit Erzielung des größten Erfolges für die *augenblicklichen* Rüstungsforderungen durchführen, d. h. daß wir sofort zur Primitivbauweise übergehen müssen.« Als Konsequenz beauftragte Speer »einen meiner Herren, [. . .] sämtliche KZ-Läger an Ort und Stelle zu überprüfen«.

Der Brief Speers löste bei der SS Empörung aus. Obergruppenführer Oswald Pohl, zuständig für den Arbeitseinsatz von KZ-Häftlingen, richtete ein geheimes Schreiben an Himmlers Dienststelle. »Ein recht starkes Stück« sei dieser Brief, polterte Pohl. Speer, monierte er, »verschweigt, daß *jedes* Bauvorhaben in den KL von uns ordnungsgemäß angemeldet worden ist und daß er selbst unter dem 2. 2. 1943 die Genehmigung erteilt hat.«

Speer wußte also nicht nur über die Existenz aller KZs Bescheid, er war dort für sämtliche Baumaßnahmen »bis ins einzelne« (Pohl) verantwortlich! »Völlig abwegig aber ist es anzuregen, in den KL sofort zur Primitivbauweise überzugehen«, fährt Pohl fort. Der SS-Mann plädiert gegenüber Speer für mehr Humanität. Er klagt, daß seine Leute »dauernd gegen Seuchen und hohe Sterblichkeit ankämpfen, weil die Unterbringung der Häftlinge einschließlich sanitärer Anlagen völlig unzureichend ist. Ich muß daher pflichtgemäß schon jetzt darauf hinweisen, daß der Übergang zur Primitivbauweise wahrscheinlich eine bisher ungeahnte Höhe an Sterblichkeit in den Lagern verursachen wird.«

Speers Inspektoren Desch und Sander waren mittlerweile von ihrer Tour durch Himmlers KZs zurück. Ihre »Speer vorliegenden Berichte« blieben nicht erhalten. Sie veranlaßten Speer, wieder an den »lieben Parteigenossen« zu schreiben, aber diesmal mit dem handschriftlichen Zusatz: »Es freut mich, daß die Besichtigung der anderen K.Z. Lager ein durchaus positives Bild ergab.«

Nur für den Ausbau von Auschwitz gestattete der Reichsminister über die schon genehmigten Mittel hinaus eine Sonderlieferung an Baustoffen und Wasserrohren. Wenn Speer später von Auschwitz schrieb und sprach, dann sah er seine Schuld in der »gewollten Blindheit« und in der »Billigung durch Nichtwissen«.

Am 5. Juni 1943, nur ein paar Tage nach Speers Brief an Himmler, veranstalteten Speer und Goebbels gemeinsam eine Kundgebung vor »Rüstungsarbeitern« im Berliner Sportpalast. Das Ereignis wurde vom Rundfunk übertragen.

Zuerst redete Speer und berichtete von den Erfolgen seiner »totalen Kriegswirtschaft«: »Der Führer erwartet, daß der Heimat kein Opfer zu groß ist, wenn es gilt, dem Frontsoldaten neue Waffen zu schmieden.« Das sei ein »entscheidender Beitrag zur Erringung des endgültigen Sieges«. Nach ihm trat Goebbels an das Rednerpult, Speer saß als Zuhörer in der ersten Reihe: »Vor der Weltgefahr des Judentums haben Sentimentalitäten keinen Platz. [...] Die gänzliche Ausschaltung des Judentums aus Europa ist keine Frage der Moral, sondern eine Frage der Sicherheit der Staaten. Der Jude wird immer so handeln, wie es seinem Wesen und seinem Rasseninstinkt entspricht. Er kann gar nicht anders. Wie der Kartoffelkäfer die Kartoffelfelder zerstört, ja zerstören muß, so zerstört der Jude die Staaten und Völker. Dagegen gibt es nur ein Mittel: radikale Beseitigung der Gefahr.«

War es da noch erheblich, ob Speer bei Himmlers »Endlösungs«-Rede in Posen am 6. Oktober 1943 anwesend oder kurz vorher abgereist war, wie er behauptete?

In seinem Protokoll der Rüstungskonferenz im »Führer«-Hauptquartier am 22. August 1943 notierte Speer: »Der Führer ordnet auf Grund eines Vorschlags an, daß alle Maßnahmen ergriffen werden, um gemeinsam mit dem Reichsführer-SS unter starker Einschaltung seiner Kräfte aus den Konzentrationslagern den Bau entsprechender Fertigungsanlagen und die Fertigung von A4 erneut voranzutreiben.« Hitler befahl eine »Fertigung an gesicherten Orten und in gesicherter Form unter Heranziehung von Höhlen«.

Am 10. Dezember 1943 besuchte der Reichsminister für Bewaffnung und Munition seine damals wichtigste Baustelle: die unterirdische Fabrik »Dora/Mittelbau« in der Nähe des Harzstädtchens Nordhausen. Seit Ende August arbeiteten hier tausende KZ-Häftlinge am Aus- und Umbau eines über 20 Kilometer langen unterirdischen Bunkersystems. Am Ende des Jahres sollten hier die ersten »Wunderwaffen« vom Typ V1 und V2 (damals noch als A4 bezeichnet) in Serie gehen.

Die Häftlinge müssen während der Bauarbeiten in den feuchten, ständig von Staub erfüllten Höhlen arbeiten und leben. Alexander Samila aus der Ukraine (Häftlingsnummer 28831) beschreibt die Zustände Ende 1943: »Dauernd wurde gebohrt, geschossen, gesprengt. Das Licht im Tunnel ging nie aus. Die Häftlinge wurden wegen jeder Kleinigkeit geschlagen. Wenn

275

man drinnen versucht hat zu schlafen, konnte man das nicht, weil der andere geschrien hat. Immer 25 Stockhiebe mit dem Gummiknüppel. Ich hab' zum Glück nur sieben Stück gekriegt im ganzen.«

Mindestens 2300 Häftlinge, so erfährt der Besucher der heutigen Gedenkstätte, sind in der Zeit zwischen Oktober 1943 und März 1944 ums Leben gekommen. Als die Maschinen für die Raketenproduktion angeliefert werden, bessert sich die Lage der inzwischen 20 000 Häftlinge etwas: Sie »dürfen« jetzt in Baracken am Stolleneingang schlafen, denn im Berg wird jeder Meter für die Raketen gebraucht.

Einen Abend kann Leon Pilarski aus Bromberg in Polen (Häftlingsnummer 1245) nicht vergessen: »Wir waren schon auf dem Weg zur Nachtschicht in den Stollen, da wurden wir auf den Appellplatz befohlen. Eine Kapelle spielte dort auf ihren Geigen. Dann hat die SS 30 Männer gebracht, alle hatten den Mund verklebt. Vor unseren Augen wurden alle aufgehängt.« Sie hatten gegen irgendwelche Vorschriften verstoßen.

Wie alle anderen mußte auch Ewald Hanstein, Häftlingsnummer 74557, täglich zwölf Stunden im Raketenstollen arbeiten. »Die Nazis wollten den Krieg noch gewinnen mit dieser Waffe. Deshalb hat man an Häftlingen alles reingeschoben, was nur ging. Wer nicht konnte, der wurde erschossen, oder die Transporte gingen wieder ab – zurück zu den anderen Lagern. Dort sind sie dann umgekommen. Und man hat wieder andere Häftlinge angefordert. Das kann ein Außenstehender sich gar nicht vorstellen, was hier geschehen ist.«

Ewald Hanstein hat drei Lager überlebt, darunter Auschwitz. »Für mich war Dora das schlimmste Lager. Durch Arbeit wurden hier die Menschen kaputtgemacht.«

Daß Speer dieses Lager persönlich inspizierte, war den Ermittlern in Nürnberg noch nicht bekannt. Speer konnte das Gericht deshalb unwidersprochen belügen. Erst die Ermittlungen zum »Dora-Prozeß«, bei dem Speer 1968 als Zeuge aussagen mußte, brachten die Wahrheit ans Licht.

In seinen »*Erinnerungen*«, erschienen 1969, nannte Speer die »Verhältnisse für diese Häftlinge in der Tat barbarisch«. Seine Biographin Gitta Sereny notierte, er sei »in seinem ganzen Leben nie so entsetzt gewesen«. Speer hatte angeblich noch am selben Tag alles in Bewegung gesetzt, um ein Barackenlager errichten zu lassen.

*»Entscheidend für den Sieg Deutschlands...« Speer als Rüstungsminister bei einem »Lehrlingsappell« in Berlin.*

Der Führer erwartet von uns, daß der Heimat kein Opfer zu groß ist, wenn es gilt, dem Frontsoldaten neue Waffen zu schmieden. Wir geloben unseren Soldaten an der Front, nicht nur weiter unsere Pflicht zu tun, sondern das Äußerste an Arbeitsleistung zu vollbringen und Monat für Monat unsere Produktion stetig zu steigern.

*Speer, 1943*

Ich glaube, er hat schon sehr früh nicht mehr an den Sieg geglaubt, aber pflichtgemäß alles getan, was er dafür tun konnte. Ich glaube auch, für ihn war Stalingrad der entscheidende Augenblick, in dem ihm klarwurde, daß die Wende eingetreten war.

*Willy Schelkes, Architekt bei Speer*

Dora war in meinen Augen ein Vernichtungslager, vernichtet wurde durch Arbeit. Wer nicht arbeiten konnte, kam ins Krematorium. Wir wurden gequält, bis wir zugrunde gingen. Zum Beispiel gab es kaum Wasser. Manchmal haben sie uns Heringe gegeben. Wir hatten entsetzlichen Durst. Es gab nur eine Wasserleitung für die vielen Häftlinge, an die man meist nicht dran kam. Wer einen Platz ergatterte und viel trank, bekam dafür die Ruhr. Das Essen war oft vergammelt und verschimmelt. Viele starben, die weniger Abwehrkräfte hatten. Wir wurden oft geschlagen. Es gab wenig Hoffnung, und jeder fragte sich: »Wann stirbst du?«

*Alexander Samila, KZ-Häftling*

Dokumente für den humanitären Hintergrund seiner Tat konnte Speer nicht präsentieren – aber dem Rüstungsminister war zweifellos daran gelegen, diesen für ihn so wichtigen Produktionszweig nicht durch Seuchen (und damit Produktionsausfälle) zu gefährden. Und nicht zuletzt gingen in »Dora« einige der wichtigsten Wissenschaftler und Ingenieure des »Dritten Reiches« ein und aus.

In Peenemünde auf der Ostseeinsel Usedom wurden seit Ende der dreißiger Jahre deutsche Raketen erprobt. Speer kannte das Entwicklerteam um Wernher von Braun schon seit 1939. Die beiden waren sich sympathisch. 1942 gelang es Speer, Hitlers Interesse an dem neuen Waffentyp zu wecken.

Am 7. Juli 1943 ließ Speer in der »Wolfsschanze« Hitler einen Farbfilm vom Start einer V2 vorführen – mit dem erhofften Resultat: »Der Führer legt fest, daß die A4 [= V2] mit allem Nachdruck zu fördern ist. Er hält dies für eine kriegsentscheidende Maßnahme«, notierte der Rüstungsminister.

Ursprünglich favorisierte Speer die Entwicklung von Flugabwehrraketen. Sie waren klein, billig und wurden dringend benötigt zur Bekämpfung der immer höher und schneller fliegenden alliierten Bomber. Er wußte jedoch, daß Hitler nur mit Angriffswaffen zu begeistern war. »Der Führer betont«, so vermerkte das Archiv des Rüstungsministers vom 13./14. Oktober 1942, »daß die Entwicklung nur dann Sinn hat, wenn mindestens gleichzeitig erstmalig 5000 Geschosse für den Masseneinsatz zur Verfügung stehen.«

Speer amtierte jetzt zwar als »Architekt der Rüstung«, aber die Beziehung zu Hitler hatte sich gewandelt seit den Zeiten, als beide sich mit Gebäudeplänen und -modellen befaßten. Der Grund dafür war offensichtlich: Hitler war im Ersten Weltkrieg Soldat, Speer von seiner Biographie und von seinem ganzen Auftreten her notorischer Zivilist. »Er sah immer aus, als hätte ein Zivilist sich verkleidet in Uniform«, beschrieb ihn Hitlers Sekretärin Traudl Junge.

Und so traf sich der Minister mitten im totalen Rüstungskrieg noch immer mit seinen Mitarbeitern aus der »Generalbauinspektion«. Da konnte er offen sprechen. Willi Schelkes erinnert sich an ein abendliches Gespräch über einer Flasche Rotwein: »Als er nur Architekt war, da war er auf derselben Ebene wie Hitler. Sie konnten sich auf der gleichen Ebene über ein Thema unterhalten, Architektur war für beide interessant. Jetzt war er Mitglied eines Kabinetts, und Hitler war der Chef, und da hat auch Speer Weisungen bekommen von ihm, die er nicht gewohnt war. Da hat er sich also beklagt darüber, daß er jetzt ganz anders behandelt wird als früher.«

Sicher, Hitler überhäufte den Rüstungsminister bei jeder Gelegenheit mit Lob und Anerkennung. Ende 1943 wurde in Hitlers Umgebung kolportiert, Speer strebe die Nachfolge Hitlers an. Genüßlich schildern die »Erinnerungen«, wie Hitler auf Speers »Heil, mein Führer!« mit »Heil Speer!« zu antworten pflegte.

Doch beim Rüstungsminister vermißten die »alten Kämpfer« der Partei den richtigen Stallgeruch. Sie sahen in ihm nur einen ehrgeizigen Emporkömmling. Einen, der es dazu noch wagte, ihnen auf der »Gauleitertagung« am 6. Oktober 1943 in Posen offen die »Behandlung« durch Himmler anzudrohen, sollten sie nicht in ihren Gauen innerhalb von zwei Wochen sämtliche Zivilauf Rüstungsproduktion umstellen.

Die Fertigung von Kühlschränken oder Radiogeräten, bellte Speer die Spitzen des NS-Staates an, »sind Fertigungen, die zu nichts anderem dienen als zur Bestechung. Diese Fertigungen werden heute den verschiedensten Prominenten zwar nicht geschenkweise überlassen, sie werden zum Kauf überlassen. [...] Aber ein Gegenstand, der heute im allgemeinen nicht mehr zu erhalten ist, [...] bedeutet für mich einen Bestechungsgegenstand im jetzigen Stadium. Ich habe Reichsführer-SS Himmler gebeten, mir zur Auffindung derartiger Fertigung den SD zur Verfügung zu stellen...«

Als Speer im Januar 1944 für drei Monate ernsthaft erkrankte, wurde von den Parteibonzen alles versucht, ihn bei Hitler madig zu machen. Speer, der daraufhin laut über Rücktritt nachdachte, wurde von einem Abgesandten Hitlers besänftigt: »Bestellen Sie Speer, daß ich ihn lieb habe!« gab der »Führer« dem Generalfeldmarschall Erhard Milch mit auf den Weg.

Hitler dürfte geahnt haben, daß die Fortsetzung des wahnwitzigen Krieges ohne die Organisationsleistung seines Ministers nicht sehr lange möglich gewesen wäre. »Ich darf hier wirklich sagen: Speer, ich möchte keine Lobeshymnen aussprechen, aber Sie und Herr Saur [Speers Stellvertreter] haben hier Wunderdinge geleistet, daß Sie trotz dem Luftkrieg, trotz dem dauernden Ausweichen, das immer wieder mit Ihren Mitarbeitern aus der Industrie möglich machten, immer wieder neue Auswege zu finden!«

279

»Ohne meine Arbeit wäre der Krieg vielleicht 1942/43 verloren gewesen«, schrieb Speer in seinem letzten Brief an Hitler. Er war Hitlers Durchhalteminister.

Schon im Februar/März 1943, räumte Speer gegenüber seinen amerikanischen Befragern gleich nach Kriegsende ein, habe er »die Meinung gehabt, daß der Krieg verloren sei«. Als dem Minister im Mai 1944 mit Manfred von Poser ein neuer Adjutant zugeteilt wurde, stellte der Dienstherr dem als erstes die Frage, ob der Krieg noch gewonnen werden könne.

»Ich war im ersten Moment sehr verblüfft«, schildert uns von Poser diese für ihn unerwartete Situation. »Ich faßte mich aber dann und sagte: ›Ich glaube nicht, daß der Krieg noch zu gewinnen ist.‹ Er nahm diese Antwort ruhig auf und sagte nichts. Ich entnahm daraus, daß er die Wahrheit gern hörte, und das war die Basis für uns, die die ganze Zeit gehalten hat.«

Wo immer aber Speer im letzten Kriegsjahr auftauchte – er mobilisierte sinnlos gewordene Kraftanstrengungen. Er formulierte Durchhalteparolen, von denen er *später* sagte, sie seien die Folge einer »besonderen Art der Sinnesstörung« gewesen.

Vor allem die »Wunderwaffen«, deren Produktion im Frühjahr 1944 in »Dora« anlief, wurden dabei von Speer in die Propagandaschlacht geworfen. Anfang Juli schlug er Hitler vor, den Kameramann Walter Frentz Farbfilme von Probestarts der V1 und der V2 drehen zu lassen. Hitler sagte zu, befahl aber zugleich, es dürfe bei einer Veröffentlichung des Materials die Abschußvorrichtung nicht erkennbar sein – was einem Aufführungsverbot gleichkam.

Speer konnte das Werk deshalb nur im kleinen Kreis vorführen. Goebbels gehörte dazu und schwärmte: »Könnten wir diesen Film nur in allen deutschen Kinos zeigen, ich brauchte keine Rede mehr zu halten und keinen Artikel mehr zu schreiben . . .«

So aber mußte Goebbels weiterschreiben – und Speer weiter Reden halten. Deren Manuskripte waren in den Akten, die Speer nach Kriegsende den alliierten Ermittlern übergab, nicht zu finden. Ein Tonbanddokument blieb jedoch erhalten. Speer, der vor dem Nürnberger Gerichtshof aussagte, er habe aktiv die »Wunderwaffen«-Propaganda bekämpft, hielt am 5. Dezember 1944 (zu dieser Zeit hatten die Amerikaner schon Aachen erobert!) eine Rede vor Eisenbahnern, die im Rundfunk übertragen wurde: »Unsere Vergeltungswaffen V1 und V2 dürfen aller Welt eindeutig vor Augen geführt haben, daß die deutsche Waf-

Dr. Flächsner: Erfuhren Sie bei Ihrem Besuch in Mauthausen oder bei anderer Gelegenheit etwas über die Grausamkeiten, die in diesem und in anderen Konzentrationslagern stattgefunden haben?
Speer: Nein.

*Speer beim Verhör in Nürnberg, 19. Juni 1946*

»Zur Primitivbauweise übergehen...«
Rüstungsminister Speer zu Besuch im KZ Mauthausen.

Aber Ihr habt ja alle diesen dummen Judenhaß widerstandslos mitgemacht! Ich erinnere mich daran, wie Du mir 1938 erzähltest, Du habest bei Himmler angeregt, in [dem KZ] Oranienburg Ziegeleien für den Umbau Berlins einzurichten, und dabei mit der absoluten Kaltschnäuzigkeit, mit der Du moralische Probleme behandelt hast, ganz gemütlich sagtest: »Die Judde haben ja schon in der ägyptischen Gefangenschaft Ziegel gestrichen!«

*Hermann Speer an seinen Bruder Albert, 1973*

Hauptsächlich wurden die Menschen in Zügen nach Treblinka geschafft, aber die Juden aus den benachbarten Städten und Dörfern wurden auf Lastwagen dorthin gebracht. Die Lastwagen trugen die Aufschrift: »Expedition Speer«.

*Samuel Rajzman, Überlebender des Lagers Treblinka, 1946*

fentechnik trotz allem einen gewissen Vorsprung hat. Ich kann Ihnen versichern, daß der Gegner sich auf gleiche Überraschungen auch auf anderen Gebieten unserer Kriegsführung gefaßt machen kann.«

Dann kam Speer zu dem Thema, das die zerbombte »Heimat« am meisten beschäftigte – der Hilflosigkeit der deutschen Flugabwehr: »Wir haben gerade auch hier bisher erfolgreich gearbeitet, und zwar, wie es auf entscheidenden Gebieten stets der Fall ist, im stillen gearbeitet. Ich kann euch versichern, daß wir in Güte und Zahl der erforderlichen Abwehrmittel heute bereits wieder einen Stand erreicht haben, der schon in der nächsten Zeit an sichtbaren Erfolgen erkennbar werden wird. [Starker Beifall] ... Wir wissen, daß am Ende dieses Weges der Sieg steht.«

Das sagte der Mann, der schon Monate vor dieser Rede in Denkschriften an Hitler wiederholt zur Erkenntnis gelangte, daß nach der Zerstörung der deutschen Benzinfabriken »die Stoffe fehlen, die zur Weiterführung eines modernen Krieges notwendig sind«: Weniger als zehn Prozent der benötigten Menge Kerosin standen der Luftwaffe zu dieser Zeit noch zur Verfügung!

»Die nutzlose Fortsetzung des Krieges und die unnötigen Zerstörungen erschweren den Wiederaufbau. Entbehrungen und Elend sind über das deutsche Volk gekommen«, stellte Speer in seinem Schlußwort am 31. August 1946 vor dem Nürnberger Gericht fest. »Es wird nach diesem Prozeß Hitler als den erwiesenen Urheber seines Unglücks verachten und verdammen.«

Über seine eigene Verantwortung, Hitlers längst verlorenen Krieg bis zum bitteren Ende verlängert und organisiert zu haben – darüber verlor er kein Wort.

Anfang August 1944 versammelten sich Hitlers Helfer zum letztenmal zu einer »Tagung der Reichs- und Gauleiter« im Posener Schloß. Die Russen standen in Ostpreußen, Amerikaner und Engländer marschierten auf Paris: Es herrschte Götterdämmerung im »Dritten Reich«. Himmler ergriff das Wort: »Wir alle haben nur einen Ehrgeiz: daß, wenn die Weltgeschichte über diese Zeit richtet, ... sie dann über uns und seine [Hitlers] Gefolgsleute sagt: Seine Paladine waren treu, waren gehorsam, waren gläubig, waren standhaft ...«

Diesmal, und das bestritt Speer auch nicht, war er dabei. Und beim Reichsführer-SS, dem »lieben Parteigenossen Himmler«, traf acht Wochen später ein Fernschreiben ein. Sein Wortlaut:

»Sie können sich darauf verlassen, daß in den schweren Ereignissen, die uns noch bevorstehen, ich Ihnen immer treu verbunden bleiben werde. Heil Hitler! Ihr Speer.«

Doch Speer dachte zu dieser Zeit schon gar nicht mehr daran, mit den anderen Paladinen glorreich unterzugehen. Ein Artikel in der englischen Wochenzeitschrift *Observer* machte ihm Mut für eine gefährliche Gratwanderung. »In Speer«, schrieb ein ungenannter Autor über den prominenten Feind, »sehen wir eine Verwirklichung der Revolution der Manager. [...] Er hätte sich jeder anderen Partei anschließen können, soweit sie ihm Arbeit und Karriere ermöglichte. [...] Er symbolisiert einen Typus, der in steigendem Maß in allen kriegführenden Staaten wichtig ist: den reinen Techniker. [...] Es ist ihre Zeit. Die Hitlers und Himmlers werden wir loswerden, aber die Speers, was auch immer diesem einzelnen Mann im besonderen geschehen wird, werden lange mit uns sein.«

Speer kannte diesen Artikel, und für ihn war er ein Wink mit dem Zaunpfahl. Jetzt ging er daran, sich die erhoffte Brücke in die Zukunft zu bauen. Er war noch keine vierzig, das »Tausendjährige Reich« sollte nicht alles gewesen sein.

Den (westlichen) Siegern wollte Speer nicht mit leeren Händen entgegentreten. Anders als an der Ostfront, wo beim Rückzug von der Wehrmacht alles zerstört wurde, verhinderte der Rüstungsminister zuerst in Italien, dann auch in Frankreich und Belgien eine Politik der »verbrannten Erde«. Sein Adjutant Manfred von Poser schilderte, wie trickreich er das Hitler verkaufte: »Das war ja die Kunst von Speer, daß er das überbrückte bei Hitler: daß er Hitler sagte, wenn er das aber zurückerobert – und das war das, was Hitler am liebsten hören wollte –, dann müssen wir den Betrieb wieder in Ordnung bringen können, und dann lähmen wir ihn doch. Und da war er einverstanden.«

Lähmung: Das hieß oft nicht mehr als ein Herausdrehen von Sicherungen oder die Zerstörung von Versorgungsleitungen. Eine symbolische Handlung, an die Adresse jenseits der Fronten gerichtet.

Im eigenen Lager forderte Speer einen »fanatisch sich steigernden Glauben« an den Endsieg und immer wieder »letzte Opfer«. Die Städte brannten, Kinder und Greise wurden ins Gemetzel geschickt, Speer tönte im November 1944: »So schwierig die Lage auch ist und so hoffnungslos ihre Beseitigung zunächst scheint – wir dürfen auf keinen Fall müde werden.«

Hehre Worte für die Front. In der Etappe sollten seine Taten in den letzten Monaten die Zerstörung der deutschen Industrie verhindern. Er hatte dies am 27. Februar 1945 im Schloß Landsberg, dem Familiensitz der Thyssen, einem kleinen Kreis von Ruhrindustriellen fest versprochen. Auch dies war eine Investition in die Zukunft: Speer sah sich zu dieser Zeit schon als eine Art »Wiederaufbauminister« im Nachkriegsdeutschland.

Als Hitler mit dem »Nero-Befehl« am 18. März diese Pläne durchkreuzen wollte, war Speer »wütend, echt wütend«, sagte uns Adjutant von Poser. Er reiste zu Hitler nach Berlin und forderte die Rücknahme des Zerstörungsbefehls: »Ich kann nur mit meinem Verstand und mit der Überzeugung und dem Glauben an die Zukunft weiterarbeiten, wenn Sie, mein Führer, sich wie bisher zur Erhaltung unserer Volkskraft bekennen.«

Speer drohte seinem »Führer« mit Arbeitsniederlegung: Befehlsverweigerung und offene Kritik an Hitler – in jenen Tagen wurden viele tausend dafür mit dem Tode bestraft. Speer aber wurde in der Reichskanzlei empfangen. Er mußte seinem »Führer«, der ihn »liebhatte«, aufs neue Treue geloben. Doch für diesen Preis ließ Hitler seinem Speer bis in die letzten Tage freie Hand.

Was nun? War es ein »Abschiednehmen« oder ein »Sich-zur-Verfügung-Stellen«? Von den Rätseln, die Speer aufgibt, ist seine Berlinreise am 23. April 1945 eines der spannendsten.

Fest steht: Nach Hitlers letztem Geburtstag in den Katakomben des »Führer«-Bunkers setzte sich Speer – wie fast alle Spitzen der Nazihierarchie – aus Berlin ab. Es folgte eine zweitägige Odyssee durch Norddeutschland. Dann tauchte der Rüstungsminister am 23. April in Mecklenburg auf: Der Flughafen Rechlin war das Testgelände der Luftwaffe. Jeder kannte ihn hier, bei unzähligen Flugschauen hatte Speer als Gastgeber fungiert. Der Rüstungsminister und sein Adjutant Manfred von Poser charterten ein einmotoriges Leichtflugzeug vom Typ »Fieseler Storch«.

Sie flogen nach Berlin und landeten auf der »Ost-West-Achse«, zwischen Siegessäule und Brandenburger Tor. Sechs Jahre zuvor hatte Speer die Straße für Hitlers Paraden umgebaut, jetzt diente sie als letzter Flugplatz der eingekesselten Reichshauptstadt.

»Für meine Begriffe mußte es einen guten Grund geben, aus dem Speer nach Berlin flog«, sagte uns Manfred von Poser. Wie kein anderer erlebte er den Minister im letzten Kriegsjahr

284

Ich stimmte mit ihm überein, hundertprozentig. Wenn wir nicht mehr an Hitler glauben konnten, was blieb uns dann noch?

*Speer über die letzten Jahre mit Hitler*

Soweit Hitler mir Befehle gab und ich diese durchführte, trage ich hierfür die Verantwortung, allerdings habe ich nicht alle Befehle durchgeführt.

*Speer in Nürnberg, 1946*

Speer nahm die Schuld zunächst auf sich – ob aus Publicity-Gründen oder aus tatsächlicher Reue, weiß ich nicht. Er hatte ja auch kaum eine Wahl. Später aber schob er in weiser Voraussicht alle Schuld an Grausamkeiten gegenüber Fremdarbeitern, an Versklavung und Ermordung und so weiter, ganz geschickt dem Sauckel zu. Sauckel war so ein plumper, eher einfacher Mann, den keiner leiden konnte. Speer hingegen war gebildet und aus gutem Hause. Ich denke, diese Emotionen kamen bei der Presse zum Tragen und waren sicher auch den Richtern nicht ganz fremd.

*Susanne von Paczensky, Beobachterin des Nürnberger Prozesses*

»Ich übernehme eine Gesamtverantwortung...« Untersuchungshäftling Speer in seiner Zelle während des Nürnberger Prozesses

täglich aus nächster Nähe, war mit ihm tausende Kilometer im Auto unterwegs, zum Schluß direkt hinter der zurückweichenden Front. »Ich bin der Auffassung, daß etwas dahinterstecken mußte, was ihn so bewegte, daß er den Flug für notwendig hielt. Dafür wäre etwa in Frage gekommen, daß er Sorge hatte, Nachfolger von Hitler zu werden. Das hätte ihn zusätzlich belastet, sei es bei der Beurteilung durch die Sieger, sei es bei der späteren Inanspruchnahme für den Wiederaufbau in Deutschland, womit er damals ja noch rechnete.«

Die Angst, zum Nachfolger ernannt zu werden – war es das, was Speer zurücktrieb in die Reichskanzlei, in die, wie er später sagte, »Trümmerstätte seines Lebens«? Das Abenteuer hatte sich gelohnt: Hitler hinterließ nicht ihm, Speer, sondern Dönitz die Verantwortung für das Volk, das er ins Verderben geführt hatte. Speer wurde in Hitlers Testament mit keinem Wort erwähnt.

Wäre Speer nicht nach Berlin geflogen, hätte Hitler seinen besten Technokraten gewiß mit in die Kabinettsliste aufgenommen – vielleicht sogar zu seinem Nachfolger bestimmt. Dieser Kelch zumindest ging vorüber.

Ein Jahr später übernahm Albert Speer als einziger der Hauptangeklagten vor dem Nürnberger Gericht eine »Gesamtverantwortung« für die Taten jenes Mannes, dem er seine Seele verkauft hatte. Von den Verbrechen des Regimes aber, so beteuerte er bis an sein Lebensende, wollte er nichts gewußt haben.

Das Gericht verurteilte ihn zu 20 Jahren Gefängnis. 1966 war er ein freier Mann, 1981 starb Albert Speer in London.

# Der Nachfolger

Angriff – ran – versenken

Es ist ja auch ein Unsinn, etwa zu sagen, der Soldat
oder der Offizier müsse unpolitisch sein

Hätten wir den Führer nicht bekommen,
gäbe es jetzt keinen Menschen mehr in Deutschland

Wir alle miteinander sind sehr arme Würstchen
im Vergleich zum Führer

Die Wehrmacht muß fanatisch an dem Mann hängen,
dem sie Treue geschworen hat

Jeder, der sich im geringsten defätistisch äußert,
schwächt den Widerstandswillen des Volkes
und muß infolgedessen ausgerottet werden

Lieber möchte ich Erde fressen,
als daß meine Enkel in dem jüdischen Geist und Schmutz
erzogen würden und vergiftet werden

Ich bin und bleibe legales Staatsoberhaupt.
Bis zu meinem Tode

*Dönitz*

Nur Geldverdienen als Lebensziel befriedigt nicht.

*Dönitz, 1920*

Er arbeitet schnell und zuverlässig. Sehr gewandt im mündlichen und schriftlichen Ausdruck. Geistig sehr rege und für alle Fragen des Berufes interessiert. Sehr ehrgeizig und darauf bedacht, hervorzutreten und sich Geltung zu verschaffen, fällt es ihm schwer, sich unterzuordnen und sich auf sein eigentliches Arbeitsgebiet zu beschränken. Den Offizieren der Admiralstabsabteilung muß er noch mehr als bisher die notwendige Selbständigkeit lassen. Von starkem Temperament und innerem Schwung, wirkt er häufig unruhig und für sein Lebensalter unausgeglichen. Muß dazu gebracht werden, die Dinge ruhiger zu nehmen und keine übertriebenen Anforderungen, vor allem auch an sich selbst, zu stellen. Seine häufige in Erscheinung tretende innere Unruhe ist wahrscheinlich zum Teil auf seinen wechselnden Gesundheitszustand (Magenbeschwerden) zurückzuführen.

*Admiral Wilhelm Canaris in einem Bericht über Dönitz, 1931*

Seien Sie sich darüber klar, er wird sehr lange dauern, und wir werden froh sein, wenn er dann mit einem Vergleich endet.

*Dönitz über den kommenden Krieg, 1939*

Ich möchte sehen, wie es in Deutschland ohne den Nationalsozialismus jetzt aussehen würde, voller Parteien, voller Juden, die jegliche Gelegenheit benutzen würden, zu kritisieren, zu schaden, zu zersplittern. Alles verdanken wir dem Führer, alles hat dem deutschen Volk der Nationalsozialismus gebracht. Es gibt daher für den Soldaten nur eins: mit rücksichtslosem Einsatz hinter unserem Führer, hinter unserem Nationalsozialismus.

*Dönitz, 1944*

Spätestens in einem, vielleicht noch in diesem Jahr wird Europa erkennen, daß Adolf Hitler in Europa der einzige Staatsmann von Format ist.

*Dönitz, April 1945*

Alle Kommandanten:
1. Jeglicher Rettungsversuch von Angehörigen versenkter Schiffe, also auch Auffischen von Schwimmenden und Anbordnahme auf Rettungsboote, Aufrichten gekenterter Rettungsboote, Abgabe von Nahrungsmitteln und Wasser, haben zu unterbleiben. Rettung widerspricht den primitivsten Forderungen der Kriegsführung nach Vernichtung feindlicher Schiffe und Besatzungen.
2. Die Befehle über Mitbringung Kapitäne und Chefingenieure bleiben bestehen.
3. Schiffbrüchige nur retten, falls Aussagen für Boote von Wichtigkeit.
4. Hart sein. Daran denken, daß der Feind bei seinen Bombenangriffen auf deutsche Städte auf Frauen und Kinder keine Rücksicht nimmt.

*Dönitz-Befehl, 1942*

Unser Leben gehört dem Staat. Unsere Ehre liegt in der Pflichterfüllung. Niemand von uns hat das Anrecht auf Privatleben. Es handelt sich für uns darum, diesen Krieg zu gewinnen. Dieses Ziel haben wir mit fanatischer Hingabe und härtestem Siegeswillen zu verfolgen.

*Dönitz, 1943*

Wenn ein Soldat den Befehl zu kämpfen hat, so geht es ihn einen Dreck an, ob er den Kampf für zweckvoll hält oder nicht.

*Dönitz, 1944*

Da die Kapitulation ohnehin die Vernichtung der Substanz des deutschen Volkes bedeuten muß, ist es auch aus diesem Gesichtspunkt richtig, weiterzukämpfen.

*Dönitz, 1945*

Es ist schade, daß so ein Mann wie Dönitz nicht die Partei repräsentiert, sondern daß diese repräsentiert wird durch Göring, der mit der Partei soviel zu tun hat wie die Kuh mit der Strahlenforschung.

*Goebbels (Tagebuch), 1945*

Wir Soldaten von der Kriegsmarine wissen, wie wir zu handeln haben. Unsere militärische Pflicht, die wir unbeirrbar erfüllen, was auch links und rechts und um uns herum geschehen mag, läßt uns wie ein Fels des Widerstandes kühn, hart und treu stehen. Ein Hundsfott, wer nicht so handelt, man muß ihn aufhängen und ihm ein Schild umbinden: »Hier hängt ein Verräter, der aus niedriger Feigheit dazu beigetragen hat, daß deutsche Frauen und Kinder sterben, statt als Mann sie zu schützen.«

*Dönitz, April 1945*

Das Wichtigste: Wir haben die eifrigsten Wächter zu sein über das Schönste und Beste, was uns der Nationalsozialismus gegeben hat, die Geschlossenheit unserer Volksgemeinschaft. Trotz unseres heutigen totalen militärischen Zusammenbruchs sieht unser Volk heute anders aus als 1918. Es ist noch nicht zerrissen. Mögen wir auch manche Form des Nationalsozialismus selbst abschaffen oder mögen andere Formen vom Gegner abgeschafft werden, so ist doch der beste Inhalt des Nationalsozialismus, die Gemeinschaft unseres Volkes, unter allen Umständen zu wahren.

*Dönitz, 9. Mai 1945*

Ich glaubte, daß Deutschland den richtigen Weg einschlug.

*Dönitz über die »Machtergreifung«, 1958*

8. Mai 1946: Atemlose Stille lastete über dem Saal 600 im Nürnberger Justizpalast. Der Angeklagte trat ans Mikrofon, straffte sich, dann erklärte er akzentuiert und mit der ruhigen Stimme eines Mannes, der Pflichtbewußtsein zur Schau stellt, statt Reue zu zeigen: »Ich habe nach meinem Gewissen gehandelt. Ich müßte das genauso wieder tun.«

Später nannten sie ihn martialisch »des Teufels Admiral«. Nichts aber paßt auf Karl Dönitz, den kühlen Überzeugungstäter, weniger als dieses Pathos. Wie werden wir einem Menschen gerecht, der Gut und Böse in sich trug? Dem Retter von über zwei Millionen Flüchtlingen aus dem Osten? Dem kalten Technokraten eines mörderischen Krieges? Für die Sieger stand zweifelsfrei fest, was er vor allem war: ein Kriegsverbrecher – ein Mann, der mit »seinen« U-Booten einen unerbittlichen Kriegskurs steuerte, dem 30 000 alliierte Seeleute und drei von vier deutschen U-Boot-Fahrern zum Opfer fielen; ein Mann, der noch am 30. April 1945 Adolf Hitler in absurder Ergebenheit telegrafierte: »Meine Treue zu Ihnen wird immer unabdingbar sein. [...] Wenn das Schicksal mich zwingt, als der von Ihnen bestimmte Nachfolger das Deutsche Reich zu führen, werde ich diesen Krieg so zu Ende führen, wie es der einmalige Heldenkampf des deutschen Volkes verlangt.«

Erst tags darauf, am 1. Mai 1945, erfuhr der Großadmiral vom Tod Hitlers. Jetzt trat er offiziell das Amt an, das ihn in Nürnberg ins Rampenlicht der Weltöffentlichkeit rückte: Er war nun Hitlers Nachfolger – Nachlaßverwalter des zerstörten »Tausendjährigen Reiches«. Ihm blieben 23 Tage für seinen Versuch, als Staatsoberhaupt zu »regieren«. Dönitz tat wie immer, was ihm befohlen worden war, und er demonstrierte ein reines Gewissen, obwohl er wissen mußte, wie mörderisch das Regime war, an dessen Spitze er zuletzt stand. Dönitz war Mitwisser und Mittäter zugleich. Sich selbst aber sah er stets nur als »unpolitischen Soldaten«. Er habe gehorsam seine Pflicht erfüllt und weiter nichts. Dönitz – eine Dienerfigur?

290

Die Wurzeln dieses Obrigkeitsdenkens reichen zurück bis in die Kindheit im Berlin der Jahrhundertwende. Dönitz' Mutter starb, als Karl vier Jahre alt war. Der Vater, ein Ingenieur, erzog seine beiden Söhne allein und predigte Gehorsam als oberstes Gebot. Der Dienst an Kaiser und Vaterland galt im Hause Dönitz als erste Pflicht. Persönliches Glück verkümmerte zur Nebensache. Schon als Kind und noch mehr als Jugendlicher lernte Karl Dönitz kennen, was es mit Begriffen wie preußischer Disziplin und militärischem Drill auf sich hatte. Er galt als verschlossen, aber vielseitig; und er teilte die Begeisterung der Massen für die kaiserliche Flotte, das Schmuckstück einer pubertierenden Nation, die ungeduldig zu einem »Platz an der Sonne« drängte.

In dieser Atmosphäre überschäumender nationaler Anmaßungen faßte er den Entschluß, als Offizier in der kaiserlichen Marine zu dienen. Sein Berufswunsch entsprach dem schwärmerischen Zeitgeist einer ruhelosen Ära. Offizier auf einem Schlachtschiff Seiner Majestät zu sein – das garantierte hohes Ansehen und war zudem die ideale Lösung, wie er in seinen Memoiren schrieb, seinen »Hang zum Soldatentum« mit dem »Drang in die Ferne« zu verbinden. Am 1. April 1910 ging für den achtzehnjährigen Karl Dönitz der Traum vom Soldatenleben auf dem Wasser in Erfüllung. Schon bei den ersten Lektionen in der Marineschule Flensburg-Mürwik schworen die Ausbilder den jungen Anwärter auf das elitäre Standesethos der Marine ein: »Haltung« und »untadeliges Benehmen« galten ebenso als erste Pflicht wie »Anständigkeit« und das Gelöbnis, nichts zu tun, »was gegen den moralischen Grundsatz des guten Verhaltens« verstieß. Hier, im wuchtigen Backsteinbau der Marineschule Flensburg-Mürwik, begann die Karriere von Karl Dönitz. Hier sollte sie auch enden.

Graue Theorie hatte ihn noch nie interessiert. Dönitz sehnte sich nach Taten, nach Einsätzen auf hoher See und nach der Kameradschaft in der Truppe – ein Wunsch, der sich noch steigerte, als im Sommer 1912 sein Vater starb. Nach dem Tod der Mutter war er sein einziger Halt. Auf der Suche nach Ersatz, nach einem väterlichen Freund, der ihn stützte und förderte, begegnete er Kapitänleutnant von Loewenfeld, seinem Idol und Mentor. Von Loewenfeld hatte ihn für die *SMS Breslau* angefordert. »Freust du dich?« fragte er Dönitz.

»Nein, Herr Kapitänleutnant, ich freue mich gar nicht. Ich wollte nach Ostasien auf das Kreuzergeschwader!«

Loewenfeld gefiel die naßforsche Art des jungen Fähnrichs. Zwar schimpfte er ihn »undankbare Kröte«, aber das war nicht ernst gemeint. Die Sympathie überwog, und Dönitz' Groll legte sich ohnehin rasch, als wider Erwarten die *Breslau* Kurs auf ferne Meere nahm. Der Traum von Fahrten in fremde Länder wurde endlich wahr. Dönitz hatte die Chance, sich auf hoher See zu bewähren. Seine Aufgaben als Flaggoffizier erfüllte er zur vollsten Zufriedenheit von Loewenfelds, und er beendete die Ausbildung mit dem Prädikat »vorzüglich« – einem Ausnahmewert, den das Marinereglement nur für herausragende Leistungen vorsah. Nicht das letztemal sollte Dönitz zu den Besten seiner Klasse gehören. Höchstes militärisches Lob zieht sich wie ein roter Faden durch die Personalakte des Preußen, der sich schon in jungen Jahren, als angehender Offizier im Ersten Weltkrieg, den Ruf erwarb, außerordentlich tapfer zu sein, der sein Leben riskierte, weil er es für seine vaterländische Pflicht hielt.

Kriegsausbruch und erste Feuertaufe erlebte Dönitz im Mittelmeer – auf der *Breslau*, einem kleinen Kreuzer, der zusammen mit dem Schlachtkreuzer *Goeben* türkischem Kommando unterstellt werden sollte. Die Schiffe sollten dazu beitragen, das Osmanische Reich auf die Seite der Mittelmächte zu ziehen. Bis zur Entscheidung mußte die *Breslau* im Hafen festmachen. Die Mannschaft war zur Untätigkeit verurteilt, und es war vor allem Dönitz, der unter der »ruhmlosen Wartezeit« litt, in der nur ein Besuch des deutschen Befehlshabers der Dardanellenfestung, General Weber, eine willkommene Abwechslung bot. Nicht einmal zwei Jahre später stand Dönitz dem hochdekorierten Monokelträger erneut gegenüber, doch diesmal nicht als Soldat, sondern als Bewerber um die Hand der Generalstochter und Lazarettschwester Ingeborg Weber. Im Jahr darauf trat das Paar in Berlin vor den Traualtar.

Seine zweite große Liebe war eine neue Waffe: U-Boote verhießen Ruhm und Hoffnung auf den Sieg im Krieg. Sie waren der letzte Trumpf des Kaiserreichs. Nach dem Patt in der Seeschlacht von Skagerrak legte Berlin ein umfassendes Bauprogramm auf, um England durch eine Seeblockade in die Knie zu zwingen. Im Januar 1917, unmittelbar nch dem Abschluß eines Lehrgangs für Wachoffiziere, nahm Dönitz' steile U-Boot-Karriere ihren Anfang. Sein erster Kommandant auf *U 39* hieß Kapitänleutnant Walter Forstmann – ein »U-Boot-As« und einer der erfolgreichsten Kommandanten im Krieg. Unter seinem Befehl und in

*»Wir alle wollen unserem Führer dienen...« Konteradmiral Dönitz (1939).*

Charakter und Veranlagung machen ihn zu einem wertvollen Offizier der Marine, der allen seinem Alter entsprechenden Stellungen gerecht werden wird. Außerdienstlich ist er ein allgemein beliebter und geschätzter Kamerad, der trotz wirtschaftlicher Nöte Frohsinn und Humor nicht verliert.

*Kapitän Werth in einem Bericht über Dönitz, 1925*

Er war ein sehr charismatischer Mensch. Ich bemerkte schon als Kind, wie er auf andere wirkte. Er war sehr beeindruckend im persönlichen Umgang – aber wenn ich mit ihm alleine war, konnte er das völlig abstreifen. Dann war er auf einmal sehr humorvoll und warmherzig. Ich habe oft erlebt, wie ganz einfache Soldaten Hunderte von Kilometern gefahren sind, nur um einen Blick von ihm zu erhaschen. Und mein Großvater hat sie – ungeachtet ihrer Position oder Herkunft – aufgenommen und bewirtet und sich mit ihnen unterhalten. Er war ein Familienmensch. Ich habe immer wieder gemerkt, wie seine Soldaten ihn liebten. Er war mehr als ein Vorgesetzter für sie, er war für sie eine Vaterfigur.

*Klaus Hessler, Dönitz' Enkel*

der stickigen Enge der Stahlröhre tief unter dem Meeresspiegel lernte Dönitz erstmals Gemeinschaftsgefühl und Zusammenhalt in einem U-Boot kennen. Es war ein einschneidendes Erlebnis für den jungen Offizier, von dem er noch Jahrzehnte später schwärmte: »Jeder für alle und alle für einen«, hieß fortan sein Motto. »Wir waren wie eine große Familie, vollkommen isoliert in den Tiefen der Meere. So ist die U-Boot-Besatzung eine Schicksalsgemeinschaft, wie es sie schöner nur selten geben kann. Ihr anzugehören ist höchster Wert und unvergeßliches Erleben.«

Als er drei Monate später, im Februar 1918, auf *UC 25* sein erstes U-Boot-Kommando übernahm, fühlte er sich laut eigenem Bekunden »mächtig wie ein König«. Dönitz war der Dank des Kaisers gewiß, als es ihm auf einer verwegenen Feindfahrt gelang, in Italiens Kriegshafen Porta Augusta einzudringen – eine wagemutige Aktion, die dem Offizier das Ritterkreuz des Hohenzollernschen Hausordens einbrachte. Er schien den Erfolg gepachtet zu haben, bekam mit *UB 68* ein noch schnelleres Boot, doch am 4. Oktober 1918, kurz nach Mitternacht, verließ ihn bei einem Angriff auf einen britischen Geleitzug das Kriegsglück. 50 Seemeilen vor der Küste Siziliens mußte *UB 68* auftauchen. Ein Treffer zwang ihn schließlich, seinen Männern zu befehlen: »Alle Mann aus dem Boot!« Binnen Sekunden sank das Boot und riß vier U-Boot-Fahrer mit in die Tiefe. Oberleutnant zur See Karl Dönitz und die meisten seiner Kameraden wurden vom britischen Kriegsschiff *Snapdragon* aufgefischt. Der Kommandant begrüßte seinen Gefangenen per Handschlag und merkte lakonisch an: »Nun, Captain, jetzt sind wir quitt. Sie haben mir heute nacht einen Dampfer herausgeschossen, und ich habe Sie jetzt versenkt.«

Erste Station der Gefangenschaft war das Lager Fort Verdalla auf Malta. Der Seemann aus Leidenschaft konnte es nur schwer verwinden, daß der Krieg für ihn so schmählich geendet hatte, und es traf ihn wie ein Faustschlag, als er in britischen Zeitungen von der deutschen Niederlage und dem Untergang der Monarchie lesen mußte. Eine Welt brach zusammen, nicht nur für ihn: Ausgerechnet meuternde Matrosen hatten die Revolution entfacht! Auf den Straßen deutscher Städte herrschten Anarchie. Umsturz, Unordnung, Ungehorsam – ein Trauma für Dönitz. »Vor wenigen Wochen noch hatte ich als Soldat gekämpft«, erinnerte er sich. »Ich hatte an meiner kleinen Stelle meine Pflicht zu tun und hatte mich nicht um die politischen Zusammen-

294

*»Hitlerjunge Dönitz...« U-Boot-Chef Dönitz in Hitlers Hauptquartier (Sommer 1942).*

Das Verhältnis zu Hitler war von einer Bewunderung geprägt, die für Außenstehende kaum zu verstehen war. Bis zuletzt hat Dönitz ihn für einen hervorragenden Staatsmann gehalten. Deshalb hat er sich wohl auch nie irgendeiner Form des Widerstands angeschlossen. Ich habe ihn einmal darauf angesprochen, da sagte er mir: »Spätestens seit der Invasion war mir klar, daß der Krieg nicht zu gewinnen war. Aber ihn einigermaßen anständig zu beenden, dazu bedarf es eines großen Staatsmannes – und der einzige große Staatsmann weit und breit war Adolf Hitler.«

*Otto Kranzbühler, Dönitz' Verteidiger*

Ich besuchte Dönitz 1973 in seiner kleinen Wohnung in Aumühle nahe Hamburg. Ich wollte diesen Mann einfach kennenlernen. Dönitz hat Hitler tatsächlich geliebt. Einmal sagte er zu mir: »Hitler war ein Dämon. Aber diesen Dämon in ihm habe ich erst erkannt, als es bereits zu spät war.«

*Sir Ludovic Kennedy, britischer Marineoffizier*

hänge im Großen kümmern können. Jetzt wurde mir erst klar, wie es um Deutschland stand. Mein Glaube an die politische Weisheit der regierenden Männer wurde unsicher. Ich wandelte mich.« Obwohl ihm beim Gefangenentransport von Malta durch das Mittelmeer in ein britisches Lager bei Sheffield auffiel, »welch ungeheure Überlegenheit an Material und Kräften [den Alliierten] zur Verfügung stand, um uns niederzuringen«, vertrat er im Kreis kaisertreuer Kameraden in seiner Baracke namens »Hohenzollern« die Legende vom »unbesiegten Heer«, dem rote Revolutionäre den Dolch in den Rücken gestoßen hätten.

Dönitz wollte um jeden Preis nach Hause. Er gab vor, schwerkrank zu sein, kam für kurze Zeit in eine Nervenklinik und kehrte im Frühsommer 1919 wieder zurück nach Deutschland. »Die Überlegung hatte Gewicht«, schrieb er später, »daß man den deutschen Staat, welche Form er sich auch gegeben hatte, als Soldat nicht verlassen durfte. Dies hätte dem deutsch-preußischen Prinzip des selbstlosen Dienstes der Sache wegen widersprochen.«

Für die Republik der Eberts empfand der Kriegsheimkehrer nichts als Abscheu und Haß. Dönitz vermißte die alte Obrigkeit. Die neuen Freiheiten kamen ihm unheimlich vor. Wie andere Enttäuschte schwor sich der Soldat: »Nie wieder darf es einen November 1918 geben!«

Einst war er für den Kaiser und sein Reich in den Krieg gezogen. Nichts von beidem war geblieben. Wilhelm II. lebte im niederländischen Exil, und Dönitz sah sich umgeben von mächtigen Feinden: Die politischen Gegner im Inneren, allen voran die Arbeiter- und Soldatenräte, hatten das Land in Gewalt, Hunger und Chaos gestürzt; den Friedensvertrag empfand er als »Schanddiktat«, zumal die Marine nur über 15 000 Mann verfügen durfte. Obwohl Dönitz unmittelbar nach seiner Gefangennahme geäußert hatte, »mit Seefahrt und Marine fertig« zu sein und kurze Zeit mit dem Gedanken spielte, einen zivilen Beruf zu ergreifen, blieb er der Seefahrt treu. »Nur Geldverdienen als Lebensziel befriedigt nicht«, schrieb er. »Das Streben des Menschen muß sein, anständig seine Pflicht zu erfüllen.«

Dönitz diente dem Vaterland, nicht dem System. Noch immer lockte ihn »diese einmalige U-Boot-Kameradschaft«. Die aber war einstweilen verflogen. Den Besitz von U-Booten hatte der Versailler Vertrag dem Reich kategorisch verboten. Gerade einmal sechs Kreuzer, sechs Panzerschiffe, zwölf Zerstörer und zwölf Torpedoboote durfte Deutschland besitzen. Aber in dieser für Dönitz so entmutigenden Situation zeigten sich schon recht bald erste Hoffnungsschimmer. Als ihn Korvettenkapitän Otto Schultze im Sommer 1919 fragte, ob er nicht weiterdienen wolle, stellte er die Gegenfrage:»Glauben Sie, daß wir bald wieder U-Boote haben werden?« Schultze erwiderte:»Sicherlich glaube ich das. Das bleibt ja nicht alles so.«

Das Gespräch mit seinem alten und neuen Vorgesetzten ermutigte Dönitz, in Kiel eine neue Aufgabe mit Tatkraft anzupacken. Der Oberleutnant zur See war nun zuständig für die Auswahl von Seeoffizieren, eine Schlüsselposition. Als überzeugter Gegner der Republik akzeptierte er im Offizierskorps ausschließlich treue Monarchisten. An der materiellen Misere der Marine änderte das freilich nichts. Die kaiserliche Flotte, einst Stolz der Nation, lag auf dem Meeresgrund des britischen Flottenstützpunkts Scapa Flow. Um die»Ehre von Flagge und Nation« zu retten, hatte sie sich im Sommer 1919 selbst versenkt.

Die neue Zeit verhieß für Dönitz nichts Gutes. Im Herbst 1919 entwickelte sich die politische Lage in Deutschland immer chaotischer. Es roch nach Bürgerkrieg.»Rotarmisten« kämpften für den Umsturz, Freikorpsverbände wie das seines Mentors von Loewenstein schossen mit Billigung von»Demokraten« auf Aufständische. Dönitz war überzeugt, daß Deutschland erst dann wieder zu alter Größe finden könnte, wenn die»Systemzeit« überwunden war. Ängste trieben ihn: Angst vor der Verarmung, Angst vor dem Sieg linker Revolutionäre. In der Unfähigkeit der verhaßten Republik, für Ruhe und Ordnung zu sorgen, erkannte Dönitz die Legitimation, ihr den Kampf anzusagen.»Wir haben den marxistischen Staat abgelehnt«, blickte er 1944 zurück,»weil er die Wehrtüchtigkeit des Volkes und alles, was dem Soldaten heilig war, verneinte.«

Schon im März 1920, als im Kapp-Putsch meuternde Soldaten der Republik den Garaus machen wollten, witterten die Monarchisten Morgenluft. Auch Dönitz, inzwischen Kommandant eines Torpedobootes, hoffte insgeheim auf einen Erfolg der Freikorps. Ihnen allein traute er zu,»die Bewahrung vor einer erneuten, dann aber bolschewistischen Revolution« zu garantieren. Seine Erwartungen wurden enttäuscht; der Putsch scheiterte, und die wirtschaftliche Lage verschlechterte sich weiter – auch für Familie Dönitz, die inzwischen drei Kinder zu ernähren hatte. Viel Zeit für Frau und Kinder nahm sich der aufstrebende

Offizier nicht. Dönitz hatte anderes im Sinn. Er wollte Karriere machen. Seit Juni 1920 hatte er wieder Kommandogewalt inne und lernte als Kapitänleutnant auf taktischen Seeübungen die Techniken des Aufspürens, Fühlunghaltens und Überraschungsangriffs. Später sollte er sie »Rudeltaktik« nennen und als sein Patent ausgeben.

Sein Aufstieg schritt unaufhaltsam voran. Im März 1923 wurde er in Berlin Referent der Marine für »politische und organisatorische Aspekte in der Wehrabteilung« (A1), dem wegen des Versailler Vertrags getarnten Admiralsstab. Er machte sich gegenüber der Regierung über vier Jahre lang für die Interessen der Marine stark und überzeugte Zivilisten mit Feuereifer von, wie er meinte, militärischen Notwendigkeiten. Dönitz bewies Verhandlungsgeschick, und sein Abteilungsleiter spendete höchstes Lob: »Im Verkehr mit anderen Ministerien und Behörden ist er gewandt und holt dank seiner sachlichen und persönlichen Art des Verhandelns das Bestmögliche für sein Referat heraus.«

Doch vom Schreibtisch zog es ihn schon bald wieder auf ein Schiff. Wiedersehen mit der Vergangenheit: Als Navigationsoffizier auf dem Kreuzer *Nymphe* traf Dönitz erneut seinen alten Gönner von Loewenfeld, der ihm den letzten ideologischen Schliff gab. Dönitz verinnerlichte die Glaubenssätze seines reaktionären und radikalen Duzfreundes, hetzte im Kameradenkreis gegen Bolschewisten und gegen Juden. Die wirtschaftliche Not im Reich, die sich in seiner familiären Lage widerspiegelte, heizte seinen Haß nur noch mehr an.

Auf dem Boden dieser Krisen legte ein Mann den Grundstein seines Aufstiegs, der als Stimmenfänger durch die Lande zog und verhieß, der starke Mann zu sein, der Ordnung schaffte und mit dem Wirrwarr aufräumte. Die Parolen des Verführers Adolf Hitler verfehlten auch beim Admiralstabsoffizier Karl Dönitz ihre Wirkung nicht. Dieser Mann versprach, was er sich so inbrünstig wünschte: ein starkes Deutschland und der Aussicht auf eine Marine mit Großmachtniveau. Hitler war für Dönitz die personifizierte Hoffnung. Nach dem Krieg schrieb er: »Ich glaubte, daß Deutschland den richtigen Weg einschlug.« Zumal ihm dieser Weg berufliche Vorteile in Aussicht stellte. Hitlers Machterschleichung war für Dönitz ein »begrüßenswerter nationaler Neuanfang«. Endlich einer, der »durchgriff«.

Während Hitler im Reich die Macht an sich riß, befand sich Dönitz auf großer Fahrt. Das vom Reichspräsidenten verliehene

298

Hindenburg-Reisestipendium erlaubte es ihm, fünf Monate lang durch »das Wunderland Indien« und Südostasien zu reisen. Daheim im Reich sorgten derweil SA und SS für Ordnung durch Terror. Dönitz ergötzte sich an den Schönheiten exotischer Kulturen und an der »Harmonie des Märchenlandes«, die den reisenden Seemann immerhin ins Grübeln brachte, »ob die Balinesen nicht ebensoviel inneren Anstand und Kultur des Herzens haben wie die Europäer«.

Als er den Dampfer Richtung Heimat bestieg, weilten seine Gedanken schon wieder in Deutschland und der »Enge des Raumes« – Dönitz auf dem Weg ins »Dritte Reich«, dem politischen System seiner Wünsche, in dem der lang ersehnte starke Mann an der Spitze sich anschickte, auch maritime Hoffnungen zu erfüllen. Hitler bewilligte den Flottenausbau, und schon im Herbst 1933 wurde Dönitz als »Offizier mit glänzenden geistigen und charakterlichen Eigenschaften, gesundem Ehrgeiz und ausgesprochenen *Führereigenschaften*«, so eine Beurteilung vom November 1933, zum Fregattenkapitän befördert. Er wußte längst: Loyalität zum »Führer« zahlte sich aus. Den Mord an SA-Chef Röhm und anderen politisch Unliebsamen entschuldigte Dönitz noch Jahrzehnte später als »Staatsnotwehr«. Die Marine ordnete sich dem neuen Staatschef vorbehaltlos unter. Wie alle Soldaten leistete der strebsame Seemann den Eid auf Hitler persönlich. Dönitz gelobte »bedingungslosen Gehorsam«. Bis zum Tode Hitlers fühlte er sich an diesen Schwur gebunden.

Dönitz – eine Karriere. Hitlers Machtübernahme gab ihr den entscheidenden Schub. Als Kommandant des leichten Kreuzers *Emden* sollte er seine »Führereigenschaften« auch auf Auslandsfahrten unter Beweis stellen. Am 2. November 1934, kurz bevor die *Emden* die Anker lichtete, wurde Dönitz Hitler vorgestellt. Dem Diktator imponierte die strenge Haltung des aufstrebenden Marineoffiziers; und auch Dönitz war angetan vom Auftritt seines obersten Befehlshabers. Das Bild, das er sich gemacht hatte, wurde vollauf bestätigt. Tags darauf sang er vor Matrosen begeistert eine Hymne auf Hitler: »Wir alle wollen unserem bewunderten Führer dienen!«

Während die *Emden* mehrere Monate lang in den Meeren rund um Afrika kreuzte, brachten Hitlers Diplomaten das bis dato Unvorstellbare zustande: Nach zähen Verhandlungen lag am 18. Juni 1935 das deutsch-britische Flottenabkommen auf dem Tisch. Das Reich verpflichtete sich darin, nur bis zu 35

»Der Führer zeigt uns Weg und Ziel...« Dönitz mit Stabsoffizieren in seinem Hauptquartier (1943).

Dönitz war ein sehr beherrschter Mensch, sehr bestimmt in seinem Auftreten. Wir hatten den Eindruck, daß er viel nachdachte, aber danach auch sehr schnell handelte. Er hat es verstanden, die Menschen mit ganz einfachen Argumenten zu überzeugen. Aber er ließ sich auch überzeugen: 1943 ließ er sämtliche Flottillenchefs zu sich kommen und fragte, ob es noch Sinn hat weiterzumachen. Er wollte von jedem seine Meinung hören – vom jüngsten zuerst, vom ranghöchsten zuletzt. Wenn wir damals gesagt hätten: »Es hat keinen Zweck mehr«, dann wäre der Krieg vorbei gewesen. Aber so weit waren wir damals noch nicht.

*Hans-Rudolf Rösing, Befehlshaber der U-Boote West*

Er war ganz der kaiserliche Seeoffizier – mit allem, was dazugehörte. Er war ein hundertprozentiger Patriot, das heißt, er sah sich als Diener seines Volkes und seines Vaterlands.

*Otto Kretschmer, U-Boot-Kommandant*

Prozent des Bestands der britischen Seestreitkräfte aufzurüsten und bei den U-Booten ein Stärkeverhältnis von zunächst 45 zu 100 einzuhalten. Später sollte Deutschland sogar gleichziehen dürfen. Großbritannien glaubte, sich dieses Zugeständnis leisten zu können. ASDIC, Englands Sonargerät zur akustischen Unterwasserortung, versprach Sicherheit vor deutschen U-Booten.

Mit der vertraglichen Zusicherung zum Bau deutscher U-Boote begann für Dönitz ein neuer Lebensabschnitt. Hitler, der Dönitz' Sachverstand schätzte, ernannte ihn zum »Führer der U-Boote« (FdU) – mit der Order, aus dem Stand heraus die U-Boot-Waffe wieder aufzubauen. Eifrig und entschlossen ging Dönitz an seine neue Aufgabe. Argwöhnisch beobachtete der FdU, daß sich Hitler für große Schlachtschiffe noch mehr begeistern konnte als für U-Boote. Riesenpötte wie die *Bismarck* hielt Dönitz für veraltet und verwundbar. Unentwegt wies er auf die Vorzüge »seiner« Boote hin. »Das U-Boot«, dozierte er, »ist ganz wesentlich eine Angriffswaffe. Sein großer Aktionsradius macht es zum Operieren im fernen, feindlichen Seegebiet geeignet.« Nur U-Booten, beharrte Dönitz, könnte es gelingen, Großbritannien, den Feind von gestern und morgen, von den lebenswichtigen Handelslinien abzuschneiden und auszuhungern. Doch Dönitz predigte tauben Ohren. Noch stand er im zweiten Glied.

Anfangs verfügte er gerade mal über elf U-Boote. Aber er verstand es, die jungen Matrosen zu begeistern. Sie sollten sich als Elite innerhalb der Marine fühlen. »Selbstlose Einsatzbereitschaft« ließ er den Kommandanten und Mannschaften einhämmern und: »Keine Angst vor ASDIC!« Die Ortungsmethode der Royal Navy würde weit überschätzt. Den britischen Konvois wollte er mit seiner Rudeltaktik beikommen. »Wie die Wölfe« sollten die Boote die feindlichen Geleitzüge attackieren, getreu der Parole »Angriff – ran – versenken!« Der Gefahren durch Funkortung und gegnerische Luftwaffe war er sich dabei durchaus bewußt, und auch dem Stab der Seekriegsleitung blieben die Risiken dieser Taktik nicht verborgen. Sein Konzept fiel durch. Marinechef Erich Raeder blieb skeptisch gegenüber der U-Boot-Waffe, doch Dönitz hielt seine Taktik noch immer für den Königsweg in einem Krieg gegen England.

Der rückte mittlerweile immer näher. Die großpolitische Wetterlage änderte sich rasant. Der »Anschluß« Österreichs und die erpresserische »Lösung der Sudetenfrage« veranlaßten London und Paris zu einem engeren Schulterschluß, während Hitler die deutsche Rüstungsspirale stetig höher schraubte. Raeders Seekriegsleitung setzte sich vehement für den Bau von Schlachtschiffen und Kreuzern ein. Der »Z-Plan« vom Januar 1939 kam einer Kampfansage an die Seemacht England gleich. Hitler billigte den verstärkten Bau von Überwasserschiffen, während die U-Boote noch immer ein Schattendasein fristeten. Aber Dönitz war überzeugt, daß die große Stunde »seiner« Boote bald schon schlagen würde. Raeders Großkampfschiffe, erwartete er, würden Rüstungsetat und Rohstoffreserven überstrapazieren. U-Boote waren weit schneller und billiger zu bauen. Die Chancen standen gut. Langfristig, so sein Kalkül, mußte er sich durchsetzen.

Dönitz arbeitete weiter an seiner U-Boot-Strategie, als gäbe es Raeders divergierendes Seekriegskonzept gar nicht. Anfang 1939 faßte er in dem Buch »*Die U-Boot-Waffe*« zusammen, wie seiner Ansicht nach U-Boote im Verbund mit der übrigen Flotte einen Handelskrieg gegen England führen müßten. Obwohl Raeder beschwichtigte, der Krieg sei 1939 nicht zu erwarten, arbeitete Dönitz unter Hochdruck an seinen theoretischen und praktischen Planspielen. Für einen Krieg forderte er 300 U-Boote. Doch als die *Schleswig-Holstein* am 1. September 1939 auf der Westerplatte den Krieg eröffnete, verfügte Dönitz nur über 56 Boote. »Mein Gott! Also wieder Krieg gegen England«, stammelte er. »Er verließ den Raum«, erinnerte sich Stabsoffizier Victor Oehrn, »und kam nach einer halben Stunde wieder: ein verwandelter D[önitz]. ›Wir kennen unseren Gegner. Wir haben heute die Waffen und eine Führung, die diesem Gegner begegnen kann. Der Krieg wird sehr lange dauern. Aber wenn jeder seine Pflicht tut, werden wir ihn gewinnen. Geht jetzt an die Arbeit.‹«

Dönitz war über den Kriegsausbruch entsetzt, doch nicht aus Friedensliebe, sondern aus Sorge vor dem zur See haushoch überlegenen England. Per Handschlag verabschiedete er jeden Kommandanten ins Gefecht. Das Kriegstagebuch sprach von »besonders zuversichtlicher Stimmung der Besatzungen«. Doch das Bild war geschönt. U-Boot-Fahrer Otto Kretschmer, später der erfolgreichste U-Boot-Kommandant, erinnerte sich, wie die Männer in den Booten fürchteten, vom Feind jetzt »die Jacke voll« zu bekommen.

Dennoch gingen Dönitz' U-Boote schon am ersten Kriegstag aggressiv auf Feindfahrt. Hitler hoffte noch immer, mit England ins Geschäft zu kommen. Am dritten Kriegstag aber machte ein Torpedo letzte Hoffnungen auf eine »Einigung« noch fünf nach zwölf zunichte. Der Kommandant von *U 30*, Julius Lemp, versenkte das britische Passagierschiff *Athenia* ohne Vorwarnung. Lemp glaubte, einen Hilfskreuzer vor dem Torpedorohr zu haben; 112 Menschen starben. Die Bilder der überlebenden Opfer gingen um die Welt und entfachten den Haß gegen Dönitz' Männer. Die deutsche Propaganda tat ein übriges. »Die *Athenia* muß versehentlich durch ein englisches Kriegsschiff versenkt oder durch eine Treibmine englischen Ursprungs getroffen worden sein«, höhnte Joseph Goebbels; und auch Dönitz beteiligte sich an dem Vertuschungsmanöver. Als *U 30* Ende des Monats in den Heimathafen zurückkehrte, nahm der FdU Kommandant und Mannschaft ins Gebet. Alle mußten schwören, Stillschweigen über den Angriff auf die *Athenia* zu wahren. Überdies ließ Dönitz den betreffenden Eintrag aus dem Kriegstagebuch von *U 30* entfernen.

Von Anfang an forderte Dönitz, die »Prisenordnung« zu übergehen. Der U-Boot-Krieg hatte für ihn nur Aussicht auf Erfolg, wenn seine »Wölfe« Handelsschiffe ohne vorherige Warnung versenken konnten. Noch aber wollte Hitler aus politischen Gründen die »Prisenordnung« nicht aufgeben. Sie wurde schrittweise ausgehöhlt und 1940 endgültig über Bord geworfen. Doch nicht nur völkerrechtliche Bestimmungen bereiteten Dönitz Kopfzerbrechen. Unermüdlich forderte er, was man ihm nicht geben wollte und konnte: mehr U-Boote. Hitler hielt den Seekrieg noch immer für eine Nebensache. Die U-Boot-Rüstung lief nur zäh an; pro Monat verließen gerade mal zwei U-Boote die Werften. Dönitz, zusehends frustriert, suchte nach einer Gelegenheit, die Schlagkraft seiner Waffe unter Beweis zu stellen. Ein Überraschungscoup mußte her.

Am 14. Oktober 1939 war es endlich soweit. Auf Feindfahrt drang Kapitänleutnant Günther Prien mit *U 47* unbemerkt in das Allerheiligste der Royal Navy ein, den schwer gesicherten Liegeplatz der *Homefleet* in der Bucht von Scapa Flow auf den Orkneyinseln, und versenkte das Schlachtschiff *Royal Oak* samt Besatzung – ein Teufelsstück, über das Hitler, wie Dönitz schrieb, »außer sich vor Freude« war. In Berlin wurde Seeheld Prien gefeiert wie sonst nur der »Führer«. Der Diktator selbst empfing den Kommandanten und seine Crew. Eine Welle der Siegeszuversicht schwappte über das Land. Der Schlag von

303

Scapa Flow machte Dönitz in England über Nacht berühmt. »Von nun an war er ständig in den Schlagzeilen«, erinnerte sich Ludovic Kennedy, Zerstörerkommandant in der Royal Navy. »Er wurde so bekannt wie Göring oder Goebbels. Karl Dönitz gehörte zu den berühmtesten Männern im Krieg.« Und Premierminister Winston Churchill bekannte nach dem Krieg: »Das einzige, was mich in ständiger Furcht hielt, waren die Dönitz-Boote.«

Priens Husarenstück war vor allem ein psychologischer Erfolg. Aus strategischer Sicht handelte es sich nur um ein Strohfeuer, jedoch mit dem Effekt, daß Hitler dem Kampf gegen England nun zuversichtlicher entgegensah. Dönitz wurde zum »Befehlshaber der Unterseeboote« (BdU) ernannt. Das Prestige der U-Boot-Waffe stieg beträchtlich, es war nun vor allem Marinechef Raeder, der immer penetranter auf den »uneingeschränkten U-Boot-Krieg« drängte. Dönitz zog mit. Anfang Dezember 1939 ordnete er im Befehl 154 an: »Keine Leute retten und mitnehmen. Keine Sorge um Boote des Dampfers. Wetterverhältnisse und Landnähe sind gleichgültig. Nur Sorge um das eigene Boot und das Streben, so bald wie möglich den nächsten Erfolg zu bringen! Wir müssen hart in diesem Krieg sein. Der Gegner hat den Krieg angefangen, um uns zu vernichten, es geht also um nichts anderes.«

Das Kriegsmaterial aber wies enorme Mängel auf. Torpedoversager waren fast schon an der Tagesordnung. »Wenigstens 30 Prozent aller lancierten Torpedos«, vertraute er am 30. Oktober 1939 seinem Kriegstagebuch an, »zünden nicht. [...] Das Vertrauen der Kommandanten in ihre Torpedowaffe muß im Schwinden begriffen sein. Ihre Angriffs- und Einsatzfreudigkeit wird auf die Dauer leiden. Die Behebung der Versagerursachen ist zur Zeit das vordringlichste Problem der U-Boot-Waffe.« Das Problem steigerte sich zu einer regelrechten »Torpedokrise«, die das erste Desaster der U-Boot-Waffe nach sich zog. Während des Überfalls auf Norwegen und Dänemark versagten bei 36 Angriffen auf Kriegsschiffe alle Torpedos. Jetzt rief Dönitz »seine« Boote zurück, um die »Aale« auf Herz und Nieren prüfen zu lassen. Das Ergebnis empfand auch er als niederschmetternd: »Ich glaube nicht«, klagte er am 15. Mai 1940, »daß jemals in der Kriegsgeschichte Soldaten mit so unbrauchbaren Waffen gegen den Feind geschickt werden mußten.«

Was für Hitler vor allem zählte, waren Siege an Land. Mit

304

Frankreichs Niederlage war der Weg zu den Atlantikhäfen frei. Von dieser Basis hatte Dönitz lange geträumt. Endlich hatte er freien Zugang zu den Weltmeeren. Im bretonischen Lorient ließ er sich einen Befehlsstand errichten, das sogenannte »Sardinenschlößchen«, die operative Schaltstelle in der Atlantikschlacht. Entlang der Küste entstanden gigantische Bunker. Bis zu sieben Meter dicke Betondecken sollten die Boote vor den Bomben der Royal Air Force schützen. Es waren Burgen aus Stahl und Beton, klobig und trist. Allein die Bunker von Lorient kosteten über 400 Millionen Reichsmark.

Kaum war die »Torpedokrise« überwunden, begann die nächste Runde im Handelskrieg gegen England. Auf den britischen Konvoirouten folgte Schlacht auf Schlacht. England sollte ausgehungert werden, und Dönitz konnte erstmals erfolgreich die Rudeltaktik anwenden. Wie die Wölfe griffen mehrere U-Boote gleichzeitig an. Am 15. August 1940 hatte Deutschland den »uneingeschränkten U-Boot-Krieg« verkündet, zwei Tage später die totale Blockade der britischen Insel. Die Atlantikschlacht näherte sich dem ersten Höhepunkt – ein erbarmungsloses Duell, nicht nur mit Waffen, auch mit Worten. »Deutsche U-Boote jagen den Feind«, tönte die Wochenschau. »Ihre Losung heißt: Angriff – ran – versenken!«

Anfangs erwies sich die Rudeltaktik als ausgesprochen erfolgreich. Das britische ASDIC-System blieb wirkungslos gegen die aufgetaucht attackierenden Boote. Bis Ende 1941 versenkten deutsche U-Boote fast viereinhalb Millionen Tonnen gegnerischen Schiffsraum. Über 10 000 britische Seeleute waren gefallen – im Öl ihrer sinkenden Schiffe erstickt, in der Wasserwüste verdurstet, kurz vor der Rettung verbrannt. Und doch: Mit seinem operativen Geschick erwarb sich Dönitz auch Respekt beim Gegner. »Er war ein besonders fähiger Mann«, urteilte der britische Abhörspezialist Sir Harry Hinsley. »Dönitz war im Einsatz so fähig, daß ich an den Signalen genau ablesen konnte, wann Dönitz selbst die Boote befehligte. Er war wirklich erstaunlich aktiv und fähig. Er war der Rommel des Seekrieges.«

Um die Truppe bei Laune zu halten, ließ sich der Befehlshaber einiges einfallen. Dönitz organisierte Züge, um Seeleute in den Heimaturlaub zu bringen, und besonders siegreichen Besatzungen spendierte er rauschende Feste in beschlagnahmten Schlössern und Villen, den sogenannten »U-Boot-Weiden«. Dönitz bemühte sich um engen Kontakt mit den Mannschaften. Sofern

305

*»Keine Angst vor ASDIC...«
U-Boot-Chef Dönitz begrüßt an der Atlantikküste den Kommandanten eines japanischen U-Kreuzers (1944).*

Die Sehnsucht des englischen Volkes, kein Blut mehr zu verlieren und den Krieg möglichst bald zu beenden, damit die Gesamtweltlage sich nicht weiter zu seinen Ungunsten verändert, ist groß. Um so mehr können wir uns von einem Aufleben des Tonnagekrieges, ganz abgesehen von dem Versenken der Schiffe, auch psychologisch viel versprechen. Diese Unterschiedlichkeit der Ansichten, diese verschiedenartigen Strömungen in England zeigen aber sehr deutlich, wo bei uns die Stärke liegt, nämlich in der ungeheuren harten und geschlossenen Einheit unseres Volkes.

*Dönitz, 1942*

Churchill hat einmal gesagt: »Das einzige, wovor ich wirklich Angst habe, sind Dönitz' U-Boote.« Churchill hatte damit durchaus recht, und Dönitz teilte diese Meinung: »Der U-Boot-Krieg war der entscheidende Krieg.«

*Sir Harry Hinsley, britischer Chefdechiffrierer*

Zufolge der englischen Pressestimmen glaubt England anscheinend, auf Grund der Ortungsmöglichkeit der U-Boot-Gefahr gewachsen zu sein. Unser Ziel muß sein, England unter allen Umständen in diesem Glauben zu lassen. Das ortungssichere U-Boot und auch das Zusammenwirken mehrerer U-Boote auf einen Geleitzug müssen für England möglichst eine Überraschung werden.

*Dönitz, 1938*

»U-Boote,
U-Boote,
U-Boote...«
Dönitz mit
Rüstungsminister Speer
(1943).

Die Marinerüstung kann ich nicht allein machen, sondern das kann nur gemacht werden mit dem, der die Produktion Europas in der Hand hat: mit dem Minister Speer. Wir haben die Produktion dem verantwortlichen Minister Speer in die Hand gedrückt, der nun vor dem Führer und dem deutschen Volke die Verantwortung dafür trägt, daß termingerecht die neuen Fahrzeuge für uns fertig sind.

*Dönitz über Zusammenarbeit mit Speer, 1943*

Dönitz und ich unterhielten uns einmal – vielleicht im Herbst 1943 – nach einem Besuch im Führerhauptquartier über diese hypnotische Kraft. Wir beide stellten zu unserer Überraschung fest, daß wir aus dem gleichen Grunde nur alle paar Wochen in das Führerhauptquartier fuhren: um unsere innere Unabhängigkeit zu bewahren. Weil wir beide davon überzeugt waren, daß wir nicht mehr frei arbeiten könnten, wenn wir, wie Keitel zum Beispiel, dauernd um ihn wären. Wir bedauerten damals Keitel, der so restlos unter seinem Einfluß stand, daß er nur noch ein willfähriges Instrument ohne eigenen Willen war.

*Speer während des Nürnberger Prozesses*

es seine Zeit zuließ, stand er bei jedem Ein- und Auslaufen am Kai und ließ es sich auch nicht nehmen, mit »seinen« U-Boot-Fahrern auf »erfolgreiche« Feindfahrten anzustoßen. »Noch der letzte Mann auf den Booten, der Heizer oder der Schütze, war ihm ans Herz gewachsen«, beteuerte U-Boot-Kommandant Horst von Schroeter. Fast jeder Matrose bekam Dönitz zumindest einmal zu Gesicht. So vermittelte er den Mannschaften das Gefühl, an ihren Sorgen und Nöten Anteil zu nehmen, mit ihnen sprichwörtlich in einem Boot zu sitzen. Mitunter gab Dönitz dabei auch Kostproben seines spröden Humors zum besten. »›Ich muß mit euch zusammen sein, muß euch sprechen, muß euch in die Augen schauen. Wer das nicht glaubt, dem haue ich mit meinem Knüppel über den Kopf.‹ Und damit hob er seinen Marschallstab«, erinnerte sich Kapitän zur See Hans Rudolf Rösing, Befehlshaber der U-Boote West.

Ohne Zweifel war Dönitz in der Truppe nicht nur gut angesehen; er war tatsächlich beliebt. »Löwe« oder »Onkel Karl« nannten sie ihn. Gegenseitiges Vertrauen hieß für den preußischen Pflichtmenschen gleichwohl, jedem das äußerste abzuverlangen. »Dönitz befahl sehr selten«, so sein Stabsoffizier Eberhard Godt. »Er überzeugte, und weil alles, was er wollte, sehr genau überlegt war, überzeugte er wirklich. Er suchte die Diskussion mit allen Menschen, die eine Ansicht hatten. Ohne Ansehen des Dienstgrades. Wer keine Ansicht hatte, den ließ er bald beiseite. Er provozierte den Gesprächspartner, um Gegenargumente zu erfahren. Dann erst entschied er sich.« Doch bei allem Diskutieren – seine Befehle blieben bis zuletzt unerbittlich und kamen immer öfter einem Todesurteil für die Besatzungen gleich, die im raum- und zeitlosen Universum ihrer Boote auf wochen- und monatelangen Feindfahrten die Hölle durchlebten. Hinter 20 Millimeter dünnen Stahlwänden waren 50 Mann eingepfercht wie Sardinen in der Dose, gefangen in der beklemmenden Atmosphäre eines maritimen Bergwerks, in dem der Gedanke, jeden Moment »zu Grunde« gehen zu können, einen makabren Doppelsinn bekam. In den Untiefen des Atlantiks waren die Besatzungen auf Gedeih und Verderb den Weisungen ihres Admirals ausgeliefert, der von Menschen so gefühlskalt sprach wie von Torpedos oder von Tonnage. Für Dönitz blieben seine Männer allen Kameradschaftsschwüren zum Trotz vor allem eines: »Menschenmaterial«, das wie eine Maschine zu funktionieren hatte: reibungslos und ohne Klagen.

Die Männer, die seine gnadenlosen Befehle zu befolgen hatten, waren blutjung, die Offiziere Anfang Zwanzig. Wie ihr Befehlshaber sollten sie die Engländer hassen. Doch keiner der Männer in den U-Booten hatte jemals einen Feind zu Gesicht bekommen. Der Feind – das waren Mastspitzen am Horizont, die der Kommandant durch das Sehrohr ins Visier nahm. Der Feind – das waren Wasserbomben und das unheimliche Pochen des gegnerischen Echolots. Der Feind – das waren pausenlose Luftangriffe, gegen die kein Kraut gewachsen schien. Immer wieder forderte Dönitz vom Oberbefehlshaber der Luftwaffe, Hermann Göring, Hilfe aus der Luft. Doch der Reichsmarschall, selbst unter schwerem Beschuß, lehnte ab.

Seit dem Sommer 1943 gingen die deutschen U-Boote immer öfter ins Netz der alliierten Funkaufklärung – ein Rätsel für die deutsche Kriegsführung, der offensichtlich entgangen war, daß sie am 8. Mai 1941 mehr als nur das U-Boot des *Athenia*-Schützen Julius Lemp verloren hatte. Ein britischer Zerstörer hatte *U 110* zum Auftauchen gezwungen und geentert. Im Rumpf des Bootes fanden die Briten eine Maschine von kriegsentscheidender Bedeutung: »Enigma«, der Schlüssel zum geheimen deutschen Marinecode, war nun in Händen des Feindes. Diese Maschine verriet den britischen Entschlüsselungsspezialisten im Bletchley Park, dem Zentrum für Funkentzifferung nahe London, was der Befehlshaber seinen Kommandanten über Funk mitteilte.

Dönitz ahnte nichts von dem Leck, das die Atlantikschlacht entscheiden sollte. Der Feind hörte mit! Und niemand ahnte es. Als den »grauen Wölfen« ihre Feinde immer öfter entwischten – selbst dann, wenn ein Boot einen gegnerischen Konvoi schon gesichtet hatte –, witterte Dönitz Verrat und ließ seinen gesamten Stab überprüfen – ohne Ergebnis. Zuletzt blieben nur noch er und sein Stabschef Eberhardt Godt als mögliche Verräter übrig. »Soll ich Sie durchleuchten?« fragte er Godt. »Oder wollen Sie mich durchleuchten?«

»Wir hofften, daß sie glaubten, es läge an unserer Übermacht in der Radartechnik«, berichtete Sir Harry Hinsley. »Wir bestärkten die Deutschen in ihrer Annahme, wir hätten eine Art Wunderradar entwickelt, mit dem wir ihre U-Boote selbst aus einer Entfernung von 100 Meilen sehen konnten. Tatsächlich fanden sie immer eine andere Erklärung, weil sie davon ausgingen, daß niemand ihre Signale entschlüsseln könnte.« Bis zum bitteren Ende vertraute Dönitz auf die Sicherheit der deutschen »Enigma«-Verschlüsselung, weil ihn Funkexperten in dem Irrglauben bestärkten, die Gefahr der Dekodierung sei bestenfalls von akademischem Charakter. Erst in den siebziger Jahren, als Dönitz 83 Jahre alt war, kam die Wahrheit über das »Ungreifbare, Gefährliche, Drohende« ans Licht. Die Briten hatten die entschlüsselten Funksprüche mit der höchsten Geheimhaltungsstufe »Ultra« belegt. Der Kampf der deutschen U-Boote war damit schon entschieden. Dönitz' Boote waren mit einem Gegner konfrontiert, der über ein modernes Ortungssystem verfügte, an Kriegsschiffen und Flugzeugen bei weitem überlegen war und dank »Enigma« wußte, was die deutsche U-Boot-Führung plante.

Vorbei war die Zeit der strahlenden Siege. Immer seltener spürten Dönitz' U-Boote alliierte Konvois auf. Erfolgsmeldungen wurden zunehmend rarer. Dabei hatte sich mit dem Kriegseintritt der USA am 11. Dezember 1941 die Stimmung des BdU noch einmal gehoben. Dönitz erklärte die amerikanischen Küstengewässer zum Jagdrevier. Deutsche U-Boote vor New York! Die »Operation Paukenschlag« begann am 12. Januar 1942. Das Torpedieren der Schiffe vor der Ostküste der USA wurde für die U-Boot-Fahrer zum wahren »Hasenschießen«. Bis zum Juli 1942 versenkten sie 500 Schiffe samt Besatzungen. Die US-Marine hatte dem zu diesem Zeitpunkt nichts entgegenzusetzen. Am Heldengedenktag 1942 wurde Dönitz zum Admiral befördert.

Die anfänglichen Erfolge ließen sich freilich nicht durchhalten, denn im Verlauf des Jahres 1942 verbesserte sich die Abwehr der US-Navy und verdrängte die deutschen U-Boote immer weiter auf die offene See. Dönitz war unzufrieden, seine Leute erzielten nicht ihr Soll. Nun rückte neben der Tonnage wieder die Versenkung möglichst hoher Mannschaftszahlen in den Vordergrund. Anfang des Jahres hatte Hitler gegenüber dem japanischen Botschafter Hiroshi Oshima betont: »Wir kämpfen um unsere Existenz und können deshalb keine humanitären Gesichtspunkte gelten lassen.« Der Kriegsherr wollte schiffbrüchigen Gegnern die Rettung verweigern, und auch Dönitz tötete am Kartentisch. Im Mai hob er in einem Vortrag die verbesserten Torpedozünder hervor, die »den großen Vorteil mit sich bringen, daß sich infolge sehr schnellen Sinkens des torpedierten Schiffes die Besatzungen nicht mehr retten können«.

310

Sie haben sich anscheinend eingebildet, daß hierin nur brave Bürger sitzen, die dem jetzigen Staat mißliebig sind, ohne zu wissen, daß 99 Prozent der Insassen nur Gewohnheitsverbrecher sind, die im Durchschnitt fünf Jahre Zuchthaus haben, die der frühere Staat hat frei herumlaufen lassen, bis zu ihrem nächsten Mord. Sittlichkeitsverbrechen oder schweren Gewalttat, und für deren Inhaftierung wir heute nicht dankbar genug sein können, weil wir ihr die Sicherheit unserer Familien und unseres gesamten öffentlichen Lebens verdanken.

*Dönitz über die Absicht der Verschwörer des 20. Juli 1944, alle KZ zu öffnen*

»Wir sind alle arme Würstchen...« Dönitz (zwischen Hitler und Mussolini) nach dem Attentat auf Hitler in der »Wolfsschanze«.

Wir haben alle gewußt, daß es Konzentrationslager gab. Da wurden eben Kommunisten eingesperrt, die dann in Fabriken arbeiten mußten. Aber daß sie systematisch ausgerottet wurden, das hat zumindest bei der Marine keiner gewußt. Auch Dönitz nicht. Er war kein Mann, der log.

*Reinhard Hardegen, U-Boot-Kommandant*

In vielen Gesprächen hat er mir gegenüber immer abgestritten, von den Konzentrationslagern gewußt zu haben. Es ist natürlich die Frage, was er hätte wissen sollen oder wissen müssen. Er wußte wahrscheinlich mehr als die meisten Normalbürger.

*Klaus Hessler, Dönitz' Enkel*

Wie ein Gradmesser des gesamten Krieges radikalisierte sich auch Dönitz. Jede »Achtung der Gebote soldatischer Kampfsittlichkeit«, die er im Herbst 1939 in einer Denkschrift noch selbst gefordert hatte, blieb jetzt auf der Strecke. Das Paradebeispiel war der Fall *Laconia*. Als *U 156* den britischen Truppentransporter Mitte September 1942 versenkt hatte, bemerkte Kommandant Werner Hartenstein, daß sich an Bord der *Laconia* auch Kriegsgefangene aus verbündeten Ländern befanden. Mit vier vollbesetzten Rettungsbooten im Schlepptau fuhr das deutsche U-Boot unter der Rotkreuzflagge und wurde trotzdem von alliierten Bombern angegriffen. Die Rettung der Schiffbrüchigen mußte abgebrochen werden.

Dönitz reagierte: Am 17. September 1942 erreichte alle U-Boot-Kommandanten der berüchtigte »Laconia-Befehl«. Darin verbot der Chef der U-Boote ausdrücklich, feindliche Schiffbrüchige zu retten. »Rettung«, hieß es, »widerspricht den primitivsten Forderungen der Kriegsführung nach Vernichtung feindlicher Schiffe und Besatzungen.« Nur noch Kapitäne und ausgesuchte Schiffbrüchige sollten geborgen werden: Menschlichkeit war jetzt Befehlsverweigerung. Im Nürnberger Zeugenstand rechtfertigte er den »Laconia-Befehl« mit der Schutzpflicht gegenüber seinen Besatzungen. Hilfestellung, so Dönitz, hätte den sicheren Tod bedeutet. Kurz nach dem *Laconia*-Zwischenfall regte Dönitz die Versenkung von Rettungsschiffen an, die gegnerische Geleitzüge begleiteten. »Im Hinblick auf die erwünschte Vernichtung der Dampferbesatzungen« sei dies »von großem Wert«. In diesem Sinne schärfte er auch seinen Männern ein: »Hart sein. Daran denken, daß der Feind bei seinen Bombenangriffen auf deutsche Städte auf Frauen und Kinder keine Rücksicht nimmt.«

Dönitz gab zwar keinen direkten Befehl zum Töten, seine Männer aber konnten sich ermächtigt fühlen. Er ordnete den Mord nicht ausdrücklich an, doch er schuf ein mörderisches Klima, in dem Unmenschlichkeit gedieh. Seiner Karriere waren diese zweifelhaften »Fähigkeiten« eher dienlich. Ohnehin stieg sein Prestige, je bedeutsamer die U-Boot-Waffe im Seekrieg wurde. Als Hitler, inzwischen an fast allen Fronten in der Defensive, kaum einem General mehr traute, band er den Admiral noch enger an sich und ernannte ihn am 30. Januar 1943 zum Oberbefehlshaber der Marine. Nun gehörte Dönitz zum engsten Kreis um Hitler. Er war aufgerückt ins erste Glied und ein wichtiger Machtfaktor in der Riege der Helfer Hitlers. Bis zum Zusammenbruch sollte er nicht mehr von der Seite seines »Führers« weichen.

Mit dem Marineoberbefehl hatte Dönitz, ohne damit zu rechnen, die höchste Weihe erhalten. Spätestens in diesem Moment, da er zum Chef eines eigenständigen Wehrmachtsteils avanciert war, geriet sein Anspruch, nur ein »unpolitischer Soldat« zu sein, zur Illusion. Die Wehrmacht war vor den Karren einer politischen Ideologie gespannt worden. Als Befehlshaber einer Teilstreitkraft aber konnte sich Dönitz nicht entziehen, selbst wenn er es gewollt hätte. Mit seinem Aufstieg war aber auch eine zentrale Entscheidung im Seekrieg gefallen: Raeder, Dönitz' Amtsvorgänger, hatte Großkampfschiffe favorisiert. Der Großadmiral aber bevorzugte U-Boote als kleine, schnelle Einsatzkräfte.

Dönitz war nun Herr im eigenen Haus. Sein Kredo wurde zur Maxime der Marine. »Unser Leben gehört dem Staat. Unsere Ehre liegt in unserer Pflichterfüllung und unserer Einsatzbereitschaft. Niemand von uns hat das Anrecht auf Privatleben. Es handelt sich für uns darum, den Krieg zu gewinnen. Dieses Ziel haben wir mit fanatischer Hingabe und härtestem Siegeswillen zu verfolgen.« Sein Horizont mußte zwangsläufig über die U-Boot-Waffe hinausreichen. Es galt, alle Aktionen der Kriegsmarine zu koordinieren, und es zeigte sich rasch, zu welch ungünstigem Zeitpunkt er zum Marinechef ernannt worden war. Eigentlich konnte er die Niederlage nur noch hinauszögern. Deutschland hatte in allen Himmelsrichtungen die Initiative verloren: Die Fronten im Osten und Süden wurden hart bedrängt, an der Heimatfront luden alliierte Bomber immer öfter ihre tödliche Fracht über deutschen Städten ab. Dönitz indes glaubte noch immer, wie er in seiner ersten Weisung schrieb, der Krieg sei zu gewinnen.

Seine Rezepte gegen die feindliche Übermacht blieben so einfach wie einfallslos: Schlagworte wie »Fanatismus« und »Rücksichtslosigkeit« gehörten nun zu seinem Standardvokabular. Friedenssondierungen bezeichnete er als zwecklos; schon der Gedanke an Kapitulation sei verbrecherisch. Dönitz band sein Schicksal auf Gedeih und Verderb an Hitler. Von »Koralle« aus, seinem Hauptquartier in den Wäldern von Berlin, pflegte er engen Kontakt mit dem Diktator. War Dönitz seinem Herrn bislang nur neunmal persönlich begegnet, stattete er ihm nach

313

seiner Berufung zum Oberbefehlshaber insgesamt 119 Besuche ab. Schon hatte der Volksmund einen neuen Spitznamen parat: »Hitlerjunge Dönitz«. Zutreffend charakterisierte einer von Dönitz' Biographen die starke Bindung zwischen Hitler und Dönitz als »Juniorpartnerschaft«: Hitler, der Herr, und Dönitz, der Helfer – ein Geschäft auf Gegenseitigkeit. Hitler hatte einen zuverlässigen Erfüllungsgehilfen gefunden und Dönitz den anerkennenden Schulterschlag einer Leitfigur. Wie bei allen Paladinen trug auch bei Dönitz der Glaube an Hitler irreale Züge. »Die ungeheure Kraft, die der Führer ausstrahlt, seine unbeirrte Zuversicht, die vorausschauende Beurteilung der Lage [...] hat es in diesen Tagen sehr deutlich gemacht«, schrieb er im August 1943 nach einem Treffen mit Hitler, »daß wir alle miteinander sehr arme Würstchen sind im Vergleich zum Führer, daß unser Wissen, unser Sehen der Dinge aus unserem beschränkten Sektor heraus Stückwerk sind. Jeder, der glaubt, es besser machen zu können als der Führer, ist dämlich.«

Selbst durch gewaltige Betonmauern geschützt, trieb Dönitz von seinem Hauptquartier »Koralle« aus seine schutzlosen U-Boote in die Schlacht, die längst verloren war. Denn nun zeigten auch die neuen britischen Radargeräte tödliche Wirkung: Im Mai 1943 verlor Dönitz auf einen Schlag 41 Boote – 2000 U-Boot-Männer starben, darunter Dönitz' Sohn Peter. Den deutschen Booten blieb, nachdem schon »Enigma« in den Händen des Feindes war, kaum noch eine Chance, wieder wohlbehalten in die Heimathäfen zurückzukehren. Das Blatt in der Atlantikschlacht hatte sich gewendet.

In dieser Phase genügte schon eine einzige erfolgreiche Geleitzugschlacht, um in der Goebbelsschen Propaganda hymnisch zum Helden erhoben zu werden. Am 6. April 1943 erhielt Dönitz das Eichenlaub zum Ritterkreuz, aber die U-Boot-Fahrten ins Desaster konnte er nicht abwenden. Der Westen entsandte immer mehr Bomber zum Geleitschutz, und als sich die »Luftlücke« im Atlantik schloß, blieb im Ozean kein einziger sicherer Ort. Gingen die U-Boote nicht rechtzeitig auf Tauchstation, fuhren sie in ihr Verderben. Monat für Monat versenkten alliierte U-Boot-Jäger Dutzende deutscher Boote.

Dönitz kamen erste Zweifel. »Meine große Sorge ist daher«, schrieb er in sein Kriegstagebuch, »daß der U-Boot-Krieg ein Fehlschlag wird, wenn es uns nicht gelingt, dieses Mehr zu versenken, was über der Neubaumöglichkeit des Gegners liegt.«

Erst jetzt wurde Dönitz erhört. Albert Speer, Hitlers neuer Rüstungsminister, gab dem Bau von U-Booten absoluten Vorrang. Dönitz setzte auf neue U-Boot-Typen, auf Elektroboote, die schneller und länger tauchen konnten. Solche »Wunderboote« ließen ihn bis zuletzt auf eine Wende hoffen. In Wahrheit war seine Rudeltaktik infolge der technischen Überlegenheit des Gegners längst überholt. Als die Verluste vollends unerträglich wurden, unterbrach Dönitz am 24. Mai 1943 die Schlacht im Atlantik, freilich nur vorübergehend. Sein Vater hatte ihm beigebracht: »Führ zu Ende, was du anpackst!«

Schon im Herbst mußten die U-Boote im Atlantik wieder auf (selbst)mörderische Feindfahrten gehen. »Das deutsche Volk fühlt schon lange«, schrieb er den Offizieren, »daß unsere Waffe die schärfste und entscheidendste ist, und daß von dem Gelingen oder Mißlingen der Atlantikschlacht der Ausgang des Krieges abhängt.« Den gefährlichsten Gegnern »seiner« U-Boote, den alliierten Bombern, vermochte Dönitz jedoch nichts entgegenzusetzen. Immerhin gelang Dönitz aber das, was Vorgänger Raeder in Jahren nicht geschafft hatte. Er zwang den widerstrebenden Rivalen Göring, mit der Marine an einem Strang zu ziehen – ein vergeblicher Sieg. Für eine gemeinsame Begleitzugbekämpfung war es jedoch schon zu spät. Längst war Göring in der Marine zur Zielscheibe beißenden Spottes geworden. Der Luftwaffenchef hieß »Totengräber des Reiches«.

Allen Mißerfolgen zum Trotz hing Dönitz' weiterhin hochfliegenden Plänen nach. Noch immer sprach er vom Sieg, den »seine« Boote erringen sollten. Mit unerbittlichem Fanatismus peitschte er die Besatzungen in gnadenlose Geleitzugschlachten und gab doch stets vor, sich seinen Männern eng verbunden zu fühlen. Über allen Kameradschaftsschwüren stand jedoch stets seine bedingungslose Loyalität zu Hitler. Ihm hatte der Offizier einen Eid geleistet; ihm abtrünnig zu werden, stand außerhalb jeder Diskussion. »Es kommt eben darauf an, mit aller Härte durchzuhalten«, merkte er im Spätsommer 1943 in einem Vortrag lakonisch an.

Härte war die markanteste Charaktereigenschaft von Karl Dönitz. Härte wurde ihm in der Ausbildung als Tugend gepredigt; Härte zeigte er beim Massaker an Röhm und anderen politischen Gegnern; Härte machte er auch seinen Leuten zur Pflicht. Strategisch unhaltbare Situationen gab es für ihn nicht. Je mehr sich die Lage an den Fronten zuspitzte, desto mehr profilierte sich Dönitz als Durchhalteapostel, der gebetsmühlenartig seine bevorzugte Parole wiederholte, es gelte nur noch »diese eine Durststrecke zu überwinden«. Noch im April 1945 sollte sich Dönitz gegen eine »vorzeitige Kapitulation« Deutschlands aussprechen, denn »unerwartete politische Wendungen und sonstige Ereignisse könnten im Krieg, wie die Geschichte lehrt, auch fast hoffnungslose Situationen noch ändern«. Härte als Selbstzweck, privat wie beruflich: Die Nachricht vom Tod seines Bruders im August 1943 nahm er äußerlich unbewegt zur Kenntnis.

Mit erbarmungsloser Härte propagierte Dönitz den »totalen Krieg«. »Kritiksucht« und »Meckerei« brandmarkte er am 9. September 1943 sogar in einem eigenen Erlaß. »Der Führer«, so seine Worte, »hat durch die nationalsozialistische Weltanschauung den festen Grund für die Einheit des deutschen Volkes gelegt. Unser aller Aufgabe in diesem Kriegsabschnitt ist es, diese kostbare Einheit durch Härte, Geduld und Standhaftigkeit, durch Kämpfen, Arbeiten und Schweigen zu sichern.« Widerspruch war Dönitz zuwider. Kritik sah er als Verrat. Über den Terror an Front und Heimat sollte der Mantel des Schweigens gebreitet werden. Wer klagte, sollte »wegen Zersetzung der Wehrkraft unerbittlich kriegsgerichtlich zur Verantwortung« gezogen werden. Warum dieser Erlaß? Dönitz wollte Gerüchten über die Greuel von Wehrmacht und SS entgegentreten. Daß Mordaktionen gegen Juden, Polen, Kriegsgefangene im Osten an der Tagesordnung waren, mußte auch Dönitz erfahren haben. Der Marinechef stand zu hoch in der NS-Hierarchie, als daß er unwissend bleiben konnte. »Den Blick aufs Wasser« gerichtet zu haben, wurde zur stereotypen Legende seines Lebens. Der Wahrheit näher kommt, was Admiral Hans Voß von einer Besprechung mit Dönitz zu berichten hatte. Stabsoffiziere hätten den Großadmiral mehrmals ermuntert, bei Hitler gegen die Verbrechen im Osten zu protestieren. »Dönitz hat uns geantwortet: ›Ich werde mich hüten, mein gutes Verhältnis zum Führer aufs Spiel zu setzen.‹«

Daß Dönitz in das »Geheimprojekt« Judenmord zumindest teilweise eingeweiht war, darauf weist ebenfalls eine Dienstreise im Herbst 1943 nach Posen hin. Vor den versammelten Gauleitern und hohen Funktionären hielt auch Dönitz ein Referat, bevor im Anschluß Heinrich Himmler, Reichsführer-SS, als Hauptredner das Wort ergriff. Himmler sprach von einem »nie

»Ein Fels des Widerstandes...«
Dönitz mit Keitel und Göring beim »Heldengedenktag«, März 1945, in Berlin.

Am Anfang war ich von Dönitz begeistert, weil ich glaubte, er sei ein Mann von Prinzipien. Ich sah in ihm einen »Moltkeschen Admiral«: einen strengen, aber treuen und vor allem fähigen Admiral. Aber dann ist er ein schreckenerregender Nazi geworden. Ich habe bald erkannt, daß er ein borniter, engstirniger Mensch von miserabler Bildung war. Zuletzt habe ich ihn nur noch für einen Todestrommler schlimmster Provenienz gehalten – für einen Parteichargen, wie man ihn sich nicht schlimmer vorstellen kann. Dönitz war ganz und gar ein Mann von Hitlers Gnaden.

*Lothar-Günther Buchheim*

Welch ein Unterschied Dönitz und Göring! Beide haben einen schweren technischen Rückschlag in ihren Waffen erlitten. Göring hat davor resigniert und ist daran zugrunde gegangen. Dönitz hat ihn überwunden.

*Goebbels (Tagebuch), 1945*

317

zu schreibenden Ruhmesblatt unserer Geschichte«, einem Geheimnis, das alle Anwesenden »mit ins Grab« zu nehmen hätten. Er jammerte, es sei ein »schreckliches Werk«, und schließlich nannte er unverhohlen, wovon die Rede war: die »Ausrottung der Juden«. Wörtlich sagte Himmler: »Sie alle nehmen es als selbstverständlich, daß in Ihrem Gau keine Juden mehr sind. Alle deutschen Menschen, abgesehen von einzelnen Ausnahmen, sind sich auch darüber klar, daß wir den Bombenkrieg, die Belastungen des vierten und des vielleicht kommenden fünften und sechsten Kriegsjahres nicht ausgehalten hätten, wenn wir diese zersetzende Pest noch in unserem Volkskörper hätten.« Unter den Zuhörern herrschte Beklommenheit. »Wir saßen wortlos am Tisch, vermieden den Blick des anderen«, erinnerte sich Reichsjugendführer Baldur von Schirach. Und Dönitz? Nach dem Krieg betonte er, Himmlers Ausführungen nicht gehört zu haben, weil er vorzeitig habe abreisen müsse. Marinekameraden deckten ihren Vorgesetzten und gaben an, Dönitz noch am selben Abend in Berlin gesehen zu haben. Wahrheit oder Schutzbehauptung? Endgültige Beweise fehlen.

Tatsächlich richtete der Oberbefehlshaber der Marine den Blick vor allem »aufs Wasser«, wo sich die Lage täglich verschärfte. Nun war auch ihm klargeworden, daß künftig jedes Boot »die Auswirkung der gesamten gegnerischen Abwehr tragen« mußte. Einmal mehr beklagte er sich über die mangelnde Zusammenarbeit mit Görings Luftwaffe, und einmal mehr drängte er auch bei Hitler auf noch mehr U-Boote und eine verstärkte Luftaufklärung über dem Atlantik. Dönitz vertrat seine Forderungen hartnäckig, und das machte ihn zu einer seltenen Erscheinung im Kreise des »Führers«, der sich bevorzugt mit Jasagern und Kopfnickern umgab. Der Marinechef formulierte seinen Standpunkt mit unmißverständlichem Nachdruck und machte deutlich, als gestandener Seeoffizier in seinem Ressort selbst entscheiden zu wollen. Anders als andere Paladine schreckte Dönitz auch nicht davor zurück, Hitler Hiobsbotschaften zu überbringen. »In einer Lagebesprechung mußte er einmal Negatives vortragen«, erinnerte sich U-Boot-Kommandant von Schroeter. »Das hat sich Hitler in aller Ruhe angehört und dann zu seiner Umgebung gesagt: ›Ich wünschte mir, daß ich von jeder Seite immer so korrekt informiert würde.‹«

Auf einen Mann wie Dönitz konnte sich Hitler verlassen. Gnadenlos forderte der Marinechef von seiner Truppe, »bis zum

Untergang« zu kämpfen. Einer wie Dönitz war Hitler verwandt
– zwei Männer im Gleichschritt. »Es ist also notwendig«, verlangte Dönitz Ende 1943 vor Flaggoffizieren, »daß der Soldat mit allen seinen geistigen, seinen seelischen Kräften und
mit seinen Willenskräften hinter der erfüllten Pflicht steht.
Und dazu gehört seine Überzeugung, seine Weltanschauung.«
Starke Worte allein aber genügten nicht, die nachlassende Wirkung der Waffen zu ersetzen. Dönitz verfiel in blinden Aktionismus. Der *Scharnhorst*, dem letzten intakten Großkampf-
schiff des Reiches, gab er den Befehl, im Nordmeer einen alliierten Geleitzug anzugreifen – ein Himmelfahrtskommando
ohne Aussicht auf Erfolg.

Dönitz hatte bei Hitler eine »Ehrenschuld« zu begleichen.
Eigentlich wollte der Diktator die Großkampfschiffe am liebsten verschrotten, was Dönitz für einen Fehler hielt. Am 26. Februar 1943 überzeugte der »Juniorpartner« den Kriegsherrn im
»Führer«-Hauptquartier davon, Schiffe wie die *Scharnhorst* und
die *Tirpitz* nicht abzuwracken, sondern weiterhin einzusetzen.
»Wir werden sehen, wer recht hat«, soll Hitler laut Marineadju-
tant Jesko von Puttkamer gesagt haben. »Ich gebe Ihnen sechs
Monate, um zu beweisen, daß die Großkampfschiffe noch immer zu etwas nutze sind.«

Weihnachten 1943 bot sich endlich die Gelegenheit, einen,
wie es im Kriegstagebuch hieß, »wichtigen Beitrag zur Entla-
stung der angespannten Frontlage im Osten« zu leisten. Weder
ungünstige Wettermeldungen noch ablehnende Ratschläge des
Marineoberkommandos Nord ließen Dönitz davon absehen,
dem Kapitän der *Scharnhorst* einen verhängnisvollen Einsatz-
befehl zu übermitteln. Die Stimmung an Bord war zu diesem
Zeitpunkt noch friedlich. Die Besatzung feierte Weihnachten.
»Wir hatten geschmückte Tannenbäume, kleine Geschenke und
die Heimatpost wurden verteilt«, erinnerte sich Schiffsmechani-
ker Herbert Reimann. »Aber es lag eine Stimmung in der Luft,
als ahnten die Leute, daß irgend etwas passieren würde. Es
herrschte eine seltsame Unruhe.« Dann, am ersten Weihnachts-
feiertag, folgte, was allein Dönitz zu verantworten hatte. Alliierte Topedos trafen den Rumpf der *Scharnhorst*. 2000 Seeleute
starben, nur 36 überlebten. Einer von ihnen war Herbert Reimann, der die dramatischen letzten Stunden auf der *Scharnhorst* nie vergessen konnte. »Alles ging ganz ruhig vor sich, aber
ich hörte das dreifache Hurra, das zahlreiche Matrosen im Was-

ser auf das Schiff ausbrachten, und anschließend das Lied ›Auf einem Seemannsgrab, da blühen keine Rosen‹.«

Vom Untergang der *Scharnhorst* zeigte sich Dönitz zwar »außerordentlich betroffen«, wie sein Adjutant, Korvettenkapitän Jan-Heinrich Hansen-Nootbar, beobachtete. Eigene Fehler aber wollte er nicht einräumen. Statt dessen versuchte er, Hitler glauben zu machen, die Schuld trage Flottenchef Admiral Erich Bey, der die gegnerischen Kräfte falsch eingeschätzt und trotz der Nähe zum Geleitzug »die Gunst der Situation« nicht genutzt hätte. Dönitz hatte seinen Sündenbock gefunden. Hitlers Helfer blieb auf Kurs: »Ein eisernes Jahr liegt hinter uns«, schrieb er im Neujahrsbefehl 1944 an die Kriegsmarine. »Es hat uns Deutsche hart gemacht wie noch keine Generation vor uns. Was das Schicksal im kommenden Jahr auch von uns fordern mag, wir werden es bestehen, einig im Willen, unerschütterlich in der Treue, fanatisch im Glauben an unseren Sieg. [. . .] Der Führer zeigt uns Weg und Ziel. Wir folgen ihm mit Leib und Leben in eine große deutsche Zukunft.« Spricht so ein »unpolitischer Soldat«?

Je verzweifelter die Kriegslage, desto fester schmiedete Dönitz sich und seine Leute an Hitler. Gegen verhaltenes »Klagen und Murren« wie auf einer Flaggoffizierstagung im Februar 1944 setzte er vollmundige Versprechungen. Natürlich werde man siegen, wenn erst die neuen U-Boote zum Einsatz kämen. Bis dahin aber hälfen nur Fanatismus, Glaube und Gehorsam. »Derjenige, der dagegen und damit gegen sein Volk verstößt, muß von mir zerbrochen werden«, sagte er mit schnarrender Stimme. Auch angehende Offiziere müßten im nationalsozialistischen Geist erzogen werden, denn: »Der Offizier ist der Exponent des Staates; das Geschwätz, der Offizier ist unpolitisch, ist barer Unsinn.« Dönitz – ein »unpolitischer Soldat«?

Hitlers Gefolgsmann hatte sich rasch angefreundet mit seiner neuen Propagandarolle. Seine Reden strotzten vor Ideologie, und er suchte jede Gelegenheit, sich seinem »Führer« als verläßlicher Vasall anzudienen. Hitler nahm es mit Wohlwollen zur Kenntnis. Da er davor zurückscheute, sich in der Öffentlichkeit zu zeigen und zu reden, beauftragte er Dönitz, stellvertretend die traditionelle Ansprache zum Heldengedenktag 1944 zu halten. Der Redner griff tief ins Arsenal der Propagandaparolen. In diesem vom Feind aufgezwungenen Krieg, polterte der Marinechef, gehe es »um den Bestand oder um die Ausrottung unseres

So muß die Kampfgeschlossenheit unserer Kriegsmarine erhalten bleiben. Dies ist der beste Beitrag, den wir zur Wende der augenblicklichen Krisis geben können. Nie ist eine Lage so, daß sie nicht durch heroische Haltung verbessert werden kann. Sicher ist, daß jede gegenteilige Haltung Auflösung und damit Chaos und unauslöschliche Schande bedeutet.

*Dönitz, 1945*

Was für einen wunderbaren, imponierenden Eindruck Dönitz doch macht. Wie der Führer zu mir gesagt hat, ist er der beste Mann in seinem Wehrmachtsteil. Man braucht sich nur die ausnahmslos befriedigenden Resultate anzusehen, die er mit der Marine erzielt hat.

*Goebbels (Tagebuch), 1945*

Dönitz verlangte sehr viel von uns jungen Leuten. Er hatte aber auch viel Verständnis, wenn wir zum Beispiel einen Fehler machten. Irgendwie schaffte er es, lauter Männer um sich zu versammeln, die sich alle sehr ähnlich waren. Wer sich da nicht richtig einfügte, war schnell wieder draußen. Vor allem zu seinen U-Boot-Fahrern hatte er ein einzigartiges Verhältnis. Ich hörte ihn einmal sagen:»Ich muß mit euch zusammensein, immer wieder mit euch sprechen, in eure Augen sehen.« Zu den Soldaten anderer Verbände konnte er nie so herzlich sein.

*Hans-Rudolf Rösing, Befehlshaber der U-Boote West*

Volkes. Wie stände es um unser deutsches Volk, wenn der Führer nicht vor zehn Jahren die Wehrmacht geschaffen hätte, die alleine in der Lage ist, den Ansturm unserer Feinde auf Europa abzuwehren?« fragte er, um sogleich selbst zu antworten: »Die Flut der Bolschewisten [. . .] hätte unser Volk ausgerottet und die Kultur Europas fortgeschwemmt.« Als wolle er Hitler noch übertreffen, geiferte Dönitz über das »auflösende Gift des Judentums«. Lüge und Fälschung, Hetze und Zynismus – Dönitz profilierte sich als Erfüllungsgehilfe, der zu allem bereit schien. Hitler und Dönitz, das war ein Bündnis gegen die Vernunft.

Tatsachen, die seinen Glauben an das Genie des »Führers« erschüttern konnten, wischte Dönitz beiseite. Er verschloß die Augen vor der Wirklichkeit der nahenden Niederlage und witterte die große Bewährungschance »seiner« U-Boote im Falle einer alliierten Invasion im Westen. »Jedes feindliche Fahrzeug, das der Landung dient«, befahl er seinen Kommandanten am 11. April 1944, »ist ein Ziel, das den vollen Einsatz des U-Bootes verlangt. Es ist anzugreifen, auch unter Gefahr des eigenen Verlustes.« Der Befehl firmierte unter der eindeutigen Überschrift »Rücksichtsloser Angriff« – ein Lippenbekenntnis, um Hitler zu gefallen. Die Wirklichkeit war freilich anders. Während der Invasion opferte Dönitz seine Boote keineswegs.

Nach außen markierte Dönitz gern den harten Mann. Was in ihm vorging, ließ er sich nur selten anmerken. Als er am Abend des 14. Mai 1944 vom Tod seines zweiten Sohnes Klaus erfuhr, setzte er sich ans Bett seiner Tochter Ursula. »Wir haben Hand in Hand dagesessen und kein Wort gesprochen. Der Tod seiner Söhne hat ihn hart getroffen.« Kein Wort der Klage kam über seine Lippen. Seine Söhne, erklärte Dönitz seinem Enkel Klaus Hessler nach dem Krieg, seien den »Heldentod in Erfüllung und Pflicht« gestorben. Allen Schicksalsschlägen zum Trotz – Dönitz tat weiter Dienst, als sei nichts geschehen. Fast schien es so, als habe er Halt gefunden in der Härte gegen sich und andere.

Als schließlich am 6. Juni 1944 weder »seine« U-Boote noch Zerstörer und Schnellboote die Invasion alliierter Truppen verhindern konnten, war Dönitz dennoch irgendwie erleichtert, daß endlich Klarheit herrschte: »Die zweite Front ist vorhanden.« Andere Offiziere handelten, um dem aussichtslosen Morden an den Fronten ein Ende zu bereiten, während Dönitz, nachdem am 20. Juli 1944 das Attentat auf Hitler gescheitert war, eine weitere Chance sah, seine bedingungslose Treue zum »Führer« un-

322

ter Beweis zu stellen. »Soldaten der Kriegsmarine«, proklamierte er noch am selben Abend, »der heimtückische Mordanschlag auf den Führer erfüllt einen jeden von uns mit heiligem Zorn und erbitterter Wut gegen unsere verbrecherischen Feinde und ihre gedungenen Helfershelfer.« Die Rettung Hitlers bezeichnete er als Werk der »Vorsehung« und »eine weitere Bestätigung für die Gerechtigkeit unseres Kampfes«. Das Fazit war bezeichnend für seinen Fanatismus: »Wir werden uns nur noch enger um den Führer scharen, wir werden nur noch härter kämpfen, bis der Sieg unser ist.« Niemand sollte an seiner Loyalität zweifeln können. Noch am Tag des Attentats erhob er in der Marine den »Deutschen Gruß« zur Pflicht.

Erst Jahrzehnte später ließ Dönitz vage Einsicht erkennen. »Man ahnte nichts von den Tatsachen, die die Widerständler kannten und sie zum Handeln bewogen«, schrieb er nach seiner Spandauer Haft, um im selben Atemzug über den Plan der »Verbrecher« zu höhnen, alle Konzentrationslager öffnen zu wollen. »Sie haben sich anscheinend eingebildet, daß hierin nur brave Bürger sitzen, die dem jetzigen Staat mißliebig sind, ohne zu wissen, daß 99 Prozent der Insassen nur Gewohnheitsverbrecher sind, die im Durchschnitt fünf Jahre Zuchthaus haben, die der frühere Staat frei hat herumlaufen lassen, bis zu ihrem nächsten Mord, Sittlichkeitsverbrechen oder einer schweren Gewalttat, und für deren Inhaftierung wir heute nicht dankbar genug sein können, weil wir ihr die Sicherheit unserer Familien und unseres gesamten öffentlichen Lebens verdanken.« Dabei durften Dönitz die Folgen seiner Rüstungsforderungen nicht verborgen geblieben sein. Er wußte, daß KZ-Häftlinge Opfer und nicht Täter tausendfachen Totschlags waren. Ihn kümmerte nicht, unter welch unmenschlichen Verhältnissen sie Zwangsarbeit auf den U-Boot-Werften verrichten mußten. »Lieber möchte ich Erde fressen«, sagte er am 15. Februar 1944 vor Flaggoffizieren, »als daß meine Enkel in dem jüdischen Geist und Schmutz erzogen würden und vergiftet werden und daß die Sauberkeit der heutigen öffentlichen Kunst, Kultur und Erziehung [...] wieder in jüdische Hand kommen soll.« Lange Zeit fehlte diese Rede in den Akten. Erst in den fünfziger Jahren tauchte eine einzige Durchschrift auf. Gegen die Pogrome in der »Reichskristallnacht« zum 9. November 1938 hatte er noch mündlich bei seinem Vorgesetzten protestiert. Sechs Jahre später machte er aus seinem Judenhaß keinen Hehl. Schon einige außergewöhnliche

»Präsente« an die U-Boot-Kommandanten entlarvten ihn als Mitwisser. Adolf Clasen, Leutnant zur See, sah mit eigenen Augen eine Seemannskiste mit Hunderten von Uhren. »Auf dem zurückgeklappten Deckel der Seekiste stand auf einem kleinen Schild: ›Geschenk des BdU für seine U-Bootfahrer‹. Uns war beklommen zumute, unheimlich, weil wir diese Uhren nicht einordnen konnten. Wir hatten instinktiv das Gefühl, daß diese Masse von Uhren etwas zu tun haben müßte mit Rechtlosigkeit und Gewalt.«

Den Zynismus auf die Spitze trieb Dönitz mit seiner Forderung nach »fanatischem Sterbenkönnen«. Wer das nicht wolle, »müsse verschwinden«. Jeder Soldat habe »an seiner Stelle seine Aufgaben rücksichtslos zu erfüllen [...] und fanatisch hinter dem nationalsozialistischen Staat zu stehen«. Die Wehrmacht müsse »fanatisch an dem Mann hängen, dem sie Treue geschworen hat, denn sonst leidet eine solche Wehrmacht Schiffbruch. [...] Wem sollen wir uns denn mit ganzer Seele hingeben? Das sind letzten Endes die Gründe, die diese Teile des Generalstabs scheitern ließen«, hielt er den Männern des 20. Juli vor und konstatierte wahrheitsgetreu: »Sie haben nicht mit ganzer Seele an dem Führer gehangen.« Noch Jahre später stilisierte er diese Haßrede zum integrativen Akt. Er habe nur deutlich machen wollen, »daß die innere Geschlossenheit des Volkes hinter der Staatsführung nötig gewesen« sei.

Dönitz stand in bedingungsloser Treue zu Hitler, mochte die Lage an den Fronten noch so aussichtslos erscheinen. Als Rüstungsminister Albert Speer im Februar 1945 Dönitz auf die hoffnungslose Gesamtkriegslage aufmerksam machte und ihn aufforderte, die Initiative zu ergreifen, blaffte der zurück: »Ich habe hier nur die Marine zu vertreten, alles andere ist nicht meine Sache. Der Führer wird wissen, was er tut.«

Um Material und Rohstoffe stritt Dönitz noch, als längst nichts mehr zu verteilen war. Dem Kriegsherrn gegenüber wurde er nicht müde, überzogen optimistische Prognosen und Verheißungen zu machen. Selbst als die Reichshauptstadt schon im Trommelfeuer der Roten Armee lag, phantasierte Dönitz von einer möglichen Wende im U-Boot-Krieg, »wenn wir noch im Besitz der Biskaya-Häfen wären«. Solche Schönfärbereien waren ganz nach Hitlers Geschmack. Verbissen klammerten sich beide, Hitler und Dönitz, an jeden Strohhalm, der Rettung versprach.

Im März 1945 entschloß sich Hitler, gegenüber Generälen

324

»Den Führer in Berlin heraushauen...« Dönitz vor Marinesoldaten (1945).

Dönitz hat immer wieder bewiesen, wie schnell er sich auf neue Situationen einstellen konnte, und anschließend hat er sofort eine klare Konzeption dessen entwickelt, was die neue Lage erforderte.

*Horst von Schroeter, U-Boot-Kommandant*

Dönitz war von Hitlers Persönlichkeit stark beeindruckt – er vertraute ihm voll und ganz. Trotzdem sagte er: »Ich bin für die Marine verantwortlich. Da hat mir niemand reinzureden, auch Hitler nicht.« Seine militärische Kompetenz war über jeden Zweifel erhaben. Zudem hatte er einen klaren, für jedermann verständlichen Führungsstil.

*Hans-Rudolf Rösing, Befehlshaber der U-Boote West*

Er war ein guter Organisator, ein guter Truppenführer. Aber nur, um seine Leute in den Tod zu führen. Das darf man nie vergessen. Dönitz war ein Kriegsverbrecher, daran besteht kein Zweifel. Er hatte nur großes Glück – und einen sehr guten Verteidiger.

*Lothar-Günther Buchheim*

Hier und da wird vorgeschlagen, die Führung der Luftwaffe zur Führung der Kriegsmarine auch noch Dönitz zu übertragen. Dönitz wäre kein schlechter Kandidat; jedenfalls würde er den ziemlich desolaten Haufen unserer Luftwaffe wieder mit neuer Moral ausstatten, was meiner Ansicht nach überhaupt die Voraussetzung neuer Erfolge sein würde.

*Goebbels (Tagebuch), 1945*

chronisch mißtrauisch, künftig nur noch Marineoffiziere als Festungskommandanten im Westen einzusetzen, »da schon viele Festungen, aber noch kein Schiff verlorengegangen ist, ohne daß bis zum Letzten gekämpft wurde«. Als im Westen Soldaten schon in Massen desertierten, kämpfte Dönitz' Truppe auf verlorenem Posten unnachgiebig weiter. Der Großadmiral verheizte seine Männer gnadenlos – von der vielbeschworenen Kameradschaft keine Spur. Mit Peitschenknallbefehlen jagte er U-Boote, Schnellboote und sogenannte »Kleinkampfmittel« gegen die Alliierten. Allein im Frühjahr 1945 starben noch fast 5000 deutsche U-Boot-Männer.

Da nun auch die letzten Spritreserven zur Neige gingen, schickte Dönitz seine Seeleute zu Lande in den Krieg. Marineinfanteriedivisionen sollten die Front stabilisieren, doch die verzweifelten Versuche endeten in einem Blutbad. »Wir Soldaten der Kriegsmarine wissen, wie wir zu handeln haben«, predigte Dönitz noch Anfang April 1945. »Unsere militärische Pflicht, die wir unbeirrbar erfüllen, was auch links und rechts und um uns herum geschehen mag, läßt uns wie ein Fels des Widerstandes kühn, hart und treu stehen.«

Nur wenigen vertraute Hitler in der Endphase so wie dem getreuen Dönitz. Überall sah der Diktator Verrat. Er geißelte Görings Unfähigkeit, Himmlers Friedensbereitschaft, Keitels Versagen. Den Marinechef aber pflegte er selbst in größter Raserei korrekt mit »Herr Großadmiral« anzusprechen. Dönitz revanchierte sich mit Ergebenheitsadressen. »Spätestens in einem, vielleicht noch in diesem Jahr, wird Europa erkennen, daß Adolf Hitler in Europa der einzige Politiker von Format ist«, tönte er Mitte April. »All die negative Grübelei ist unfruchtbar und sachlich unrichtig. Da sie aus Schwäche geboren ist, kann es auch nicht anders sein, denn Feigheit und Schwäche machen dumm und blind.« Diese Nibelungentreue zum »Führer« bedeutete das Todesurteil für viele seiner Männer. Einen November 1918, hatte auch er sich geschworen, dürfe es nie wieder geben. Dessen eingedenk befahl er nun: »Die Ehre unserer Flagge ist uns heilig. Niemand denkt daran, sein Schiff zu übergeben. Lieber in Ehren untergehen.« Selbst Fememorde Deutscher an Deutschen fanden in dieser Untergangsapokalypse seine »volle Anerkennung«. Als ihm zu Ohren kam, daß in einem australischen Gefangenencamp der Lagerälteste kommunistische Kameraden hatte erschießen lassen, versprach er, den Verantwortlichen »mit

326

allen Mitteln« zu fördern, so wie Hitler ihn, Karl Dönitz, gefördert hatte.

Während sich Stalins Truppen unaufhaltsam der Reichskanzlei näherten, schickte Hitler Dönitz in den Norden des zerfallenen Reiches. Am 19. April 1945 verließ der Großadmiral sein Hauptquartier »Koralle« und siedelte um nach Plön in Holstein. Hier sollte Dönitz die Stellung halten, hier arbeitete der Marinestab schon seit März in einem sicheren Gefechtsstand. Zuvor aber hatte Dönitz noch eine kurze Visite im Bunker unter der Reichskanzlei zu absolvieren. Am 20. April 1945, »Führers« letztem Geburtstag, hatte Hitler, der »geschlagene und gebrochene Mann«, wie ihn Dönitz-Adjutant Walter Lüdde-Neurath beschrieb, ein kurzes Gespräch mit dem Großadmiral. Dann verabschiedete sich Dönitz, um sich auf den Weg zu seinem neuen Kommando zu machen. Hitler rechnete damit, daß der Süden des zweigeteilten Deutschland aus dem Alpenraum befehligt werden würde. Dönitz sollte den Norden halten. Am nächsten Tag sahen sich Herr und Helfer zum letztenmal. Dönitz verließ Berlin.

Allen Einflüsterungen, im Westen einen separaten Frieden auszuhandeln, erteilte Hitlers Statthalter im Norden eine kategorische Abfuhr. Der Oberbefehl lag schließlich in Hitlers Händen, und der klammerte sich weiter an den Krieg. Dabei war sich Dönitz durchaus bewußt, daß die Alliierten nur die vollständige Unterwerfung Deutschlands akzeptieren würden. Seine Meinung hieß: »Da die Kapitulation ohnehin die Vernichtung der Substanz des deutschen Volkes bedeuten muß, ist es auch aus diesem Gesichtspunkt richtig, weiterzukämpfen.«

Erst als Dönitz am 27. April dem Kriegstagebuch des Oberkommandos der Wehrmacht entnahm, daß das »Ende der Schlacht um die Reichshauptstadt« unmittelbar bevorstand, sah auch er ein, daß es nichts mehr zu gewinnen gab. Seiner Nibelungentreue tat dies keinen Abbruch. Notfalls wollte er durch seinen Selbstmord beweisen, daß die Marine nicht wieder einen »Dolchstoß« führte. Und er verstieg sich in der Ansicht, nur ein ehrenvoller Tod des Befehlshabers könne »jeden Makel von der Flagge« fernhalten.

Die Inszenierung fiel aus. Am 30. April 1945 erreichte ihn um 19.30 Uhr das wohl wichtigste Telegramm seiner Karriere. Der Absender: Reichskanzlei Berlin, Martin Bormann. Der Inhalt: eine überraschende Nachricht. »Anstelle des bisherigen Reichsmarschalls Göring setzt der Führer Sie, Herr Großadmiral, als seinen Nachfolger ein«, kabelte Hitlers »Sekretär«, ohne den Selbstmord des »Führers« zu erwähnen. Und weiter: »Um dem deutschen Volk eine aus ehrenhaften Männern zusammengesetzte Regierung zu geben, die die Verpflichtung erfüllt, den Krieg mit allen Mitteln weiter fortzusetzen, ernenne ich als Führer der Nation folgende Mitglieder des Kabinetts: Reichspräsident Dönitz, [...]«

Noch wußte Dönitz nicht, daß Hitler nicht mehr lebte. Ergeben ließ er nach Berlin kabeln: »Mein Führer, meine Treue zu Ihnen wird unabdingbar sein. Ich werde daher weiter alle Versuche unternehmen, um Sie in Berlin zu entsetzen.« Umgehend löste Dönitz sein Versprechen ein und hetzte junge Marinesoldaten in die eingekesselte Hauptstadt, wo sie Hitler befreien sollten. Die meisten bezahlten diese Wahnsinnsaktion mit ihrem Leben. Was Dönitz für »Heldenpflicht« hielt, erkannten die Betroffenen als Himmelfahrtskommando. »Wir wußten ja, wo die Front war«, schilderte Gerhard Jakob, einer der Matrosen, die allgemeine Stimmung. »Zu gewinnen war da nichts mehr. Man machte sich seine Gedanken, warum wir als Marinesoldaten nun noch nach Berlin müssen. Aber Befehl ist Befehl, und als wir hörten, das kommt von Dönitz, haben wir ihn ausgeführt. Das war für uns heilig.«

Der 1. Mai brachte Dönitz die Gewißheit: Hitler war tot. Jetzt war er der Nachfolger, und er stand vor seiner letzten Bewährungsprobe. Der Admiral blieb sich treu und machte weiter wie bisher – mit Lobeshymnen auf den toten Tyrannen, der einen strahlenden Heldentod gestorben sei. Kein Wort von Selbstmord. Noch am selben Tag erfuhr die Bevölkerung, daß »der Führer mich zu seinem Nachfolger bestimmt« hat. Die Gefolgschaft der verbliebenen Hitlergetreuen war ihm damit gewiß. Der SS, den Soldaten und Gauleitern schärfte er ein: »Der dem Führer von euch geleistete Treueeid gilt nunmehr mir als dem vom Führer eingesetzten Nachfolger.« Als britische Panzer in Holstein eindrangen, verlegte Dönitz das deutsche Hauptquartier von Plön nach Flensburg in die Marineschule in Mürwik. Es war der Ort, an dem alles einst begonnen hatte.

Gewissenhaft machte sich Dönitz an die Abwicklung des »Tausendjährigen Reiches«, das in Trümmern lag und so zerstört war wie seine Menschen. »Alle militärischen und politischen Maßnahmen haben der Erhaltung des Volkstums zu dienen«, schrieb er in sein Tagebuch. Sein erklärtes Ziel hieß nun, »in den

Räumen im Westen, wo durch eine Befriedung die Volkssubstanz nicht vernichtet werden würde, so schnell wie möglich zu einer partiellen Einstellung des Kampfes zu kommen«. Dönitz wollte im Osten weiterkämpfen, um möglichst viele Deutsche vor der russischen Gefangenschaft zu retten. Mehr als tausend Schiffe, vom Fischkutter bis zum Ozeanriesen, sollten die Flüchtlinge über die Ostsee evakuieren. »Meine erste Aufgabe ist es, deutsche Menschen vor der Vernichtung durch den vordrängenden bolschewistischen Feind zu retten.« – »Nur für diesen Zweck«, hieß es im Tagesbefehl vom 1. Mai 1945, »geht der militärische Kampf weiter.« – »Wer garantiert dafür«, fragte er seinen Adjutanten Lüdde-Neurath, »daß in hundert Jahren noch ein deutsches Volk existiert? Daß nicht ganze Schichten vernichtet und verpflanzt sind, daß nicht durch planvolle Zersetzung und Überwucherung ein internationales proletarisches Gemisch entsteht, das die Bezeichnung ›deutsch‹ nicht mehr verdient?«

Die Westmächte, wußte Dönitz, behandelten Kriegsgefangene nach internationalen Richtlinien. Seinem Nachfolger als Oberbefehlshaber der Kriegsmarine, Generaladmiral Hans Georg von Friedeburg, erteilte er daher die Order, zwecks Zeitgewinn die teilweise Kapitulation in Holland, Dänemark und Nordwestdeutschland zu akzeptieren. In der Lüneburger Heide ließ sich Feldmarschall Montgomery auf Dönitz' Taktik ein und akzeptierte eine Teilkapitulation. Dönitz' Kalkül ging auf: Über zwei Millionen Flüchtlinge gelangten letzten Endes in den Westen. Doch während er die einen rettete, richtete er andere. In der Nacht zum 6. Mai wurden auf der Reede von Sonderburg elf junge Matrosen standrechtlich wegen »militärischen Aufruhrs« erschossen, weil sie ihre Offiziere festgesetzt und sich auf den Heimweg gemacht hatten. Noch am 5. Mai 1945 verkündeten deutsche Militärgerichte Todesurteile gegen lettische Hilfswillige. Die Verantwortung dafür trug Karl Dönitz.

Nach dem Krieg bezeichnete Dönitz die Strategie, die Kapitulation zugunsten der Rettung von Flüchtlingen zu verzögern, als eigentlichen »Sinn des Führerauftrags«. Hitler sei nur nicht dazu gekommen, die Kampfhandlungen einzustellen, und »gab daher durch seinen Heldentod in Berlin den Weg zu einem solchen Schritt frei«: Kaum schwiegen die Waffen, schon strickte Dönitz an der absurden Legende vom friedliebenden Hitler.

Am 4. Mai 1945 um 15.14 Uhr erging an die U-Boot-Kommandanten der Befehl, die Waffen zu strecken. »Meine U-Boots-

329

Männer!« schrieb Dönitz. »Sechs Jahre U-Boot-Krieg liegen hinter uns. Ihr habt gekämpft wie die Löwen. [...] U-Boots-Männer! Ungebrochen und makellos legt ihr nach einem Heldenkampf ohnegleichen die Waffen nieder. Wir gedenken in Ehrfurcht unserer gefallenen Kameraden, die ihre Treue zu Führer und Vaterland mit dem Tode besiegelt haben. [...] Es lebe Deutschland. Euer Großadmiral.« In der Nacht zum 5. Mai vernichteten viele Besatzungen ihre Boote. Dönitz hatte die Zerstörung ausdrücklich verboten. Die Kommandanten aber, erinnerte sich Graf Schwerin von Krosigk, Mitglied im »Kabinett Dönitz«, »glaubten, so dem wahren Willen ihres Admirals zu entsprechen«.

Der Kampf war zu Ende. Jetzt galt es, Spuren zu verwischen. Viele SS-Offiziere tauchten in der Marine unter. Auch der einstige Lagerkommandant von Auschwitz, Rudolf Höß, wurde gedeckt. Weniger Gnade ließ Dönitz bei Kameraden walten, die im Verdacht der Desertion standen. Als Asmus Jepsen, Kapitänleutnant zur See, vom Waffenstillstand hörte, machte er sich eigenmächtig auf den Heimweg. Dönitz ließ Unrecht vor Gnade gelten. Die Salven der Hinrichtung waren auch in seinem Amtszimmer zu hören. Er könne doch, meinte er, keine »zwei Moralen« haben.

Der Nachlaßverwalter blieb auf Kurs. Kein Einsehen leitete ihn, nur das zwanghafte Gefühl, weiter seine Pflicht tun zu müssen. Er verstand sich als »Wächter« des »Schönsten und Besten, was uns der Nationalsozialismus gegeben hat«. Und fast schien es so, als wäre das »Dritte Reich« für ihn noch lange nicht Vergangenheit, sondern die Basis für den Aufbruch in eine strahlende Zukunft. Für das »wichtigste« hielt er nach wie vor »die Geschlossenheit unserer Volksgemeinschaft«. Sie wollte Dönitz »unter allen Umständen« bewahren. Kein Wort von Reue, Trauer oder Mitgefühl aus seinem Mund ist bezeugt. Berichte über Konzentrationslager bezeichnete er als »weitgehend übertrieben und Propaganda«. Später sprach er von »Einzeltätern«, die vor ein deutsches Gericht gehörten, aber für die Überlebenden der KZ-Höllen fand er noch Jahre später nur Worte voller Haß: »KZ-Häftlinge, die zum größten Teil aus Verbrechern und Deserteuren bestehen, müssen zwangsweise von den guten Menschen eingekleidet werden, die bei der allgemeinen Not selbst nichts haben, und diese asozialen Elemente regieren nun die Straße.« Dönitz hatte nichts dazugelernt.

*»Auf dem besten Weg, uns lächerlich zu machen...« Dönitz als Nachlaßverwalter Hitlers (Mai 1945).*

Unser Führer, Adolf Hitler, ist gefallen. In tiefster Trauer und Ehrfurcht verneigt sich das deutsche Volk. Frühzeitig hatte er die furchtbare Gefahr des Bolschewismus erkannt und diesem Ringen sein Dasein geweiht. Am Ende dieses seines Kampfes und seines unbeirrbaren, geraden Lebensweges steht sein Heldentod in der Hauptstadt des Deutschen Reiches. Sein Leben war ein einziger Dienst für Deutschland. Sein Einsatz im Kampf gegen die bolschewistische Sturmflut galt darüber hinaus Europa und der gesamten Kulturwelt. Der Führer hat mich zu seinem Nachfolger bestimmt. Im Bewußtsein der Verantwortung übernehme ich die Führung des deutschen Volkes in dieser schicksalsschweren Stunde.

*Dönitz' Rundfunkansprache, 1. Mai 1945*

Der zweite Akt des Untergangs hatte als Schauplatz Reims. General Alfred Jodl hatte von Dönitz die Order, die bedingungslose Kapitulation an allen Fronten zu verhindern und die Alliierten hinzuhalten. Dönitz' Plan sah vor: im Westen Kapitulation – im Osten weiter Widerstand. Diesmal aber spielten die Sieger nicht mit. Jodl blieb keineWahl: Nach Rücksprache mit Dönitz mußte er die totale Kapitulation an allen Fronten akzeptieren. Noch einmal wandte sich Dönitz über Rundfunk an die Bevölkerung: »Deutsche Männer und Frauen! Die Grundlagen, auf denen das Deutsche Reich sich aufbaute, sind zerborsten. Wir haben alle einen schweren Weg vor uns. Ich will auf diesem dornenreichen Weg nicht hinter euch zurückbleiben. Gebietet mir die Pflicht, in meinem Amt zu bleiben, dann werde ich versuchen, euch zu helfen soweit ich irgend kann. Gebietet mir die Pflicht zu gehen, so soll auch dieser Schritt ein Dienst an Volk und Reich sein.« Derweil kapitulierten Dönitz' letzte U-Boote in Englands Hauptstadt.

Er übte sich in Pflichterfüllung. An Deutschlands politischem System wollte er nichts ändern. Mit Leidenschaft agitierte er gegen den »Wahnsinn der Parteien«. Demokratie blieb ihm fremd. Noch immer träumte er vom »völkischen Staat«, und es überraschte keineswegs, daß sein Kabinett vor strammen Nationalsozialisten nur so strotzte. In den Schulräumen der Marineschule Mürwik spielte eine ohnmächtige Runde »Regierung«. Es war ein absurdes letztes Staatstheater.

Täglich, pünktlich um zehn Uhr, eröffnete Dönitz die Kabinettssitzungen. Albert Speer, nun »Produktionsminister«, erinnerte sich später an ein Possenspiel, das der »Staatschef« als Regierungsarbeit verstand: »Wir verfaßten Denkschriften ins Leere, versuchten unserer Unwichtigkeit durch eine Scheintätigkeit entgegenzuwirken. Wir waren auf dem besten Weg, uns lächerlich zu machen, oder vielmehr, wir waren es schon.« Die Westalliierten straften Dönitz mit Nichtbeachtung. Churchill sah im Nachlaßverwalter bestenfalls den »Stock«, mit dem man den »Ameisenhaufen« Deutschland dirigieren konnte. Mehr als Liquidation des Krieges gestanden die Sieger dem »Staatsmann« in Flensburg nicht zu.

Erst am 23. Mai 1945 setzten sie dem Spuk ein Ende. Zwei Wochen nach der Kapitulation mußten Hitlers Epigonen endgültig abtreten. »Hände hoch« und »Hosen runter« brüllten britische Soldaten, als sie die Marineschule stürmten. Nach einer

*»Heute starb das Dritte Reich...« Dönitz bei seiner Verhaftung am 23. Mai 1945.*

In dieser Nacht sprangen wir aus dem Fenster und liefen über die Felder davon. Wir wollten den Großadmiral seinen Krieg allein zu Ende führen lassen. Wir kamen durch Dörfer, in denen Deserteure an den Bäumen hingen. Die Bauern warnten uns vor den Jagdkommandos der Marine: »Die sind schlimmer als die SS, die legen euch um, ohne zu fragen.«

*Heinrich Jaenicke, U-Boot-Matrose, über das Kriegsende 1945*

Dönitz war ein eiskalter Mensch, der aber als ranghöchster Offizier selbst nicht den Mut fand, Hitler seine Meinung zu sagen.

*Hans Lautenbach, Sanitätsoffizier*

peinlich genauen Leibesvisitation wurden rund 300 »Kabinetts-mitglieder«, Stabsoffiziere und Verwaltungsbeamte vor laufen-den Wochenschaukameras abgeführt. Dönitz nahm seine Ver-haftung gelassen hin. »Der Admiral hielt sich mit großer Würde«, beobachtete ein britischer Offizier. Die *New York Times* kommentierte: »Heute starb das Dritte Reich.«

Ein amerikanisches Armeeflugzeug brachte Dönitz zur Inter-nierung ins luxemburgische Monheim, wo er im »Lager Abfall-eimer«, so der amerikanische Jargon, 50 andere Helfer Hitlers traf. Dönitz wußte, was ihn erwartete. Die Alliierten waren fest entschlossen, die Verantwortlichen für die Verbrechen des NS-Regimes vor ein Tribunal zu stellen.

Im Herbst 1945 war es soweit. Prozeßort war Nürnberg, einst Symbol und Tribüne nationalsozialistischer Selbstdarstellung. Dönitz in Zivil war »beim besten Willen nicht von einem Verkäu-fer in einem Krämerladen zu unterscheiden«, wie ein amerikani-scher Reporter notierte. In der Verhandlung zeigte sich schon bald, daß der Admiral in dem Prozeß die »Fortsetzung des Krie-ges mit anderen Mitteln« sah. Er machte keinen Hehl daraus, sich als Opfer einer »Siegerjustiz« darzustellen. Für ihn bestand kein Zweifel daran, daß in der Schublade der Richter schon die fertigen Todesurteile gegen alle Angeklagten lagen.

»Wie kann man mich beschuldigen, solche Dinge zu wissen?« protestierte er am zweiten Verhandlungstag, als die Anklage einen Film über die Greuel in den Konzentrationslagern vorge-führt hatte. »Man fragt mich, warum ich nicht zu Himmler gegan-gen sei, um mich über die Konzentrationslager zu informieren. Aber das ist doch albern! Der hätte mich rausgeschmissen, ge-nauso wie ich ihn rausgeschmissen hätte, wenn er angekommen wäre, um die Marine zu untersuchen! Was in Gottes Namen hatte ich mit diesen Dingen zu tun? Nur durch Zufall bin ich so hoch aufgestiegen, und mit der Partei hatte ich nie das geringste zu tun.«

Von Prozeßbeginn an spielte Dönitz das Unschuldslamm. »Keiner dieser Anklagepunkte betrifft mich im geringsten – typisch amerikanischer Humor«, kommentierte er mit einer No-tiz die Anklageschrift, die sich in drei Hauptpunkte gliederte: »1. Verschwörung zur Führung eines Angriffskrieges, 2. Führung eines Angriffskrieges, 3. Kriegsverbrechen«. Verbrechen gegen die Menschlichkeit erkannten die Ankläger im Falle Dönitz hin-gegen nicht, denn viele der Dokumente, die ihn heute belasten, waren dem Gericht schlichtweg nicht bekannt. Dönitz hatte so gesehen tatsächlich Glück. Seine haßerfüllte Rede vor den Flaggoffizieren nach dem Attentat auf Hitler lag nicht vor, und so wußten die Richter auch nicht, daß der Angeklagte lieber »Erde fressen« wollte, als daß seine Enkel im »jüdischen Geist und Schmutz erzogen würden und vergiftet werden«. So blieb Dönitz der schwerwiegendste Anklagepunkt erspart, und es stellte sich zudem heraus, daß Hitlers Nachfolger auch bei der Wahl seines Verteidigers Glück hatte. Mit Flottenrichter Otto Kranzbühler stand ihm ein fähiger Verteidiger zur Seite, der zudem von der Unschuld seines Mandanten zutiefst überzeugt war. »Die Strategie ging ganz eindeutig dahin«, erklärte Kranzbühler später, »Dönitz nur als verantwortlich zu zeichnen für seinen militärischen Befehlsbereich und nachzuweisen, daß er nichts anderes gemacht hatte als das, was unter den damaligen seekriegsrechtlichen Grundsätzen erlaubt war.«

Am 8. Mai 1946, dem Jahrestag der Kapitulation, rief das Militärtribunal Dönitz zum erstenmal in den Zeugenstand. Auf die Frage, wann seine politische Tätigkeit begonnen hatte, antwortete Dönitz trotzig: »Am 1. Mai 1945 – vorher nicht!« Der angeblich so »unpolitische Soldat« beharrte darauf, einzig den Befehlen seiner Vorgesetzten gefolgt zu sein, und tatsächlich zahlte es sich nun für ihn aus, daß er seinen U-Boot-Leuten stets Korpsgeist eingetrichtert hatte. Bis auf den Kronzeugen der britischen Anklage, Karl-Heinz Möhle, bis Kriegsende Chef der 5. U-Boot-Flottille in Kiel, konnte sich kein Zeuge an irgendeinen kriminellen Befehl des Angeklagten erinnern. Selbst Kommandant Eck, der später wegen Kriegsverbrechen hingerichtet wurde, schwieg eisern zu Dönitz' Gunsten, sogar im Angesicht des Erschießungspelotons. Dönitz zählte, so der Militärhistoriker Professor Michael Salewski, zu den »ganz wenigen Feldherrenpersönlichkeiten, die auch in der Niederlage, einer totalen und blutigen Niederlage, das Vertrauen derer behielten, die er in den sicheren Tod geschickt hatte«.

Führte er einen Angriffskrieg? Nur seine Waffengattung, sagte er, habe ihn interessiert. Hitler habe von ihm nichts verlangt, was gegen das Seekriegsrecht verstoßen hätte. »Deshalb glaube ich fest daran, daß ich die Marine in jeder Beziehung hinab bis zum letzten Mann saubergehalten habe, bis zum Ende.« Als schließlich die Ankläger versuchten, den kriminellen Charakter seiner U-Boot-Kriegsführung nachzuweisen, ging

335

*»Wegen dir elf Jahre verloren...« Dönitz nach seiner Verhaftung mit Speer und Jodl am 23. Mai 1945.*

Deinetwegen habe ich diese elf Jahre verloren. Du bist schuld an allem! Daß man mich wie einen gemeinen Verbrecher verurteilt hat. Was hatte ich mit der Politik zu tun? Wenn du nicht gewesen wärest, Hitler wäre nie auf den Gedanken gekommen, mich zum Staatsoberhaupt zu machen. Alle meine Männer haben wieder ein Kommando. Aber sieh mich an! Wie ein Verbrecher. Meine Karriere ist zerstört.

*Dönitz zu Speer in Spandau, 1956*

Du und die anderen hier, endlos habt ihr von Ehre geredet. Jedes zweite Wort von dir oder Schirach ist Würde, Haltung. Millionen von Menschen hat dieser Krieg getötet. Weitere Millionen sind von jenen Verbrechern in den Lagern ermordet worden. Alle von uns hier waren Teil des Regimes. Aber deine zehn Jahre hier beunruhigen dich mehr als die fünfzig Millionen Toten. Und deine letzten Worte hier in Spandau lauten – deine Karriere!

*Speer zu Dönitz in Spandau, 1956*

Der kleine Schwächling! Das kleine Unschuldslamm – er hatte gar nichts mit der Partei zu tun! Mein Gott, wenn der mit dem Nationalsozialismus nicht einverstanden gewesen wäre, hätte er sich nicht eine Minute länger gehalten.

*Göring über Dönitz während des Nürnberger Prozesses*

Dönitz in die Gegenoffensive: Angriffe auf neutrale Schiffe, die sich durch Funkmeldung zu Kombattanten der Kriegsschiffe gemacht hätten, seien auch vom Feind entsprechend behandelt worden. Ausgerechnet der Befehlshaber der US-Navcy, Flottenadmiral Chester Niemitz, bestätigte dies. Schriftlich gab er zu Protokoll, unmittelbar nach Kriegsausbruch im Pazifik im Dezember 1941 den »uneingeschränkten U-Boot-Krieg« befohlen zu haben. Auch amerikanische U-Boote hätten Schiffsbrüchigen aus feindlichen Ländern nur in Ausnahmefällen Hilfe geleistet. Einen kurzen Moment lang war Dönitz außer sich vor Freude. »Das ist ein ganz großartiges Dokument!« jubelte er tags darauf beim Mittagessen.

Ansonsten bot sein Auftreten inner- und außerhalb des Gerichtssaals wenig Überraschendes. Seine Hetzreden versuchte er mit der angeblichen Notwendigkeit zu rechtfertigen, die Moral von Bevölkerung und Truppe zu stärken. Worte des Bedauerns lagen ihm fern. Von der Zwangsarbeit auf den U-Boot-Werften wollte Dönitz nichts gewußt haben. Er habe doch selbst 12 000 KZ-Arbeiter angefordert, belehrte ihn der britische Ankläger Sir Maxwell Fyve. Die Anforderung, erwiderte Dönitz, erfolgte »mit der klaren Begründung, daß diese Beschäftigung bei sehr guter Verpflegung sehr gern gemacht« werden würde.

Was er in seiner Rede am Heldengedenktag im März 1944 mit »Ausbreitung des Giftes des Judentums« gemeint hatte, fragte Fyve.

»Ich konnte mir vorstellen, daß es für die Bevölkerung in den Städten sehr schwer sein mußte, unter der schweren Belastung der Bombenangriffe standzuhalten, wenn man zuließ, daß ein solcher Einfluß sich auswirkte.«

»Was meinten Sie mit ›Ausbreitung des Judentums‹?«

»Es bedeutet, daß es eine zersetzende Wirkung auf das Durchhaltevermögen des Volkes haben könnte, und in diesem Kampf unseres Vaterlandes um Leben und Tod war ich als Soldat ganz besonders besorgt in dieser Hinsicht.«

Warum er als Oberbefehlshaber 600 000 bis 700 000 Mann indoktriniert habe, insistierte Fyve, Juden seien ein sich ausbreitendes Gift.

»Diese Äußerung [...] zeigt, daß ich damals der Meinung war, daß die Standhaftigkeit, die Kraft des Volkes, durchzuhalten, so wie es nun einmal zusammengesetzt war, besser aufrechterhalten werden konnte, als wenn jüdische Elemente in der Nation vorhanden wären.«

»Wollen Sie hier behaupten, daß Sie nichts von den Maßnahmen und der Absicht gewußt haben, die Juden zu beseitigen und sie auszurotten?«

»Ja, natürlich sage ich das. Ich habe davon nichts gewußt, und wenn damals eine solche Äußerung gefallen ist, so stellt das keinen Beweis dar, daß ich eine Ahnung von irgendwelchen Morden an Juden gehabt habe. Das war im Jahre 1944. [...] Keiner von meinen Männern hat je daran gedacht, Gewalt gegen Juden anzuwenden, und niemand darf das aus diesem Satz schließen.«

Es waren die Worte eines Unbelehrbaren. Nur bei den Mitangeklagten stieß solcher Starrsinn auf Sympathie. »Ah, jetzt fühle ich mich großartig, zum erstenmal in drei Wochen«, tönte Göring. »Jetzt hören wir endlich einmal einen anständigen deutschen Soldaten. Das gibt mir neue Kraft. Jetzt bin ich bereit, mir wieder ein bißchen Verrat anzuhören.« Göring meinte Speer.

Es war zu erwarten, daß auch das Schlußplädoyer von Dönitz vor Selbstgerechtigkeit nur so strotzte. Tatsächlich verkündete er, er habe sich nichts vorzuwerfen. Ganz der »unpolitische Soldat«, klangen seine Schlußworte wie ein nüchterner Militärrapport: »Mein Leben war meinem Beruf geweiht und damit dem Dienst am deutschen Volk. Als letzter Oberbefehlshaber der deutschen Kriegsmarine und als letztes Staatsoberhaupt trage ich dem deutschen Volk gegenüber Verantwortung für alles, was ich getan und unterlassen habe.«

Ein Monat quälender Wartezeit verstrich, bis das Urteil über Hitlers Nachlaßverwalter gesprochen wurde. »Aus dem vorliegenden Material geht nicht hervor«, führte der Richter aus, »daß er Mitwisser oder Beteiligter war bei der ›Verschwörung zur Führung eines Angriffskrieges‹.« Im gnadenlosen deutschen U-Boot-Krieg erkannte das Militärtribunal keine gesetzeswidrige Verfehlung, verurteilte aber sein ausdrückliches Verbot, wie im Fall *Laconia* Schiffbrüchigen Hilfe zu leisten. »Die Befehle waren zweifellos zweideutig und verdienen stärkste Kritik.«

Auf das Urteil – zehn Jahre Haft – reagierte Dönitz empört. Er schleuderte den Kopfhörer von sich, ballte die Fäuste und stapfte zornig aus dem Gerichtssaal. Dabei hatte das Gericht seinen Fall noch vergleichsweise milde beurteilt. Abgesehen von drei Freisprüchen zählte Dönitz' Strafmaß zu den geringsten.

Nicht zuletzt deshalb war das Urteil nicht unumstritten. Der
britische und der sowjetische Richter hatten Dönitz' Kopf gefordert, während US-Richter Biddle auf Freispruch plädierte. Erst
nach zähem Ringen einigte sich das Tribunal auf einen gemeinsamen Spruch. Zehn Jahre Haft – das erachteten viele Prozeßbe-
obachter als einen faulen Kompromiß, doch für Anwalt Kranzbühler war es ein Urteil trotz »erwiesener Unschuld«. Auch
Dönitz wollte sich damit nicht abfinden. »Ich werde das Urteil
niemals als gerecht und international vernünftig anerkennen.«
Zwei Wochen nach dem Richterspruch von Nürnberg betraten
Dönitz und sechs weitere Hauptkriegsverbrecher ihre Zellen im
Militärgefängnis Berlin-Spandau. »Er trug einen lilafarbenen
Gefängnisanzug mit der Zwei«, erinnerte sich Dönitz' Enkel
Klaus Hessler. Die Reihenfolge der Aufnahme ergab die künf-
tige Häftlingsnummer. Der Nachfolger Hitlers wurde sinniger-
weise zum Häftling »Nummer zwei«.
Seine Haft empfand er als Schmach. Wie jeder Häftling mußte
auch der einstige Marinechef sein tägliches Arbeitssoll ableisten.
In der Freizeit las »Nummer zwei« Bücher in rauhen Mengen.
Werke von Schopenhauer zum Beispiel oder über die Geheimnisse der Ornithologie. Besuch empfing er selten, häufige Fami-
lienkontakte waren verboten. Klaus Hessler, der seinen Großvater in Spandau zum erstenmal bewußt erlebte, erinnerte sich
an eine trotz scharfer Kontrollen und kurzer Besuchszeiten eher
»warmherzige Atmosphäre«: »Gitter trennten uns, und man
durfte sich nicht berühren. Da forderte er mich auf, auf den Stuhl
zu steigen, um zu sehen, wie groß ich bin.«
Ungeduldig erwartete Dönitz den Moment, da sich das Ge-
fängnistor für ihn wieder öffnete. Allen Ernstes ging er davon
aus, im Militär erneut Fuß fassen zu können. Er müsse nur
durchhalten. Mit den Jahren würde schon Gras über die Vergangenheit wachsen, und schließlich waren da ja auch noch seine
Anhänger und Kameraden, die, während er in Haft saß, eifrig an
der Legende vom »anständigen Offizier« strickten – ein Etikett,
das Anwalt Kranzbühler seinem Mandanten schon in Nürnberg
angeheftet hatte. Dönitz blieb dabei, stets nur seine Pflicht getan
zu haben, und er haderte bis zur Freilassung mit seinem Schicksal. Mithäftling Albert Speer, mit dem er bis Kriegsende eng
zusammengearbeitet und den er in sein »Kabinett« berufen
hatte, soll er am 30. September 1956 vor seiner Entlassung ange-
faucht haben: »Deinetwegen habe ich diese elf Jahre verloren.

339

*»Ich müßte das genauso wieder tun...« Dönitz in seiner Zelle während des Nürnberger Prozesses.*

Ich glaube bis heute, daß mein Großvater eine Bewältigung seiner Beziehung zur Person Hitler nicht geschafft hat. Das, was er geschrieben hat, richtete sich letztlich gegen das Führerprinzip, gegen einen totalitären Führer. Es ist aber nichts, woraus ich ersehen könnte, daß er sein Verhältnis zu Hitler verarbeitet hätte.

*Klaus Hessler, Dönitz' Enkel*

Sein Leben war gegründet auf die Tugenden des zu Unrecht soviel geschmähten kaiserlichen Seeoffizierskorps: Ehrenhaftigkeit, aufopfernde Hingabe an die Aufgabe, Vaterlandsliebe und unwandelbare Treue zur Staatsführung.

*Aus Konteradmiral Eduard Wegeners Trauerrede für Dönitz, 1981*

Da war es, das Wort, das alles entschuldigt. Die Lautsprecher trompeteten es über den weiten Friedhof: Treue, die große deutsche Lüge, der Generalpardon für alle Blindheit, Feigheit, Verantwortungslosigkeit.

*Heinrich Jaenicke, U-Boot-Matrose, über Dönitz' Begräbnis*

Du bist schuld an allem! Daß man mich wie einen gemeinen Verbrecher verurteilt hat. Was hatte ich mit der Politik zu tun? Wenn du nicht gewesen wärst, Hitler wäre nie auf den Gedanken gekommen, mich zum Staatsoberhaupt zu machen. Alle meine Männer haben wieder ein Kommando. Aber sieh mich an: wie ein Verbrecher. Meine Karriere ist zerstört.«

Nach eigenem Bekunden erwiderte Speer: »Du und die anderen hier, endlos habt ihr von Ehre geredet. Jedes zweite Wort von dir oder Schirach ist Würde, Haltung. Millionen von Menschen hat dieser Krieg zerstört. Weitere Millionen sind von jenen Verbrechern in den Lagern ermordet worden. Alle von uns hier waren Teil des Regimes. Aber deine zehn Jahre hier beunruhigen dich mehr als die fünfzig Millionen Toten. Und deine letzten Worte hier in Spandau lauten – deine Karriere!« Se non e vero, e bene trovato.

Auf Tag und Stunde genau saß Dönitz zehn Jahre in alliierter Haft. Am 1. Oktober 1956, als die Gefängnisglocke Mitternacht schlug, stand er ein letztes Mal dem russischen Gefängnisdirektor von Spandau gegenüber. »Unterschreiben Sie hier, Nummer zwei.« Der Sträfling gehorchte. »Damit ist das also zu Ende, Admiral Dönitz.«

Wieder auf freiem Fuß, machte sich Dönitz sogleich ans Werk, sich ein Denkmal für die Nachwelt zu setzen. Was seine Sympathisanten an Imagewerbung für den »zu Unrecht Verurteilten« zu leisten versucht hatten, setzte er nun fort. Dönitz schrieb seine Memoiren – das trügerische Selbstbildnis eines »unpolitischen Soldaten«. Schon der Titel *»Zehn Jahre und zwanzig Tage«* machte deutlich, worauf der Autor abzielte. Noch einmal sang er die Leier vom gehorsamen Soldaten, der mit Politik und Ideologie nichts im Sinn gehabt hatte. »Sein Buch ist das Produkt einer gedanklichen Arbeit, die mir immer sehr blaß, sehr papieren, sehr erarbeitet erschien«, urteilte Dönitz' Enkel über die Memoiren seines Großvaters. »Ich glaube, daß er den Schlußstrich, die wirkliche Bewältigung seiner Beziehung zu Hitler nicht geschafft hat.« Nie mehr ließ ihn die Vergangenheit los. Am wohlsten fühlte sich der Greis unter alten Kameraden, die ihn noch immer ehrfürchtig als »Großadmiral« ansprachen.

Nach dem Tode seiner Frau Ingeborg lebte Dönitz zurückgezogen in seinem Haus in Aumühle im Sachsenwald bei Hamburg. Doch er wurde nicht vergessen. Weggefährten halfen, wo immer sie konnten. Der politische Nachfolger des Verbrechers Hitler konnte sich nicht beklagen, und es verwundert doch ein wenig, daß Dönitz im Greisenalter dem demokratischen Nachkriegsdeutschland, wenn auch einige wenige, positive Seiten abgewinnen konnte und er unter der Flagge der Bundesrepublik zu Grabe getragen werden wollte. Was ihm die neue Zeit aber vorenthielt, war das Idol eines starken Mannes, eine Obrigkeit, der er sich restlos unterordnen mochte. Dafür suchte Dönitz Halt im Glauben. »Christus«, vertraute er dem Gemeindepfarrer an, »ist der einzige, an den ich mich letzten Endes halten kann.«

An Heiligabend des Jahres 1980 starb Karl Dönitz in seiner Wohnung in Aumühle an Altersschwäche. Kurz vor seinem Tode sagte er: »Meine Position wäre ganz anders, wenn ich nicht als der politische Nachfolger Hitlers gelten würde. Aber niemand fragt heute: Was wäre geworden, wenn etwa Himmler an meiner Stelle die letzten Tage des Reiches bestimmt hätte? Ich habe damals das Menschenmögliche getan in einer chaotischen Zeit.«

Fast hörte es sich an, als würde Dönitz seine Aussage von Nürnberg wiederholen: »Ich müßte das genauso wieder tun.«

# Literatur

*Allgemeines*

Broszat, Martin: Der Staat Hitlers, München 1989.
Broszat, Martin/Frei, Norbert (Hrsg.): Das Dritte Reich im Überblick. Chronik, Ereignisse, Zusammenhänge, München 1989.
dtv-dokumente: Das Urteil von Nürnberg 1946, München 1961.
Fest, Joachim C.: Das Gesicht des Dritten Reiches. Profile einer totalitären Herrschaft, München 1963.
Hagen, Walter: Die geheime Front. Organisation, Personen und Aktionen des deutschen Geheimdienstes, Stuttgart 1952.
Herbert, Ulrich: Best. Biografische Studien über Radikalismus, Weltanschauung und Vernunft 1903–1989, Bonn 1996.
Müller, Rolf-Dieter/Ueberschär, Gerd: Kriegsende 1945. Die Zerstörung des Dritten Reichs, Frankfurt a. M. 1994.
Peuschel, Harald: Die Männer um Hitler. Braune Biografien: Martin Bormann, Joseph Goebbels, Hermann Göring, Reinhard Heydrich, Heinrich Himmler u. a., Düsseldorf 1982.
Poliakov, Léon/Wulf, Josef: Das Dritte Reich und seine Diener, Wiesbaden 1989.
Sereny, Gitta: Das Ringen mit der Wahrheit: Albert Speer und das deutsche Trauma, München 1995.
Smelser, Ronald/Zitelmann, Rainer (Hrsg.): Die braune Elite, Darmstadt 1989.
Wendt, Bernd-Jürgen: Großdeutschland. Außenpolitik und Kriegsvorbereitungen des Hitler-Regimes, München 1987.

*Zu Joseph Goebbels*

Bärsch, Claus-Ekkehard: Erlösung und Vernichtung. Dr. phil. Joseph Goebbels. Zur Psyche und Ideologie eines jungen Nationalsozialisten 1923–1927, [...]
Boelcke, Willi A. (Hrsg.): Kriegspropaganda 1939–1941. Geheime Ministerkonferenzen im Reichspropagandaministerium, Stuttgart 1966.
Boelcke, Willi A. (Hrsg.): Wollt ihr den totalen Krieg? Die geheimen Goebbels-Konferenzen 1939–1943, Stuttgart 1967.
Bramstedt, Ernest K.: Goebbels und die nationalsozialistische Propaganda 1925–1945, Frankfurt 1971.
Goebbels Reden 1932–1939, hrsg. von Helmut Heiber, München 1971.
Goebbels Reden 1939–1945, hrsg. von Helmut Heiber, München 1972.
Heiber, Helmut: Joseph Goebbels, Berlin 1962.
Irving, David: Goebbels, Mastermind of the Third Reich, London 1996.
Reuth, Ralf Georg: Goebbels, München, Zürich 1990.

Die Tagebücher von Joseph Goebbels. Sämtliche Fragmente, hrsg. von Elke Fröhlich im Auftrag des Instituts für Zeitgeschichte und in Verbindung mit dem Bundesarchiv, Teil I, Aufzeichnungen 1924–1941, München, New York 1987.
Die Tagebücher von Joseph Goebbels. Sämtliche Fragmente, hrsg. von Elke Fröhlich im Auftrag des Instituts für Zeitgeschichte und mit Unterstützung des Staatlichen Archivdienstes Rußlands, Teil II, Diktate 1941–1945, München, New Providence, London, Paris 1995.

*Zu Hermann Göring*

Bewlay, Charles: Hermann Göring, Göttingen 1956.
Bross, Werner: Gespräche mit Hermann Göring während des Nürnberger Prozesses, Flensburg, Hamburg 1950.
Dahlerus, Birger: Der letzte Versuch, München 1973.
Fontander, Björn: Göring och Sverige, Stockholm 1984.
Gellermann, Günther W.: ... und lauschten für Hitler. Geheime Reichssache: Die Abhörzentrale des Dritten Reiches, Bonn 1991.
Gilbert, Gustave M.: Nuremberg Diary, New York 1947.
Gritzbach, Erich: Hermann Göring. Werk und Mensch, München 1940.
Hoyt, Edwin P.: Göring's War, London 1990.
Kube, Alfred: Pour le mérite und Hakenkreuz. Hermann Göring im Dritten Reich, München 1987[2].
Irving, David: Göring, München, Hamburg 1987.
Manvell, Roger: Der Reichsmarschall. Aufstieg und Fall des Hermann Göring, Rastatt 1987.
Martens, Stefan: Hermann Göring. Erster Paladin des Führers und Zweiter Mann im Reich, Paderborn 1985.
Mosley, Leonard: Göring. Eine Biographie, München 1975.
Overy, Richard J.: Hermann Göring. Machtgier und Eitelkeit, München 1990[2].
Swearingen, Ben E.: The Mystery of Hermann Göring's Suicide, London 1990.

*Zu Heinrich Himmler*

Ackermann, Josef: Heinrich Himmler als Ideologe, Göttingen/Zürich 1970.
Artzt, Heinz: Mörder in Uniform. Organisationen, die zu Vollstreckern nationalsozialistischer Verbrechen wurden, München 1979.
Bernadotte af Wisborg, Folke Greve: Das Ende – meine Verhandlungen in Deutschland im Frühjahr 45 und ihre politischen Folgen, Zürich/New York 1945.
Besgen, Achim: Der Stille Befehl. Medizinalrat Kersten, Himmler und das Dritte Reich, München 1960.
Black, Peter: Ernst Kaltenbrunner – Vasall Himmlers: Eine SS-Karriere, Paderborn 1991.
Breitmann, Richard: Der Architekt der »Endlösung«. Himmler und die Vernichtung der europäischen Juden, Paderborn 1996.
Buchheim, Hans/Broszat, Martin/Jacobsen, Hans-Adolf/Krausnick, Helmut: Anatomie des SS-Staates, München 1979.

Delarue, Jacques: Geschichte der Gestapo, Düsseldorf 1964.

Doescher, Hans-Jürgen: Das Auswärtige Amt im Dritten Reich. Diplomatie im Schatten der »Endlösung«, Berlin 1987.

Fraenkel, Heinrich/Mannroll, Roger: Heinrich Himmler – Kleinbürger und Massenmörder, Berlin, Frankfurt/Main 1965.

Georg, Enno: Die wirtschaftlichen Unternehmungen der SS, Stuttgart 1963.

Heiber, Helmut (Hrsg.): Reichsführer!... Briefe an und von Himmler, Stuttgart 1968.

Höhne, Heinz: Der Orden unter dem Totenkopf. Die Geschichte der SS, München 1979.

Koch, Peter-Ferdinand (Hrsg.): Himmlers Graue Eminenz – Oswald Pohl und das Wirtschaftsverwaltungshauptamt der SS, Hamburg 1988.

Petersen, Gita (Hrsg.): Walter Schellenberg. Die Memoiren des letzten Geheimdienstchefs unter Hitler, Wiesbaden, München 1979.

Ritter, Franz: Heinrich Himmler und die Liebe zum Swing. Erinnerungen und Dokumente, Leipzig 1994.

Schenck, Ernst-Günther: Sterben ohne Würde. Das Ende von Benito Mussolini, Heinrich Himmler und Adolf Hitler, München 1995.

Smith, Bradley F./Peterson, Agnes (Hrsg.): Heinrich Himmler. Geheimreden 1933–1945 und andere Ansprachen, Frankfurt/Main, Berlin, Wien 1974.

Smith, Bradley F.: Heinrich Himmler 1900–1926. Sein Weg in den deutschen Faschismus, München 1979.

Tuchel, Johannes: Konzentrationslager, Organisationsgeschichte und Funktion der »Inspektion der Konzentrationslager« 1934–1938, Boppard a. Rhein 1991.

Tuchel, Johannes: Zentrale des Terrors. Prinz-Albrecht-Straße 8. Das Hauptquartier der Gestapo, Berlin 1987.

Walendy, Udo: Lügen um Heinrich Himmler, Vlotho 1992.

Wasser, Bruno: Himmlers Raumplanung im Osten. Der Generalplan Ost in Polen 1940–1944, Basel 1994.

Wegener, Bernd: Hitlers Politische Soldaten: Die Waffen-SS 1933–1945, Paderborn 1982.

Wulf, Joseph: Das Dritte Reich und seine Mörder. Heinrich Himmler – Eine biografische Studie, Berlin-Grunewald 1960.

Wyks, Alan: Reichsführer SS Himmler, Rastatt 1982.


*Zu Rudolf Heß*

Bird, Eugene: The loneliest man in the world, London 1974.

Douglas-Hamilton, James: Motive for a mission, London 1971.

Douglas-Hamilton, James: The Truth about Rudolf Heß, Edinburgh 1993.

Gilbhard, Hermann: Die Thule Gesellschaft. Vom okkulten Mummenschanz zum Hakenkreuz, München 1994.

Heß, Ilse: Antwort aus Zelle Sieben. Briefwechsel mit den Spandauer Gefangenen, Leoni 1967.

Heß, Ilse: Heß, ein Schicksal in Briefen, Leoni 1984.

Heß, Wolf-Rüdiger: Mein Vater Rudolf Heß. Englandflug und Gefangenschaft, München, Wien 1984.

Heß, Wolf-Rüdiger: Mord an Rudolf Heß? Der geheimnisvolle Tod meines Vaters in Spandau, Leoni 1989.

Irving, David: Rudolf Heß – ein gescheiterter Friedensbote? Die Wahrheit über die unbekannten Jahre 1941–1945, Graz 1987.

Kempner, Robert: Das Dritte Reich im Kreuzverhör. Aus den unveröffentlichten Vernehmungsprotokollen des Ankläges Robert M. W. Kempner, München 1969.

Lang, Jochen von: Der Sekretär. Martin Bormann: Der Mann, der Hitler beherrschte, Stuttgart 1977.

Leasor, James: Der utopische Friede. Der Englandflug von Rudolf Heß, Bergisch Gladbach 1979.

Longerich, Peter: Hitlers Stellvertreter, München u. a. 1992.

Mommsen, Hans: Beamtentum im Dritten Reich, Stuttgart 1966.

Padfield, Peter: Heß. The Führers Disciple, London 1991.

Schlie, Ulrich: Kein Friede mit Deutschland. Die geheimen Gespräche im Zweiten Weltkrieg 1939–1941, Berlin 1994.

Schwärzwäller, Wulf: Rudolf Heß. Der Mann in Spandau, Wien u. a. 1974.

Seidl, Alfred: Der Fall Rudolf Heß. Dokumentation des Verteidigers, München 1984.

Seidl, Alfred: Der verweigerte Friede. Deutschlands Parlamentär Rudolf Heß muß schweigen, München 1985.

Tissier, Tony Le: Farewell to Spandau, Leatherhead 1994.


*Zu Speer*

Arndt, Karl/Koch, Georg F./Larsson, Lars O.: Albert Speer – Architektur. Arbeiten 1933–1942, Frankfurt a. M., Berlin 1995.

Herding, Klaus/Mittig, Hans E.: NS-Kunstgewerbe. Albert Speers Berliner Straßenlaternen, Gießen 1975.

Reichardt, Hans J./Schäche, Wolfgang: Von Berlin nach Germania. Über die Zerstörung der Reichshauptstadt durch Albert Speers Neugestaltungen, Berlin 1984.

Reichelt, Peter A.: Albert Speer – Die Wiederaufbauplanung deutscher Städte. Eine Dokumentation, Mannheim 1988.

Reichelt, Peter A.: Albert Speer. Der Generalbauinspektor von Berlin. Die Durchführungsstelle – Entmietung, Wohnraumbeschaffung und Judenbehandlung in Berlin – Eine Chronik, Mannheim 1986.

Speer, Albert: Erinnerungen, Frankfurt a. M., Berlin 1993.

Speer, Albert: Spandauer Tagebücher, Frankfurt a. M., Berlin 1994.

Hoffmann, Hilmer/Juckel, Lothar/Krüger, Horst u. a.: Stadtgestalt Frankfurt. Speers Beiträge 1964–1994, Stuttgart 1995.

Sereny, Gitta: Das Ringen mit der Wahrheit: Albert Speer und das deutsche Trauma, München 1995.

Schmidt, Matthias: Albert Speer: Das Ende eines Mythos. Speers wahre Rolle im Dritten Reich, Bern, München 1982.

Stark, Ulrike: Architekten – Albert Speer und Speerplan, Stuttgart 1993.


*Zu Karl Dönitz*

Bird, Keith W.: Karl Dönitz. Der »unbesiegte« Admiral. – In: Die Militärelite des Dritten Reichs, hrsg. von Ronald Smelser und Enrico Syring, Berlin 1995.

Dönitz, Karl: Zehn Jahre und zwanzig Tage. Erinnerungen 1935–1945, Koblenz 1985[9].

Dönitz, Karl: Mein wechselvolles Leben, Göttingen 1968.

Dönitz, Karl: 40 Fragen an Karl Dönitz, München 1980[4].

Dülfer, Jost: Die Reichs- und Kriegsmarine 1918–1939. – In: Handbuch zur deutschen Militärgeschichte. Bd. 4, hrsg. vom Militärgeschichtlichen Forschungsamt, Koblenz 1977.

Hartwig, Dieter: Karl Dönitz – Versuch einer kritischen Würdigung (= Deutsches Schiffahrts-Archiv, Heft 12), Hamburg 1989.

Jäckel, Eberhard: Der Machtantritt Hitlers. Versuch einer geschichtlichen Klärung. – In: 1933. Wie die Republik der Diktatur erlag, hrsg. von Volker Rittberger, Stuttgart, Berlin, Köln, Mainz 1983.

Lüdde-Neurath, Walter: Regierung Dönitz. Die letzten Tage des Dritten Reiches, Göttingen 1964[3].

Padfield, Peter: Des Teufels Admiral, Berlin, Frankfurt a. M., Wien 1984.

Salewski, Michael: Die deutsche Seekriegsleitung 1935–1945. 3 Bde.: Bd. I: 1935–1941, Frankfurt a. M. 1970, Bd. II: 1942–1945, München 1975, Bd. III: Denkschriften und Lagebetrachtungen 1938–1944, Frankfurt a. M. 1973.

Sandhofer, Gert (Hrsg.): Dokumente zum militärischen Werdegang des Großadmirals Dönitz (= Militärgeschichtliche Mitteilungen 1/1967).

Smith, Bradley F.: Der Jahrhundertprozeß. Die Motive der Richter von Nürnberg. Anatomie einer Urteilsfindung, Frankfurt a. M. 1977.

Steinert, Marlies: Die 23 Tage der Regierung Dönitz, Düsseldorf, Wien 1967.

# Personenregister

Halbfette Seitenangaben verweisen auf Textschwerpunkte, *kursive* auf Abbildungen.

Ahuja, Al 248
Amann, Max 51
Amin, Idi 181
Andrus, Burton C. 76
Arendt, Hannah 139
Ashbee, Felicity 196
Austin, Edwin 191
Axmann, Arthur 179

Baarova, Lida 48, *49,* 54, 56, 89
Bach-Zelewski, Erich von dem 75
Ballin (Möbelhändler) 83
Beck, Ludwig 184
Berchtold, Joseph 151
Bernadotte, Graf Folke 138, 186
Bey, Erich 320
Bialdiga, Karl-Heinz 57
Biddle (US-Richter) 339
Bird, Eugene 237
Bismarck, Otto von 23, 149, 180
Blank (US-General) 241, 247
Blomberg, Werner von 55, 96, 152
Bodenschatz, Karl 123
Bormann, Martin 18, 27, 80, 116, 130,
    168, *215,* 224, 233, 242, 327
Bormann, Martin jr. 158
Brandt, Rudolf 113, 190
Brauchitsch, Walther von 114
Braun, Eva 187
Braun, Wernher von 279
Breker, Arno 266, 267
Bruckmann, Hugo 195
Buchheim, Lothar-Günther 317, 325
Bullet, William C. 90
Burckhardt, Carl Jacob 81, 133, 136, 158

Cameron (Arzt) 247 f.
Camola, Stefanie 199, 215
Canaris, Wilhelm 288
Carossa, Hans 12
Cézanne, Paul 120
Chamberlain, Houston Stewart 144
Chamberlain, Neville 103, 106, 235
Churchill, Winston 15, 60, 64, 104, 112,
    195, 227, 235 f., 240, 243, 304, 306, 332
Ciano, Graf Galeazzo 120

Clahes (NS-Funktionär) 264
Clasen, Adolf 324
Coulondre, Robert 95

Dahlerus, Birger 107, 116
Daluege, Kurt 151, 160
Desch (KZ-Inspektor) 274
Diels, Rudolf 86
Dönitz, Ingeborg 292, 341
Dönitz, Karl 6, 15 f., 109, 113, 131, 187 f.,
    286, *231,* **287 – 342,** *293, 295, 300, 306,*
    *311, 317, 321, 325, 333, 336, 340*
Dönitz, Klaus 322
Dönitz, Peter 314
Dönitz-Hessler, Ursula 322
Dornberger, Walter 11, 139
Dorsch, Käthe 99
Dov-Kulka, Otto 20
Dyck, Anthonis van 115

Ebert, Friedrich 296
Eck (Offizier) 335
Eckart, Dietrich 205
Eichmann, Adolf 139, 175, 180
Eicke, Theodor 155, 176
Eisenhower, Dwight D. 131, 187
Eisner, Kurt 204
Elser, Georg 59
Epenstein, Hermann Ritter von 78
Esser, Hermann 210
Evers, Dietrich 57

Fahrenkamp (Arzt) 166
Faht, Hildegard 199, 209
Faulhaber, Michael von 22
Fegelein, Hermann 187
Felmy, Hellmuth 110
Fest, Joachim 97, 117
Finck, Werner 106
Ford, Henry 218
Förster, Helmut 72
Forstmann, Walter 292
Franco, Francisco 9, 95
François-Poncet, André 78, 91, 103
Frank, Bernhard 130 f.
Frank, Hans 121, 157, 205

Frentz, Walter 228
Frick, Wilhelm 157
Friedeburg, Hans-Georg von 329
Fritsch, Werner von 96
Fröhlich, Gustav *49, 54*
Furtwängler, Wilhelm 250
Fyve, Sir Maxwell 337

Galen, Clemens August Graf von 22
Galland, Adolf 128
Gebhardt, Karl 190
Gilbert, Gustave 73, 75, 76, 119, 127, 131 f.
Godt, Eberhard 308 f.
Goebbels, Hedda 53
Goebbels, Heide 53
Goebbels, Helga 53
Goebbels, Helmut 53
Goebbels, Hilde 53
Goebbels, Holde 53
Goebbels, Joseph 6 ff., 16, 20, **25 – 70**, *31,
   35, 41, 43, 48, 57, 61, 67,* 73, 80, 84 ff.,
   100, 109, 118, 123, 129, 136, 145, 156,
   178, 194, 216, 220, *221,* 238, 242, 250,
   253 f., *254,* 268, 275, 280, 289, 303 f.,
   321, 325
Goebbels, Magda *35,* 42, 53
Goerdeler, Carl 184
Goethe, Johann Wolfgang von 149, 180
Gogh, Vincent van 120
Goldhagen, Daniel 17, 19
Göring, Albert 111
Göring, Carin 72, 79, *80,* 83 ff., 91
Göring, Edda 106, 129
Göring, Emmy 81, *81,* 91, 106, 129, 134
Göring, Franziska 8, 72, 78
Göring, Hermann 6, 8 ff., 16, 27, 52, **71 –
   134**, *77, 80 f., 87, 92 f.,* 97, *101,* 109, *113,
   117, 121, 124 f., 133,* 152, 154 ff., 159,
   178, *179,* 187, 194, 195, 202, 211, 216,
   219, 221, 223, 231, *231,* 233 ff., 239, 243,
   264, 269 f., 289, 304, 309, 315, *317,* 318,
   326 f., 336
Grothmann (SS-Offizier) 190
Guderian, Heinz 127, 159
Gundolf, Friedrich 33

Hacha, Emil 105
Halder, Franz 123
Halifax, Irwin 227, 235
Hallgarten, George 138
Hamburger, Arno 101, 237
Hamilton (Herzog von) 227, 236, 238, 243
Hanfstaengl, Egon 101, 182
Hanfstaengl, Ernst 198
Hansen-Nootbar, Jan-Heinrich 320
Hanstein, Ewald 276
Hardegen, Reinhard 311
Hartenstein, Werner 312
Hassell, Ulrich von 35, 127
Haushofer, Albrecht 236, 238, 242
Haushofer, Karl 205 ff., 213 f., 217, 230,
   236, 238

Heinrich I., dt. König 147, 164 f., *165*
Heinrich der Löwe, Herzog 147
Heinrich von Bayern (Prinz) 140
Henderson, Sir Neville 103, 106, 110
Herzog, Roman 12
Heß, Alfred 198
Heß, Clara *199,* 200
Heß, Fritz 10, 198, 217
Heß, Ilse, 155, 156, 195, 203, 206 ff., 213 f.,
   217, 222, 240, 243
Heß, Margarete 198
Heß, Rudolf 6, 10 f., 16, 82, *145,* 155, 193 –
   248, *199, 203, 209, 215, 221, 226 f., 231,
   237, 241, 247*
Heß, Wolf-Rüdiger *209,* 221, 230, 246 f.,
   *247*
Hessler, Klaus 293, 311, 322, 339 f.
Heydecker, Joe J. 195
Heydrich, Reinhard 12, 58, 73, 75, 118,
   152, 154 ff., 160, 168 ff., *172,* 181
Himmler, Gebhardt 140, 143, 146
Himmler, Gebhardt jr. 148
Himmler, Heinrich 115
Himmler, Heinrich 6, 8 f., 11 ff., 16, 18, 23,
   26 f., 58, 80, 88 f., **135 – 192**, *141, 145,
   149, 153, 158 f., 163, 165, 172 f., 179, 182
   f., 189, 191,* 217, 229, 227, 273 ff., 280,
   316 f., 326, 334
Himmler, Marga(rete) 148, *153, 158,* 164
Hindenburg, Oskar von 85
Hindenburg, Paul von 47, 84, 90, 157, 219
Hinsley, Sir Harry 305, 306, 309
Hippokrates 176
Hitler, Adolf passim, *43, 92, 113, 145, 149,
   179, 203, 209, 221, 259, 263, 295, 311*
Hoffmann, Heinrich 203
Hollweg, Max 189
Höß, Rudolf 119, 175, 177 f., 180 f., 188,
   330
Höttl, Wilhelm 138, 184
Huber, Franz-Josef *172*
Hunke, Heinrich 43

Jäckel, Eberhard 20
Jackson (Staatsanwalt) 251, 266
Jackson, William 92, 117, 121
Jacobs, Otto 31
Jaenicke, Heinrich 330, 340
Jakob, Gerhard 328
Janke, Else 33
Jepsen, Asmus 330
Jeschonnek, Hans 126
Jodl, Alfred 332
Johnstone, Sandy 227
Junge, Traudl 49, 67, 109, 158, 179, 255,
   269, 279

Kahr, Gustav von 154
Kalkreuth, Barbara von 48
Kaltenbrunner, Ernst 170, 173
Kantzow, Carin von siehe Göring, Carin
Kapp, Wolfgang 194, 297

Karl der Große, röm.-dt. Kaiser 167
Karl, engl. König 54
Keitel, Wilhelm 104, 307, 326
Kempf, Annemarie 263
Kempka (Hitlers Fahrer) 243
Kennedy, Ludovic 295, 304
Kersten, Andreas 173
Kersten, Felix 145, 149, 153, 161, 163, 173, 178, 180, 184 ff., 226
Kesselring, Albert 120
Kiermayer (Leibwächter) 190
Kinberg, Olov 84
Klemperer, Victor 19, 31, 98, 172
Kneipp, Sebastian 166
Körner, Paul 107
Kosel, Gerhard 253, 259
Kranzbühler, Otto 295, 335, 339
Krebs, Albert 159
Kretschmer, Otto 300, 302
Krisch, Werner 265 f., 271
Kropp, Robert 90

Lammers, Heinrich 80
Langbehn, Carl 181
Le Tissier, Tony, 241
Leitgen, Alfred 226, 229
Lemp, Julius 303, 309
Ley, Robert 188, 220
Lindbergh, Charles 218
Liszt, Franz 63
Lubbe, Marinus von der 86
Lüdde-Neurath, Walter 327
Ludendorff, Erich von 82, 150, 202
Ludwig XIV., franz. König 54
Luther, Martin 23

Macher (SS-Offizier) 190
Mann, Thomas 27, 72
Marx-Brothers 195
Masur, Norbert 185
Matthies, Joachim 93
Melaouhi, Abdullah 246, 248
Miklas, Wilhelm 98
Milch, Erhard 94, 107, 123, 166, 250, 279
Misch, Rochus 67, 236, 255
Mitscherlich, Alexander 260
Mohammed (Prophet) 162
Möhle, Karl-Heinz 335
Mölders, Werner 119
Molotow, Wjatscheslaw 62
Montgomery, Bernard I. 192, 329
Müller, Heinrich *172*
Müller, Ludwig 91
Murphy, N.L. 192
Mussolini, Benito 9, 52, 83, 103, 127, 210 f., *311*

Naegele, Bert 41
Napoleon I., franz. Kaiser 55, 63, 266
Naumann (Arzt) 67
Nebe, Arthur *172*, 174, 184
Niemitz, Chester 337

Oehrn, Victor 302
Ohlendorf, Otto 171
Ondarza, Ramon von 83
Oshima, Hiroshi 310
Ossietzky, Carl von 86
Oven, Wilfred von 35

Paczensky, Susanne von 113, 125, 285
Papen, Franz von 222
Paracelsus, Bombastus Theophrastus 166
Paul von Jugoslawien (Prinz) 106
Pflücker, Ludwig 132
Phipps, Sir Eric 94
Pilarski, Leon 276
Pintsch, Karl-Heinz 239 f.
Pohl, Oswald 11, 139, 176, 274
Popitz, Johannes 181, 184
Poser, Manfred von 255, 263
Pot, Pol 181
Prien, Günther 303
Pröhl, Ilse siehe Heß, Ilse
Pröhl, Ingeborg 199, 203, 209
Puttkamer, Jesko von 319

Quandt, Harald *57*
Quandt, Magda siehe Goebbels, Magda

Raeder, Erich 301 f., 304, 313
Rajzman, Samuel 281
Rascher, Sigmund 166
Reimann, Herbert 319
Reitsch, Hanna 67
Rembrandt, Harmensz van Rijn 115
Reuter, Ernst 182
Rhodes Davis, William 110
Ribbentrop, Joachim von 58, 103 ff., 121, 168, 188, 234, 259 f., 268
Richthofen, Manfred von 79, 202
Riefenstahl, Leni 225
Rigele, Klaus 100
Roberts, Sir Frank 227
Röhm, Ernst 9, 50, 83 f., 89, 148, *149*, 152, 154 f., 216, 228, 299, 315
Röhrig, Michael 246
Rommel, Erwin 15
Roosevelt, Franklin D. 9, 110
Rosenberg, Alfred 82, 205, 216, 229, 233
Rösing, Hans-Rudolf 300, 308, 325
Roussel, Stéphane 53
Rubens, Peter Paul 115
Rudenko, R.A. 251
Rudet (Lehrerin) 140
Rupp, Friedrich 230, 232

Salewski, Michael 335
Samila, Alexander 275, 277
Sander (KZ-Inspektor) 274
Sauckel (NS-Verbrecher) 121, 285
Saur (Stellvertreter von Speer) 279
Schacht, Hjalmar 89, 95 f., 121
Schelkes, Willi 255, 261, 262, 267, 277, 278
Schellenberg, Walter 184 ff.

Schenck, Ernst-Günther 163, 172
Schinkel, Friedrich 254
Schirach, Baldur von 237, 318, 341
Schleicher, Kurt von 89, 154, 220
Schneidhuber, August 229
Schopenhauer, Arthur 339
Schroedel, Laura 203, 226, 233
Schroeter, Horst von 308, 318, 325
Schulte-Strathaus, Ernst 232, 243
Schultze, Otto 296
Schuschnigg, Kurt von 98
Schwerin von Krosigk, Lutz 11, 96, 169, 188, 215, 330
Schweyer (bayer. Minister) 211
Seidl, Alfred 231
Semler, Rudolf 127
Sereny, Gitta 276
Seyß-Inquart, Arthur 98
Shawcross, Hartley 231
Sonnemann, Emmy siehe Göring, Emmy
Spann, Wolfgang 247 f.
Speer, Albert 6, 11, 13 ff., 16, 20, 37, 49, 80, 111, 113, 119 ff., 127, 130, 136, 139, 172, 195, 215, 225, 233, 237, 243, **245 – 286**, *254, 259, 263, 268 f., 271, 277, 281, 285,* 307, *307, 317,* 324, 332, 336, *336,* 338 ff.
Speer, Hermann 281
Speer, Margret 250, 253, 260
Spitzy, Reinhard 221, 259 f., 268
Stalherm, Anka 26, 29
Stalin, Jossif 58, 106, 119, 327
Stennes, Walter 40
Stephan (Oberbaurat) 270
Strasser, Gregor 36, 40, 150, 154, 156, 220
Strasser, Otto 40, 221
Streicher Julius 121, *173,* 188
Stumpfecker (Arzt) 67
Sylvester, T. 190

Terboven, Josef 154
Thälmann, Ernst 88

Thanson, Leon 131
Thoma, Ludwig 12
Thomsen, Hans 126
Todt, Fritz 195, 263, 270 f.
Tornquist, Anna 72
Trevor-Roper, Hugh 140
Troost, Gerdy 257
Troost, Paul Ludwig 254, 256

Udet, Ernst *109,* 119, 128, 239
Uhlig, Anneliese 45
Ulbricht Walter 39

Vermehren, Isa 97
Von Loewenfeld (Marineoffizier) 291 f., 298
Voss, Fritz 239
Voß, Peter 316

Wackernagel, Günther 273
Wagner, Richard 81, 258
Waldau, Hoffmann von 114
Waldberg, Max von 33
Waldoff, Claire 90
Weber (Offizier) 292
Weber, Ingeborg siehe Dönitz, Ingeborg
Wegener, Eduard 340
Weiß, Bernhard 38
Wenner-Gren, Axel 106
Werth (Marineoffizier) 293
Wessel, Horst 27, 39
Wheelis, Jack G. 134
Wiesenthal, Simon 272
Wilhelm II., dt. Kaiser 79, 296
Wittkampf, Walter 93
Wohlthat, Helmut 106
Wolff, Karl 153, 181
Wutzelhofer (bayer. Minister) 211

Zuckmayer, Carl 99

# Bildnachweis

Ullstein Bilderdienst: 49, 93, 101, 109, 113, 121, 133, 149, 159, 172, 221, 227

Süddeutscher Verlag: 35, 48, 67, 77(l), 80, 81, 141(o), 145, 153, 165, 182, 183, 199(l), 203, 209, 215, 226, 231, 259, 263, 277, 281, 293, 295, 300, 306, 307, 311, 317, 321, 325, 333

Archiv für Kunst und Geschichte: 141(u), 189, 191

Stadtarchiv Mönchengladbach: 31

Keystone: 41, 117, 331, 340

Bundesarchiv: 43, 97, 199(r), 336

National Archives: 57, 61, 173, 179

Library of Congress: 77(r), 87, 92

Bildarchiv Preussischer Kulturbesitz: 158, 163, 285

Deutsche Presse-Agentur: 237

NEXT EDIT: 247, 255, 268, 269, 271

Document Center/Bundesarchiv: 124/125

Der Rechteinhaber des Fotos auf Seite 241 konnte bis Redaktionsschluß nicht ermittelt werden. Seine Rechte werden nach Bekanntwerden in angemessenem Rahmen vergolten.